■ 新编高等院校财经类“十二五”创新系列精品规划教材

XINBIAN GAODENG YUANXIAO CAIJINGLEI“SHIERWU” CHUANGXIN XILIE JINGPIN GUIHUA JIAOCAI

审计实务

主　编　隋旺梅

副主编　陈海艳　曹　阳

参　编　王绍军　潘　瑜

中国商业出版社

图书在版编目(CIP)数据

审计实务 / 隋旺梅主编. —北京 : 中国商业出版社, 2015.9

ISBN 978 - 7 - 5044 - 9004 - 9

Ⅰ. ①审… Ⅱ. ①隋… Ⅲ. ①审计学 - 高等职业教育 - 教材 Ⅳ. ①F239.0

中国版本图书馆 CIP 数据核字(2015)第 127237 号

责任编辑:蔡 凯

中国商业出版社出版发行
010 - 63180647 www. c - cbook. com
(北京广安门内报国寺 1 号 邮编:100053)
新华书店总店北京发行所经销
涿州市华建印刷有限公司印刷

* * * * *

787 × 1092 毫米 16 开 19 印张 320 千字
2015 年 9 月第 1 版 2015 年 9 月第 1 次印刷

定价:39. 80 元

* * * *

(如有印装质量问题可更换)

前言

《审计实务》是高职高专"十二五"精品规划教材，本书既可作为高等职业院校会计、审计、财务管理、税务及相关经济管理类专业教学用书，也可作为应用型本科院校财经类专业相关课程的教材或参考书，还可作为审计、会计人员职业培训和自学用书。我们根据教育部《关于全面提高高等职业教育教学质量的若干意见》的16号文件精神，加大课程建设与改革的力度，增强学生的职业能力，突出实践能力培养，改革人才培养模式，在知识的系统性、制度的适时性和操作的实用性等方面作了有益尝试。

该教材本着"实用、够用"的原则，结合高职高专教学实际，采用案例导入、项目化结构，力求深入浅出，具有简洁、明晰、操作性强的特点。

一、突出必需实用

突出实践技能，知识要点的陈述以够用为度，增加实务操作必需的内容，加强实践性教学环节。选择真实、典型、实用的审计工作底稿，注重审计技能的培养。

二、简洁通俗易懂

本书中有大量与教学内容相关的案例分析，增强了教材的生动性，便于学生对内容的理解与掌握。

三、内容新颖明晰

对照审计准则适当融入。本书参照《中国注册会计师审计准则问题解答第1号——职业怀疑》等六项审计准则问题解答的通知，适当补充相关内容。

四、注重精讲多练

对于审计知识的学习，在实务上强调任务引导和业务技能训练，每个项目后附有技能训练习题，有助于学生的理解知识点和掌握技能点。

本书由黑龙江商业职业学院的五名教师共同编写，由隋旺梅担任主编，陈海艳和曹阳担任副主编，王绍军、潘瑜参编。编写人员具体分工如下：隋旺梅编写项目一、七、十二、十四；陈海艳编写项目二、四、五、十三；曹阳编写项目三、六、九；王绍军编写项目十一；潘瑜编写项目八、十；全书由隋旺梅拟定编写大纲及组织编写。

在本书的编写过程中，我们阅读了许多专家和学者的专著和论文，并借鉴了其中部分内容，在此谨向他们表示诚挚的谢意。

由于编者业务水平有限，书中难免会存在不当之处，恳请读者批评指正。

编　者

2015 年 9 月

目　录

项目一 审计概论

【知识要点】

（1）了解审计产生和发展的历程；
（2）掌握审计的有关概念和审计的分类；
（3）掌握审计过程。

【能力目标】

（1）能够正确理解和把握审计的本质；
（2）能够正确区分审计与会计的异同点；
（3）能够正确选择审计方法。

【案例导入】

会计信息更正的代价
——上海天天股份有限公司盈利预测报告错误分析

1998 年 9 月 25 日，才挂牌上市一天的上海天天股份有限公司（以下简称天天公司）在《上海证券报》上发布了一则重要公告，公告称：该公司在其上市公告书中关于每股税后利润的刊登有误，现特此更正。此公告一登出，当天天天公司的股票就停牌半天。下午复牌后，股份一路下跌，给部分投资者造成了损失。对此，许多证券投资者颇为迷惘与气愤。迷惘和气愤之余，他们不禁要问，经过上市公司、证券承销机构、会计师事务所以及律师事务所等多重机构审核的公司重要会计信息，为何还会出现如此不可理解的重大错误？证券投资者因上市公司披露的会计信息有重大错误而产生的损失，究竟应该由谁来负责？证券投资者应该向谁来讨一个说法？

该案例给我们带来的会计思考？

任务一　审计的产生和发展

一、我国审计的产生和发展

从夏商到明清，我国审计经历了从萌芽到发展再到成熟和衰败的演变历程，并沿着经济监察这条主线，构成了以御史制度的经济监察为经，以上计、比部制度、户部审计制度以及内部财务稽核为纬的基本格局。

中国审计制度起源于夏商西周时期。公元前21世纪，随着夏朝的建立，国家有了初步的财政财务收支活动，因而便有了对各级官府及官员进行审计监督的必要，以保证国家机器的正常运转。《史记》中有关“会稽”的记载就是这种最原始的官员审计制度的反映，后世的“上计”当源于此。

殷商、西周时期，随着复杂的官僚机构的建立和各项开支的日益庞大，一套比较完整、系统的审计监督体系已经被建立起来了。据《周礼》记载，当时国家财计机构大体分为两个系统：一是掌握财政收入的“地官司徒”系统；二是掌握财政支出、会计核算、审计监督等的“天官冢宰”系统。行使审计职能的机构及其事务都是隶属于“天官冢宰”系统，不仅有了行使就地稽查之权的审计职能官员——宰夫，而且还建立了较为科学的原始的财计牵制制度。宰夫行使审计之职权的方式一般以就地稽查为主，辅之以送达审计。就地稽查的对象主要是王朝的各财物保管部门，宰夫都可以定期或不定期地直接赴各部门、各机关执行审计业务，实地审核财物出入，稽察官吏治绩，以明了整个王朝的财政经济收支情况。送达审计方式，则要求王朝的各财物保管部门每届旬、月、年终，必须直接将一切账册和会计报告送呈宰夫，由其钩考、核验。西周的就地稽查和送达审计两种审计方式，说明我国古代已有极为先进的审计方法，它深刻地影响着后世审计的发展，即使在现代审计中也仍然保留着这两种基本的方式。

春秋以至秦汉，审计制度得到初步发展，其标志是“上计”制度的形成和御史组织制度的建立。上计制是一种通过对官员的定期稽查考核来兼职进行经济政绩的审计。它出现于春秋，到战国时期已经制度化，当时规定：各级官员每年要把所属地区的户口、垦田和租税收支情况登录在案，到年终向国王汇报；国王则根据登录数据亲自考核，决定官吏的升降、赏罚。秦汉时期，随着统一的封建中央集权国家的建立，上计制更加完善。第一，建立了御史组织制度。秦朝从中央到地方已建立起监察体制，中央设御史大夫专管监督全国的民政、财政以及财物审计事项，地方上郡设监察御史、县设县丞负责政治、经济监察工作，从而初步构成了一个自上而下的兼职的财计及财计监察系统。汉承秦制而行之。第二，汉代制定了《上计律》，规定上报不及时者治罪，计簿中欺谩不实者治罪。这样就把上计作为一项专门的法律制度固定下来。第三，建立“上计簿”制度，规定各郡、县每年必须自下而上的逐级编制和呈递上计报告，反映其财政收支基本状况、人户、田土状况和官吏表现情况等。上计簿是以会计簿书的日常核算资料为依据总括地反映国家财政经济收支情况的一种官厅报告文书，自西周以来，会计账簿与报表不分，两位一体，“上计簿”的问世意味着会计报告和会计簿书的分离。第四，建立了郡、中央两级的上计会议制度。每逢年终，各县派遣计吏将该县的户口、垦田、税赋、钱谷出入等汇总编制成簿，呈送郡国，由郡国太守、上计长吏主持召开上计会议进行审核，然后将审核情况汇编成簿奉计京师，参加中央召开的上计会议。中央上计会议根据各郡国的上计簿审查政绩，评定功过。第五，上计中的审计方法从春秋战国时期的“听计”发展为查账、查询和比较分析，审计中的三种方法初步形成。

三国两晋南北朝时期，在经历了长期战乱后，上计制度逐渐衰亡，随着秦汉三公九卿制向隋唐三省六部制的转变，审计制度进一步演变。首先，出现了负责官僚选拔考课的吏部，兼职进行经济政绩的审计。其次，出现了一个新的机构“比部”。比部最先出现在曹魏，为尚书郎所属二十五曹之一，负责财计审核，两晋、南北朝诸代多承袭仿效魏制而略有变更。尽管当时比部的组织机构还不够完善，审计监督职能也不够突出，但由于比部之建立独立于财计部门之外，故开我国外部审计之先河。

这一时期御史监察制度也有一定的发展，御史台成为皇帝直接掌握的独立的专职监察机构，兼职弹劾官吏贪赃和财政财务收支之违制行为，与比部互相制约，互为补充，共同进行财政会计方面的审核和监督。作为审计依据的法律制度也有较大发展。从形式上讲，有关官员审计制度的法律条文解决了秦汉以来律令混杂、互相矛盾的问题，将律和令分开，使有关官员审计制度的法律规定更多地体现在相对固定的法律之中。从内容上讲，法律加强了对负有审计职责的官员违法犯罪的处罚。

从隋唐到五代、两宋，是我国审计的确立和逐步走向成熟完善的重要时期，其基本标志是比部审计制度的发展，以及以比部为主导，御史监察为辅助，财计部门内部牵制及内部财务稽核为基础的审计监督网络的基本形成。隋唐时代，比部正式成为刑部之下的一个分支单位，组织机构及其隶属、配员定型完备，使财政财务终审置于司法系统之下。北宋时，除在刑部之下设有比部外，还设立了内部专职审计机构，主要是三司属下的三部勾院、都磨勘司。南宋时，又出现了第一个以“审计”命名的审计机构——审计司。从此，“审计”一词，不仅成为我国审计机构的命名，而且成了我国财政财务监督的专用名词。

唐宋财政财务审计机构的设置趋于专门化、系统化，审计的对象和内容远比秦汉广泛深入，有关审计的法律条文更加系统周密，在程序上规定有初审、再审、终审；除了有事后审计，对重大建筑工程支出还实行事前审计。在审计的三种基本方法中，查账法已充分注意到账账、账证、账实相符；比较分析法开始应用十分率和定额的办法来对官吏的经济政绩进行比较准确的考核评估。唐宋时期，与审计关系密切的立法则特别发达，如“勾账式”、“磨勘法”和“三司账法”等；而且御史台已是独立完整的监督机构，它与专职审计机构密切配合、相互补充，在弹劾经济上违法乱纪的官员、查核经济大案等方面发挥了重要作用。总之，中国古代审计的三大内容至隋唐宋已划分明确，即比部、三部勾院、都磨勘司、审计司等侧重于财政财务的审计，御史监察侧重于财经法纪审计，吏部侧重于经济政绩审计，而且审计的三种基本方法和有关立法也趋于完善。

元明清时期，古代审计逐渐趋于衰败。从元代开始，隋唐宋时期的专职审计机构逐渐被取消，户部行使审核会计报告权，这无疑是对审计工作的削弱。到了明清，财政财务审计由都察院下的某道监察御史和六科中的户科、工科兼职执行，审计权被并入科道监察系统。这使得唐宋时期外部、内部相结合的专职审计体制没有得到充分发展而夭折，导致官员审计制度具有越来越浓厚的集权色彩，审计形同虚设。

透过上述审计沿革历程，我们可以看到，中国古代审计制度随着皇权的强化而逐步发展，但最终又因专制皇权的高度发展强化而被遏制，进而走向衰落。

二、国家审计的产生和发展

审计是审计机关依法独立检查被审计单位的会计凭证、会计账簿、会计报表以及其他与财政收支、财务收支有关的资料和资产，监督财政收支、财务收支真实、合法和效益的行为。它是基于经济监督的需要而产生的。

如果说会计的产生和发展是由于社会经济发展及经济管理需要决定的话，那么，审计的产生和发展则是在财产所有权与管理经营权相分离以及多层次经营管理分权体制所形成的经济责任关系下，基于经济监督的需要而产生和发展起来的。由于两权分离，经济责任关系的确立，财产所有者委派或委托专职机构和人员，对受托管理者或受托经营者所负经济责任的履行情况必须实行经济监督，从而产生了审计这一具有独立性的经济监督活动。

国家审计的产生和发展主要取决于对国家财政经济监督的需要。当社会经济发展到一定程度，国家机构日趋庞大，财政收支的数额越来越庞大，从而作为整个国家财富的“所有者”的皇帝，不能亲自和经常地进行财政审查和监督的时候，国家审计便应运而生。在我国夏代，夏禹也曾“三载考功，五年政著，……乃大会计”于会稽山，但却没有指定专人代理行使审计职权。到了周代，情况发生了变化，疆域扩大，中央机构急剧膨胀，从而使财政收支迅速增长，周王没有能力同时也不可能亲自审理一切财政事务，于是便指派宰夫行使财计稽查之权，从此便产生了中国国家审计的雏形。

归根到底，国家审计产生的内在原因还是财产的“所有者”——皇帝与财产的管理者——各级官吏之间所存在的经济责任关系。当皇帝不能亲自检查这种经济责任的履行情况时，审计人员和机构的出现便成为必然。

三、注册会计师审计的产生和发展

【阅读知识】

英国南海泡沫事件

南海泡沫事件是世界证券市场首例由过度投机引起的经济事件。“泡沫经济”或“气泡经济”一词也是源于南海泡沫事件。

南海泡沫事件的始作俑者是英国的南海公司。南海公司成立于1711年，成立之初，为支持英国政府债信的恢复，该公司认购了总价值近1000万英镑的政府债券。作为回报，英国政府对该公司经营的酒、醋、烟草等商品实行了永久性退税政策，并把对南美的贸易垄断权给予了它。南海公司在成立之初就有一个众所周知的企图，这就是攫取蕴藏在南美东部海岸的巨大财富。当时，人人都知道秘鲁和墨西哥的地下埋藏着巨大的金银矿藏，只要能把英格兰的加工商送上海岸，数以万计的“金砖银石”就会源源不断地运回国内。社会公众对南海公司的发展前景充满了信心，同时股票供求关系严重失衡，使得南海公司的股票多年来一直十分抢手，价格不断上涨。

1719年，英国政府允许中奖债券与南海公司股票进行转换。同年年底，南美贸易障碍的扫除，加上公众对股价上扬的预期，促进了债券向股票的转换，进而带动了股价上升，从1720年1月起，南海公司的股票价格直线上升，从1月的每股128英镑上升到7月份的每股1000英镑以上，6个月涨幅高达700%。

在南海公司股票价格扶摇直上的示范效应下，全英170多家新成立的股份公司的股票以及所有的公司股票，都成了投机对象，社会各界人士，包括军人和家庭妇女，甚至物理学家牛顿都卷入了这股漩涡。人们完全丧失了理智，根本不在乎这些公司的经营范围、经营状况和发展前景，只相信发起人说他们的公司如何能获取巨大利润，人们唯恐错过大捞一把的机会。一时间，股票价格暴涨，平均涨幅超过5倍。

然而，南海公司的经营并未如愿，赢利甚微，公司股票的市场价格与上市公司实际经营前景完全脱节。

1720年6月，为了制止各类"泡沫公司"的膨胀，英国国会通过了"反泡沫公司法"(The Bubble Act)。自此，许多公司被解散，公众开始清醒过来。对一些公司的怀疑逐渐扩展到南海公司身上。从7月份开始，外国投资者首先抛出南海股票，撤回资金，军队下达了要求军人回到岗位的命令。随着投机热潮的冷却，南海股价一落千丈，9月份直跌至每股175英镑，12月份最终跌为124英镑。"南海气泡"终于破灭。

当时英国的财政大臣在南海公司的内幕交易中，为自己赚取了90万英镑的巨额利润。丑闻败露之后，他被关进了著名的英国皇家监狱——伦敦塔。但是，比他更悲惨的却是那些不知情的投资人，这其中还包括大名鼎鼎的科学家牛顿，牛顿赔了，他在南海泡沫中的损失超过了两万英镑。事后，他不无伤感地写道:我可以准确地计算出天体的运动规律，但我却无法计算出股票市场的变化趋势。

1720年底，政府对南海公司资产进行清理，发现其实际资本已所剩无几，那些高价买进南海股票的投资者遭受了巨大损失。"南海泡沫"事件使好多地主、商人失去土地、工厂资产，也引发了政治问题。此后较长一段时间，民众对参与新兴的股份公司闻之色变，对股票交易也心存怀疑。此后的整整100年间，英国没有发行过一张股票，从而为发达的英国股市历史留下一段耐人寻味的空白。

英国议会聘请会计师查尔斯·斯耐尔(charles snell)对"南海公司"进行审计。查尔斯·斯耐尔以"会计师"名义出具了"查账报告书"，从此，独立会计师——注册会计师诞生了。

注册会计师审计起源于意大利合伙企业制度，形成于英国股份制企业制度，发展和完善于美国发达的资本市场，是伴随着商品经济的发展而产生和发展起来的。

注册会计师审计起源于16世纪的意大利。当时地中海像威尼斯这样的商业城市很兴盛，航海贸易发达。为了筹集大量资金，出现了合伙经营方式。有的合伙人并不参与企业的经营管理，所有权与经营权开始分离。参与企业经营管理的合伙人和不参与企业经营管理的合伙人都需要一个与任何一方都没有利害关系的第三者能对合伙企业进行监督、检查的需求。企业聘请具有丰富会计知识和高超会计实务经验的会计专家来担任查账和公证的工作。他们专门提供查账、公证等服务，就是注册会计师审计的起源。专门从事这种工作的会计人员于1581年成立了威尼斯会计协会。

18世纪，英国的资本主义经济发展迅速，企业的所有权和经营权进一步分离，股份有限公司兴起，使得股东、证券市场上的潜在的投资人和公司的债券人都迫切需要由独立的会计师对公司财务报表进行审计，以保证会计报表的真实、可靠。

为了监督经营者，防止其徇私舞弊，保护投资者和债权人的利益，英国政府颁布了《公司法》，规定股份公司的账目必须经过董事以外的人员审计。审计业务迅速发展，独立会计师规模越来越大。1853年，第一个注册会计师的专业团体——爱丁堡会计师协会成立，标志着注册会计师职业的诞生。1862年，英国《公司法》确定注册会计师为法定的破产清算人，奠定了注册会计师审计的法律地位。

从1844年到20世纪初，是注册会计师审计的形成时期，属于详细审计阶段。英国注册会计师审计具有这样的特点：法律地位得到确认；审计目的是查错防弊、保护资产安全完整；审计方法是对会计账目进行详细审计；审计报告使用人主要为企业股东。

从20世纪初开始，全球的经济发展重心逐步从欧洲转向美国。1887年，美国公共会计师协会成立，1916年又改组为美国注册会计师协会，后来发展成为世界上最大的注册会计师团体。20世纪初，由于金融资本对产业资本的广泛渗透，银行逐渐把企业资产负债表作为了解企业信用的主要依据，因此在美国产生了帮助银行和其他债权人了解企业信用的资产负债表审计。其主要特点是，审计对象由会计账目扩大到资产负债表；审计的主要目的是判断企业的信用状况；审计方法从详细审计初步转向抽样审计；审计报告使用人从股东扩大到债权人。注册会计师审计发展到了资产负债表审计阶段，也称信用审计阶段。

1929年到1933年爆发了历史上最严重的资本主义经济危机，大批企业倒闭，投资者和债权人遭到沉重打击，迫使企业利益相关者从关心企业财务状况转变为更加关心企业的盈利能力，产生了对企业利润表进行审计的客观要求。1933年，美国《证券法》规定，在证券交易所上市的企业的财务报表必须经过注册会计师审计，向社会公众公布注册会计师出具的审计报告。注册会计师审计发展到了财务报表审计阶段。

这一时期的注册会计师审计的特点是，审计对象扩大到资产负债表和利润表为中心的全部财务报表及相关财务资料；审计目的是对财务报表发表审计意见，提供财务报表的可信性，查错防弊成为次要目的；审计范围扩大到测试相关的内部控制；审计方法由详细审计转向抽样审计；报告使用人由股东扩大到包括债权人、证券交易所、税务、金融机构及潜在投资者在内的全体社会公众；审计准则开始拟订，审计工作向标准化、规范化过度。

二次世界大战以后，跨国公司得到空前发展，国际资本在全世界范围流动，带动了注册会计师审计的跨国界发展，出现了“五大”国际会计师事务所。2001年美国曝出了安然公司会计造价丑闻，出具审计报告的安达信会计师事务所宣布倒闭。目前的“四大”国际会计师事务所有普华永道、安永、毕马威和德勤。与此同时，抽样审计方法得到普遍应用；风险导向审计方法得到推广；计算机辅助审计技术方法广泛采用。

四、中国注册会计师审计的产生和发展

由于我国商品经济不发达，我国的注册会计师审计的历史比较短暂。1918年9月北洋政府颁布了《会计师暂行章程》，批准谢霖为中国第一位注册会计师。解放后，我国实行计划经济模式，直到改革开放以后，由于商品经济得到迅速发展，外资大量流入，我国注册会计师制度得到恢复和发展。截至2013年10月31日，全国有会计师是事务所8 000多家，注册会计师87 000人。

任务二　审计的基本概念

一、审计的基本概念

审计是由专门的机构和人员对被审计单位的财政、财务收支及其他经济活动的真实性、合法性、完整性、公允性和效益性进行监督、评价和鉴证的一项独立性的经济监督活动。

(一)审计的基本特点

审计的基本特点包括审计的本质和基本特征两个方面。

1. 审计的本质

审计的本质是一项具有独立性的经济监督活动。审计本质具有两方面涵义:其一是指审计是一种经济监督活动，经济监督是审计的基本职能;其二 是指审计具有独立性，独立性是审计监督的最本质的特征，是区别于其他经济监督的关键所在。审计质量的高低与其独立性程度有重大关系。独立性是审计的本质特征。

2. 审计的基本特征

审计与经济管理活动、非经济监督活动以及其他专业性经济监督活动相比较主要具有以下三点基本特征。即独立性、权威性和公正性。其一独立性。独立性是审计的本质特征，也是保证审计业务顺利进行的必要条件。其二权威性。是保证有效行使审计权的必要条件。其三公正性。审计的公正性，反映了审计工作的基本要求。

审计的独立性主要表现在机构独立、人员独立、工作独立、经济独立。

审计的权威性是指审计具有使人相信的力量和威望。它来自法律赋予的权威和自身工作树立的权威。

审计是一种高层次、综合性的经济监督活动。

(二)审计的职能

审计职能是指审计本身所具有的内在功能。审计职能不是固定不变的，而是随着客观环境的变化而发展变化，与时俱进的。

审计具有监督、评价和鉴证等三项基本职能，审计的基本职能是经济监督。但是，政府审计、注册会计师审计和内部审计的职能又各有所侧重。

1. 经济监督:检查和督促被审计单位的全部经济活动在规定的范围，在正常的轨道上运行。审计起着经济卫士的作用。

2. 经济评价:在审核检查的基础上，对被审计单位的经济活动是否合法、合理、合规、有效，经济决策、计划、方案是否先进可行，有关规章制度是否健全、完备、有效等方面所作的评价并提出改进建议。审计起着经济医师的作用。

3. 经济鉴证:也称审计公正，是指通过审核检查，确定被审计单位反映和说明经济情况的会计资料和其他有关资料是否符合实际，经济事项或经济活动是否合法、合规，并作出书面证明。审计起着经济裁判的作用。

(三)审计作用

审计作用，是行使审计职能、完成审计任务、实现审计目标过程中所产生的作用。一般来说，有什么样的审计职能，并完成了与职能相应的任务，才能产生什么样的作用。由于审计监督的基本范围和内容，大多数都是由国家审计监督制度所规定，所以审计作用的大小，总是与国家审计监督制度地位的高低有关。我国审计监督制度处于较高的地位，它决定了我国审计是一种专职的、具有独立性的经济监督行为，在社会经济生活中处于监督控制的地位。

根据我国现行审计制度的要求，我国审计的基本任务，就是要为发展社会主义市场经济，为加强国民经济宏观调控、微观搞活服务。具体的任务是:审核检查会计和有关资料的真实性、正确性、完整性和公允性;审查和评价财政预算、财务计算以及经营决策方案制订和执行情况;审核检查经济活动的合法性、合理性及其有效性，揭露打击经济领域中的犯罪活动，充分披露损失浪费和低效（或无效）行为；审查和评价内部控制制度的健全性和有效性，促进经营管理水平的提高；审查和鉴证有关经济效益和经济活动，为信息需要者提供服务。因此，我国审计监督对于促进国家计划的实现，合理利用资源，保护社会主义财产，维护财经法纪，提高经济效益起着极其重要的作用；特别是对于治理经济环境，维护国家经济秩序，加强廉政建设，保障社会主义市场经济健康发展，更具有积极的意义。

审计监督对于宏观经济管理和微观经济管理均能发挥以下两个方面的作用：

1. 审计的制约作用

审计通过揭露和制止、处罚等手段，来制约经济活动中各种消极因素，有助于各种经济责任的正确履行和社会经济的健康发展。

(1)揭露背离社会主义方向的经营行为。党和国家各项方针、政策及法规制度，是千百万个企事业单位能够按照社会主义方向正确经营的保证。国家机关、各企事业单位能够忠实地贯彻执行，就能保证正确的经营方向，否则，就会背离社会主义方向。审计 通过检查监督，就能发现被审计单位贯彻方针政策和法规制度的情况，就能揭露和制止违反国家法规的行为，以利于社会主义经济健康地发展。

(2)揭露经济资料中的错误和舞弊行为。会计资料及其他各种经济资料，应该真实、正确、合理、合法地反映经济活动的事实。但不少单位的经济资料不仅存在错误，而且存在着有意造假现象，以图掩饰非法的经济行为。通过审计的检查监督，不仅可以揭露出经济资料的错误和舞弊，而且还可以揭发经济业务中的错误和舞弊行为，从而进一步追究有关负责人的责任和考查有关管理人员的政治、业务素质。

(3)揭露经济生活中的各种不正之风。不论是财政财务审计、还是经济效益审计，都可以通过对经济活动的审查监督，揭露出社会上不正当的各种各样的经济关系、经济思想和经济行为，进行必要的处理，提出改正意见，刹住不正之风，促进廉政建设。

(4)打击各种经济犯罪活动。各种审计特别是财政财务审计 ,可以发现和查明贪污盗窃、行贿、受贿、偷税、漏税、骗税、走私、造假账、化预算内为预算外、化大公为小公和化公为私，以及损失浪费等经济犯罪行为，并配合党的纪律检查工作、行政纪律监察工作，法院、检察机关的司法侦查工作，以及各种临时检查工作，进行查证与鉴定，以充分发挥审计的特有作用。

2. 审计的促进作用

审计通过调查、评价、提出建议等手段，来促进、服务宏观经济调控，促进微观经济管理，以助于国民经济管理水平和绩效的提高。

(1)促进经济管理水平和经济效益的提高。通过财政财务审计和经济效益审计，可以发现影响被审计单位财务成果和经济效益的各种因素，并针对问题的所在提出切实可行的改善措施，这样就有利于被审计单位改善物质技术条件和人员管理素质，进一步挖掘潜力，提高经济效益。

(2)促进内控制度建设和完善。通过对内部控制制度审计和评价，可以发现制度本身的完善程度、履行情况及责任归属等问题，并向有关方面反馈信息，以促进内部控制制度的进一步完善和正确的执行。

(3)促进社会经济秩序的健康运行。审计部门作为对一切国有资产的监督部门，通过微观审计和宏观调查，都可以发现社会主义经济生活中一些违法乱纪和破坏正常经济秩序的现象和行为，审计机关和人员不仅有向有关领导和宏观管理部门反映信息的义务，而且有提出处理意见和改进措施的权力，这就有利于维护正常的经济秩序，确保国民经济健康地发展。

(4)促进各种经济利益关系的正确处理。无论是微观审计还是宏观调查，都可以发现一些在处理国家、地区、集体、个人之间经济利益关系方面存在的问题。这些问题的存在使一些单位和个人获得了一些不正当的经济利益，也挫伤了一部分人的积极性，更严重的是损害了国家利益。审计通过信息反馈和提出一些改进意见，有利于协调各方面的经济利益关系，使责、权、利更加密切地结合，以助于微观经济中的有关矛盾的解决和宏观调控工作的加强。

西方的审计学家认为，审计是建立一个廉洁政府的有力工具，由此可见，审计监督不仅有利于我国经济制度的建设，对于社会主义政治制度建设也将会发挥更大的作用。

二、审计主体

审计主体是指实施审计工作的专门机构和人员。在我国，审计主体包括国家审计机关和人员（国家审计或政府审计）、民间审计机构和人员（独立审计、注册会计师审计、社会审计）和企事业单位的内部审计机构和人员（内部审计）等三个。它们根据委托或授权，对被审计单位或部门的财政、财务收支及其他经济活动进行监督、评价和鉴证，并根据审计结果提出审计意见和审计报告。

1. 国家审计机关

国家审计机关指代表国家依法行使审计监督权的行政机关，包括国务院和县级以上地方各级人民政府的审计机关。它具有宪法赋予的独立性和权威性。1983 年 9 月，我国在国务院设置中央国家审计机关——审计署，它是我国最高国家审计机关，按照统一领导、分级负责的原则组织和领导全国的审计工作。

2. 内部审计机构

内部审计机构是指在部门、单位内部设置的专门从事审计工作的机构。我国内审机构在组织体系上实行首长负责制，即受本部门或本单位的主要负责人直接领导，不受其他职能部门的制约。

3. 民间审计机构

民间审计机构是由注册会计师组成的，依法独立承办受托审计业务和咨询服务的社会中介服务机构。会计师事务所的特点是接受委托办理审计业务。

注册会计师在执行审计业务、获取审计证据时，很大程度上有赖于被审计单位及相关单位的积极配合和协助，对被审计单位没有强制力。注册会计师发现需要调整和披露的事项，只能提请被审计单位调整和披露，如果被拒绝，注册会计师视情况出具保留意见或否定意见的审计报告。

注册会计师可以办理的业务有：审查会计报表，出具审计报告；验证企业资本，出具验资报告；承办企业合并、分立、清算事宜中的审计业务，出具报告；承办其他审计业务；接受委托承办会计咨询、会计服务业务。

【讨论分析】：国家审计机关、内部审计机构和民间审计机构主要区别？

三、审计对象

审计的对象是被审计单位的财政、财务收支及相关的其他经济活动。

传统的审计对象是被审计单位的财政、财务收支及相关的其他经济活动的会计记录，包括纸质的会计凭证、会计账簿和会计报表。

近年来，随着信息经济的产生和发展，当代电子信息技术在会计工作中得到广泛的应用，会计记录的手段和方法发生了很大变化。会计电算化软件、ERP 管理系统的推广应用，导致了电算化审计的诞生。

四、审计的分类

审计可以有很多种分类。按审计主体的不同，可以分为政府审计、内部审计和独立审计；按目的和内容的不同，可以分为财务报表审计、经营审计、合规性审计和经济责任审计；按与被审计单位的关系不同，可以分为内部审计和外部审计等。

（一）按审计主体分类

按审计活动执行主体的性质分类，审计可分为政府审计、独立审计和内部审计三种。

1. 政府审计

政府审计是由政府审计机关依法进行的审计，在我国一般称为国家审计。我国国家审计机关包括国务院设置的审计署及其派出机构和地方各级人民政府设置的审计厅（局）两个层次。国家审计机关依法独立行使审计监督权，对国务院各部门和地方人民政府、国家财政金融机构、国有企事业单位以及其他有国有资产单位的财政、财务收支及其经济效益进行审计监督。各国政府审计都具有法律所赋予的履行审计监督职责的强制性。

2. 独立审计

独立审计，即由注册会计师受托有偿进行的审计活动，也称为民间审计。我国注册会计师协会（CICPA）在发布的《独立审计基本准则》中指出："独立审计是指注册会计师依法接受委托，对被审计单位的会计报表及其相关资料进行独立审查并发表审计意见。"独立审计的风险高，责任重，因此审计理论的产生、发展及审计方法的变革都基本上是围绕独立审计展开的。

3. 内部审计

内部审计是指由本单位内部专门的审计机构和人员对本单位财务收支和经济活动实施的独立审查和评价，审计结果向本单位主要负责人报告。这种审计具有显著的建设性和内向服务性，其目的在于帮助本单位健全内部控制，改善经营管理，提高经济效益。在西方国家，内部审计被普遍认为是企业总经理的耳目、助手和顾问。1999 年，国际内部审计师协会（IIA）理事会通过了新的内部审计定义，指出："内部审计是一项独立、客观的保证和咨询顾问服务。它以增加价值和改善营运为目标，通过系统、规范的手段来评估风险、改进风险的控制和组织的治理结构，以达到组织的既定目标。"

（二）按审计基本内容分类

按审计内容分类，我国一般将审计分为财政财务审计和经济效益审计。

1. 财政财务审计

财政财务审计是指对被审计单位财政财务收支的真实性和合法合规性进行审查，旨在纠正错误，防止舞弊。具体来说，财政审计又包括财政预算执行审计（即由审计机关对本级和下级政府的组织财政收入、分配财政资金的活动进行审计监督）、财政决算审计（即由审计机关对下级政府财政收支决算的真实性、合规性进行审计监督）和其他财政收支审计（即由审计机关对预算外资金的收取和使用进行审计监督）。财务审计则是指对企事业单位的资产、负债和损益的真实性和合法合规性进行审查。由于企业的财务状况、经营成果和现金流量是以会计报表为媒介集中反映的，因而财务审计时常又表现为会计报表审计。

财政财务审计在审计产生以后的很长一段时期都居于主导地位，因此可以说是一种传统的审计；又因为这种审计主要是依照国家法律和各种财经方针政策、管理规程进行的，故又称为依法审计。我国审计机关在开展财政财务审计的过程中，如果发现被审单位和人员存在严重违反国家财经法规、侵占国家资财、损害国家利益的行为，往往会立专案进行深入审查，以查清违法违纪事实，作出相应处罚。这种专案审计一般称为财经法纪审计，它实质上只是财政财务审计的深化。

2. 经济效益审计

经济效益审计是指对被审计单位经济活动的效率、效果和效益状况进行审查、评价，目的是促进被审计单位提高人财物等各种资源的利用效率，增强盈利能力，实现经营目标。在西方国家，经济效益审计也称为“3E”审计。最高审计机关国际组织（INTOSAI）则将政府审计机关开展的经济效益审计统一称为“绩效审计”。西方国家又将企业内部审计机构从事的经济效益审计活动概括为“经营审计”。

（三）按审计实施时间分类

按审计实施时间相对于被审单位经济业务发生的前后分类，审计可分为事前审计、事中审计和事后审计。

1. 事前审计

事前审计是指在被审单位经济业务实际发生以前进行的审计。这实质上是对计划、预算、预测和决策进行审计，如国家审计机关对财政预算编制的合理性、重大投资项目的可行性等进行的审查；会计师事务所对企业盈利预测文件的审核，内部审计组织对本企业生产经营决策和计划的科学性与经济性、经济合同的完备性进行的评价等。

开展事前审计，有利于被审单位进行科学决策和管理，保证未来经济活动的有效性，避免因决策失误而遭受重大损失。一般认为，内部审计组织最适合从事事前审计，因为内部审计强调建设性和预防性，能够通过审计活动充当单位领导进行决策和控制的参谋、助手和顾问。而且内部审计结论只作用于本单位，不存在对已审计划或预算的执行结果承担责任的问题，审计人员无开展事前审计的后顾之忧。同时，内部审计组织熟悉本单位的活动，掌握的资料比较充分，且易于联系各种专业技术人员，有条件对各种决策、计划等方案进行事前分析比较，作出评价结论，提出改进意见。

2. 事中审计

事中审计是指在被审单位经济业务执行过程中进行的审计。例如，对费用预算、经济合同的执行情况进行审查。通过这种审计，能够及时发现和反馈问题，尽早纠正偏差，从而保证经济活动按预期目标合法合理和有效地进行。

3. 事后审计

事后审计是指在被审单位经济业务完成之后进行的审计。大多数审计活动都属于事后审计。事后审计的目标是监督经济活动的合法合规性，鉴证企业会计报表的真实公允性，评价经济活动的效果和效益状况。

（四）按实施的周期性分类

审计还可分为定期审计和不定期审计。定期审计是按照预定的间隔周期进行的审计，如注册会计师对股票上市公司年度会计报表进行的每年一次审计、国家审计机关每隔几年对行政事业单位进行的财务收支审计等。而不定期审计是出于需要而临时安排进行的审计，如国家审计机关对被审单位存在的严重违反财经法规行为突击进行的财经法纪专案审计；会计师事务所接受企业委托对拟收购公司的会计报表进行的审计；内部审计机构接受总经理指派对某分支机构经理人员存在的舞弊行为进行审查等。

(五)按审计技术模式分类

审计可以分为账项基础审计、系统基础审计和风险基础审计三种。

这三种审计代表着审计技术的不同发展阶段，但即使在审计技术十分先进的国家也往往同时采用。而且，无论采用何种审计技术模式，在会计报表审计中最终都要用到许多共同的方法来检查报表项目金额的真实、公允性。

1. 账项基础审计是审计技术发展的第一阶段，它是指顺着或逆着会计报表的生成过程，通过对会计账簿和凭证进行详细审阅，对会计账表之间的勾稽关系进行逐一核实，来检查是否存在会计舞弊行为或技术性措施。在进行财务报表审计，特别是专门的舞弊审计时，采用这种技术有利于作出可靠的审计结论。

2. 系统基础审计是审计技术发展的第二阶段，它建立在健全的内部控制系统可以提高会计信息质量的基础上。即首先进行内部控制系统的测试和评价，当评价结果表明被审单位的内部控制系统健全且运行有效、值得信赖时，可以在随后对报表项目的实质性测试工作中仅抽取小部分样本进行审查；相反，则需扩大实质性测试的范围。这样能够提高审计的效率，有利于保证抽样审计的质量。

3. 是审计技术的最新发展阶段。采用这种审计技术时，审计人员一般从对被审单位委托审计的动机、经营环境、财务状况等方面进行全面的风险评估出发，利用审计风险模型，规划审计工作，积极运用分析性复核，力争将审计风险控制在可以接受的水平上。

除上述分类外，审计还可按执行地点分为报送审计和就地审计。前者是指审计机构对被审单位依法定期报送的计划、预算和会计报表及有关账证等资料进行的审计，主要适用于国家审计机关对规模较小的事业单位进行的财务审计；后者是指审计机构委派审计人员到被审单位进行现场审计，以全面调查和掌握被审单位的情况，作出准确的审计结论。

五、审计目标

审计目标是对审计对象的评价。

1.《审计法》规定,我国政府审计目标是监督和评价被审计单位财政收支或者财务收支的真实性、合法性和效益性。

真实性是指会计记录中的经济事项是否客观存在，是否客观、公正、公平、公允地反映了实际的生产经营活动，是否存在弄虚作假、张冠李戴的情况。

合法性是指被审计单位在处理经济业务过程中是否符合国家相关的法律法规和企业内部规章制度的规定，特别是是否符合会计准则和会计制度的规定。

效益性是指被审计单位的经济效益水平。通常通过单位生产成本、劳动生产率、资金周转率、每股盈余、净利润等财务指标来体现。效益性综合地表明了被审计单位经营管理水平的高低，也是审计人员发表审计意见的重要依据。

2. 内部审计目标是对内部控制的有效性、财务信息的真实性和完整性以及经营活动的效率和效果开展评价。

完整性是指在会计报表中应该列示的所有交易和项目是否都已经记录和披露，是否有遗漏或者省略。

3. 注册会计师审计目标包括审计总目标和审计具体目标。

(1)注册会计师审计总目标

在不同的发展阶段，审计的总目标是不同的。

在详细审计阶段，注册会计师通过逐笔审查被审计单位一定时期内的会计记录，判定有无技术错误和舞弊行为，查错防弊是审计总目标。

在资产负债表审计阶段，注册会计师通过对被审计单位一定时期内的资产负债表所有项目余额的真实性、可靠性进行审查，审计总目标主要是真实性，其次是查错防弊，审计的功能从防护性发展到公证性。

在财务报表审计阶段，注册会计师判定被审计单位一定时期内的财务报表是否公允地反映了其财务状况、经营成果和现金流量，出具审计报告，并提出改进经营管理的意见。审计总目标不仅是查错防弊、对历史财务信息进行鉴证，而是向管理领域深入和发展。

《中国注册会计师审计准则第 1101 号——财务报表审计的目标和一般原则》规定:财务报表审计的目标是注册会计师通过执行审计工作，对财务报表的下列方面发表审计意见:

①财务报表是否按照适用的会计准则和相关会计制度的规定编制(合法性);

②财务报表是否在所有重大方面公允反映被审计单位的财务状况、经营成果和现金流量(公允性)。

因此，我国财务报表审计的总目标是对被审计单位的财务报表的合法性和公允性发表意见。

财务报表包括资产负债表、利润表、现金流量表、所有者权益(或股东权益)变动表以及财务报表附注。

(2)注册会计师审计的具体目标

审计的具体目标与被审计单位管理层的认定有直接关系。

认定是指被审计单位管理层对财务报表组成要素的确认、计量、列报所做出的明确或隐含的表达。

例如，资产负债表列报了存货及其金额，那么，意味着管理层已经明确确认了:记录的存货是存在的;存货以恰当的金额填列在资产负债表中，相关的计价或分摊调整已恰当记录，同时，管理层也隐含地认定了:所有应当记录的存货都已记录;记录的存货都由我单位拥有。

管理层对财务报表所有组成要素都做出了认定，注册会计师的审计工作就是要证实、确定管理层的认定是否恰当。

因此，审计的具体目标包括:

①与各类交易和事项相关的审计目标

a. 真实性:确认已记录的交易是否是真实的;

b. 完整性:确认已发生的交易确实是否已经记录;

c. 准确性:确认已发生的交易金额是否是正确的;

d. 截止:确认交易是否记录于恰当的时期;

e. 分类:交易是否经过适当的分类。

②与期末账户余额相关的审计目标

a. 存在:确认记录的金额是否确实存在;

b. 权利和义务：确认资产是否归属于被审计单位，负债是否属于被审计单位的义务；

c. 完整性：确认已存在的金额是否均已记录；

d. 计价和分摊：确认所有相关的计价或分摊是否已恰当记录。

③与列报相关的审计目标

a. 发生及权利和义务：确认是否将没有发生的交易、事项或与被审计单位无关的交易、事项包括在财务报表中；

b. 完整性：确认应当披露的事项是否包括在财务报表中；

c. 分类和可理解性：确认财务信息是否已被恰当地列报和描述，披露内容是否表述清楚；

d. 准确性和计价：确认财务信息和其他信息是否已公允披露，且金额恰当。

【讨论分析】审计与会计目标。

六、审计与会计的关系

审计与会计是两种不同的但又有联系的社会活动。

(一)审计与会计的联系：

审计主要是对会计凭证、会计账簿和会计报表等财务会计资料及其所反映的财政、财务收支活动的真实、合法、效益进行审查和评价。审计需要以会计资料为前提和基础，离开了财务会计资料，审计工作很难进行。

审计与会计的联系主要表现在以下几个方面：

1. 审计和会计都必须借助会计方法和会计技巧。很难想象，连存货计价方法、固定资产折旧方法、产品成本计算方法、坏账准备计提方法、利润结算方法等基本会计方法都不懂得的人，可以胜任审计工作。会计利用(或称运用)各种会计方法去完成会计工作，而审计则运用会计方法去复核和审查会计工作。因而会计方法，同时是审计和会计的工具。

2. 审计与会计的工作对象都是会计资料。《企业会计准则》和《会计法》规定会计核算是由原始凭证到编制会计报表，构成企业会计工作的对象是一系列的会计资料。而审计的直接对象是企业编制的会计报表，同样要审查相关的由原始凭证到账册反映的经济和会计数据，所以审计和会计的工作对象都是会计资料。

3. 审计与会计工作范围同样涉及企业内部管理制度。中国企业和单位的会计工作，必须遵照《会计法》和《会计准则》的规定。而这就必须按这些会计法例的规范，在企业内制定相关的内部管理制度，以保证会计核算工作的有效运作和会计信息的准确无误，防止或及时发现有关人员的舞弊、贪污及其他违纪、违法活动，从而保证企业各项资产的完整和安全。而审计员在审计过程中，同样要涉及企业的内部控制制度。与企业财务会计相同的是，审计人员关心并进行研究、评价的也主要是与企业会计信息形成和输出相关的各项内部控制制度。

4. 审计与会计同样对企业经营管理活动进行监督，提高经济效益。在会计核算工作中，不仅是反映已发生的经济活动，还要对这些经济活动进行是否符合会计制度和企业经营目标的监督。而审计工作，也是依据有关法律、法规和内部管理制度，检查企业的会计资料及其反映的经济活动。是对企业财务会计监督的内容进行再监督。在这些监督工作过程中，对已发现的经济业务及其涉及的相关内部控制制度所出现的各种问题，需要及时向企业管理部门提出改进意见，以改善企业的经营管理，提高经济效益。

从上述可见，中国审计和会计关系极为密切，从保护国家财产的目标下，实行对企业经济活动的双重监督。

(二)审计和会计的区别

1. 概念不同

审计是独立于被审计单位的机构和人员，对被审计单位的财政、财务收支及其有关的经济活动的真实、合法和效益进行检查、评价、公证的一种监督活动。而会计是以货币为主要计量单位，以提高经济效益为主要目标，运用专门方法对企业、机关、事业单位和其他组织的经济活动进行全面、综合、连续、系统地核算和监督，提供会计信息，并随着社会经济的日益发展，逐步开展预测、决策、控制和分析的一种经济管理活动，是经济管理活动的重要组成部分。

2. 产生的前提不同

会计是为了加强经济管理，适应对劳动耗费和劳动成果进行核算和分析的需要而产生的，审计是因经济监督的需要，也即是为了确定经营者或其他受托管理者的经济责任的需要而产生的。

3. 两者性质不同

会计是经营管理的重要组成部分，主要是对生产经营或管理过程进行反映和监督，审计则处于具体的经营管理之外，是经济监督的重要组成部分，主要对财政、财务收支及其他经济活动的真实合法和效益进行审查，具有外在性和独立性。

4. 两者对象不同

会计的对象主要是资金运动过程，也即是经济活动价值方面。审计的对象主要是会计资料和其他经济信息所反映的经济活动。

5. 方法程序不同

会计方法体系由会计核算、会计分析、会计检查三部分组成。包括了记账、算账、报账、用账、查账等内容。其中会计核算方法包括设置账户、复式记账、填制凭证、登记账簿、成本计算、财产清查、会计报表等记账、算账和报账方法，其目的是为管理和决策提供必须的资料和信息，审计方法体系由规划方法、实施方法、管理方法等组成。而实施方法主要是为了确定审计事项、收集审计证据、对照标准评价、提出审计报告与决定，使用资料检查法、实物检查法、审计调查法、审计分析法、审计抽样法等，其目的是为了完成审计任务。

6. 职能不同

会计的基本职能是对经济活动反映和监督，审计的基本职能是监督，此外还包括评价和公证。会计虽说也具有监督职能，但这种监督是一种自我监督行为，主要通过会计检查来实现，会计检查或查账，只是检查账目的意思，主要针对会计业务活动本身。而审计，既包含了检查会计账目，又包括了对计算行为及所有的经济活动进行实地考察、调查、分析、检验，即含审核稽查计算之意，会计检查只是各个单位财会部门的附带职能，而审计是独立于财会部分之外的专职监督检查，会计检查的目的主要是为了保证会计资料的真实性和准确性，其检查范围、深度、方式均受到限制。而审计的目的在于证实财政、财务收支的真实合法效益，审计检查会计资料只是实现审计目的的手段之一，但不是唯一手段。

【讨论分析】审计与会计关系。

【基础知识与技能训练】

一、单项选择题

1. 国资委作为H国有企业的股权持有者代表，对H企业2007年财务决算审计工作进行公开招标。诚信会计师事务所投标后被选定为本次审计的主审机构。本次审计的类别属于(　　)。

A. 政府审计　　B. 经营审计

C. 内部审计　　D. 注册会计师审计

2. 诚信会计师事务所在对上市公司M公司审计中，承接了M公司下属子公司N公司2007年会计报表的审计工作，则该审计按目的和内容划分，属于(　　)。

A. 经营审计　　B. 合规性审计

C. 财务报表审计　　D. 注册会计师审计

3. 以下有关各种审计方法的说法中，不正确的是(　　)。

A. 账项基础审计的重心是资产负债表，方法是详细审计

B. 制度基础审计的主要目的是提高审计效率、降低审计的工作量

C. 风险导向审计解决了抽样审计的随意性和审计资源的分配问题

D. 账项审计中约四分之三的时间花费在合计和过账上

4. 政府审计、内部审计、注册会计师审计共同构成了审计的监督体系。其中，政府审计与注册会计师审计在以下(　　)方面是基本相似的。

A. 审计所依据的准则　　B. 审计要实现的目标

C. 对内部审计的利用　　D. 审计中取证的权限

二、多项选择题

1. 根据中国注册会计师审计准则的规定，财务报表审计的目标是通过注册会计师执行审计工作，对财务报表的(　　)方面发表审计意见。

A. 是否存在重大的错报或漏报、是否存在重大的舞弊行为

B. 是否按适用的会计准则和相关会计制度的规定编制

C. 所采用的会计政策和会计估计是否具有一贯性

D. 是否在所有重大方面公允反映财务状况、经营成果和现金流量

2. 关于内部审计的下列论述中，正确的是(　　)。

A. 目标为对内部控制的有效性、财务信息的真实性和完整性以及经营活动的效率和效果开展评价

B. 内部审计人员应当遵循独立审计准则

C. 独立性较差

D. 内部审计是被审计单位内部控制系统的重要组成部分

3. 诚信会计师事务所2007年度承接的下列业务中，属于财务报表审计的为(　　)。
A. 对C公司发行企业债券筹集的资金的使用情况进行审计
B. 对C公司的全资子公司D公司的经营活动的效率和效果进行审计
C. 对上市公司M企业2007年度财务决算进行审计
D. 对上市公司M企业的下属子公司N公司2007年度财务报表进行审计

三、判断题

1. 根据《中国注册会计师审计准则第1101号》对审计概念的理解，财务报表审计的目标是注册会计师通过执行审计工作，对财务报表的下列方面发表审计意见:(一)财务报表是否按照适用的会计准则和相关会计制度的规定编制;(二)财务报表是否在所有方面公允反映被审计单位的财务状况、经营成果和现金流量。(　　)

2. 诚信会计师事务所对K公司2007年财务报表发表了无保留意见，事后K公司发现2007年财务报表中确实存在一笔255万元的错误。K公司董事会认为诚信会计师事务所的注册会计师出具的审计意见是错误的。(　　)

3. 在注册会计师的财务报表审计中，财务报表是指资产负债表、利润表、现金流量表以及财务报表附注。(　　)

4. 浙江省审计局在对省属HS大学的教育经费收支审计中，委托诚信会计师事务所进行审计。诚信会计师事务所认为是受浙江省审计局委托对HS大学进行审计，因此，在获取审计证据时，无需征得HS大学的同意。(　　)

5. Q县审计局借调诚信会计师事务所的5名注册会计师对本县2007年的住房公积金的管理情况进行检查。住房公积金管理机构的领导认为会计师事务所是中介机构，对该机构没有强制力，因此他们有权拒绝提供某些审计证据。(　　)

6. 计划审计工作通常由项目组中经验较多的人完成，由项目负责人审核批准。(　　)

7. 在小型被审计单位中，全部审计工作可能由一个很小的审计项目组执行，因此注册会计师可以不需要编制审计计划。(　　)

四、思考题

1. 注册会计师与会计师、审计师有什么区别?

2. 为什么被审计单位要请注册会计师来对财务报表进行审计?

项目二　审计准则和审计职业道德

【知识要点】

(1)了解中国注册会计师职业规范体系；
(2)理解中国注册会计师职业道德规范；
(3)掌握注册会计师法律责任及审计职业道德。

【能力目标】

(1)认识审计法律责任；
(2)具备审计职业道德。

【案例导入】

卡迪罗旅游系统公司审计失败案例

卡迪罗旅游系统公司曾是美国第四大旅游机构，也是第一家在美国证券交易所挂牌上市的旅游代理商。塔奇·罗斯会计师事务所在审计卡迪罗旅游系统公司1985年度会计报表时发现，该公司所确认的从联合航空公司获取的一笔20万美元“旅游佣金收入”存在疑点。通过向联合航空公司的了解，这笔款项只是一笔预付款，其目的仅是为了弥补更换新的预定系统所发生的安装设置成本。由于塔奇·罗斯会计师事务所的有关合伙人坚持认为这笔款项不能被确认为收入，没有做出妥协，未出具审计报告，卡迪罗旅游系统公司最终解聘了该事务所，并拒绝向其支付有关审计费用。由于陷入偿债危机，1987年5月，卡迪罗旅游系统公司的主要债权人对该公司提出了强制破产诉讼，同年美国证券交易委员会颁布了对该公司的调查报告，认定公司有关人员违反了联邦证券法的有关规定，包括不能保持正确的财务记录等。而由于塔奇·罗斯会计师事务所在审计过程中严格遵守了审计准则和有关职业道德，最终免除了破产诉讼人的起诉和证券交易委员会的处罚。

任务一 我国审计准则

一、我国审计准则体系

独立审计准则又称独立审计标准，是规范注册会计师执行审计业务，获取审计证据，形成审计结论，出具审计报告的专业标准。作为注册会计师执业应当遵循的行为准则，独立审计准则建设一直是世界各国独立审计事业建设的基础。世界上最具有影响力和代表性的独立审计准则体系主要有美国注册会计师协会（AICPA）制定的《公认审计准则（GAAS）》和国际会计师联合会（IFAC）制定的《国际审计准则（ISA）》。

我国的独立审计准则由《独立审计基本准则》、《独立审计具体准则》与《独立审计实务公告》、《执业规范指南》三个层次构成。《独立审计基本准则》是独立审计准则的总纲，是对注册会计师的资格条件、执业行为的基本规范，是制定《独立审计具体准则》、《独立审计实务公告》和《执业规范指南》的基本依据。《独立审计具体准则》是依据《独立审计基本准则》制定的，是对注册会计师执行各项独立审计业务、出具审计报告的具体规范。《独立审计实务公告》也是依据《独立审计基本准则》制定的，是对注册会计师执行各项特殊行业、特殊目的、特殊性质的审计业务的具体规范。《执业规范指南》是对《独立审计基本准则》、《独立审计具体准则》与《独立审计实务公告》的解释和补充说明，为注册会计师执行各项审计业务提供可操作的指导性意见。2002 年底，中注协曾就《中国注册会计师执业规范指南第 6 号——证券公司审计（试行）（征求意见稿）》向各地注协广泛征求意见。从权威性而言，《独立审计基本准则》、《独立审计具体准则》与《独立审计实务公告》属于法定要求，注册会计师执业必须遵循，《执业规范指南》不具有强制性。

截至目前，我国已经或正在制定的独立审计准则包括《会计报表审计（第 1 号）》、《审计业务约定书（第 2 号）》、《审计计划（第 3 号）》等 28 个具体准则；《验资（第 1 号）》、《管理建议书（第 2 号）》、《小规模企业审计的特殊考虑（第 3 号）》等 8 个《独立审计实务公告》；和《审计工作底稿（第 2 号）》、《验资（第 3 号）》等 6 个《执业规范指南》。这些审计准则对于注册会计师开展工作具有不可替代的指导性作用。

二、中国注册会计师执业准则体系

（一）独立审计准则体系

独立审计准则是中国注册会计师职业规范体系的重要组成部分。独立审计准则体系由以下三个层次组成：

（1）独立审计基本准则。

独立审计基本准则是独立审计准则的总纲，是对注册会计师专业胜任能力的基本要求和执业行为的基本规范，是制定独立审计具体准则、实务公告和执业规范指南的基本依据。

（2）独立审计具体准则与独立审计实务公告。

独立审计具体准则是依据独立审计基本准则制定的，是对注册会计师执行一般审计业务、出具审计报告的具体规范。独立审计实务公告是依据独立审计基本准则制定的，是对注册会计师执行特殊行业、特殊目的、特殊性质的审计业务、出具审计报告的具体规范。

(3)执业规范指南。

执业规范指南是依据独立审计基本准则、具体准则与实务公告制定的，为注册会计师执行独立审计具体准则、实务公告提供可操作的指导意见。

由于上述三个层次独立审计准则的性质不同，因而约束力也有所区别。独立审计基本准则、具体准则与实务公告，是注册会计师执行独立审计业务，出具审计报告的法定要求，各事务所和注册会计师执行注册会计师法规定的审计业务，应当遵照执行。

执业规范指南是对注册会计师执行独立审计业务、出具审计报告的具体指导，注册会计师参照执行，可以根据承办委托业务过程中的实际情况，具体应用。

(二)中国注册会计师执业准则体系的框架

2006 年 2 月 15 日，财政部发布了 48 项中国注册会计师执业准则，自 2007 年 1 月 1 日起在所有会计师事务所施行。这标志着我们已建立起一套适应我国社会主义市场经济发展要求，顺应国际趋同大势的执业准则体系。为了便于读者从整体上把握中国注册会计师执业准则体系，下面对框架体系进行简要介绍。

中国注册会计师执业准则由中国注册会计师业务准则和会计师事务所质量控制准则构成。中国注册会计师业务准则体系由鉴证业务准则和相关服务准则所构成。

1. 鉴证业务准则

(1)鉴证业务

鉴证业务是指注册会计师对鉴证对象信息提出结论，以增强除责任方之外的预期使用者对鉴证对象信息信任程度的业务。

鉴证对象信息是按照标准对鉴证对象进行评价和计量的结果。如责任方按照会计准则(标准)对其财务状况、经营成果和现金流量(鉴证对象)进行确认、计量和列报而形成的财务报表(鉴证对象信息)。

鉴证业务涉及的三方关系人包括注册会计师、责任方和预期使用者。三方之间的关系是，注册会计师对由责任方负责的鉴证对象或鉴证对象信息提出结论，以增强除责任方之外的预期使用者对鉴证对象信息的信任程度。

(2)鉴证业务准则

鉴证业务准则由鉴证业务基本准则统领，按照鉴证业务提供的保证程度和鉴证对象的不同，分为审计准则、审阅准则和其他鉴证业务准则。其中，审计准则是整个业务准则体系的核心。

审计准则用以规范注册会计师执行历史财务信息的审计业务。在提供审计服务时，注册会计师对所审计信息是否不存在重大错报提供合理保证，并以积极方式提出结论。

审阅准则用以规范注册会计师执行历史财务信息的审阅业务。在提供审阅服务时，注册会计师对所审阅信息是否不存在重大错报提供有限保证，并以消极方式提出结论。

其他鉴证业务准则用以规范注册会计师执行历史财务信息审计或审阅以外的其他鉴证业务，根据鉴证业务的性质和业务约定书的要求，提供有限保证或合理保证。其他鉴证业务主要包括预测性财务信息的审核、内部控制鉴证等。

(3)合理保证与有限保证

鉴证业务的保证程度分为合理保证和有限保证。合理保证的保证水平要高于有限保证的保证水平。

合理保证的鉴证业务的目标是注册会计师将鉴证业务风险降至该业务环境下可接受的低水平，以此作为以积极方式提出结论的基础。

有限保证的鉴证业务的目标是注册会计师将鉴证业务风险降至该业务环境下可接受的水平，以此作为以消极方式提出结论的基础。

【讨论分析】以财务报表审计作为合理保证的鉴证业务的例子，以财务报表审阅作为有限保证的鉴证业务的例子，对两类业务进行比较。

2. 相关服务准则

相关服务准则用以规范注册会计师执行除鉴证业务外的其他相关服务业务。相关服务业务主要包括对财务信息执行商定程序、代编财务信息、税务咨询和管理咨询等。在提供相关服务时，注册会计师不提供任何程度的保证。

注册会计师提供的专业服务包括鉴证业务和相关服务。

【讨论分析】以财务报表审计作为鉴证业务的例子，以代编财务信息作为相关服务的例子，对两类业务进行比较。

（三）会计师事务所质量控制准则

会计师事务所质量控制准则用以规范会计师事务所在执行各类业务时应当遵守的质量控制政策和程序，是对会计师事务所质量控制提出的制度要求。

会计师事务所质量控制准则旨在保证注册会计师在执行审计、审阅、其他鉴证业务和相关服务时，能够遵守法律法规、中国注册会计师职业道德规范以及相关业务准则的规定，确保会计师事务所和项目负责人能够根据具体情况出具恰当的报告，提供高质量的服务。

【案例2－1】注册会计师向委托人明示公司成立后可以抽逃出资的案例

2012年8月，M电脑服务有限公司（筹）股东甲、乙来会计师事务所咨询验资事宜，在向注册会计师说明拟以实物出资100万元时，注册会计师向委托人说明，以实物出资设立有限责任公司的应当进行资产评估，要收取评估费而且时间长，不如改成以货币出资，既不用评估，办理时间短，又节省费用。如无现金可以设法借款100万元，在办好营业执照后，将款项取出归还即可。M公司股东遂借款100万元作为出资，经注册会计师验资后办妥了营业执照，然后将100万元取出归还了借款。

【解析】

（1）风险分析：《刑法》第159条规定，公司发起人、股东违反《公司法》规定在公司成立后抽逃出资，数额巨大、后果严重或者有其他严重情节的，构成抽逃出资罪。负责审验的注册会计师向委托人明示在公司成立后可以将用于出资的货币资金抽逃，既违反了职业道德，也构成传授犯罪方法的行为，已涉嫌传授犯罪方法罪。即使注册会计师暗示用作出资的货币资金在公司成立后可以抽逃的，也违犯了注册会计师职业道德基本准则关于“注册会计师应当正直、诚实、维护社会公众利益、维持职业形象”的要求，具有潜在的个人风险。

（2）风险防范：首先，注册会计师在执业中应时刻遵守职业道德，做到独立、客观、公正，注意规范用语，明确资本筹划咨询与传授犯罪方法的界限，严禁向委托人、被审验单位明示或暗示用作出资的货币资金或实物在验资完成或公司成立后可以抽逃或者变相抽逃，防止给自己带来风险。当然，注册会计师作为专业人士，在委托人、被审验单位咨询资本筹划事宜或办理验资业务时，可以指导委托人选择合适的出资形式，也可以告知当事人用作出资的货币资金在办妥营业执照后可以动用，用于企业日常生产、经营活动。其次，在验资业务各环节，尽可能由两名以上审计人员共同实施，以便相互监督、相互证明，防止单人执业而被人利用或诬陷。

（资料来源：中国审计网）

任务二　我国审计职业道德

一、中国注册会计师职业道德规范

（一）中国注册会计师职业道德规范的主要内容

1. 一般原则

（1）注册会计师应当恪守独立、客观、公正的原则。

（2）注册会计师执行审计或其他鉴证业务，应当保持形式上和实质上的独立。

（3）会计师事务所如与客户存在可能损害独立性的利害关系，不得承接其委托的审计或其他鉴证业务。

（4）执行审计或其他鉴证业务的注册会计师如与客户存在可能损害独立性的利害关系，应当向所在会计师事务所声明，并实行回避。

（5）注册会计师不得兼营或兼任与其执行的审计或其他鉴证业务不相容的其他业务或职务。

（6）注册会计师执行业务时，应当实事求是，不为他人所左右，也不得因个人好恶影响分析、判断的客观性。

（7）注册会计师执行业务时，应当正直、诚实，不偏不倚地对待有关利益各方。

2. 专业胜任能力与技术规范

（1）注册会计师应当保持和提高专业胜任能力，遵守独立审计准则等职业规范，合理运用会计准则及国家其他相关技术规范。

（2）会计师事务所和注册会计师不得承办不能胜任的业务。

（3）注册会计师执行业务时，应当保持应有的职业谨慎。

（4）注册会计师执行业务时，应当妥善规划，并对业务助理人员的工作进行指导、监督和检查。

（5）注册会计师对有关业务形成结论或提出建议时，应当以充分、适当的证据为依据，不得以其职业身份对未审计或其他未鉴证事项发表意见。

（6）注册会计师不得对未来事项的可实现程度做出保证。

（7）注册会计师对审计过程中发现的违反会计准则及国家其他相关技术规范的事项，应当按照独立审计准则的要求进行适当处理。

3. 对客户的责任

（1）注册会计师应当在维护社会公众利益的前提下，竭诚为客户服务。

（2）注册会计师应当按照业务约定履行对客户的责任。

（3）注册会计师应当对执行业务过程中知悉的商业秘密保密，并不得利用其为自己或他人谋取利益。

(4)除有关法规允许的情形外，会计师事务所不得以或有收费形式为客户提供鉴证服务。

4. 对同行的责任

(1)注册会计师应当与同行保持良好的工作关系，配合同行工作。

(2)注册会计师不得诋毁同行，不得损害同行利益。

(3)会计师事务所不得雇用正在其他会计师事务所执业的注册会计师。注册会计师不得以个人名义同时在两家或两家以上的会计师事务所执业。

(4)会计师事务所不得以不正当手段与同行争揽业务。

5. 其他责任

(1)注册会计师应当维护职业形象，不得有可能损害职业形象的行为。

(2)注册会计师及其所在会计师事务所不得采用强迫、欺诈、利诱等方式招揽业务。

(3)注册会计师及其所在会计师事务所不得对其能力进行广告宣传以招揽业务。

(4)注册会计师及其所在会计师事务所不得以向他人支付佣金等不正当方式招揽业务，也不得向客户或通过客户获取服务费之外的任何利益。

(5)会计师事务所、注册会计师不得允许他人以本所或本人的名义承办业务。

二、中国注册会计师审计的法律责任

注册会计师法律责任是指注册会计师在承办业务的过程中，未能履行合同条款，或者未能保持应有的职业谨慎，或出于故意未按专业标准出具合格报告，致使审计报告使用者遭受损失，依照有关法律法规，注册会计师或注册会计师事务所应承担的法律责任。一般认为，注册会计师的法律责任是指注册会计师因违约、过失或者欺诈，对审计委托人、被审计单位或者其他有利益关系的第三人造成损害，按照相关法律法规而应承担的法律后果。按照应该承担责任的内容不同，注册会计师的法律责任可分为行政责任、民事责任和刑事责任三种，三种责任可以同时追究，也可以单独追究。

在注册会计师应承担的法律后果的规定上，我国和西方国家既有相同的地方，但更多的是差异。相同点是都有承担刑事责任和民事责任的规定；不同点在于我国还有行政责任的规定。

正确确定注册会计师的审计责任与法律责任，对于保护注册会计师的合法权益，促使会计信息提供者依法履行职责，提高会计信息质量，维护国家正常经济秩序有着重要作用。

(一)注册会计师过错归责原则

1. 无过错责任原则。无过错责任原则是指没有过错造成他人损害的，与造成损害原因有关的人也应承担民事责任。执行这一原则主要不是根据责任人的过错，而是根据损害的客观存在、行为人的活动以及行为人所管理的人或物的危险性质与所造成的损害后果的因果关系，而特别加重其责任。无过错责任原则的特点是不管当事人是否存在过错，只要其他侵权条件成立就必须承担民事责任。

2. 过错责任原则。过错责任原则是指行为人仅在有过错的情况下承担民事责任，没有过错就不承担民事责任。在过错责任原则下，无过错即无责任，即使造成了事实上的侵权行为，只要当事人没有过错就不必承担民事责任。过错责任原则有两种形式，一种是一般的过错责任原则，另一种是过错推定原则。

两者的主要区别在于举证责任的不同：在一般的过错原则下，举证责任在原告一方，奉行“谁主张谁举证”的原则;在过错推定原则下，举证责任倒置给被告，若被告不能证明自己没有过错，则被法律推定其有过错。

(二)过错推定原则适用于注册会计师的民事责任的理由

1. 有利于维护注册会计师的生存空间。从我国《民法通则》的规定和现代侵权法的发展趋势来看，无过错责任仅在环境污染、高危作业、产品责任等少数几个领域之中，而且背后通常有着强大的责任保险来做支撑，即透过保险制度将责任分散到大众之中。尽管注册会计师责任保险和执业风险基金在我国已经出现，但其发展时间较短、制度又未完善，如果贸然对注册会计师适用无过错责任，势必将会导致该行业成为“高危行业”，大量的业界人才纷纷逃离，造成行业萎缩，而留下来的少量注册会计师出于竞争减少和审计风险的考虑，自然会大幅提高审计费用，这样将变相增加上市公司乃至整个社会的成本负担，因此无过错责任不可取。

2. 对审计制度体现出真正的尊重。那种认为审计实际上提供了一种“保证”或者“保险”的观点，实际上是对审计的本质缺乏了解。注册会计师的责任是遵照审计准则对财务报表进行审计，一般来说注册会计师在执业过程中保持了应有的职业谨慎，实施了必要的审计程序，能够发现审计报表中存在的不实陈述，但只能是合理地保证报表在所有重大方面的合法性、公允性。如果上市公司管理层故意隐瞒以及企业环境存在的不确定性，注册会计师的审计仍然不足以提供绝对的保证，让注册会计师承担无过错责任有失公允。

3. 尊重和维护了广大投资者的利益。尽管注册会计师对于委托人来讲处于信息弱势，但相对于证券市场上广大的投资者，注册会计师作为财务信息的直接审计者仍处于主导或者优势地位。如果采取一般过错的归责原则，则必须证明注册会计师存在过错，而采用过错推定原则，让注册会计师来承担已履行举证责任是比较合理的，这也是国际上的通行做法。

【讨论分析】注册会计师审计责任、法律责任与被审计单位会计责任?

【参考】注册会计师的审计责任

注册会计师的审计责任主要是以超然独立的第三者身份，对被审计单位财务报表的合法性、公允性发表意见，以提高或降低财务报表信息使用者对财务报表的信赖程度，能够在一定程度上对被审计单位的财产、债权人和股东的权益及企业利害关系人的利益起到保护作用。审计责任是针对注册会计师而言的，是注册会计师执行审计业务，出具审计报告所应负的责任。

【案例2-2】　　从审计案例看注册会计师法律责任

注册会计师的法律责任问题，是西方法律界和注册会计师行业近百年来煞费苦心探讨的难题，对今天的中国证券市场而言更是一个全新的课题。

针对近来某些会计师事务所在执行上市公司审计业务时被舆论广泛指责为没有“尽责”的情况，为了帮助广大投资者能够对此有一个感性认识，以“巨人零售公司与塔奇·罗斯会计师事务所的交易”案例进行分析:

巨人零售公司是美国一家大型的零售折扣商店，也是一家上市公司。由于竞争的压力，该公司在应付账款、销售退回以及进价差额的退回方面，弄虚作假，将1971年发生的250万美元的经营损失篡改为150万美元的收益。而审计该公司的塔奇·罗斯会计师事务所的有关合伙人由于屈服于客户施加的压力，在该公司的控制下对有关单位进行询证，执行并无实效的审计程序;对该公司提出的更换审计合伙人、将某位助理审计人员赶出事务所等无理要求“委曲求全”;对审计助理人员发现的公司舞弊嫌疑听之任之。更有甚者，当塔奇·罗斯会计师事务所在与巨人零售公司讨论审计中所发现的问题时，巨人零售公司的有关人员是否当面计算各种财务指标，以能否达到预期目标作为是否接受塔奇·罗斯会计师事务所调整意见的原则。

1972 年巨人零售公司向美国证券交易委员会提交了 1971 年度财务报表和塔奇·罗斯会计师事务所出具的无保留意见审计报告，申请并获准发行了 300 万美元的普通股，还获取了 1200 万美元的贷款。但 1973 年该公司突然宣布：由于存在潜在的会计错误可能会影响 1971 年度的报告收益。大约一个月以后塔奇·罗斯会计师事务所撤回了上述无保留意见审计报告。1973 年 8 月巨人零售公司向波士顿法院提交破产申请，两年后法庭宣布公司破产，该公司的有关人员则被判有罪。美国证券交易委员会在经过调查后，严厉谴责了塔奇·罗斯会计师事务所，并且在联邦法院处理此事前，暂停该所负责巨人零售公司审计的合伙人执业 5 个月。美国证券交易委员会同时要求由独立专家中的一位陪审员，对塔奇·罗斯会计师事务所的审计程序进行一次大规模的检查，内容包括了事务所的独立性以及如何接受聘约、保留客户等。

【讨论分析】塔奇·罗斯会计师事务所的审计责任和法律责任？

（资料来源：中国审计网）

【知识拓展】

卡迪罗旅游系统公司审计案例

卡迪罗旅游系统公司曾是美国第四大旅游机构，也是第一家在美国证券交易所挂牌上市的旅游代理商。塔奇·罗斯会计师事务所在审计卡迪罗旅游系统公司 1985 年度会计报表时发现，该公司所确认的从联合航空公司获取的一笔 20 万美元“旅游佣金收入”存在疑点。通过向联合航空公司的了解，这笔款项只是一笔预付款，其目的仅是为了弥补更换新的预定系统所发生的安装设置成本。由于塔奇·罗斯会计师事务所的有关合伙人坚持认为这笔款项不能被确认为收入，没有做出妥协，未出具审计报告，卡迪罗旅游系统公司最终解聘了该事务所，并拒绝向其支付有关审计费用。

【讨论分析】塔奇·罗斯会计师事务所及卡迪罗旅游系统公司的责任？

【基础知识与技能训练】

一、单项选择题

1. 既能为审计人员提供工作标准，又能作为检查和评价审计工作质量规则的是(　　)。

A. 审计法　　B. 审计法实施条例　　C. 审计准则　　D. 审计工作方案

2. 下列对审计机关及其审计人员应当具备的基本资格条件和职业要求进行规范的是(　　)。

A. 国家审计准则　　B. 通用审计准则　　C. 专业审计准则　　D. 审计指南

3. 下列属于审计质量控制措施的是(　　)。

A. 对所有审计事项均采用详查法

B. 对所有审计项目都要实施后续审计

C. 审计工作底稿的复核制度

D. 在审计业务范围内，选择简单、易审的项目进行审计

4. 审计质量控制是对各项审计工作或具体审计项目全过程的质量进行自我约束的一项活动，它依靠的控制标准是(　)。

A. 审计工作质量控制标准　　B. 审计项目质量控制标准

C. 审计质量控制标准　　D. 审计人员质量控制标准

5. 下列不属于审计质量控制客体的是(　)。

A. 审计的全过程，从计划到实施，到最终发表意见

B. 专门审计组织和人员

C. 审计组织内部各项管理

D. 审计人员素质和工作技能的控制

6. 独立性原则是指审计人员在执行审计业务时，出具审计报告时，应当在实质上和形式上独立于被审计单位。其中，实质上独立是指(　)。

A. 一种行为方式　　B. 一种行为态度

C. 一种外在表现　　D. 一种内心状态

7. 审计准则要求审计人员应保持合理的职业谨慎，就是要求审计人员必须(　)。

A. 严格遵循审计准则各项要求　　B. 保持超然独立的态度

C. 具备从事审计工作必要的技能和知识　　D. 谨慎小心地从事审计工作

8. 社会审计人员在执行审计业务时，必须通过其外在表现，使得一个理性且掌握充分信息的第三方，在权衡所有相关事实和情况后，认为审计项目组成员没有损害诚信原则、客观和公正原则或职业怀疑态度，这种独立成为(　)。

A. 实质上独立　　B. 思想上独立　　C. 形式上独立　　D. 经济上独立

二、多项选择题

1. 下列要求中，属于国家审计人员应该遵守的职业道德有(　)。

A. 客观公正

B. 诚实地为组织服务

C. 妥善处理好与组织内外相关机构的关系

D. 勤勉尽责

E. 保守秘密

2. 某省审计厅委托一家会计师事务所对该省某国有企业原总经理任职期间经济责任实施审计。以下说法正确的有(　)。

A. 这是授权审计

B. 这是委托审计

C. 该省审计厅无权委托社会审计机构实施经济责任审计

D. 该会计师事务所应遵循国家审计准则实施审计

E. 该会计师事务所应当提出审计意见和作出审计决定

3. 属于我国审计质量控制措施的有(　)。

A. 对人员素质进行控制，保持人员独立性，对人员进行专业培训并设立咨询部门

B. 对审计方法进行控制，改进不良的审计方法

C. 对审计作业过程控制，委派有素质的审计人员保证审计工作质量

D. 对审计标准进行控制，根据情况改变审计标准

E. 审计机关的分级质量控制

4. 中国注册会计师职业道德基本原则要求(　)。

A. 遵循诚信、客观和公正原则

B. 获取和保持专业胜任能力

C. 履行保密义务

D. 维护职业声誉

E. 廉洁原则

5. 美国注册会计师审计准则中的报告准则要求审计报告应对财务报表整体表达意见，或声明不能表达意见，这一要求目的在于防止(　)。

A. 审计人员对每个财务报表分别表达不同的意见

B. 审计人员被诉上法庭

C. 管理部门推卸其对财务报表所应负的责任

D. 审计人员只对某一单个财务报表表达意见

E. 对审计人员职业责任的错误解释和理解

6. 下列有关社会审计组织职业道德的叙述中，说法正确的有(　)。

A. 如果某项业务需要借助外部专家的能力，社会审计组织也可以承接该业务

B. 如果某项业务该社会审计组织不能胜任，则应当拒绝该业务

C. 社会审计组织承接新业务时必须考虑独立性

D. 社会审计组织承接新业务时不必考虑独立性

E. 审计人员在执行业务时，应当保持合理的职业谨慎

项目三　审计风险评估与应对

【知识要点】

(1)了解审计风险的概念和审计风险模型；
(2)掌握审计失败可能承担的法律责任；
(3)掌握审计风险评估程序；
(4)了解重要性和重要性水平及其与审计风险的关系；
(5)掌握内部控制的构成、作用。

【能力目标】

(1)能够正确理解和把握审计风险的实质，掌握审计风险的评估和应对措施；
(2)掌握舞弊的概念以及应对方法；
(3)能够合理确定重要性水平；
(4)能够合理评价内部控制；
(5)能够正确实施控制测试和实质性程序。

【案例导入】

一起经济责任审计案

2003年5月，海盐县审计局根据县委组织部审计任务建议书，对县广播电视局原局长施某2001年1月至2003年3月(离任)经济责任实施审计。审计工作开展后，工作人员发现了很多疑点，遂对账务进行全面审计和详细核查。结果发现：

广视广告公司(广播电视局下属单位)2001年1月至2003年3月共列支组稿费85万余元，以现金方式支出的金额为76万余元。在支付时，以各广告客户的名义列支，由公司经理高某及有关人员代领，但无具体的收款人(单位)签字。审计人员经常在电视中看到宣传某宾馆的广告，但账上却无该宾馆的广告费收入，同类业务的广告在同一时段、播出时间相同但所收取的广告费收入不等，特别是几家通讯器材商店支付的广告费从每年的2万元到8万元不等。广视广告公司共有职工8人，2001年1月至2003年3月的招待费及会议费支出达111万余元，以礼品名义列支的款项近40万元，且单笔支出金额较大并以现金支付的较多。

县广电大楼（广电技术中心）建安投资支出1113.53万元。经深入调查发现，有些工程结算上只有领导签字而无经办人员签字，且项目零散，存在肢解工程的情况，部分装璜工程未进行招投标且发包给无资质的施工单位施工，有多个项目未经决算审计直接进行款项结算。同时，根据中介机构提供的县广电大楼竣工决算审查结果报告表明，已审定的2个工程项目比审计结果多付2.94万元，未审计的7个工程项目已超合同付款12.08万元。延伸审计广联信息网络有限责任公司发现，该公司在设备及材料采购时，存在手续不全、部分材料无验收单等严重违反财经纪律情况。

县审计局把掌握的情况及时移送检察机关。检察机关根据审计部门提供的线索进一步侦查后查实：原广电局局长施某收受高某6万元现金及基建设备业务单位贿赂的犯罪事实，广视广告公司经理高某等四人共私分组稿费80.48万元（其中高某一人分得51.87万元），采取虚报冒领、广告收入不入账等手段侵吞、骗取公款的犯罪事实，其中高某涉案总金额高达100余万元。同时还查明广联信息网络有限责任公司经理李某及镇广电管理总站站长钱某（原广联信息网络有限责任公司副经理）收受业务单位贿赂的犯罪事实。

分析上述案件，不难发现案件之间存在的内在联系和惊人的相似性，这些弊病则都根源于行政机关内部控制制度的缺失以及失控，主要可以将其归纳为如下几个方面：

一、管理层及财务人员违反财会规定，利用非法手段侵吞骗取公款

1. 广视广告公司经理李某及财务人员违反财会规定，广告收入入账不实、入账不全；2. 广视广告公司经理高某及相关人员以虚假的发票、收据或其他各种凭证冒领组稿费，违反内部管理规定公款私分，中饱私囊；3. 广告费用虚伪报价，浮报经费；4. 不按规定办理采购业务，非法收取各种回扣；5. 假公济私，挪用公款用于个人生活消费；6. 虚列招待费用及会议支出，贪污公款。

二、采购内控制度缺失

1. 海盐县广播电视局将县广电大楼工程肢解，违反法律法规非法分包，逃避稽查；2. 海盐县广播电视局在发包过程中，严重违反招投标法，不予招标甚至直接指定没有资质建筑承包商，牟取不当利益；3. 严重违反相关法律法规，工程未经审计直接进行结算；4. 广联信息网络有限责任公司政府采购行为违反相关法律规定，监管不严，从中渔利。

三、内部审核制度缺失

1. 单位内部没有依法建立完善的内部审核制度及领导干部经济责任审计制度；2. 会计人员不能严格遵守《会计法》及会计制度，未尽切实审查之责；3. 缺乏有效的监督管理机制。

由于机关内部控制薄弱，特别是位高权重的领导干部自身的权力没有得到有效制衡。使得这些人能够借机肆意侵吞国有资产，成为腐蚀国家机器的蛀虫。

【讨论分析】该案例给我们的启示？

（资料来源：中国审计网）

任务一　审计风险概述

一、审计风险的相关概念

风险是指在某一特定环境下，在某一特定时间段内，某种损失发生的可能性。风险的本质是不确定性，或者说是指遭受损失的可能性。

审计风险是指财务报表存在重大错误而注册会计师发表不恰当审计意见的可能性。审计失败是指财务报表存在重大错误而注册会计师发表了不恰当审计意见。

审计风险对于审计人员来说具有无意性。如果审计人员与被审单位串通舞弊，有意发表错误的审计意见，则是明知故犯的违法犯罪行为，由此而承担责任的可能性不是审计风险。

国家审计、注册会计师审计和内部审计都存在审计风险。

对国家审计而言，审计风险是指对审计机关产生危险的可能性，即由于审计机关未能真实客观地反映被审计单位的经济事项，使审计报告的使用者据此做出错误判断或者决策，而导致对审计机关是否尽职尽责提出疑问的可能性。不恰当的审计意见可以有两种情况：过与不及。其中："过"是把不是问题的说成问题，定性过重；而"不及"则是没有说出应该揭示的问题，定性过轻。前一种审计意见一般会引发被审计单位的不同意见，甚至会引起行政复议或行政诉讼，最后改变审计结论或审计机关败诉，由此导致的风险我们通常被称为误拒风险；后一种审计意见一般被审计单位会欣然接受，而它导致的风险称为误受风险，即审计机关有可能要接受审计报告使用者或社会公众的批评、指责或追究责任。

注册会计师审计、内部审计的情况与国家审计类似。

注册会计师审计失败可能会给会计师事务所造成损失。损失的大小受所审计财务报表的用途、使用者的范围等因素的影响。

审计风险取决于重大错报风险和检查风险。

重大错报风险是指财务报表在审计前就存在的会引起重大错报的可能性。

重大错报风险与被审计单位内部控制环境或其他因素有关。如经济萧条引起企业倒闭，审计报告使用就有可能对会计师事务所提起诉讼；被审计单位本身的舞弊等。

重大错报风险有两个层次：财务报表层次的重大错报风险和各类交易、账户余额、列报等认定层次的重大错报风险。例如，重要客户流失、资产的流动性出现问题、融资能力受到限制、管理层可能存在舞弊等风险可能与财务报表整体相关；某项重要的投资有重大风险，表明的是长期股权投资单个账户的认定可能有重大错报风险。

重大错报风险又可以分为固有风险和控制风险。

（一）固有风险

固有风险指在被审计单位不存在相关的内部控制政策或程序的情况下，使其会计报表上的某项认定产生重大错报的可能性。

1. 固有风险是会计核算本身的差错或舞弊引起的。需要复杂计算的经济业务更容易出现差错。

2. 固有风险是由于被审计单位受到内部因素和客观环境的影响而造成会计账目存在重大的差错或舞弊。例如，由于计算错误造成少交税，企业故意虚增营业收入或少计营业成本而导致的虚增利润，由于科技的进步会使被审计单位的某些存货或固定资产的计价高估等。

3. 固有风险的产生与被审计单位有关，而与注册会计师无关。会计师无法通过自己的工作来降低固有风险，只能通过必要的审计程序来分析和判断固有风险水平。

（二）控制风险

控制风险是指被审计单位会计账目、会计报表存在重大差错、舞弊而没有被内部控制及时防止、发现和纠正的可能性。

1. 控制风险取决于企业与财务报表编制有关的内部控制制度的设计和运行的有效性。如果被审计单位的内部控制制度存在重要的缺陷或不能有效地工作，那么错弊就会进入被审计单位的财务报表系统。

2. 控制风险与注册会计师的工作无关。同固有风险一样，注册会计师无法降低控制风险，但注册会计师可以根据被审计单位内部控制的健全性和有效性状况评估其风险水平。

3. 控制风险不可能为零。有效的内部控制将降低控制风险，而无效的内部控制将增加控制风险。由于内部控制制度固有的局限性，它不能完全保证防止、发现和纠正所有错弊，因此，控制风险不可能为零。

（三）检查风险

指注册会计师通过预定的审计程序未能发现被审计单位会计报表上存在的某项重大错报或漏报的可能性。

其特点是：

1. 检查风险是注册会计师唯一可以进行控制和管理的风险。

2. 检查风险取决于审计程序设计的合理性和执行的有效性。

3. 检查风险不可能降低到零。注册会计师通常并不对所有的交易、账户余额和列报进行检查，注册会计师也可能选择了不恰当的审计程序，审计计划执行不当等原因。

检查风险与注册会计师工作直接相关。它直接影响最终的审计风险。注册会计师通过收集充分和恰当的审计证据来降低检查风险，从而把总审计风险保持在可接受的水平上。

因为存在审计对象的复杂性、审计内容的广泛性、抽样审计方法的局限性、审计资源的有限性、审计人员素质及职业道德的局限性，所以，审计风险是不可能完全消除的。问题的关键不在于消除审计风险，而在于如何把审计风险降低到一个合理的水平上。

二、检查风险与重大错报风险的关系

在既定的审计风险水平下，可接受的检查风险水平与重大错报风险的评估结果呈反向关系。

审计风险 = 重大错报风险 × 检查风险。

这个模型就是审计风险模型。假定可接受的审计风险水平设为5%，重大错报风险评估为25%，可接受的检查风险应为20%。在实务中，注册会计师可能不用百分数来表示风险水平，而是用“高”、“中”、“低”来描述。

三、审计风险与重要性的关系

如果注册会计师发现有一笔营业收入少计了10万元，那么，是否就不能出具无保留审计意见呢？

在审计过程中，要确定是否属于重大错报，首先需要确定重要性水平。审计结束时，需要发表何种审计意见与重大差错、舞弊的多少并没有直接的对应关系;究竟发表何种意见要看审计人员所确定的重要性水平与错报金额的大小进行比较才能定。

“重要性”是现代审计理论和实务中一个非常重要的概念，是抽样审计理论下的产物。在抽样审计时，由于有抽样风险和非抽样风险，审计人员就必须降低由此带来的审计风险或者把审计风险控制在一定的水平上，为此审计人员必须衡量报表使用者心目中差错的重要程度，由此产生了重要性、重要性水平的概念。

(一)重要性与重要性水平

1. 重要性与重要性水平的定义

国际会计准则委员会(IASC)对重要性的定义是:“如果信息的错报或漏报会影响使用者根据报表采取的经济决策，信息就有重要性。”美国财务会计准则委员会(FASB)对重要的定义是:“一项会计信息的错报或漏报是重要的，指在特定的环境下，一个理性的人依赖信息所做的决策可能因为这一错报或漏报得以变化或修正。”我国新的审计准则第 1221 号把重要性解释为:重要性取决于在具体环境下对错报金额和性质的判断，如果一项错报单独或连同其他错报可能影响财务报表使用者依据财务报表做出的经济决策，则该项错报是重大的。

可见重要性实际上是指一种错误的程度，它是一个临界点，即报表中的错报和漏报是否会影响使用者进行经济决策的临界点。

重要性是针对财务报表使用者决策的信息需求而言的。判断一项错报(包括漏报，下同)是否重要，应看其对财务报表使用者依据财务报表做出经济决策的影响程度。如果一项错报足以影响或改变财务报表使用者的相关决策，则该项错报就是重要的，否则就不重要。

2. 重要性水平的确定

重要性包括对数量和性质两个方面的考虑。所谓数量方面，是指错报的金额大小，性质方面则是指错报的性质。

一般而言，金额大的错报比金额小的错报更重要。在有些情况下，某些金额的错报从数量上看并不重要，但从性质上考虑，则可能是重要的。对于某些财务报表披露的错报，难以从数量上判断是否重要，应从性质上考虑其是否重要。

所谓重要性水平就是重要性的具体标准，它是指会计报表中可以容忍的错报或漏报的最高限额。

由于不同的被审计单位面临不同的环境，不同的报表使用者有着不同的信息需求，因此注册会计师确定的重要性也不相同。某一金额的错报对某被审计单位的财务报表来说是重要的，而对另一个被审计单位的财务报表来说可能不重要。例如，错报 10 万元对一个小公司来说可能是重要的，而对另一个大公司来说则可能不重要。

重要性水平的确定需要运用审计人员的职业判断。不同的注册会计师在确定同一被审计单位财务报表层次和认定层次的重要性水平时，得出的结果可能不同。主要是因为对影响重要性的各因素的判断存在差异。

(1)从数量方面考虑重要性。重要性水平包括两个层次:财务报表层次和各类交易、账户余额、列报(包括披露，下同)认定层次。

注册会计师通常先选择一个恰当的基准如总资产、净资产、销售收入、费用总额、毛利、净利润等，再选用适当的百分比乘以该基准，从而得出财务报表层次的重要性水平。例如，对以盈利为目的的企业，来自经常性业务的税前利润或税后净利润的 5%，或总收入的 0.5%;

对非盈利组织，费用总额或总收入的0.5%；对共同基金公司，净资产的0.5%。

在确定各类交易、账户余额、列报认定层次的重要性水平时，注册会计师应当考虑以下主要因素：第一，各类交易、账户余额、列报的性质及错报的可能性；第二，各类交易、账户余额、列报的重要性水平与财务报表层次重要性水平的关系。

（2）从性质方面考虑重要性。金额不重要的错报从性质上看有可能是重要的。注册会计师在判断错报的性质是否重要时应该考虑的具体情况包括：

①错报对遵守法律法规要求的影响程度。

②错报对遵守债务契约或其他合同要求的影响程度。

③错报掩盖收益或其他趋势变化的程度（尤其在联系宏观经济背景和行业状况进行考虑时）。

④错报对用于评价被审计单位财务状况、经营成果或现金流量的有关比率的影响程度。

⑤错报对财务报表中列报的分部信息的影响程度。例如，错报事项对分部或被审计单位其他经营部分的重要程度，而这些分部或经营部分对被审计单位的经营或盈利有重大影响。

⑥错报对增加管理层报酬的影响程度。例如，管理层通过错报来达到有关奖金或其他激励政策规定的要求，从而增加其报酬。

⑦错报对某些账户余额之间错误分类的影响程度，这些错误分类影响到财务报表中应单独披露的项目。例如，经营收益和非经营收益之间的错误分类，非盈利单位的受到限制资源和非限制资源的错误分类。

⑧相对于注册会计师所了解的以前向报表使用者传达的信息（例如，盈利预测）而言，错报的重大程度。

⑨错报是否与涉及特定方的项目相关。例如，与被审计单位发生交易的外部单位是否与被审计单位管理层的成员有关联。

⑩错报对信息漏报的影响程度。在有些情况下，适用的会计准则和相关会计制度并未对该信息作出具体要求，但是注册会计师运用职业判断，认为该信息对财务报表使用者了解被审计单位的财务状况、经营成果或现金流量很重要。

⑪错报对与已审计财务报表一同披露的其他信息的影响程度，该影响程度能被合理预期将对财务报表使用者作出经济决策产生影响。

【案例3－1】ABC公司未经审计的财务报表显示，2007年度资产总额为200 000万元，净资产为90 000万元，主营业务收入为300 000万元，利润总额为36 000万元，净利润为31 000万元。

为了确定会计报表层次的重要性水平，注册会计师张军和王丽决定以资产总额、净资产、营业收入以及净利润作为判断基础，采用固定比率法，选定这些判断基础的固定比率分别为0.5%、1%、0.5%和5%，计算并确定ABC公司2007年度会计报表的重要性水平如表3－1：

表 3－1

判断基础	金额	选定比率	乘积	报表层次重要性水平
资产总额	200 000	0.5%	1 000	900（万元）
净资产	90 000	1%	900	
主营业务收入	300 000	0.5%	1 500	
净利润	31 000	5%	1 550	

（二）重要性水平与审计风险的关系

例如，重要性水平为 9 000 元与 2 000 元相比，哪个审计风险更低？

如果重要性水平是 9 000 元，则意味着低于 9 000 元错报与漏报不会影响到会计报表使用者的决策与判断，注册会计师仅仅需要通过执行有关审计程序查出高于 9 000 元的错报与漏报。如果重要性水平是 2 000 元，则金额在 2 000 元到 9 000 元的错报与漏报会影响到会计报表使用者的决策与判断，注册会计师需要通过执行审计程序查出所有高于 2 000 元的错报与漏报。显然，要查出所有高于 9 000 元的错报与漏报要比查出所有高于 2 000 元的错报与漏报更容易，风险更低。如果注册会计师认为审计风险低的话，他会选择 9 000 元作为重要性水平，反之就会选择 2 000 元的重要性水平。

审计风险越高，注册会计师所计划或估计的重要性水平就要越低，意味着注册会计师可接受的审计风险就越低，注册会计师必须执行更多的审计程序，收集更多的审计证据，以降低检查风险，从而降低审计风险。反之，则相反。

如果是计划或估计的重要性水平太高了，则意味着注册会计师执行的审计程序减少，审计范围有所缩小，从而导致注册会计师很有可能得出错误的审计结论，增加了实际承受的审计风险；如果是计划或估计的重要性水平过低了，就意味采取了更为谨慎的审计策略，执行了更详细的审计程序，从而增加查出错报与漏报的可能性，降低实际承受的审计风险，但这样会加大审计成本。注册会计师应当综合考虑各种因素，合理确定重要性水平。

可见，重要性水平与审计证据、审计风险之间是反向关系。

中国注册会计师审计准则第 1221 号第三章第十一条把重要性与审计风险的关系描述为：重要性与审计风险之间存在反向关系。重要性水平越高，审计风险越低；重要性水平越低，审计风险越高。反过来说，审计风险越低，重要性水平就可以定得越高；审计风险越高，重要性水平就要定得越低。

因此，审计风险可以说是由于采用过高的重要性水平而导致的注册会计师审计时不能查出错报或漏报的可能性的大小，即出错的概率。

任务二　审计风险的评估

【案例导入】

内部控制让企业避免“祸起萧墙”

企业的衰败不仅可能由于激烈的市场竞争，还可能是由于企业缺乏内部控制。正如成语“祸起萧墙”所说，可怕的祸害常常发生在内部，企业的风险也多来源于自身。加强企业内部控制体系建设，强化风险管理，已经成为我国企业实现持续、稳定、健康发展的当务之急。

随着经济的快速发展和公司内部结构的日益复杂，企业面对的竞争越来越激烈，风险也越来越复杂——有的企业贪多求大，对高负债率、低现金流的财务风险缺乏防范措施，有的对从事证券、期货、股票等业务的风险防范意识不强，有的对收购企业的成本和风险估计不足，有的不注意生产事故的防范。

种种迹象表明，为保护组织财产、检查会计信息的准确性、提高经营效率、推动实现管理目标，从而在组织内部采取相应协调办法和措施，即加强内部控制对于企业来说已经不可或缺。1995 年，英国商业投资银行——巴林银行的 28 岁员工理森在未经授权的情况下，以银行的名义认购了巨额日本股票指数期货，有着 233 年历史的巴林因此损失 10 多亿美元，不得不宣布倒闭。美国安然公司的倒闭源于其恶意欺骗公众、与中介机构串通合谋作假、高管人员缺乏职业道德。美国世界通信公司的破产，原因是把总额高达 38 亿美元的经营开支记到资本开支上，通过作假使本来出现亏损的经营业绩表现为赢利。

中国航油（新加坡）股份有限公司（简称中航油）在投机性石油衍生品交易中损失约 5.5 亿美元。尽管中航油公司拥有一个由部门领导、风险管理委员会和内部审计部组成的 3 层“内部控制监督结构”，但是，风险管理委员会在所有重大问题上均未履行其职责，内部审计部形同虚设，没有任何人对公司领导人陈久霖的违规行为进行质疑。

（资料来源：2005 年 6 月 29 日人民网文章）

尽管这些事件产生的原因很复杂，但其中很重要的一个方面，是内部控制薄弱或者内部控制制度执行不力。

企业内部控制包括企业内部会计控制和企业内部管理控制。前者的目的是保护企业资产的安全完整，保证会计数据的准确和可靠；后者的目的是提高经营效率，促使有关人员遵守既定的管理方针。

我国企业在内部控制方面，存在内控环境不够完善、内控内涵过窄、企业风险控制意识不强、内控措施和程序无法有效实施等问题。

（资料来源：整理自 2007.2.6《中国经济导报》B5）

一、了解被审计单位及其环境

审计风险取决于重大错报风险和检查风险，审计风险 = 重大错报风险 × 检查风险。要降低审计风险，注册会计师就必须了解被审计单位及其环境，充分识别和评估财务报表重大错报风险，并根据评估结果设计和实施进一步审计程序，以控制检查风险，最终把审计风险控制在可接受的水平上。

注册会计师了解被审计单位及其环境，目的是为了识别和评估重大错报风险。

被审计单位及其环境包括行业状况、法律环境、单位性质、对会计政策的选择和运用、企业的经营目标、发展战略和经营风险、财务业绩的衡量和评价以及内部控制。

为了了解被审计单位及其环境而实施的程序称为“风险评估程序”。

风险评估程序包括询问被审计单位的管理人员和其他相关人员、实施分析程序、观察和检查。

询问被审计单位的管理人员和其他相关人员，可以掌握被审计单位的财务状况、经营成果和现金流量、重大交易或事项、产权结构和组织机构的变化、财务报表的编制方法、会计政策、内部控制的有效性、供产销的经营状况等方面的信息。

分析程序是指注册会计师通过研究不同财务数据之间以及财务数据与非财务数据之间的内在关系，对财务信息做出评价。

分析程序既可以用作风险评估程序和实质性程序，也可用于对财务报表的总体复核。

财务数据之间以及财务数据与非财务数据（如生产统计数据）之间存在客观和内在的关系，例如金额关系、比率关系或趋势关系，注册会计师经过计算、比较，就有可能发现异常的关系，此时应当在识别和评估重大错报风险时考虑这些比较结果。

观察和检查，就是观察被审计单位的生产经营活动，检查文件、记录和内部控制手册，阅读由管理层和治理层的报告，实地察看生产经营场所和设备，追踪交易在财务报告信息系统中的处理过程（即穿行测试）等。

实施观察和检查程序，是为了印证对管理层和其他相关人员的询问结果，并可以提供有关被审计单位及其环境的信息。

二、了解被审计单位的内部控制

【案例3－2】徐某是一职校会计专业毕业生，毕业后顶替父亲进入上海某有限公司财务科工作，该公司的财务、出纳全由她一人承担，负责保管单位的支票、支票印鉴章等，同时负责出国人员差旅费核销工作。一段时间后，在一次审核出国人员王某等的出国开支账单时，她动了私念。按照规定的操作程序是她先对出国人员制作的出国费用开支登记表、多余的外币及有关的出国费用凭证进行审核，然后制作核销表，最后拿着核销表到银行核销，并将多余的外币折算成人民币解回人民币账户。于是，她抱着“偷偷侵吞这笔多余的美元不会有第二个人知道的”想法，第一次侵吞了王某交回的剩余美元。并且于第二天将美元兑换成人民币 存入个人炒股账户。此后，她利用上述方法贪污外币的次数多起来，币种也丰富了，先后贪污美元、港币、日元等折合人民币共计 18 余万元，用于炒股和个人享受，于是亏空越来越大，无法偿还。最后她又变着法贪污公款，擅自开具现金支票，提取现金。从 1998 年 2 月至 9 月，她先后采用上述手段贪污 30 余万元。1998 年 9 月，她被调换工作，因为害怕交接账目时暴露自己的罪行，她把股票抛掉后带着 14 万元现金逃到苏州、南京、杭州等地。经过一段时间思考，她终于在两年后向公安机关自首。

【讨论分析】本案例中主人公徐某之所以走向罪恶的深渊，除了她本人职业素质和职业道德比较差外，在公司内部管理制度的设计和执行有何严重漏洞？

（资料来源：上海市财务会计管理中心 朱荣恩《内部控制案例》）

（一）内部控制的概念

内部控制是被审计单位为了合理保证财务报告的可靠性、经营的效率和效果以及对法律法规的遵循，由治理层、管理层和其他人员设计和执行的政策和程序。

内部控制包括控制环境、风险评估过程、与财务报告相关的信息系统与沟通、控制活动和对内部控制的监督等五个因素。

1. 控制环境

控制环境包括治理职能、管理职能、治理层和管理层对内部控制及其重要性的态度、认识和措施。

控制环境影响员工对内部控制的认识和态度。控制环境的优劣直接决定着企业的各项控制措施能否得到执行及执行的效果。良好的控制环境是实施有效内部控制的基础。

诚信和道德价值观念是控制环境的重要组成部分，影响到重要业务流程的设计和执行。内部控制的有效性直接依赖于负责设计、管理和监督内部控制的人员的诚信和道德价值观念。注册会计师应该了解管理层在治理层的监督下，是否营造了诚实守信的企业文化，是否建立了防止、发现并纠正舞弊和错误的控制。注册会计师要考虑：(1)被审计单位是否有书面的行为规范并向全体员工传达；(2)被审计单位是否有强调诚实守信的企业文化；(3)管理层是否起到表率作用；(4)对违反政策和行为规范的现象是否采取了相应的惩罚措施。

胜任能力是指具备完成某一职位的工作所需要的知识和能力。注册会计师需要了解：(1)财会人员以及信息管理人员是否具备与单位业务性质和复杂程度相应的知识、能力和培训经历；(2)管理层是否配备足够的财会人员；(3)财会人员是否具备理解和运用会计准则的技能。

被审计单位的控制环境受到治理层(董事会)的重大影响。治理层监督用于复核内部控制的设计是否合理、执行是否有效的政策和程序。

管理层负责企业的运作、经营策略和程序的制定、执行和监督。管理层的理念和经营风格直接影响控制环境的每个方面。例如：管理层是否关注内部控制，是否实施了有效的监督，对经营风险是偏好还是规避，选择会计政策和会计估计是激进还是保守，是否关注财会人员和信息管理人员，是否与注册会计师沟通等。

此外，被审计单位的组织机构及职权与责任的分配、人力资源政策及其执行情况也是控制环境的重要方面。

2. 被审计单位的风险评估过程

风险评估是指企业为达到目标而对相关的风险进行确认和分析，以构成风险管理的基础。

企业风险是指未来的不确定性对企业实现其经营目标的影响。企业风险一般可分为战略风险、财务风险、市场风险、经营风险、法律风险等；也可以能否为企业带来盈利等机会为标志，将风险分为纯粹风险(只有带来损失一种可能性)和机会风险(带来损失和盈利的可能性并存)。任何一个企业乃至其中的各个责任中心，无时无刻不面临着诸多的风险。在现代市场经济条件下，企业，特别是许多大型企业，其失败更多不是其产品或劳务市场的消亡或萎缩，而是其没有很好地控制住风险。

很多风险并不为企业所控制，但管理层确定能够承担的风险水平，识别这些风险并采取相应的应对措施。

可能产生风险的事项有：监管和经营环境的变化、新员工的加入、信息系统的建立和升级、业务快速扩张、新技术的应用、开发新型号、新产品和进入新的业务领域、企业重组、进行重大投资和海外经营、采用新的会计准则等。

风险评估过程的作用是识别、评估和管理影响企业实现经营目标能力的各种风险。风险评估过程包括识别与财务报告相关的经营风险，以及针对这些风险所采取的措施。注册会计师了解被审计单位的风险评估过程和结果有助于识别财务报表重大错报风险。

3. 信息系统与沟通

与财务报告相关的信息系统，包括用以生成、记录、处理和报告交易、事项和情况，对相关资产、负债和所有者权益履行经营管理责任的程序和记录。信息系统可能由人工或自动化程序来执行。管理层通过所建立的对经济活动数据进行加工处理的信息系统为经营管理提供信息，并通过该系统实现信息的内部传递。企业内部各个管理层都需要信息来帮助识别、评估风险和应对风险，安排生产经营活动并实现企业的目标。将大量的信息进行处理，提炼出指导行动的信息是企业管理者面临的一个挑战。自动化程序可能降低了发生无意错误的风险，但是并不能消除个人凌驾于控制之上的风险。

注册会计师应当从下列方面了解与财务报告相关的信息系统：

(1)在被审计单位经营过程中，对财务报表具有重大影响的各类交易；

(2)在信息技术和人工系统中，对交易生成、记录、处理和报告的程序；

(3)与交易生成、记录、处理和报告有关的会计记录、支持性信息和财务报表中的特定项目；

(4)信息系统如何获取除各类交易之外的对财务报表具有重大影响的事项和情况；

(5)被审计单位编制财务报告的过程，包括作出的重大会计估计和披露；

(6)管理层凌驾于账户记录控制之上的风险。

与财务报告相关的沟通包括使员工了解各自在与财务报告有关的内部控制方面的角色和职责，员工之间的工作联系，以及向适当级别的管理层报告例外事项的方式。注册会计师应当了解被审计单位内部如何对财务报告的岗位职责，以及与财务报告相关的重大事项进行沟通。注册会计师还应当了解管理层与治理层之间的沟通，以及被审计单位与外部的沟通。

4. 控制活动

控制活动是指有助于确保管理层的指令得以执行的政策和程序，包括与授权、业绩评价、信息处理、实物控制和不相容岗位分离等相关的活动。控制活动是针对企业实现其目标的过程中可能遇到的风险所建立的必要的防范措施，用于防止和发现会计数据错误或舞弊。

(1)授权。交易授权是指在经济业务过程中，企业各有关部门或人员必须经过授权或批准才能经办或处理有关业务事项。授权是为了保证交易在管理层规定的范围内进行。授权包括一般授权和特别授权。一般授权是指管理层制定的要求组织内部遵守的普遍适用于某类交易或活动的政策，如制定产品售价、顾客赊销限额的批准等。特别授权是指管理层针对特定类别的交易或活动逐一设置的授权，如重大的资产购置、发行股票等。

(2)业绩评价。业绩评价是指被审计单位分析评价实际业绩与预算(或预测、前期业绩)的差异，综合分析财务数据与经营数据的内在关系，将内部数据与外部信息来源相比较，评价职能部门、分支机构或项目活动的业绩，以及对发现的异常差异或关系采取必要的调查与纠正措施。

(3)信息处理。与信息处理有关的控制活动，包括信息技术一般控制和应用控制。

信息技术一般控制是指与多个应用系统有关的政策和程序，有助于保证信息系统持续恰当地运行(包括信息的完整性和数据的安全性)，支持应用控制作用的有效发挥，通常包括数据中心和网络运行控制，系统软件的购置、修改及维护控制，接触或访问权限控制，应用系统的购置、开发及维护控制。

信息技术应用控制是指主要在业务流程层次运行的人工或自动化程序，与用于生成、记录、处理、报告交易或其他财务数据的程序相关，通常包括检查数据计算准确性，审核账户和试算平衡表，设置对输入数据和数字序号的自动检查，以及对例外报告进行人工干预。

(4)实物控制。实物控制是指对资产和记录采取适当的安全保护措施，对访问计算机程序和数据文件设置授权，以及定期盘点并将盘点记录与会计记录相核对。例如对存货、库存现金和有价证券的定期和不定期的盘点。

(5)不相容岗位分离。不相容岗位分离就是把交易授权、交易记录以及资产保管等岗位分配给不同的员工，以防范同一员工在履行多项职责时可能发生的舞弊或错误。例如，业务的批准与执行相分工、业务的执行与记录相分工、各种会计岗位之间相分工、资产的保管与会计记录、账实核对相分工、信息系统内部的职责分工等，达到相互牵制的目的。某些岗位如果同时由一人担任，其出现差错的可能性就要大得多。

例如，物资采购环节的控制活动包括：谁凭什么依据提出采购申请？谁编制采购计划？谁审批采购计划？是否调查了供应商的信用状况？谁负责签订采购合同？谁审批采购合同？供货的数量和质量是否进行了验收？谁保管物资？溢余或短缺的处理是否得到了谁的授权？会计处理是否正确？金额是否正确？是否支付了货款？是否有重复支付的现象？等。

5. 对内部控制的监督

对控制的监督是指被审计单位评价内部控制在一段时间内运行有效性的过程，该过程包括及时评价控制的设计和运行，以及根据情况的变化采取必要的纠正措施。监督对于内部控制的持续有效运行很重要，没有监督的内部控制是无效的。被审计单位可能使用内部审计人员或具有类似职能的人员对内部控制的设计和执行进行专门的评价。注册会计师如果拟利用被审计单位监督活动使用的信息(包括内部审计报告)，注册会计师应当考虑该信息是否具有可靠的基础，是否足以实现审计目标。

内部审计部门的独立性(经费、人事的独立性)决定了内部审计部门的权威性和监督的效果。

【讨论分析】内部控制的五个要素联系？

【解析】内部控制的五个要素是相互关联的，监督是保证，风险评估是依据，控制活动是手段，信息系统是载体，控制环境是基础。

【案例3-3】2002年6月25日，美国第二大长途电话公司世界通信公司(WorldCom)发表声明，承认自2001年初到2002年第一季度，通过将大量的费用支出计入资本项目的手法，共虚增收入38亿美元，虚增利润16亿多美元。该公司对其违规会计行为供认不讳，并申请破产保护，成为美国有史以来最大的公司破产案。

在过去10年里，WorldCom的审计公司一直是安达信。在安达信卷入安龙案件被起诉后，WorldCom在5月份才聘请毕马威取代了安达信。但安达信大叫冤枉，在26日晚上发表声明，将责任“推向”WorldCom首席财务官苏利文。声明说，安达信为WorldCom的工作符合会计标准，是苏利文向安达信的审计人员隐瞒了关于成本的重要信息。然而前后3个出现财务丑闻的大公司——安然、泰科国际和WorldCom的审计公司都是安达信，是“纯属巧合”还是“命里注定”，就只有安达信自己清楚了。

无论内部控制的设计和运行多么严密，也不能认为它是完全有效的。像世界通信这样的大公司出现这样会计造假丑闻让人难以理解：首先，这样的大公司肯定有一套较为完善的内部会计控制和内部管理控制制度，来确保会计事项被正确地记录下来；其次，大多数大型公司都有内部审计人员，确保公司相关政策和规则的贯彻执行，同时，还要接受外部审计师的审查。但不可思议的事情还是发生了。

内部控制在企业经营管理中非常重要，但是，任何一个控制措施都不可能尽善尽美，总是存在着一些固有的局限性。由于内部控制存在固有的局限性，建立较为完善的内部控制并不能使企业高枕无忧，它只是对企业实现目标的相对保证，同时内部控制为财务报表公允反映只能提供合理的保证，因此在审计中，审计人员面临的重大错报风险总是存在的，即审计风险模型中的重大错报风险始终大于零。这就要求审计人员在审计过程中，无论被审计单位的内部控制设计及运行得多么有效，都必须对财务报表的重要账户或交易类别执行最低限度的实质性测试。

(二)内部控制存在局限性的原因

内部控制制度要求每项经济业务必须由两人或两人以上分工掌管，以便相互制约，起到纠错防弊的控制作用。此外，它还具有提高工作效率、保证会计信息真实可靠、保护财产物资的安全完整、加强企业风险的防范和控制、提高员工素质和保证国家政策、法律、法规的贯彻执行的作用。

内部控制并不能完全消除错报，有其局限性。它之所以存在固有局限性，是由于存在以下原因：

(1)内部控制的设计和运行受制于成本效益原则。单从控制角度来讲，控制环节越多、控制措施越严密，控制的效果越好，但相应的控制成本也越高。因此在实务中，管理当局采用的内部控制往往不是最理想的；

(2)内部控制的设计一般仅针对相对稳定的经营环境下常规交易与业务进行，对于非常规交易或业务，现有的内部控制往往无法起到约束控制作用；

(3)内部控制制度需要人来执行。这一制度可能因为执行人员的粗心大意、判断失误或对管理当局指令的曲解、误用而失效；也可能因为执行人员滥用职权，超越内控，或因两个不同岗位职责的人员相互勾结、串通而失效。例如，负责保管现金收入的人员可能与负责处理和记录这些现金收入的人员共谋而非法侵占现金收入，同时掩盖其行为。他们可能通过不记录现金收入、高估折扣、记录虚假的退货、冲销应收账款或上述方法的混合以及其他一些可能的方法来掩盖其侵占行为。

(4)管理当局超越控制。任何控制都是单项性的，也就是说只能是上级对下级的控制，下级是不可能制约上级的行为的，因此，大部分的控制测试有助于发现中低层次员工存在的舞弊或错误行为，而无法验证最高管理层是否逾越了既有的控制措施，最多只能是寻找到逾越行为的间接迹象。不管内部控制制度设计的多么完善，如果得不到管理层的有效执行，其结果等同于控制制度行同虚设。

(三)对内部控制的了解和评估

注册会计师应当了解与审计相关的内部控制以识别潜在错报的类型，考虑导致重大错报风险的因素，以及设计和实施进一步审计程序的性质、时间和范围。了解内部控制是指注册会计师评价内部控制的设计和确定内部控制是否得到了执行。注册会计师需要了解与财务报表审计相关的内部控制，并非全部内部控制。

注册会计师需要从整体层面和业务流程层面了解和评估内部控制。

注册会计师通常实施下列风险评估程序来获取内部控制设计和执行的审计证据：

(1)询问被审计单位的人员；

(2)观察特定内部控制的运用；

(3)检查文件和报告；

(4)追踪交易在财务报告信息系统中的处理过程(穿行测试)。

内部控制风险的程度和性质受到被审计单位信息系统的性质和特征的影响，注册会计师应当考虑被审计单位是否对所使用的信息技术系统或人工系统建立了有效的控制。

【案例展示3-4】:徐某是一所职业院校会计专业毕业生，毕业后顶替父亲进入上海某有限公司财务科工作，该公司的财务、出纳全由她一人承担，负责保管单位的支票、支票印鉴章等，同时负责出国人员差旅费核销工作。一段时间后，在一次审核出国人员王某等的出国开支账单时，她动了私念。按照规定的操作程序是她先对出国人员制作的出国费用开支登记表、多余的外币及有关的出国费用凭证进行审核，然后制作核销表，最后拿着核销表到银行核销，并将多余的外币折算成人民币解回人民币账户。于是，她抱着“偷偷侵吞这笔多余的美元不会有第二个人知道的”想法，第一次侵吞了王某交回的剩余美元。并且于第二天将美元兑换成人民币，存入个人炒股账户。此后，她利用上述方法贪污外币的次数多起来，币种也丰富了，先后贪污美元、港币、日元等折合人民币共计48余万元，用于炒股和个人享受，于是亏空越来越大，无法偿还。最后她又变着法贪污公款，擅自开具现金支票，提取现金。从2012年2月至9月，她先后采用上述手段贪污50余万元。2012年9月，她被调换工作，因为害怕交接账目时暴露自己的罪行，她把股票抛掉后带着32万元现金逃到苏州、南京、杭州等地。经过一段时间思考，她终于在两年后向公安机关自首。

【案例讨论】本案例中主人公徐某之所以走向罪恶的深渊，除了她本人职业素质和职业道德比较差外，在公司内部管理制度的设计和执行有何严重漏洞?

(四)审计风险与内部控制的关系

审计风险与审计证据的数量有关。审计证据越充足、恰当，审计风险就越小，反之，审计风险就越大。被审计单位的内部控制是注册会计师确定审计程序的重要依据，评估内部控制的健全性和有效性是注册会计师评估控制风险的主要手段，有效的内部控制能够降低错报的风险。因此审计人员通过对内部控制进行测试和评价，可以掌握被审计单位内部控制的健全性和有效性状况，找出被审计单位管理中的薄弱环节，有针对性地开展审计工作，节约审计时间和审计费用，提高审计工作的质量和效率，降低审计风险。

要注意以下三点:

(1)不论被审计规模大小，注册会计师都应当对相关的内部控制进行充分的了解。

(2)注册会计师应当根据对被审计单位内部控制的了解来确定是否进行控制测试和将要执行的控制测试的性质、时间和范围。

(3)内部控制健全、有效的单位，注册会计师可能评估其控制风险较低而减少实质性程序，但不能完全取消实质性程序。

(五)内部控制制度(内部控制系统)在审计中的作用

(1)审计人员借助健全、有效的内部控制制度，审计人员可以合理地选择审计目标，有效地缩小审计范围，减少不必要的审计程序，从而有利于提高审计效率和质量，降低审计成本，又能有效地减轻审计人员所面临的法律责任;

(2)通过在审计过程中对内部控制制度的调查、分析和评价，审计人员可以针对其发现的薄弱环节提出有效的管理改进意见，从而有助于企业管理当局进一步健全和完善企业内部控制制度。

注:管理建议书是注册会计师受托针对内部控制提出的，不是法定责任，不是法定业务，仅供被审计单位管理层内部参考，对外不起鉴证作用。

【案例展示3－5】:2002年6月25日，美国第二大长途电话公司世界通信公司(WorldCom)发表声明，承认自2001年初到2002年第一季度，通过将大量的费用支出计入资本项目的手法，共虚增收入38亿美元，虚增利润16亿多美元。该公司对其违规会计行为供认不讳，并申请破产保护，成为美国有史以来最大的公司破产案。

【解析】在过去10年里，美国世界通信公司的审计公司一直是安达信。在安达信卷入安龙案件被起诉后，美国世界通信公司在5月份才聘请毕马威取代了安达信。但安达信大叫冤枉，在26日晚上发表声明，将责任"推向"美国世界通信公司首席财务官苏利文。声明说，安达信为美国世界通信公司的工作符合会计标准，是苏利文向安达信的审计人员隐瞒了关于成本的重要信息。然而前后3个出现财务丑闻的大公司——安然、泰科国际和美国世界通信公司的审计公司都是安达信，是"纯属巧合"还是"命里注定"，就只有安达信自己清楚了。

无论内部控制的设计和运行多么严密，也不能认为它是完全有效的。像世界通信这样的大公司出现这样会计造假丑闻让人难以理解：首先，这样的大公司肯定有一套较为完善的内部会计控制和内部管理控制制度，来确保会计事项被正确地纪录下来；其次，大多数大型公司都有内部审计人员，确保公司相关政策和规则的贯彻执行，同时，还要接受外部审计师的审查。但不可思议的事情还是发生了。

内部控制在企业经营管理中非常重要，但是，任何一个控制措施都不可能尽善尽美，总是存在着一些固有的局限性。由于内部控制存在固有的局限性，建立较为完善的内部控制并不能使企业高枕无忧，它只是对企业实现目标的相对保证，同时内部控制为财务报表公允反映只能提供合理的保证，因此在审计中，审计人员面临的重大错报风险总是存在的，即审计风险模型中的重大错报风险始终大于零。这就要求审计人员在审计过程中，无论被审计单位的内部控制设计及运行得多么有效，都必须对财务报表的重要账户或交易类别执行最低限度的实质性测试。

三、评估重大错报风险

(一)识别和评估财务报表层次和认定层次的重大错报风险

在识别和评估重大错报风险时，注册会计师应当实施下列审计程序：

(1)在了解被审计单位及其环境的整个过程中识别风险，并考虑各类交易、账户余额、列报；

(2)将识别的风险与认定层次可能发生错报的领域相联系；

(3)考虑识别的风险是否重大；

(4)考虑识别的风险导致财务报表发生重大错报的可能性。

财务报表层次与财务报表整体广泛相关，如在经济不稳定的国家或地区开展业务、资产流动性出现问题、重要客户流失等。认定层次的重大错报风险与特定的某类交易、账户余额、列报的认定相关，如存在重大的关联方交易、发生复杂的联营或合资、存在未决诉讼和或有负债等。

(二)可能表明被审计单位存在重大错报风险的事项和情况

1. 在经济不稳定的国家或地区开展业务；

2. 在高度波动的市场开展业务；

3. 在严厉、复杂的监管环境中开展业务；

4. 持续经营和资产流动性出现问题，包括重要客户流失；

5. 融资能力受到限制；
6. 行业环境发生变化；
7. 供应链发生变化；
8. 开发新产品或提供新服务，或进入新的业务领域；
9. 开辟新的经营场所；
10. 发生重大收购、重组或其他非经常性事项；
11. 拟出售分支机构或业务分部；
12. 复杂的联营或合资；
13. 运用表外融资、特殊目的实体以及其他复杂的融资协议；
14. 重大的关联方交易；
15. 缺乏具备胜任能力的会计人员；
16. 关键人员变动；
17. 内部控制薄弱；
18. 信息技术战略与经营战略不协调；
19. 信息技术环境发生变化；
20. 安装新的与财务报告有关的重大信息技术系统；
21. 经营活动或财务报告受到监管机构的调查；
22. 以往存在重大错报或本期期末出现重大会计调整；
23. 发生重大的非常规交易；
24. 按照管理层特定意图记录的交易；
25. 应用新颁布的会计准则或相关会计制度；
26. 会计计量过程复杂；
27. 事项或交易在计量时存在重大不确定性；
28. 存在未决诉讼和或有负债。

（三）需要特别考虑的重大错报风险

需要特别考虑的重大错报风险，简称特别风险。特别风险通常与重大的非常规交易和判断事项有关。非常规交易是指由于金额或性质异常而不经常发生的交易。判断事项通常包括作出的会计估计。

在确定哪些风险是特别风险时，注册会计师应当在考虑识别出的控制对相关风险的抵消效果前，根据风险的性质、潜在错报的重要程度和发生的可能性，判断风险是否属于特别风险。

在确定风险的性质时，要看风险是否属于舞弊风险；风险是否与近期经济环境、会计处理方法和其他方面的重大变化有关；交易的复杂程度；风险是否涉及重大的关联方交易；财务信息计量的主观程度；风险是否涉及异常或超出正常经营过程的重大交易。

注册会计师应当将内部控制存在的重大缺陷告知管理层或治理层。如果识别出重大错报风险或被审计单位的风险评估过程存在重大缺陷，注册会计师应当与治理层沟通。

注册会计师应当把舞弊或错误可能导致财务报表发生重大错报的重要结论、对被审计单位及其环境各个方面的了解要点、信息来源以及实施的风险评估程序、识别、评估出的重大错报风险、特别风险等内容形成审计工作记录。

任务三 审计风险的应对

一、审计风险的应对概述

注册会计师在审计过程中要贯彻风险导向审计的理念，围绕重大错报风险的识别、评估和应对，计划和实施审计工作。

注册会计师应当针对评估的财务报表层次重大错报风险确定总体应对措施，并针对评估的认定层次重大错报风险设计和实施进一步审计程序，以将审计风险降至可接受的低水平。

(一)注册会计师应对重大错报风险的工作步骤

1. 确定总体应对措施；
2. 设计和实施进一步审计程序，包括测试控制和实质性程序；
3. 评价风险评估的结果是否适当，确定是否已经获取了充分、适当的审计证据；
4. 把实施关键的程序形成审计工作记录。

(二)针对重大错报风险应采取的总体应对措施

注册会计师针对评估的财务报表层次重大错报风险应采取下列总体应对措施：

1. 向项目组强调在收集和评价审计证据过程中保持职业怀疑态度的必要性；
2. 分派更有经验或具有特殊技能的审计人员，或利用专家的工作；
3. 提供更多的督导；
4. 在选择进一步审计程序时，应当注意使某些程序不被管理层预见或事先了解；
5. 对拟实施的审计程序的性质、时间和范围作出总体修改。

进一步审计程序的性质是指进一步审计程序的目的和类型。

进一步审计程序的目的包括通过实施控制测试以确定内部控制运行的有效性，通过实施实质性程序以发现各类交易、账户余额、列报认定层次的重大错报。

进一步审计程序的类型包括检查、观察、询问、函证、重新计算、重新执行和分析程序。

进一步审计程序的时间是指注册会计师何时实施进一步审计程序，或审计证据适用的期间或时点。

进一步审计程序的范围是指实施进一步审计程序的数量，包括抽取的样本量、对某项控制活动的观察次数等。

(三)设计进一步审计程序时，注册会计师应当考虑的因素

进一步审计程序是指注册会计师针对评估的各类交易、账户余额、列报(包括披露)认定层次重大错报风险实施的审计程序，包括控制测试和实质性程序。

在设计进一步审计程序时，注册会计师应当考虑下列因素：

1. 风险的重要性；
2. 重大错报发生的可能性；
3. 涉及的各类交易、账户余额、列报的特征；
4. 被审计单位采用的特定控制的性质；
5. 注册会计师是否拟获取审计证据，以确定内部控制在防止或发现并纠正重大错报方面的有效性。

二、控制测试

【案例3－4】注册会计师对抽查到的材料发出原始凭证，应进行必要的检查，其中属于实质性程序的是：

A. 领料单的签发是否经过授权

B. 材料发出后是否及时入账

C. 材料发出汇总表是否经过适当的人员审核

D. 材料的单位成本计价是否适当

【答案】B D

【解析】B是证实是否完整，D是针对估价认定。凡是直接与认定相关，可以实现审计的具体目标的程序都是实质性程序，而控制测试则是直接对应内部控制的，与具体审计目标不是直接对应的关系。AC虽然有时可以保证很多认定的有效，但其不是针对某个具体认定的。

控制测试是为了证实被审计单位内部控制政策和程序的设计是否健全和运行是否有效而执行的审计程序。

在测试控制运行的有效性时，注册会计师应当从下列方面获取关于控制是否有效运行的审计证据：

(1)控制在所审计期间的不同时点是如何运行的；

(2)控制是否得到一贯执行；

(3)控制由谁执行；

(4)控制以何种方式运行。

实施控制测试一般有五种方法：

1. 询问

审计人员可以向被审计单位的有关员工询问，获取与内部控制运行情况的信息。例如，询问信息系统管理人员有无未经授权接触计算机硬件和软件，向负责复核银行存款余额调节表的人员询问如何进行复核。

2. 观察

实地观察法就是审计人员到采购、仓储、生产、财会、销售、行政等部门的工作现场观察工作人员执行业务的情况来证明业务处理程序是否遵循了内部控制制度的要求。

观察是测试那些不会留下书面记录的控制运行情况的有效方法。

3. 检查

例如检查销售发票是否有复核人员签字，销售发票是否附有客户订购单和出库单。对留有书面证据的控制运行情况的控制非常适用。被审计单位的书面说明、复核时留下的记号、记录在偏差报告中的标志等都可以作为证据。

4. 重新执行

审计人员按照内部控制制度的要求，对某项业务重新做一遍，以判断内部控制是否有效运行。

5. 穿行测试

穿行测试就是追查几笔通过会计系统的交易。穿行测试通过追踪交易在财务报告信息系统中的处理过程来证实审计人员对控制的了解、评价控制设计的有效性、确定控制是否得到执行。

例如材料采购业务，抽查请购单、收料单、付款凭证、购货发票，可以查明是否按计划采购，是否由主管领导批准，是否与合同相符，是否短缺，谁验收，谁保管。把检查结果与书面的内部控制制度进行比较，就可以证明材料采购业务是否遵循了内部控制制度的要求。

三、实质性程序

（一）实质性程序的定义

实质性程序是为了证实会计报表编制的合法性和公允性而执行的审计程序，或者说是审计人员针对评估的重大错报风险实施的直接用来发现认定层次重大错报的审计程序。

是否属于重大错报，要以前述的重要性水平来衡量。

（二）实质性程序的分类

实质性程序主要包括交易的实质性程序、余额的实质性程序和列报的实质性程序。

（1）交易的实质性程序是对会计期间发生的某类或某项交易认定的恰当性，其测试对象是特定业务，强调业务过程的会计记录是否恰当，主要指的是账户和账户之间的勾稽关系是否正确无误。

（2）余额的实质性程序所要测试的是会计期间特定账户期末余额认定的恰当性，强调业务结果是否恰当。

（3）列报的实质性程序是要测试会计报表是否正确反映了财务信息及其分类，对重大事项的披露是否充分。

（三）实质性程序的实施

实施实质性程序，具体可以采用细节测试和实质性分析程序。

（1）细节测试是对各类交易、账户余额、列报的具体细节进行的测试，目的是直接识别财务报表认定是否存在错报。

细节测试的特征是针对金额进行测试。

（2）用于实质性程序的分析程序称为实质性分析程序。

分析程序是指注册会计师通过研究不同财务数据之间以及财务数据与非财务数据之间的内在关系，调查识别出的、与其他相关信息不一致或与预期数据严重偏离的波动和关系，对财务信息作出评价。

分析程序有趋势分析法、比率分析法、绝对额比较法、垂直分析法等方法。

在实施分析程序时，注册会计师应当考虑将被审计单位的财务信息与以前期间的可比信息、被审计单位的预期结果或者注册会计师的预期数据以及所处行业或同行业中规模相近的其他单位的可比信息进行比较。

实质性程序主要有检查会计记录、监盘实物、向第三方查询及函证、对账、分析账簿余额、审阅购销合同和会计记录、比较重要比率和指标等方法。

（四）控制测试与实质性程序的区别

控制测试与实质性程序之间的根本区别在于研究和评价的对象不同，控制测试针对的是内部控制，实质性程序针对的是会计报表。

四、其他应对措施

为了降低审计风险，需要对取得的审计证据进行评价，形成审计工作记录。

在完成审计工作之前，要对进一步审计程序所获得的审计证据进行评价。根据实施的进一步审计程序和获得的审计证据，评价对重大错报风险的评估是否仍然适当。

对于整个审计过程中做出的各项审计结论，审计人员都应当评价相关审计证据的充分性和适当性。

在形成审计意见时，会计人员应当从总体上评价是否获得了充分、适当的审计证据，以把审计风险降低到可接受的低水平。

如果对重大的财务报表认定没有获得充分、适当的审计证据，应当尽可能获取进一步的审计证据。如果不能获取充分、适当的审计证据，注册会计师只能出具保留意见或无法表示意见的审计报告。

审计人员应当把重大错报风险的总体应对措施、实施进一步审计程序的性质、时间和范围、进一步审计程序与重大错报风险的联系、实施进一步审计程序的结果形成审计工作记录。

【知识拓展】

防止或发现舞弊是被审计单位治理层和管理层的责任。建立健全和有效的内部控制是最重要的措施，加强内部审计是重要手段。舞弊案件大多发生在内部控制不健全、执行不力的单位或部门里。

注册会计师的责任有两个方面:有责任按照审计准则的规定实施审计工作，有合理保证财务报表在整体上不存在重大错报的责任，同时，即使按照审计准则的规定恰当地实施审计工作，也不能绝对保证不存在重大错报。

为什么不能绝对保证发现舞弊导致的重大错报呢？这是因为与很多因素相关:舞弊者的狡诈程度，舞弊者的职位级别，串通舞弊的程度，舞弊的频率和范围，单笔金额的大小等。此外，还有审计成本的限制、审计人员自身专业能力不足的因素。

注册会计师应该怎样应对舞弊呢？

首先，审计人员要实施询问程序，多角度获取会计、内部控制、内部审计、经营管理和其他方面的信息，了解被审计单位及其环境，运用职业判断，评估是否存在发生舞弊风险因素。

其次，审计人员要实施分析程序，分析重大的金额、比率、趋势、异常或偏离预期的关系，识别异常的交易或事项。

第三，项目组进行讨论研究，对下列情形保持高度警惕:是否有舞弊的机会，是否有舞弊行为合理化的环境，行为或生活方式是否异常，高层人员是否有凌驾于控制的权力，是否有操纵利润的迹象，内部控制实施情况，如何使将要实施的审计程序不被被审计单位预见等。

第四，在识别和评估舞弊导致的重大错报风险以后，采取总体应对措施，实施针对性的审计程序。

第五，与治理层、管理层和监管机构进行沟通，取得保证、共识和支持。

【基础知识与技能训练】

一、单项选择题

1. 注册会计师针对评估的财务报表层次的重大错报风险，应采取的措施是(　　)。

A. 确定总体应对措施　　B. 实施控制测试

C. 实施细节测试　　　　　　　　　D. 进行实质性分析程序

2. 进一步审计程序是相对于风险评估程序而言的，是指注册会计师针对（　　）的重大错报风险实施的审计程序。

A. 财务报表　　　　B. 财务报表层次　　　　C. 认定层次　　　　D. 披露

3. 以下关于进一步审计程序的性质说法不正确的是（　　）。

A. 进一步审计程序的性质是指进一步审计程序的目的和类型

B. 进一步审计程序的目的包括实施控制测试确定内部控制运行的有效性，通过实施实质性程序发现认定层次的重大错报

C. 进一步审计程序的类型包括询问、观察、检查、函证、重新计算、重新执行和分析程序

D. 在确定进一步审计程序的性质时，注册会计师首先需要考虑的是财务报表层次的重大错报风险的评估结果

4. 注册会计师通过对被审计单位内部控制的测试，可以起到（　　）的作用。

A. 确定被审计单位内部控制设计的是否合理

B. 确定被审计单位内部控制是否得到执行

C. 确定被审计单位内部控制是否有效运行

D. 确定被审计单位内部控制是否能够有效防止或发现并纠正重大错报

5. 在审计中，控制测试的性质是指（　　）。

A. 控制测试所使用的审计程序的类型及其组合

B. 控制测试所获取的证据

C. 控制测试所选择的范围

D. 控制测试所选择的时间

6. 注册会计师在实施控制测试时，如果将询问、观察和检查等程序结合在一起仍无法获得充分的证据时，需要考虑采用（　　）程序来证实控制是否有效运行。

A. 重新执行　　　　B. 重新计算　　　　C. 监盘　　　　D. 函证

7. 注册会计师在检查被审计单位销售发票时，一方面可以获取该销售发票是否经过授权，同时也可以获取关于该交易的金额是否正确的证据，这种测试属于（　　）。

A. 细节测试　　　　B. 控制测试　　　　C. 重新计算　　　　D. 双重目的的测试

8. 针对特别风险的控制测试，以下说法正确的是（　　）。

A. 每 2 年至少对控制测试一次

B. 每 3 年至少对控制测试一次

C. 如果控制没有变化，可以不实施控制测试

D. 无论控制是否发生变化，都不应依赖以前获取的审计证据

9. 以下关于实质性程序的含义说法正确的是（　　）。

A. 实质性程序是注册会计师针对财务报表层次的重大错报设计的审计程序

B. 实质性程序是注册会计师针对认定层次的重大错报设计的审计程序

C. 实质性程序是用于测试被审计单位内部控制有效性的审计程序

D. 实质性程序包括控制测试和细节测试

10. 以下关于实质性程序的性质，说法错误的是（　　）。

A. 实质性程序的性质，是指实质性程序的类型及其组合，基本类型包括细节测试和实质

性分析程序

B. 实质性分析程序通常适用于在一段时间内存在可预期关系的大量交易

C. 细节测试的目的在于直接识别财务报表认定是否存在错报

D. 针对存在或发生认定，在设计细节测试时，应从相关凭证入手

二、多项选择题

1. 注册会计师应当针对评估的财务报表层次重大错报风险确定的总体应对措施包括(   )。

A. 向审计项目组强调保持职业怀疑的必要性

B. 指派更有经验或具有特殊技能的审计人员，或利用专家的工作

C. 提供更多的督导

D. 在选择拟实施的进一步审计程序时融入更多的不可预见的因素

2. 以下方法，可用于提高注册会计师审计程序的不可预见性的有(   )。

A. 对某些未测试过的低于设定的重要性水平或风险较小的账户余额和认定实施实质性程序

B. 调整实施审计程序的时间，使其超出被审计单位预期

C. 采取不同的审计抽样方法，使当年抽取的测试样本与以前有所不同

D. 选取不同的地点实施审计程序，或预先不告知被审计单位所选定的测试地点

3. 如果被审计单位控制环境存在缺陷，注册会计师在对拟实施的审计程序的性质、时间安排和范围做出总体修改时应当考虑的因素有(   )。

A. 控制环境的缺陷通常会削弱期末获得的审计证据的可信赖程度，所以应在期中而非期末实施更多的审计程序

B. 控制环境存在缺陷时注册会计师将主要依赖实施控制测试获取审计证据

C. 控制环境存在缺陷时注册会计师将主要依赖实施实质性程序获取审计证据

D. 增加拟纳入审计范围的经营地点的数量

4. 注册会计师在设计进一步审计程序的总体方案时，包括(   )。

A. 实质性方案　　B. 不可预见性方案　　C. 综合性方案　　D. 细节测试方案

5. A 注册会计师在对被审计单位审计过程中，发现其营业收入和应收账款项目重大错报风险水平较高，为了使进一步审计程序不被被审计单位管理层预见，以下措施可行的有(   )。

A. 对于金额较大的销售交易，向销售客户发函询证具体销售条款

B. 使用计算机辅助技术实施更细致的分析程序

C. 测试余额低于以前设定的重要性水平的账户

D. 把需要函证账户的截止日期提前或者推迟

6. 进一步审计程序包括(   )。

A. 风险评估程序　　B. 控制测试　　C. 分析程序　　D. 实质性程序

7. 注册会计师在设计进一步审计程序时，以下考虑正确的有(   )。

A. 风险的后果越严重，越需要精心设计有针对性的进一步审计程序

B. 重大错报发生的可能性越大，越需重视

C. 不同的交易、账户余额和披露，产生的认定层次的重大错报风险也会存在差异，需要区别对待，并设计有针对性的进一步审计程序予以应对

D. 如果在风险评估时预期内部控制运行有效，进一步审计程序中就必须包括控制测试

8. 在确定进一步审计程序的性质时，注册会计师需要考虑的因素有(　　)。

A. 财务报表层次重大错报风险的评估结果

B. 认定层次重大错报风险的评估结果

C. 财务报表层次重大错报风险产生的原因

D. 认定层次重大错报风险产生的原因

9. 注册会计师在确定何时实施进一步审计程序时应当考虑的主要因素包括(　　)。

A. 控制环境

B. 何时能得到相关信息

C. 错报风险的性质

D. 审计证据适用的期间或时点

10. 注册会计师在确定进一步审计程序的范围时，需要考虑的因素有(　　)。

A. 确定的重要性水平　　B. 评估的重大错报风险

C. 计划获取的保证程度　　D. 审计证据适用的期间或时点

11. 注册会计师为了获取关于被审计单位内部控制是否有效运行，应从(　　)方面获取审计证据。

A. 控制在所审计期间的不同时点是如何运行的

B. 控制是否得到一贯执行

C. 所设计的控制单独或连同其他控制能够防止或发现并纠正重大错报，并得到执行

D. 控制由谁或以何种方式执行

12. 控制测试并非在任何情况下都需要实施，但当存在下列(　　)情况时，注册会计师必须实施控制测试。

A. 被审计单位内部控制是存在的，但设计不够合理

B. 在评估认定层次重大错报风险时，预期控制的运行是有效的

C. 仅实施实质性程序并不能够提供认定层次充分、适当的审计证据

D. 被审计单位内部控制设计合理，但没有执行

13. 针对被审计单位以下的内部控制，注册会计师在控制测试时可采用观察程序的有(　　)。

A. 开具账单的职员在开具每张发票前，独立检查是否存在装运凭证和经批准的销售单

B. 空白支票由专人保管

C. 现金日记账和总账的登记分别由不同人员执行

D. 销售发票必须由专人复核后签字确认

14. 注册会计师在确定对被审计单位实施控制测试的性质时，需要考虑的因素有(　　)。

A. 根据特定控制的性质，选择实施审计程序的类型

B. 在设计控制测试时，除了考虑与认定直接相关的控制，还要考虑与认定间接相关的控制

C. 对于自动化应用控制，可以利用其应用控制运行有效的审计证据作为支持该项控制在相关期间运行有效的审计证据

D. 剩余时间的长度

15. 注册会计师在实施实质性程序后，其结果会对之前控制测试的结果产生影响，以下说法中正确的有(　　)。

A. 如果通过实施实质性程序未发现某项认定存在错报，可以证实与该认定有关的控制是有效运行的

B. 如果通过实施实质性程序发现某项认定存在错报，注册会计师应当降低对相关控制的信赖程度

C. 如果通过实施实质性程序发现某项认定存在错报，注册会计师需要考虑实质性程序发现的错报对评价相关控制运行有效性的影响

D. 如果实施实质性程序发现被审计单位没有识别出的重大错报，通常表明内部控制存在重大缺陷，注册会计师应当就这些缺陷与管理层和治理层进行沟通

16. 注册会计师在确定对被审计单位实施控制测试的时间时，具体包括(　　)。

A. 何时实施控制测试

B. 在所审计期间，注册会计师拟信赖控制运行有效性的时间长度

C. 测试所针对的控制适用的时点

D. 测试所针对的控制适用的期间

17. 注册会计师如果已获取有关被审计单位内部控制在期中运行有效性的审计证据，并拟利用该证据，需要实施的审计程序有(　　)。

A. 测试被审计单位对控制的监督

B. 获取这些控制在剩余期间变化情况的审计证据

C. 确定针对剩余期间还需获取的补充审计证据

D. 可以直接利用期中获取的审计证据，不需要再实施其他审计程序

18. 注册会计师针对被审计单位的内部控制，在期中实施了测试，为了将期中控制运行有效性的审计证据合理延伸至期末，在设计审计程序时，以下做法正确的有(　　)。

A. 如果被审计单位控制环境薄弱，所需补充的证据就越多

B. 注册会计师对相关控制的信赖程度越高，需要获取的剩余期间的补充证据就越少

C. 被审计单位对控制的监督越好，所需补充的证据就越少

D. 评估的认定层次的重大错报风险越高，所需补充的证据就越多

19. 注册会计师在确定被审计单位控制测试的范围时，以下做法正确的有(　　)。

A. 在整个信赖期间，被审计单位执行控制的频率越高，控制测试的范围则越小

B. 对审计证据相关性和可靠性要求越高，控制测试的范围越大

C. 对控制运行的拟信赖程度越高，控制测试的范围越小

D. 预期偏差率越高，确定实施控制测试的范围就越大

三、简答题

简述注册会计师针对财务报表层次重大错报风险应采取的总体应对措施。

项目四　审计流程

【知识要点】

(1)明确进行审计工作时审计过程是如何安排的，各步骤有哪些内容和工作；
(2)理解完成各步骤审计工作有哪些规定和要求，各步骤所需做的工作是什么。

【能力目标】

(1)能熟练运用所学知识，明确审计工作的各步骤该做什么；
(2)能够编制审计计划，收集审计证据，编制审计工作底稿。

【案例导入】

天道会计师事务所赔偿案件

银夏房地产开发公司申请贷款项目审计案件：2013 年 5 月银夏房地产开发公司向银行申请贷款 5 亿元，委托天道会计师事务所为其提供审计业务，在其利益的诱惑下，天道会计师事务所未加思考就爽快的答应了委托，并且双方签订了审计业务约定书。但在实施审计过程中发现银夏房地产开发公司内部控制混乱、审计风险极大，经研究决定拒绝执行审计业务。面对审计业务遭拒，银夏房地产开发公司认为天道会计师事务所违约，提起诉讼。

【讨论分析】：1. 银夏房地产开发公司提起诉讼的依据是什么？

2. 天道会计师事务所为什么决定拒绝执行审计业务？

3. 天道会计师事务所决定拒绝执行审计业务是否违约？

任务一　准备阶段(计划阶段)

【案例4-1】　　　　**审计程序是确定审计成败的重要因素**

注册会计师王胜和李明接受A公司董事会的委托，对A公司实施会计报表审计。A公司是一家拥有5 000名员工的大中型企业，该公司内部控制较为健全、有效。公司效益逐年递增，经营业绩较为显著，是当地的纳税大户，曾连续几年受到当地政府的表彰。在上述背景情况下，王胜和李明从年初资料开始，对所有部门的所有业务采取从会计凭证、会计账簿、会计报表为主线的审查方法，尽管两个人付出了辛勤的劳动，但在审计约定书规定的十天时间内只审查了三个月的业务，于是，A公司董事会与王胜和李明的会计师事务所解除了合同。

【讨论分析】　　　　**审计成败的原因?**

审计过程，也称审计程序，它是指审计工作从开始到结束的整个过程。一般审计过程包括审计计划阶段、审计实施阶段和审计报告阶段三个阶段。

不论是政府审计、内部审计还是注册会计师审计，都应按照规定的审计过程开展审计工作，完成审计任务。但由于各种审计的审计对象、审计方式等方面存在差异，它们的审计工作过程亦不完全相同。需要指出的是，审计实务工作错综复杂，即使归属于同一审计阶段的几项具体审计工作，有时也是难分先后的，许多具体审计工作往往还贯穿于两个或三个审计阶段;实施阶段与报告阶段的许多审计工作也是交叉进行的。

下面以注册会计师审计为例，介绍审计的三个阶段:

计划阶段是指从接受委托到编制出审计计划为止的过程，主要工作包括:了解委托单位基本情况，确定是否接受委托;签订审计业务约定书;进一步了解被审计单位及其环境并评估重大错报风险;确定重要性水平;制定审计计划等。

一、了解委托单位基本情况

审计工作是一个高风险职业，如不谨慎从事，就有可能上当受骗，也可能因了解委托单位基本情况不足，为了利益盲目从事，影响质量。主要应了解以下情况:

(1)了解是什么业务约定事项，看其是否适当。如，是为了取得贷款，还是证明资金是否到位;是会计报表审计，还是特殊目的审计等。

(2)了解审计对象的特征。如委托单位所在行业和业务性质、环境、组织结构和经营规模，以便会计师事务所进行相应人员的安排、资源调配和时间预算等。

(3)了解委托单位会计核算使用的标准，是企业财务会计制度，还是行政事业会计制度;是保险业会计制度，还是房地产会计制度，还是其他行业会计制度。

(4)了解其他环境特征及事项，如委托单位主要股东、关键管理人员和治理层是否诚信;客户的经营状况、管理状况及其以前年度接受审计情况，分析委托单位的风险水平，有无对审计业务产生重大影响的事项等。

(5)评价自身的专业胜任能力和职业道德。确定项目是否具备执行审计业务的专业胜任能力以及必要的时间和资源;评价会计师事务所和项目组能否遵守职业道德规范。

最后，在了解了以上情况后，认为注册会计师符合胜任能力、独立性和应有的关注等职业道德要求，并且拟承接的业务具备对象适当，标准适当，证据能收集，注册会计师能够收集与鉴证对象有关的信息，获取充分适当的审计证据，以支持其提出适当的鉴证结论以及该业务具有合理的目的等，注册会计师才能接受委托。当承接的业务不具有以上鉴证业务所有特征，应提请将其作为非鉴证业务或拒绝接受委托。假如接受委托，可同委托人商定业务约定条款，签订审计业务约定书。

二、签订审计业务约定书

在决定接受委托后，商定业务约定条款，签订审计业务约定书。

审计业务约定书是指会计师事务所与被审计单位签定审计业务，用来记录和确认财务报表审计的目标；管理层对财务报表的责任；管理层编制财务报表采用的会计准则和相关会计制度；审计范围（包括指明在执行财务报表审计业务时遵守的中国注册会计师审计准则）；执行审计工作的安排（包括出具审计报告的时间要求，审计报告格式和对审计结果的其他沟通形式）；由于测试的性质和审计的其他固有限制，以及内部控制的固有局限性，不可避免地存在着某些重大错报可能仍然未被发现的风险，管理层为注册会计师提供必要的工作条件和协助，注册会计师不受限制地接触任何与审计有关的记录、文件和所需要的其他信息，管理层对其作出的与审计有关的声明予以书面确认，注册会计师对执业过程中获知的信息保密，审计收费包括收费的计算基础、金额和收费安排，违约责任，解决争议的方法，签约双方法定代表人或其授权代表的签字盖章以及签约双方加盖的公章等事项的书面协议。

审计业务约定书是具有法律约束力的经济合同，具有以下作用：可以增进会计师事务所和被审计单位了解双方的权利和义务；可以作为被审计单位评价审计业务完成情况和会计师事务所检查被审计单位履行约定义务的情况的依据；出现法律纠纷时，是确定各方应承担的责任的重要证据。

【案例 4－2】审计业务约定格式举例如下：

审计业务约定书

兹由________________________公司（以下称甲方）委托________________________会计师事务所有限公司（以下称乙方）对甲方的会计报表进行审计，经双方充分协商，将有关事项约定如下：

一、委托目的与审计范围

（一）委托目的：

____。

（二）审计范围：

____。

二、双方的责任和义务

（一）甲方

1. 应及时向乙方提供注册会计师所要求的如：会计凭证、报表、账册以及其他在审计过程中所需要查看的各种文件资料；并为乙方所进行的审计工作给予充分的合作，提供必要的条件和帮助；

2. 建立健全内部控制制度，保护资产的安全完整，保证会计资料的真实、合法、完整，保证会计报表充分披露是甲方的会计责任；

3. 应提供管理声明书，将所有对审计结论产生影响的事项如实告知乙方；

4. 乙方认为需要发函向有关部门询证时，应提供方便并承担必要的费用；

5. 按照约定的条件，及时足额支付审计业务费用。

（二）乙方

1. 根据《中华人民共和国注册会计师法》和中国注册会计师《独立审计准则》的要求，对甲方提供的会计报表和有关资料，实施必要的审验程序。保证审计报告的真实性、合法性是乙方的审计责任；

2. 由于注册会计师的审计采取事后重点抽查，加上被审计单位内部控制固有的局限和其他客观因素的制约，难免存在会计报表的某些重要方面反映失实，而注册会计师又可能在审计中存在未予发现的情况。因此，乙方的审计责任并不能替代、减轻或免除甲方的会计责任；

3. 对在执业过程中知悉的甲方的商业秘密保密，对甲方提供的审验资料，除法律另有规定者外，未经甲方同意，不得将该项资料泄露给第三者；

4. 检查弊端不属于一般审计工作范围，但乙方在审计过程中发现甲方会计核算处理存在问题、内部控制制度存在缺陷，可能产生重大弊端，乙方可将其情况报告给甲方。

三、时间要求

1. 甲方在本审计业务约定书签订后__________个工作日内向乙方提供必要的审计资料；如果乙方在执业过程中需要补充审计资料的，甲方应根据乙方的要求，及时提供；

2. 乙方在收到审计所需要的全部资料后__________个工作日内完成审验工作，出具审计报告一式__________份。

四、审计报告的使用责任

甲方承诺乙方出具的审计报告只按照审计目的所确定的用途使用，不作其他用途。由于甲方或其他第三者因使用不当而造成的后果，与乙方无关。

五、业务费金额及支付方式

1. 甲方同意本项审计业务费人民币：__________元（差旅、食宿、翻译等费用另计）；

2. 上述业务费用在本业务约定书签订后__________个工作日内，由甲方向乙方预付__________%，审计报告完成时再支付__________%。

六、业务约定书有效期间

1. 本业务约定书一式两份，甲乙双方各执一份，具有同等法律效力；

2. 本业务约定书自双方签章之日起生效，在约定事项全部完成后失效。

七、约定事项的变更

在审计过程中，如出现不可预见的情况，任何一方需要变更本业务约定书中的审验范围、时间要求、收费金额等事项时，应及时通知另一方，并由双方协商确定。

八、违约责任

甲乙双方应当严格遵守本业务约定书约定的事项，任何一方违约，致使另一方未能履行约定事项时，另一方可以解除本业务约定书，并要求违约方赔偿经济损失，依法承担相应的法律责任。

九、其他一些需要说明的事项。

甲方(公章):______________　　乙方(公章):______________

法定代表人(签字):__________　　法定代表人(签字):__________

地址:______________　　地址:______________

委托联系人:____________　　委托联系人:____________

联系电话:____________　　联系电话:____________

______年______月______日　　______年______月______日

三、初步评价被审计单位的内部控制

内部控制是被审计单位为了合理保证财务报告的可靠性、经营的效率和效果以及对法律法规的遵循，由治理层、管理层和其他人员设计和执行的政策和程序。

(一)内部控制包括控制环境、风险评估过程、与财务报告相关的信息系统与沟通、控制活动和对内部控制的监督等五个因素。

(前项目三已经叙述,不再赘述。)

(二)内部控制制度(内部控制系统)在审计中的作用

(前项目三已经叙述,不再赘述。)

(三)内部控制存在局限性的原因

(前项目三已经叙述,不再赘述。)

(四)对内部控制的了解和评估

注册会计师应当了解与审计相关的内部控制，以识别潜在错报的类型，考虑导致重大错报风险的因素，以及设计和实施进一步审计程序的性质、时间和范围。了解内部控制是指注册会计师评价内部控制的设计和确定内部控制是否得到了执行。注册会计师需要了解与财务报表审计相关的内部控制，并非全部内部控制。

注册会计师需要从整体层面和业务流程层面了解和评估内部控制。注册会计师通常实施下列风险评估程序来获取内部控制设计和执行的审计证据：

1. 询问被审计单位的人员；

2. 观察特定内部控制的运用；

3. 检查文件和报告；

4. 追踪交易在财务报告信息系统中的处理过程(穿行测试)。

内部控制风险的程度和性质受到被审计单位信息系统的性质和特征的影响，注册会计师应当考虑被审计单位是否对所使用的信息技术系统或人工系统建立了有效的控制。

(五)审计风险与内部控制的关系

审计风险与审计证据的数量有关。审计证据越充足、恰当，审计风险就越小，反之，审计风险就越大。被审计单位的内部控制是注册会计师确定审计程序的重要依据，评估内部控制的健全性和有效性是注册会计师评估控制风险的主要手段，有效的内部控制能够降低错报的风险。因此审计人员通过对内部控制进行测试和评价，可以掌握被审计单位内部控制的健全性和有效性状况，找出被审计单位管理中的薄弱环节，有针对性地开展审计工作，节约审计时间和审计费用，提高审计工作的质量和效率，降低审计风险。

要注意以下三点：

1. 不论被审计规模大小，注册会计师都应当对相关的内部控制进行充分的了解。

2. 注册会计师应当根据对被审计单位内部控制的了解来确定是否进行控制测试和将要执行的控制测试的性质、时间和范围。

3. 内部控制健全、有效的单位，注册会计师可能评估其控制风险较低而减少实质性程序，但不能完全取消实质性程序。

四、分析重要性和审计风险

(一)重要性与重要性水平

国际会计准则委员会(IASC)对重要性的定义是："如果信息的错报或漏报会影响使用者根据报表采取的经济决策，信息就有重要性。"我国新的审计准则第 1221 号把重要性解释为：重要性取决于在具体环境下对错报金额和性质的判断，如果一项错报单独或连同其他错报可能影响财务报表使用者依据财务报表做出的经济决策，则该项错报是重大的。

1. 重要性

重要性是针对财务报表使用者决策的信息需求而言的。判断一项错报(包括漏报，下同)是否重要，应看其对财务报表使用者依据财务报表做出经济决策的影响程度。如果一项错报足以影响或改变财务报表使用者的相关决策，则该项错报就是重要的，否则就不重要。

重要性包括对数量和性质两个方面的考虑。所谓数量方面，是指错报的金额大小，性质方面则是指错报的性质。

一般而言，金额大的错报比金额小的错报更重要。在有些情况下，某些金额的错报从数量上看并不重要，但从性质上考虑，则可能是重要的。对于某些财务报表披露的错报，难以从数量上判断是否重要，应从性质上考虑其是否重要。

2. 重要性水平的确定

所谓重要性水平就是重要性的具体标准，它是指会计报表中可以容忍的错报或漏报的最高限额。

由于不同的被审计单位面临不同的环境，不同的报表使用者有着不同的信息需求，因此注册会计师确定的重要性也不相同。某一金额的错报对某被审计单位的财务报表来说是重要的，而对另一个被审计单位的财务报表来说可能不重要。例如，错报 10 万元对一个小公司来说可能是重要的，而对另一个大公司来说则可能不重要。

重要性水平的确定需要运用审计人员的职业判断。不同的注册会计师在确定同一被审计单位财务报表层次和认定层次的重要性水平时，得出的结果可能不同。主要是因为对影响重要性的各因素的判断存在差异。

(1)从数量方面考虑重要性。重要性水平包括两个层次：财务报表层次和各类交易、账户余额、列报(包括披露，下同)认定层次。

注册会计师通常先选择一个恰当的基准如，总资产、净资产、销售收入、费用总额、毛利、净利润等，再选用适当的百分比乘以该基准，从而得出财务报表层次的重要性水平。例如，对以盈利为目的的企业，来自经常性业务的税前利润或税后净利润的5%，或总收入的0.5%；对非盈利组织，费用总额或总收入的0.5%；对共同基金公司，净资产的0.5%。

在确定各类交易、账户余额、列报认定层次的重要性水平时，注册会计师应当考虑以下主要因素：第一，各类交易、账户余额、列报的性质及错报的可能性；第二，各类交易、账户余额、列报的重要性水平与财务报表层次重要性水平的关系。

(2)从性质方面考虑重要性。金额不重要的错报从性质上看有可能是重要的。注册会计师在判断错报的性质是否重要时，应该考虑的具体情况包括：

①错报对遵守法律法规要求的影响程度。

②错报对遵守债务契约或其他合同要求的影响程度。

③错报掩盖收益或其他趋势变化的程度(尤其在联系宏观经济背景和行业状况进行考虑时)。

④错报对用于评价被审计单位财务状况、经营成果或现金流量的有关比率的影响程度。

⑤错报对财务报表中列报的分部信息的影响程度。例如，错报事项对分部或被审计单位其他经营部分的重要程度，而这些分部或经营部分对被审计单位的经营或盈利有重大影响。

⑥错报对增加管理层报酬的影响程度。例如，管理层通过错报来达到有关奖金或其他激励政策规定的要求，从而增加其报酬。

⑦错报对某些账户余额之间错误分类的影响程度，这些错误分类影响到财务报表中应单独披露的项目。例如，经营收益和非经营收益之间的错误分类，非盈利单位的受到限制资源和非限制资源的错误分类。

⑧相对于注册会计师所了解的以前向报表使用者传达的信息(例如，盈利预测)而言，错报的重大程度。

⑨错报是否与涉及特定方的项目相关。例如，与被审计单位发生交易的外部单位是否与被审计单位管理层的成员有关联。

⑩错报对信息漏报的影响程度。在有些情况下，适用的会计准则和相关会计制度并未对该信息作出具体要求，但是注册会计师运用职业判断，认为该信息对财务报表使用者了解被审计单位的财务状况、经营成果或现金流量很重要。

⑪错报对于已审计财务报表一同披露的其他信息的影响程度，该影响程度能被合理预期将对财务报表使用者作出经济决策产生影响。

【案例4-3】ABC公司未经审计的财务报表显示，2013年度资产总额为200 000万元，净资产为90 000万元，主营业务收入为300 000万元，利润总额为36 000万元，净利润为31 000万元。

为了确定会计报表层次的重要性水平，注册会计师张军和王丽决定以资产总额、净资产、营业收入以及净利润作为判断基础，采用固定比率法，选定这些判断基础的固定比率分别为0.5%、1%、0.5%和5%，计算并确定ABC公司2013年度会计报表的重要性水平如表4-1：

【解析】

表4－1

判断基础	金额	选定比率	乘积	报表层次重要性水平
资产总额	200 000	0.5%	1 000	900(万元)
净资产	90 000	1%	900	
主营业务收入	300 000	0.5%	1 500	
净利润	31 000	5%	1 550	

(二)重要性水平与审计风险的关系

例如，重要性水平为9 000元与2 000元相比，哪个审计风险更低?

如果重要性水平是9 000元，则意味着低于9 000元错报与漏报不会影响到会计报表使用者的决策与判断，注册会计师仅仅需要通过执行有关审计程序查出高于9 000元的错报与漏报。如果重要性水平是2 000元，则金额在2 000元到9 000元的错报与漏报会影响到会计报表使用者的决策与判断，注册会计师需要通过执行审计程序查出所有高于2 000元的错报与漏报。显然，要查出所有高于9 000元的错报与漏报要比查出所有高于2 000元的错报与漏报更容易，风险更低。如果注册会计师认为审计风险低的话，他会选择9 000元作为重要性水平，反之就会选择2 000元的重要性水平。

审计风险越高，注册会计师所计划或估计的重要性水平就要越低，意味着注册会计师可接受的审计风险就越低，注册会计师必须执行更多的审计程序，收集更多的审计证据，以降低检查风险，从而降低审计风险。反之，则相反。

如果是计划或估计的重要性水平太高了，则意味着注册会计师执行的审计程序减少，审计范围有所缩小，从而导致注册会计师很有可能得出错误的审计结论，增加了实际承受的审计风险;如果是计划或估计的重要性水平过低了，就意味采取了更为谨慎的审计策略，执行了更详细的审计程序，从而增加查出错报与漏报的可能性，降低实际承受的审计风险，但这样会加大审计成本。注册会计师应当综合考虑各种因素，合理确定重要性水平。

可见，重要性水平与审计证据、审计风险之间是反向关系。

我国新的审计准则1221号第11条把重要性与审计风险的关系描述为:重要性与审计风险之间存在反向关系。重要性水平越高，审计风险越低;重要性水平越低，审计风险越高。反过来说，审计风险越低，重要性水平就可以定得越高;审计风险越高，重要性水平就要定得越低。

因此，审计风险可以说是由于采用过高的重要性水平而导致的注册会计师审计时不能查出错报或漏报的可能性的大小，即出错的概率。

五、编制审计计划

一般来说，计划审计工作主要包括:在本次审计业务开始时应安排的初步业务活动;制定总体审计策略;制定具体审计计划等。计划审计工作不是一个孤立的阶段，它需要在整个审计过程中不断地进行调整。

初步业务活动主要是了解被审计单位的诚信状况、本所审计人员的专业胜任能力和职业道德等。

总体审计策略包括项目组成员、专家的安排、盘点复核的人员和时间的安排、以及管理、指导、监督项目组工作等。

具体审计计划比总体审计策略更加详细，其内容包括为获取充分、适当的审计证据以将审计风险降至可接受的低水平，项目组成员拟实施的审计程序的性质、时间和范围。具体审计计划包括风险评估程序、准备实施的进一步审计程序和其他审计程序。审计计划应由审计项目负责人编制，并报更高级的人审核后实施。

【案例 4－4】：　　具体审计计划

被审计单位:南海股份有限公司　　编制人:王丽　日期:2014 年 1 月 25 日　索引号:ZZ－5

会计期间:2013 年 1 月 1 日～12 月 31 日　复核人:张军　日期:2014 年 1 月 30 日　页次:20

一、委托审计的目的、范围 审计南海股份有限公司 2013 年 1 月 1 日～12 月 31 日资产负债表和该年度利润表、现金流量表和所有者权益变动表。
二、审计策略(是否实施预审;是否进行符合性测试;实质性测试按业务循环还是按报表项目) 由于南海股份有限公司是常年客户，不进行全面符合性测试，但对于变动较大的项目实施双重目的测试;按会计报表项目进行实质性测试。
三、评价内部控制和审计风险 内部控制制度比较健全，但本年度利润增长幅度特别大，可能存在某种程度的财务问题，审计风险较大。
四、重要会计问题及重点审计领域 1. 营业收入、营业成本项目; 2. 资产减值损失、公允价值变动损益项目; 3. 投资收益项目; 4. 交易性金融资产项目; 5. 存货项目; 6. 应收账款项目; 7. 在建工程项目。
五、重要性标准初步估计 采用总收入法 按前三年平均营业收入:60 000 ×0.5% =300(万元) 按 2013 年营业收入:40 000 ×0.5% =200(万元) 综合南海股份有限公司的审计风险，南海股份有限公司报表总体重要性水平初步评价为 250 万元。
六、计划审计日期 外勤工作自 2014 年 1 月 25 日至 2014 年 2 月 3 日，共计 10 天 60 人次 编写报告自 2014 年 2 月 4 日至 2 月 10 日

续表

七、审计小组组成及人员分工			
姓名	职务或职称	分工	备注
杜进	副主任会计师	审批审计计划、复核底稿	项目经理人
王志涛	注册会计师	编制审计计划、综合类底稿，复核底稿	项目负责人
陈芳	注册会计师	审计损益类项目	
周孝刚	注册会计师	审计资产类、负债类项目	
吴通	助理人员	盘点，协助周孝刚审计资产类项目	
王芬	助理人员	发函证，协助周孝刚审计负债类项目	
八、修订计划记录(略)			

任务二　实施阶段

一、进驻被审计单位

(一)进行内部控制测试

内部控制是决定审计范围、方法和时间的一个重要依据。因此，审计人员在前期对重大错报风险进行评估和对内部控制有所了解的基础上，应对内部控制运行的有效性进行测试。测试的目的主要是看内部控制是否得到一贯有效的执行，以便为审计计划的修订和下一步实质性程序打下基础。

1. 进一步了解被审计单位及其环境

风险导向审计是当今世界上主流的审计方法，它要求注册会计师以重大错报风险的识别、评估和应对作为审计工作的主线，以提高审计效率和效果。

审计风险取决于重大错报风险和检查风险，审计风险等于重大错报风险乘以检查风险。要降低审计风险，注册会计师就必须了解被审计单位及其环境，充分识别和评估财务报表重大错报风险，并根据评估结果设计和实施进一步审计程序，以控制检查风险，最终把审计风险控制在可接受的水平上。

注册会计师了解被审计单位及其环境，目的是为了识别和评估重大错报风险。

被审计单位及其环境包括行业状况、法律环境、单位性质、对会计政策的选择和运用、企业的经营目标、发展战略和经营风险、财务业绩的衡量和评价以及内部控制。

2. 风险评估程序

为了了解被审计单位及其环境而实施的程序称为“风险评估程序”。风险评估程序包括询问被审计单位的管理人员和其他相关人员、实施分析程序、观察和检查。

询问被审计单位的管理人员和其他相关人员，可以掌握被审计单位的财务状况、经营成果和现金流量、重大交易或事项、产权结构和组织机构的变化、财务报表的编制方法、会计政策、内部控制的有效性、供产销的经营状况等方面的信息。

分析程序是指注册会计师通过研究不同财务数据之间以及财务数据与非财务数据之间的

内在关系，对财务信息做出评价。

分析程序既可以用作风险评估程序和实质性程序，也可用于对财务报表的总体复核。

财务数据之间以及财务数据与非财务数据（如生产统计数据）之间存在客观和内在的关系，例如金额关系、比率关系或趋势关系，注册会计师经过计算、比较，就有可能发现异常的关系，此时应当在识别和评估重大错报风险时考虑这些比较结果。

观察和检查，就是观察被审计单位的生产经营活动，检查文件、记录和内部控制手册，阅读由管理层和治理层的报告，实地察看生产经营场所和设备，追踪交易在财务报告信息系统中的处理过程（即穿行测试）等。

实施观察和检查程序，是为了印证对管理层和其他相关人员的询问结果，并可以提供有关被审计单位及其环境的信息。

（二）修订审计计划

计划审计工作并不是审计业务的一个孤立阶段，而是一个持续的、不断修正的过程，贯穿于整个审计业务的始终。通过对内部控制执行的有效性测试，审计人员会掌握更多的情况，因此在对内部控制测试后，应对原审计计划进行针对性地修改、调整，使审计工作在切合实际的计划指导下，更能高效率、高质量地完成审计工作。

二、评审内部控制——符合性测试

（一）对内部控制的了解和评估

注册会计师应当了解与审计相关的内部控制以识别潜在错报的类型，考虑导致重大错报风险的因素，以及设计和实施进一步审计程序的性质、时间和范围。了解内部控制是指注册会计师评价内部控制的设计和确定内部控制是否得到了执行。注册会计师需要了解与财务报表审计相关的内部控制，并非全部内部控制。

注册会计师需要从整体层面和业务流程层面了解和评估内部控制。注册会计师通常实施下列风险评估程序来获取内部控制设计和执行的审计证据：

1. 询问被审计单位的人员；
2. 观察特定内部控制的运用；
3. 检查文件和报告；
4. 追踪交易在财务报告信息系统中的处理过程（穿行测试）。

内部控制风险的程度和性质受到被审计单位信息系统的性质和特征的影响，注册会计师应当考虑被审计单位是否对所使用的信息技术系统或人工系统建立了有效的控制。

（二）控制测试

控制测试是为了证实被审计单位内部控制政策和程序的设计是否健全和运行是否有效而执行的审计程序。

在测试控制运行的有效性时，注册会计师应当从下列方面获取关于控制是否有效运行的审计证据：

1. 控制在所审计期间的不同时点是如何运行的；
2. 控制是否得到一贯执行；
3. 控制由谁执行；
4. 控制以何种方式运行。

（三）实施控制测试一般有五种方法

1. 询问

审计人员可以向被审计单位的有关员工询问，获取与内部控制运行情况的信息。例如，询问信息系统管理人员有无未经授权接触计算机硬件和软件，向负责复核银行存款余额调节表的人员询问如何进行复核。

2. 观察

实地观察法就是审计人员到采购、仓储、生产、财会、销售、行政等部门的工作现场观察工作人员执行业务的情况，来证明业务处理程序是否遵循了内部控制制度的要求。

观察是测试那些不会留下书面记录的控制运行情况的有效方法。

3. 检查

例如，检查销售发票是否有复核人员签字，销售发票是否附有客户订购单和出库单。对留有书面证据的控制运行情况的控制非常适用。被审计单位的书面说明、复核时留下的记号、记录在偏差报告中的标志等都可以作为证据。

4. 重新执行

审计人员按照内部控制制度的要求，对某项业务重新做一遍，以判断内部控制是否有效运行。

5. 穿行测试

穿行测试就是追查几笔通过会计系统的交易。穿行测试通过追踪交易在财务报告信息系统中的处理过程，来证实审计人员对控制的了解、评价控制设计的有效性、确定控制是否得到执行。

例如，材料采购业务，抽查请购单、收料单、付款凭证、购货发票，可以查明是否按计划采购，是否由主管领导批准，是否与合同相符，是否短缺，谁验收，谁保管。把检查结果与书面的内部控制制度进行比较，就可以证明材料采购业务是否遵循了内部控制制度的要求。

【案例展示 4-7】：注册会计师对抽查到的材料发出原始凭证，应进行必要的检查，其中不属于控制性测试程序的是：

A：领料单的签发是否经过授权

B：材料发出后是否及时入账

C：材料发出汇总表是否经过适当的人员审核

D：材料的单位成本计价是否适当

答案：B D

解析：B 是证实是否完整，D 是针对估价认定。凡是直接与认定相关，可以实现审计的具体目标的程序都是实质性程序，而控制测试则是直接对应内部控制的，与具体审计目标不是直接对应的关系。AC 虽然有时可以保证很多认定的有效，但其不是针对某个具体认定的。

三、进行实质性测试

（前实质性测试程序已经叙述不再赘述）

四、收集审计证据编制审计工作底稿

（一）审计证据的作用

审计工作的过程，实质上就是收集审计证据、整理分析审计证据的过程。所以，审计证据在审计工作中具有十分重要的意义和作用：

1. 审计证据是形成审计意见和决定的基础

审计人员作出任何审计意见和决定，都必须有充分、适当的审计证据的支持。任何没有审计证据或审计证据不充分、不适当，据此而形成的审计意见都是不可信赖的。

2. 审计证据是追究或解除行为人责任的事实根据

审计的过程就是证实被审计单位经济责任履行情况的过程。只有依据所收集的审计证据，才能确定是追究还是解除被审计单位的责任。同样，当审计人员与被审计单位或审计报告使用人对审计意见和结论存在分歧时，也需要通过所获取的审计证据是否充分、适当，取证程序是否合规、合法等来确定或解除审计人员的审计责任。

3. 审计证据是控制审计工作质量的重要工具

审计主管人员通过对审计人员收集到的审计证据的检查核实，来控制审计工作的质量和进程，纠正审计工作中存在的问题，并给予必要的指导。同时，主管人员还可以根据审计证据的质量和数量，来考核审计人员的业务能力和工作效率。

（二）审计证据的取得

审计人员如同法官一样，需要对证据进行收集、评价，并根据充分、适当的证据作出合理的判断。但审计证据与法律证据并不完全相同，两者在证据的取得和鉴定方面均有所区别。法律证据由诉讼双方提供，裁决者不参与证据的收集；审计证据则需由审计人员收集、评价证据，并根据其作出判断。在整个审计取证过程中，审计人员始终是主动的，收集什么证据、收集多少证据以及如何判定已收集到充分适当的证据，均由审计人员根据审计目标与自己的专业经验作出职业判断。

为了获取充分、适当的审计证据，注册会计师可以实施风险评估程序、控制测试和实质性程序，审计人员根据需要单独或综合运用检查、观察、询问、函证、重新计算、重新执行和分析程序等审计程序。

（三）编制审计工作底稿

编制审计工作底稿是完成审计任务的重要条件，也是衡量审计人员业务素质和业务水平的标准。审计人员必须认真编制审计工作底稿，将审计工作的安排、审计实施过程中发现的情况、遇到的问题、解决问题的方法和途径、审查的结果以及获取审计证据的名称、来源、时间等全部记录在案，以备查验。它对于保证审计人员执行审计任务，明确审计人员责任，提高审计报告质量均有重要作用。

鉴于审计工作底稿对发表审计意见、维护审计质量的重要意义，审计工作底稿的编制必须遵循一些基本的要求。《中国注册会计师审计准则第 1131 号——审计工作底稿》指出，审计工作底稿可以纸质、电子或其他介质形式存在。但无论审计工作底稿以哪种形式存在，会计师事务所都应当针对审计工作底稿设计和实施适当的控制，以实现下列目的：

1. 使审计工作底稿清晰地显示其生成、修改及复核的时间和人员；

2. 在审计业务的所有阶段，尤其是在项目组成员共享信息或通过互联网将信息传递给其他人员时，保护信息的完整性和安全性；

3. 防止未经授权改动审计工作底稿；

4. 允许项目组和其他经授权的人员为适当履行职责而接触审计工作底稿。

任务三　终结阶段

一、整理评价审计证据

我们知道每一颗晶莹的珍珠看起来都很好，但它们的颜色可能各不相同，大小也没有规律，那么它们的价值就仅仅体现在自身上，但是如果我们按照一定的规律把这些珍珠组合起来，如串起一串色泽、大小、质地都相当的珍珠链，会让人感觉更和谐、更具美感，价值也会更高。如果说那些单个的、具有证明力的证据是一颗颗晶莹的珍珠，那么审计人员对其进行的整理、分析就是串起这些珍珠的线。

(一)审计证据整理与分析的意义

审计人员为了使所收集到的分散的、个别的审计证据，变成客观的、相关的、充分的、具有证明力的证据，以正确评价被审计单位审计事项是否合法、合理，就必须按照一定的方法对审计证据进行分类整理与分析，使之条理化、系统化。只有这样，审计人员才能对各种审计证据合理地进行小结，并在此基础上，恰当地形成整体的审计意见。

首先，通过检查、观察、监盘、查询与函证、计算等方法所获取的部分审计证据，在审计人员对其进行分析评价之前，都还是一种原始状态的证据。这些证据往往是初始的、零乱的、无序的和彼此孤立的，且证据的形式也复杂多样。因此，审计人员只有按照一定的程序、目的和方法进行科学的加工整理，才能使其变成有序的、系统化的、彼此联系的审计证据。

其次，初始状态的审计证据必须与审计目的相联系，并就其性质和重要程度以及同其他证据之间的关系进行分析、计算和比较，以对被审计单位的各个方面做出评价，并形成比较完整的认识，否则，就难以正确地评价和运用审计证据并形成正确的审计结论和意见。在整理过程中对发现证据不足的地方，还可进行补充收集，以便获取新的证据材料，把审计工作引向深入。

最后，在审计过程中，通过审计人员的分析、研究，还可能产生一些有价值的新的证据，从而对被审计单位做出更为恰当的结论。

需指出的是，审计证据的收集与审计证据的整理、分析并非是互不相关的独立的环节，相反，它们经常是交叉进行的。

(二)审计证据整理与分析的方法

审计证据的整理、分析没有一个固定的模式，审计的目的不同，审计证据的种类不同，其整理、分析方法也不相同。一般而言，审计证据整理、分析的方法有以下 5 种。

1. 分类

分类是指将各种审计证据按其证明力的强弱，或按与审计目标的关系是否直接等分门别类排列成序。

2. 计算

计算是指按照一定的方法对数据方面的审计证据进行计算，并从计算中得出所需的新的证据。

3. 比较

比较包括两方面的内容：一方面，要将各种审计证据进行反复比较，从中分析出被审计单位经济业务的变动趋势及其特征；另一方面，还要与审计目标进行比较，判断其是否符合要求，如不符合要求，则需收集有关的审计证据。

4. 小结

对审计证据在上述分类、计算和比较的基础上，审计人员对审计证据进行归纳、总结，从而得出具有说服力的局部的审计结论。

5. 综合

审计人员对各类审计证据及其所形成的局部审计结论进行综合分析，最终形成整体的审计意见。这过程一般是在审计现场工作结束后，审计人员将审计证据统一交给审计负责人，由审计负责人按审计事项、所反映问题的性质等因素进行分类整理、汇总，再对其进行综合。同时形成对各个审计事项及总体的审计结论。

【案例 4－6】审计某种库存材料时，根据盘点表（实物证据）上列示金额为 60 000 元，材料明细账（书面证据）记载的金额为 75 000 元，实存数小于账面数，即盘点短缺 15 000 元。根据仓库保管部门职工陈述（口头证据），其中 5 000 元系材料损耗但尚未办理报损手续；10 000 元为短缺数，原因尚未查清。审计人员根据上述实物证据、书面证据和口头证据进行综合分析后，可以作出："该仓库管理混乱，保管不善，内部控制不严，材料短缺、损耗严重。"这样一个比较正确的结论。

（三）审计证据整理与分析中应注意的几个问题

1. 审计证据的取舍

审计人员不必、也不可能把审计证据所反映的内容全部都包括到审计报告之中。在编写审计报告之前，他必须对反映不同内容的审计证据做适当的取舍，舍弃那些无关紧要的、不必在审计报告中反映的、次要的证据，只选择那些具有代表性的、典型的审计证据在审计报告中加以反映。审计证据取舍的标准大体有：

（1）金额大小。对于金额较大、足以对被审计事项产生重大影响的证据，应当作为重要的审计证据。

（2）问题性质的严重程度。有的审计证据本身所揭露问题的金额也许并不很大，但这类问题的性质较为严重，它可能导致其他重要问题的产生或与其他可能存在的重要问题有关，则这类审计证据也应作为重要的证据。

2. 分清事实的现象与本质

某些审计证据所反映的可能只是一种假象，审计人员必须对其加以认真地分析研究，透过现象找出它所反映的事物的本质，而不能被表面的假象所迷惑。

3. 排除伪证

所谓伪证是被审计单位等审计证据的提供者出于某种动机而伪造的证据，或是有关方面基于主观或客观原因而提供的假证。这些证据或因精心炮制而貌似真证据，或与被审计事实之间存在某种巧合，如不认真排除，往往就会鱼目混珠，以假乱真。

审计人员在审计实施工作结束后，应将审计证据统一交给审计组负责人，由审计组负责人汇总编制审计取证材料清单，并由审计负责人和编制人员签名盖章。取证材料清单及所附审计证据应当编制审计工作底稿，统一使用和管理。

二、复核审计工作底稿

（一）审计工作底稿的复核

1. 审计工作底稿复核制度

从上述我们可以知道，审计工作底稿往往由一名专业人员独立完成，编制者对有关资料的引用、对有关事项的判断、对会计数据的加计复算等都可能出现误差，因此，在审计工作底稿编制完成后，通过一定的程序，经过多层次的复核，显得十分重要。审计机关或会计师事务所应结合机关或本所实际情况制定出实用有效的复核制度。所谓审计工作底稿复核制度，就是审计机关或会计师事务所对有关复核人级别、复核程序与要点、复核人职责等做出的明文规定。

2. 审计工作底稿复核的基本要求

复核是审计机关或会计师事务所进行审计项目质量控制的一项重要程序，必须有严格和明确的规则。一般说来，复核时应做好下面几项工作：

（1）做好复核记录。对审计工作底稿中存在的问题和疑点要明确指出，并以文字记录于审计工作底稿中。

（2）复核人签名和签署日期。这样有利于划清审计责任，也有利于上级复核人对下级复核人的监督。

（3）书面表示复核意见。

（4）督促编制人及时修改、完善审计工作底稿。

3. 审计工作底稿三级复核制度

为了保证审计工作底稿复核工作的质量，审计机关或会计师事务所应建立多层次的审计工作底稿复核制度。我国会计师事务所目前推行的是三级复核制度。所谓审计工作底稿三级复核制度，是会计师事务所制定的以主任会计师、部门经理（或签字注册会计师）和项目经理为复核人，对审计工作底稿进行逐级复核的一种复核制度。

第一，项目经理（或项目负责人）复核。它是三级复核制度中的第一级复核，称为详细复核。它要求项目经理对下属审计助理人员形成的审计工作底稿逐张复核，发现问题及时指出，并督促审计人员及时修改完善。

第二，部门经理（或签字注册会计师）复核。它是三级复核制度中的第二级复核，称为一般复核。它是在项目经理完成了详细复核之后，再对审计工作底稿中重要会计账项的审计、重要审计程序的执行以及审计调整事项等进行复核。部门经理复核既是对项目经理复核的一种再监督，也是对重要审计事项的重点把关。

第三，主任会计师（或合伙人）复核。它是三级复核中的最后一级复核，又称重点复核，是对审计过程中的重大会计审计问题、重大审计调整事项及重要审计工作底稿进行的复核。主任会计师复核既是对前两级复核的再监督，也是对整个审计工作的计划、进度和质量的重点把握。

应当注意特殊情形：若部门经理作为某一审计项目的项目负责人，该项目又没有项目经理参加，则该部门经理的复核应视为项目经理复核，主任会计师应另行指定人员代为执行部门经理复核工作，以保证三级复核制的彻底执行。

【案例 4－7】　银行存款审计失败分析

天健实业发展有限责任公司成立于 2007 年 6 月，注册资本 1000 万元，业务范围包括影视等。至 2012 年 8 月 31 日，公司资产 2561 万元，负债 213 万元，净资产 2344 万元。公司总经理任期为2007年6月至2012年8月，需对总经理进行任期经济责任审计(即离任审计)。

会计师事务所四名从业人员对此项目进行了审计，其中一人负责银行存款审计。

会计师事务所出具了无保留意见的审计报告，列示了经审计确认的2012年8月31日的资产负债表和2007年6月至2012年8月的损益表，并对公司内部控制进行了正面评价，未对货币资金内部控制提出疑问。

审计报告出具不久，公司发现，出纳采用伪造银行对账单等手段贪污公款80万元，即银行存款少80万元，并将此情况通报会计师事务所。

审查审计工作底稿，可见审计人员主要进行了四个审计程序：编制了银行存款明细表，核对相符；获取了银行对账单，其余额与明细账调节相符；摘录了30笔会计分录，无审计意见；复印了2张会计凭证及其原始单据，无审计意见。

【解析】审计人员发现银行存款审计方面存在如下问题：

(1)从审计工作底稿的内容来看，绝大部分是各种各样的复印件，包括账页、凭证、合同等，具有强大证明力的审计证据明显不足。

(2)质量控制方面存在的问题：

三级复核流于形式。从现有的工作底稿来看，项目经理无任何复核记录，部门主任仅签了一个名字，质监部仅对审计报告的内容等提出了5条复核意见。

按《三级复核规范》、《审计程序执行情况核对问卷》明确责任：

项目经理：未编制审计计划并经核准；未详细复核全部审计工作底稿；未编制完整的审计工作总结。

部门主任：未对审计计划进行审核；未对重点审计项目工作底稿进行详细复核；未审核项目经理编写的审计总结和审计程序执行情况核对问卷(未签字)。

质监部：未审阅审计工作总结；未对重要的工作底稿进行复核。

(二)审计工作底稿的归档

注册会计师应当按照会计师事务所质量控制政策和程序的规定，及时将审计工作底稿归整为最终审计档案。审计工作底稿的归档期限为审计报告日后六十天内。如果注册会计师未能完成审计业务，审计工作底稿的归档期限为审计业务中止后的六十天内。在审计报告日后将审计工作底稿归整为最终审计档案是一项事务性的工作，不涉及实施新的审计程序或得出新的结论。

如果在归档期间对审计工作底稿作出的变动属于事务性的，注册会计师可以作出变动，主要包括：

(1)删除或废弃被取代的审计工作底稿；

(2)对审计工作底稿进行分类、整理和交叉索引；

(3)对审计档案归整工作的完成核对表签字认可；

(4)记录在审计报告日前获取的、与审计项目组相关成员进行讨论并取得一致意见的审计证据。

在完成最终审计档案的归整工作后，如果发现有必要修改现有审计工作底稿或增加新的审计工作底稿，无论修改或增加的性质如何，注册会计师均应当记录下列事项：

(1)修改或增加审计工作底稿的时间和人员，以及复核的时间和人员；

(2)修改或增加审计工作底稿的具体理由；

(3)修改或增加审计工作底稿对审计结论产生的影响。

在完成最终审计档案的归整工作后，注册会计师不得在规定的保存期届满前删除或废弃审计工作底稿。我国现行的独立审计准则规定，审计档案的所有权属于承接该业务的会计师事务所。会计师事务所必须制定相应的审计档案管理制度，以保证能妥善地保管归档保存的审计档案。通常必须指定专人对审计档案进行保管，非档案保管人未经批准不应接触已归档的审计档案。审计档案的保管期限因不同档案类别而有所不同。《中国注册会计师审计准则第1131号——审计工作底稿》规定，会计师事务所应当自审计报告日起，对审计工作底稿至少保存十年。如果注册会计师未能完成审计业务，会计师事务所应当自审计业务中止日起，对审计工作底稿至少保存十年。

【案例4-8】　　关于底稿分类及归档问题

诚信会计师事务所底稿整理归档方面的缺陷：

1. 永久性档案与当期业务档案不加整理混合装订。

独立审计准则规定，注册会计师应当对审计工作底稿进行分类整理，形成审计档案。审计档案一般分为永久性档案和当期档案。永久性档案是指那些记录内容相对稳定，具有长期使用价值，并对以后审计工作具有重要影响和直接作用的审计档案。包括备查类工作底稿和综合类工作底稿中的审计报告、管理意见书。当期档案是指那些记录内容经常变化，只供当期审计使用和下期审计参考的审计档案。包括业务类工作底稿和综合类工作底稿的其他部分。但从实际情况看，有些注册会计师没按准则要求对审计工作底稿进行合理分类，永久性档案与当期业务档案混合装订。

2. 报告中间稿、重复稿及已解决的待决事项记录，不加清理胡乱夹于底稿了事。

3. 逻辑混乱，缺乏系统性。

【解析】针对诚信会计师事务所永久档案和当期档案分类混乱、一成不变的情况提出如下建议：

(1)每一企业必须建立永久档案，并与当期档案适当分离。永久档案的装订应根据具体情况而定：

①上市公司、大中型企业永久档案应单独装订；

②一次性业务、小规模企业的业务，可与当期档案一起装订。

(2)永久档案中之备查类底稿也要随被审计单位有关情况的变化而不断更新、补充，并详细列明目录清单，将更新、补充之文件、资料随时归档。如公司的章程变动、营业执照变更、组织机构变动等，要以新的章程、执照、机构图来更换旧的。有一部分工作底稿，虽然归在永久档案中，但还应根据需要，将其中与具体审计项目有关的内容复印、摘录或综合后归入业务类工作底稿的具体审计项目之后。

(三)审计档案的保密与调阅

由于审计档案涉及审计人员在审计过程中获取的大量被审计单位的商业秘密，而保守被审计单位的商业秘密是审计人员应有的职业道德要求，所以会计师事务所应建立严格的审计档案保密制度，并要有专人管理。但出现以下情况时，会计师事务所不得以保密为由拒绝提供审计档案：

(1)法院、检察院及其他部门因工作需要，在按规定办理了手续后，可依法查阅审计档案中的有关审计工作底稿；

(2)注册会计师协会对执业情况进行检查时，可查阅审计档案；

(3)因工作需要，不同会计师事务所经征得被审计单位的同意并办理了相关手续后，可以要求查阅审计档案，如，更换会计师事务所、审计合并财务报表、联合审计等。

拥有审计档案的会计师事务所应当对要求查阅者提供适当的帮助，并根据审计档案的性质和内容，决定是否允许查阅者阅览工作底稿、复印或摘录其中的有关内容。审计档案的内容被查阅者引用后，因为查阅者的误用而造成的后果，与拥有审计档案的会计师事务所无关。此外，会计师事务所可自主决定允许被审计单位获取审计工作底稿部分内容，或摘录部分工作底稿，但披露这些信息不得损害审计独立性和审计过程的有效性。

三、起草审计报告

(一)与治理层沟通

1. 沟通的总体要求

《中国注册会计师审计准则第 1151 号——与治理层的沟通》规定，注册会计师应当就与财务报表审计相关、且根据职业判断认为与治理层责任相关的重大事项，以适当的方式及时与治理层沟通。这是注册会计师与治理沟通的总体要求，也是审计准则的纲领性要求。它强调了以下几层意思。

(1)注册会计师有进行沟通的义务。

(2)沟通的对象是治理层。

(3)沟通的内容是与财务报表审计相关、且根据职业判断认为与治理层责任相关的重大事项，注册会计师需要通过职业判断来确定是否与治理层责任相关，以及是否重大。

(4)沟通的方式要适当，沟通的时间要及时。

(二)沟通目的

注册会计师与治理层沟通的主要目的包括以下内容：

(1)就审计范围和时间以及注册会计师、治理层和管理层各方在财务报表审计和沟通中的责任，取得相互了解。

(2)及时向治理层告知审计中发现的与治理层责任相关的事项。

(3)共享有助于注册会计师获取审计证据和治理层履行责任的其他信息。

(三)沟通内容

注册会计师应当直接与治理层沟通的事项主要包括以下几点：

(1)注册会计师的责任。

(2)计划的审计范围和时间

(3)审计工作中发现的问题。

(4)注册会计师的独立性。

(四)确定审计报告意见类型

注册会计师应当直接与治理层沟通后，形成审计意见。

四、出具管理建议书

(一)管理建议书

1. 管理建议书

是指 CPA 针对审计过程中注意到的，可能导致被审计单位会计报表产生重大错报或漏报的内部控制重大缺陷提出的书面建议。

2. 管理建议书出具的条件

(1)审计约定书中有约定。

(2)CPA 认为必要时(发现内控存在严重缺陷，将导致会计报表产生重大错报或漏报时)。

3. 管理建议书与内部控制缺陷的关系

(1)对审计过程中注意到的内控重大缺陷，CPA 应以口头或其他方式告知管理当局，必要时，可出具管理建议书。

(2)管理建议书提及的内控重大缺陷，仅为 CPA 在审计过程中注意到的，并非内控可能存在的全部缺陷。

(3)管理建议书不应视为 CPA 对被审计单位内控整体发表意见，也不能减轻或免除被审计单位管理当局建立健全内控的责任。

(4)CPA 出具管理建议书，不应影响其应当发表的审计意见。(是一种服务)

(5)CPA 应将在审计过程中注意到的内控缺陷，及与被审计单位的沟通情况记录于审计工作底稿。

(6)除有特别规定外，CPA 在征得管理当局同意之前，不得将管理建议书的内容泄露给任何第三者。

(二)管理建议书的内容

1. 基本要素

(1)标题(应统一规范为“管理建议书”)。

(2)收件人(应为被审计单位管理当局，注意:不是委托人)。

(3)会计报表审计目的及管理建议书的性质(不具有强制性和公证性)。

(4)内部控制重大缺陷及其影响和改进建议(可按对报表的影响程度排列)。

(5)使用范围及使用责任。

(6)签章。

(7)日期。

2. 管理建议书与审计报告的区别

(1)标题不同(管理建议书;审计报告)。

(2)收件人不同(被审计单位管理当局，委托人，股份有限公司就是全体股东)。

(3)结构不同(段落上并无严格使用限制;在段落的使用上有严格的限制)。

(4)对事务所披露不同(只需盖章;需载明名称、地址，并盖章)。

(5)日期不同(无特别规定;完成审计工作日)。

(6)作用不同(不对外公开，不具有强制性、公证性;对外公开，起公证作用)。

(三)管理建议与审计意见的区别

1. 对象不同

管理建议是针对与审计相关的内部控制提出的;审计意见是针对会计报表提出的。

2. 责任不同

管理建议不是一种法定业务，没有法定责任；审计意见是法定的业务，具有法定的责任。

3. 作用及影响程度不同

管理建议仅提供给管理当局，供内部参考，不对外报送，对外不起鉴证作用，不应作为其他第三方依赖的佐证；审计意见是审计报告的核心内容，要向外报送，对外起鉴证作用，作用与影响很大。

【案例4-9】：注册会计师张海南在管理建议书中提到，A公司银行存款的对账工作由出纳完成，出纳从银行取回对账单，并编制余额调节表。会计仅对调节表进行了简单复核，未对未达账项进行认真的审核。注册会计师建议A公司派独立的第三人认真完成银行的对账工作。两个月后，A公司拟采纳注册会计师的建议时发现出纳潜逃，在会计对账后才知道，出纳已通过盗盖公章的方式多次私开现金支票，至对账日累计未归还金额高达500万元，其中截至年报审计的期末时点，已造成350万元资金亏空。A公司管理层认为，注册会计师张海南明知该公司银行对账制度存在重大缺陷，在审计中，对账单的审核和银行询证等审计程序仍完全依赖出纳完成，没有派人参与函证，对账单的审核也过于草率，从而使得管理层未能及时发现出纳舞弊，会计师事务所及注册会计师应当承担重大过失责任。其后经律师协调，强调了会计责任和审计责任的不同，免除了注册会计师的责任，但是，该事项影响了会计师事务所以及注册会计师张海南的执业信誉，破坏了与相关客户的长期合作关系。

【讨论分析】：注册会计师张海南是否应该出具管理建议书？

【知识拓展】

一、管理建议对审计报告的影响

《独立审计实务公告第2号——管理建议书》规定：管理建议书是指注册会计师针对审计过程中注意到的、可能导致被审计单位会计报表产生重大错报或漏报的内部控制重大缺陷提出的书面建议。从定义来看，管理建议书描述的重大控制缺陷可能会导致会计报表的错报或者漏报，从而影响审计意见的准确性，因此在出具管理建议书时，注册会计师要充分考虑对审计意见的影响。

一方面，可能存在审计意见不准确的风险，如管理建议书提到的已被利用的重大缺陷，是否导致会计报表出现未调整的重大差错、而审计报告未加以披露的风险；

另一方面，可能存在审计程序执行不足从而导致审计证据不足的风险，如管理建议书提到的可能会被利用的重大控制缺陷，而未履行充分、完整的审计程序，只是以较小、具有代表性的样本量，或者用其他测试来替代应履行的实质性测试。

二、舞弊与审计

舞弊是指用欺骗手段获取不正当或非法利益的故意行为。

常见的舞弊方式有：

1. 虚报冒领：采取弄虚作假的手法，虚报费用、冒领物资。

2. 阴阳发票：将发票的正联副联分别填写不同的数字，以达到隐瞒贪污收入、扩大虚报支出的目的。

3. 无中生有：凭空捏造收、付项目，进行贪污作弊。

4. 侵吞不报：直接窃取商品物资或对经营收入采取少计价款、不开发票（或开假发票）、不入账等方式直接进行侵吞。

5. 模仿签字:模仿有关领导人员的签字以达到蒙混过关、窃取公有财产物资的目的。

6. 假公济私:借公家名义或力量,谋取私人的利益。

7. 瞒天过海:将舞弊的事实真相隐藏在日常的经济业务中,使人不易怀疑和发现,甚至产生错觉,以达到贪污的目的。

8. 里应外合:企业内部各职能部门的工作人员之间、企业内部与外部有关人员之间利用各自的"方便"条件,躲避企业的内部控制与监督,合伙作弊,共同窃取企业资财。

9. 暗渡陈仓:采取迂回、变相的方式窃取企业资财。

10. 混水摸鱼:借助某种意外或混乱局面获取不正当利益。

11. 偷梁换柱:暗中玩弄手法,以假的代替真的。

12. 张冠李戴:故意混淆会计账户对应关系。

13. 监守自盗:利用自己经管有关财产物质的职务之便进行贪污盗窃。

舞弊可能导致重大错报风险,审计人员必须对此保持高度警惕,应当采取适当的应对措施,把审计风险降低到可接受的低水平。

注册会计师应该怎样应对舞弊呢?

首先,审计人员要实施询问程序,多角度获取会计、内部控制、内部审计、经营管理和其他方面的信息,了解被审计单位及其环境,运用职业判断,评估是否存在发生舞弊风险因素。

其次,审计人员要实施分析程序,分析重大的金额、比率、趋势、异常或偏离预期的关系,识别异常的交易或事项。

第三,项目组进行讨论研究,对下列情形保持高度警惕:是否有舞弊的机会,是否有舞弊行为合理化的环境,行为或生活方式是否异常,高层人员是否有凌驾于控制的权力,是否有操纵利润的迹象,内部控制实施情况,如何使将要实施的审计程序不被被审计单位预见等。

第四,在识别和评估舞弊导致的重大错报风险以后,采取总体应对措施,实施针对性的审计程序。

第五,与治理层、管理层和监管机构进行沟通,取得保证、共识和支持。

【基础知识与技能训练】

一、单项选择题

1. 在确定财务报表层次的重大错报风险时,注册会计师应考虑到方方面面的影响因素,但一般不考虑以下(　　)因素。

A. 管理人员的诚信度

B. 企业业务性质复杂程度

C. 企业亏损严重

D. 企业某产品市价下跌

2. 重要性是注册会计师执业判断的结果。在确定上市公司财务报表重要性水平时,不同的注册会计师可以采取不同的方法,但以下(　　)方法是不适当的。

A. 根据自己的从业经验确定重要性

B. 根据所属会计师事务所的惯例确定重要性

C. 先选择一个恰当的基准，再乘以适当的百分比，得出重要性水平

D. 根据持股比例最大的股东的意见确定重要性

3. 以下关于重大错报风险的说法中，不正确的是（　　）。

A. 重大错报风险与审计项目组人员的学识、技术和能力有关

B. 财务报表层次重大错报风险与财务报表整体存在广泛联系，可能影响多项认定

C. 重大错报风险难以界定于某类交易、账户余额、列报的具体认定

D. 重大错报风险通常与控制环境有关，但也可能与其他因素有关

4. 下列关于固有风险的说法错误的有（　　）。

A. 需要进行复杂计算的业务比只需要进行简单计算的业务的固有风险更高

B. 计量不确定性大的会计估计比计量不确定性较小的会计估计的固有风险更高

C. 属于新兴行业的企业的固有风险比处于夕阳行业的企业的固有风险更高

D. 技术进步快的生产过程比技术进步较慢的生产过程导致的固有风险更高

5. 有许多汇总性财务数据可以用作确定财务报表层次重要性水平的基准，但一般不宜将（　　）作为基准。

A. 总资产、净资产　　B. 流动负债

C. 毛利、净利润　　D. 营业收入

6. 如果注册会计师未能查出被审计单位财务报表中的舞弊，注册会计师（　　）。

A. 不应承担审计责任

B. 应承担审计责任

C. 是否承担责任取决于是有意还是无意

D. 是否承担责任取决于其执行审计准则的情况

7. 下列说法中，不正确的是（　　）。

A. 重要性与审计风险呈反向关系，即重要性水平越低，审计风险就越高，反之，重要性水平越高，审计风险就越低

B. 账户余额或交易错报、漏报的可能性越高，其固有风险与控制风险的综合水平就越高

C. 对于不重要的财务报表项目，相应的重要性水平可相应提高，以便降低成本

D. 账户余额或交易错报、漏报的可能性越高，其相应的重要性水平就越低，这样就可以提高审计的效率

8. 提高审计程序的不可预见性是注册会计师应对财务报表层次重大错报风险的重要措施。但在实务中，注册会计师不可以通过（　　）方式提高审计程序的不可预见性。

A. 对某些未测试过的低于重要性水平或风险较小的账户余额实施实质性程序

B. 采取不同的审计抽样方法，使当期抽取的测试样本与以前有所不同

C. 调整实施审计程序的人员，由助理人员担任关键项目的审计工作

D. 选取不同的地点实施审计程序，或预先不告知被审计单位所选定的测试地点

9. 下列审计程序中，不属于控制测试程序的是（　　）。

A. 检查、询问　　B. 函证

C. 监盘　　D. 重新执行和重新计算

10. 下列对舞弊说法不恰当的有（　　）。

A. 注册会计师不应将审计中发现的舞弊视为孤立发生的事项

B. 侵占资产通常伴随着虚假或误导性的文件记录

C. 由于审计的固有限制，即使按照审计准则的规定恰当地计划和实施审计工作，注册会计师也不能对财务报表整体不存在重大错报获取绝对保证

D. 注册会计师有责任按照审计准则的规定实施审计工作，获取财务报表在整体上存在重大错报的合理保证

11.（　　）是为了确定内部控制存在且正在使用。

A. 了解内部控制　B. 控制测试　C. 实质性测试　D. 双重目的测试

12. 会计师事务所接受审计委托时，应同被审计单位签订（　　）

A. 审计准则　B. 审计业务约定书　C. 审计通知书　D. 审计报告

13. 注册会计师不能改变其实际水平的有（　　）

A. 重大错报风险　B. 检查风险　C. 审计风险　D. 审计重要性

二、多项选择题

1. 在编制审计计划前，了解被审计单位及其环境使用的方法有（　　）。

A. 询问被审计单位管理层　B. 分析程序

C. 观察和检查　D. 询问内审人员

2. 下列关于重要性的说法中，正确的是（　　）。

A. 如果财务报表中的某项错报足以改变或影响被审计单位的相关决策，则该项错报就是重要的

B. 不同的注册会计师在确定同一被审计单位财务报表层次和认定层次的重要性水平时，得出的结果可能不同

C. 重要性的确定离不开具体环境

D. 财务报表错报包括财务报表金额的错报和财务报表披露的错报

3. 在识别重大错报风险时，注册会计师应当关注下列（　　）事项和情况可能表明被审计单位存在重大错报风险。

A. 持续经营和资产流动性出现问题，包括重要客户流失

B. 在高度波动的市场开展业务，销售渠道发生变化

C. 在严厉、复杂的监管环境中开展业务，融资能力受到限制

D. 在经济不稳定的国家或地区开展业务，行业环境发生变化

4. 在识别重大错报风险时，注册会计师应当关注下列（　　）事项和情况可能表明被审计单位存在重大错报风险。

A. 投入巨资开发新产品

B. 投资建造新厂房

C. 发生重大并购

D. 经协商，把拥有的大额债权转为对外的长期股权投资

5. 针对评估的财务报表层次的重大错报风险，可以选择的总体应对措施包括（　　）。

A. 向项目组强调在收集和评价审计证据过程中保持职业怀疑态度的必要性

B. 分派更有经验或技能的审计人员，提供更多的督导或利用专家的工作

C. 对拟实施审计程序的性质、时间和范围作出总体修改

D. 在选择进一步审计程序时，注意某些程序不能被管理层预见或事先了解

6. 在形成审计意见时，如果对重大的财务报表认定没有获取充分、适当的审计证据，注册会计师应当(　　)。

A. 重新评估审计风险

B. 调整财务报表层次重要性水平

C. 尽可能获取进一步的审计证据

D. 如果不能获取充分、适当的审计证据，注册会计师应当出具保留意见或无法表示意见的审计报告

7. 下列属于内部控制要素的有(　　)。

A. 控制环境　　　　　　B. 风险评估过程

C. 控制活动　　　　　　D. 信息系统与沟通

8. 控制测试时为了确定(　　)而实施的审计测试。

A. 财务报表认定是否正确

B. 内部控制执行的有效性

C. 内部控制是否得到执行

D. 内部控制设计的合理性

9. 审计风险构成要素包括(　　)。

A. 重大错报风险　　　　B. 检查风险

C. 审计重要性　　　　　D. 合理保证

10. 审计业务约定书的作用有(　　)。

A. 增进会计师事务所被与被审计单位之间的了解

B. 可作为被审计单位评价审计业务完成情况，及会计师事务所和被审计单位约定义务履行情况的依据。

C. 如果出现法律诉讼，审计业务约定书是确定会计师事务所和被审计单位双方应负责任的重要证据。

D. 只保证会计师事务所的正当利益

三、判断题

1. 财务报表的审计风险等于账户余额、交易层的审计风险，因为审计风险本来就是针对财务报表而言的，对所有账户余额、交易层来说，它是一个整体的、统一的概念。(　　)

2. 重要性要从数量和性质两个方面考虑，如果是舞弊，即使金额较小，注册会计师也有可能将其作为重要错报。(　　)

3. 注册会计师可以改变重大错报风险的估计水平，但无法改变重大错报风险的实际水平。(　　)

4. 注册会计师在和客户商谈业务委托时，注册会计师要求与前任注册会计师沟通，客户不允许，注册会计师认为可能存在审计风险，决定不接受该客户的委托。(　　)

5. 注册会计师在编制审计计划时可以考虑利用被审计单位内部控制的信息，但应对利用了虚假信息而造成的不良后果负责。(　　)

6. 审计风险与所需审计证据的数量之间成反向变动关系。(　　)

7. 如果评估的重大错报风险比较低，注册会计师可以不用针对被审计单位所有重大的各类交易、账户余额、列报实施实质性程序。(　　)

8. 如果存货的错报风险很高而现金的错报风险很低，注册会计师应当在存货项目中收集更多的证据，而在现金项目收集的证据可能比正常情况下少，对这两个项目实施的审计程序都是监盘。(　　)

9. 生产工人每次领取原材料后，须经生产车间负责人周纪龙点验并与领料单核对无误后方可下料，但点验核对后周纪龙并不在领料单上签字，这是符合内部控制要求的。(　　)

10. 控制测试本身不足以提供认定层次充分、适当的审计证据，发表审计意见一定以实质性程序获取的证据为基础。(　　)

11. 针对评估的认定层次重大错报风险而实施的审计程序，包括控制测试程序和实质性程序。(　　)

12. 注册会计师应当针对评估的认定层次重大错报风险设计和实施进一步审计程序，包括审计程序的性质、时间和范围。进一步审计程序的目的包括通过实施控制测试以确定内部控制运行的有效性，通过实施实质性程序以发现认定层次的重大错报。(　　)

13. 舞弊包括对财务信息作出虚假报告和侵占资产两大类。其中，第一类直接导致财务报表产生错报，第二类通常伴随着虚假或误导性文件记录。(　　)

14. 舞弊者越频繁地操纵会计记录，被注册会计师发现的概率就越增大。(　　)

15. 审计业务约定书具有经济合同的性质，一经双方签字认可，即具有法定约束力。(　　)

16. 审计业务约定书是由签字的注册会计师与委托人签订的书面协议。(　　)

17. 在签订审计业务约定书之前，注册会计师不需要了解被审计单位的基本情况。(　　)

18. 当被审计单位规模不大时，没有必要先对被审计单位的内部控制进行了解。(　　)

19. 控制测试是每次审计中必定执行的测试。(　　)

四、计算题

ABC 公司未经审计的财务报表显示，2007 年度资产总额为 500 000 万元，净资产为 100 000 万元，主营业务收入为 200 000 万元，利润总额为 20 000 万元，净利润为 14 000 万元。

为了确定会计报表层次的重要性水平，注册会计师张军和王丽决定以资产总额、净资产、营业收入以及净利润作为判断基础，采用固定比率法，选定这些判断基础的固定比率分别为 0.5%、1%、0.5% 和 5%，请计算并确定 ABC 公司 2007 年度会计报表的重要性水平，列示计算过程。

五、计算分析题

请完成下表计算并运用简单比较法对被审计单位管理费用进行分析。

管理费用各项目分析表

单位:万元

项目	本年数	所占比例	上年数	增减幅度
职工薪酬	510		500	
折旧费	850		540	
业务招待费	400		300	
差旅费	250		100	
合计	2 010		1 440	

六、简答题

1. 请简述:重要性水平与审计风险之间是什么关系?重要性水平与所需的审计证据的数量之间是什么关系?

2. 注册会计师是否需要查出会计报表中所有的错误与舞弊?为什么?

3. 注册会计师发现被审计单位违法排污,是否有权干预?

项目五　审计目标与审计计划

【知识要点】

(1)理解财务报表审计的目标;

(2)理解审计计划。

【能力目标】

(1)能制定财务报表审计的目标。

(2)能制定财务报表审计计划。

任务一　审计目标

一、财务报表审计目标与审计责任

财务报表审计的目标是注册会计师通过执行审计工作,对财务报表的下列方面发表审计意见:

(1)财务报表是否按照适用的会计准则和相关会计制度的规定编制;

(2)财务报表是否在所有重大方面公允反映被审计单位的财务状况、经营成果和现金流量。

按照中国注册会计师审计准则(以下简称审计准则)的规定对财务报表发表审计意见是注册会计师的责任;在被审计单位治理层的监督下,按照适用的会计准则和相关会计制度的规定编制财务报表是被审计单位管理层的责任。

财务报表审计不能减轻被审计单位管理层和治理层的责任。

财务报表审计属于鉴证业务,注册会计师的审计意见旨在提高财务报表的可信赖程度。

(一)财务报表审计目标

1. 财务报表审计目标

(1)是否按照适用会计准则和相关会计制度的规定编制——合法性。

(2)是否在所有重大方面公允地反映被审计单位财务状况、经营成果、现金流量——公允性。

合法性:会计政策，会计估计，信息的相关性、可靠性、可比性、可理解性，充分披露。

公允性:真实地反映，列报、结构、内容合理，与注册会计师对其单位了解一致。

2. 目标的导向作用

界定注册会计师的责任范围，影响注册会计师计划和实施审计程序的性质、时间和范围，决定注册会计师如何发表审计意见。

(二)财务报表审计责任

1. 在被审计单位治理层的监督下，按照实用的会计准则和相关会计制度的规定编制财务报表是被审计单位管理层的责任。(为履行编制财务报表的职责，管理层通常设计、实施、维护与财务报表编制相关的内部控制，以保证财务报表不存在由于舞弊或错误而导致的重大错报。)

2. 管理层对编制财务报表的责任

(1)选择使用的会计准则和会计制度。

(2)选择和运用适当的会计政策。

(3)合理的会计估计。

3. 注册会计师的责任

(1)按照侦缉准则规定对财务报表发表审计意见——基本原则

(2)遵守职业道德规范，质量控制准则，审计准则——一般原则

(3)职业怀疑态度:注册会计师以质疑的思维方式评价所获取的审计证据的有效性，并对相互矛盾证据及引起文件记录或管理层和治理层提供的信息的可靠性产生怀疑的审计证据保持警觉。

4. 两种责任不能相互取代

(1)财务报表审计不能减轻被审计单位治理层和管理层的责任。

(2)法律规定被审计单位治理层和管理层对财务报表的责任，有利于从源头上保证财务信息质量。

(3)如果财务报表存在重大错报而注册会计师通过审计没有发现，也不能因为财务报表已经经过审计这一事实减轻被审计单位治理层和管理层对财务报表的责任。

二、管理层认定与具体审计目标

(一)被审计单位管理层的认定

认定是指管理层对财务报表组成要素的确认、计量、列报作出的明确或隐含的表达。认定与审计目标密切相关，注册会计师的基本职责就是确定被审计单位管理层对其财务报表的认定是否恰当。管理层在财务报表上的认定有些是明确表达的，有些则是隐含表达的。例如，管理层在资产负债表中列报存货及其金额，意味着作出了下列明确的认定:(1)记录的存货是存在的;(2)存货以恰当的金额包括在财务报表中，与之相关的计价或分摊调整已恰当记录。

同时，管理层也作出下列隐含的认定:(1)所有应当记录的存货均已记录;(2)记录的存货都由被审计单位拥有。管理层对财务报表各组成要素均作出了认定，注册会计师的审计工作就是要确定管理层的认定是否恰当。

(二)审计具体目标

1. 审计具体目标是审计总体目标的具体化

根据具体化的不同程度,又分为一般审计目标和项目审计目标两个层次。一般审计目标是进行所有项目审计均须达到的目标；个别审计目标是在一般审计目标的基础上，按照每个审计项目分别确立的目标。

2. 一般审计目标与管理层财务报表认定的关系

理解被审计单位管理层对财务报表的认定包括哪些内容;理解一般审计目标是对被审计单位财务报表在财务报表上五类认定的再验证;理解审计目标、被审计单位管理层认定与财务报表审计实务有关交易循环或账户余额的关系，确定针对不同报表项目金额，被审计单位财务报表的认定是什么，注册会计师的审计目标是什么，围绕审计目标，收集审计证据，把这些证据累积起来，审计人员就可对财务报表的任何认定是否正确下结论。再把对每个认定的结论综合起来，审计人员就可对整个财务报表的合法性、公允性发表意见。

(1)管理层财务报表认定:存在或发生,完整性,权利和义务,计价和分配,反映和披露。

(2)财务报表一般审计目标包括:总体合理性,真实性,完整性,权利和义务,计价正确性,截止期正确性,过账和汇总正确性,分类正确性,披露正确性,合法性。

任务二 审计计划

一、审计计划概念

所谓审计计划,是指注册会计师为了完成各项审计业务，达到预期的审计目标，在具体执行审计程序之前编制的工作计划。审计计划通常可分为总体审计计划和具体审计计划两部分。

二、审计计划的类型

(一)总体审计计划

总体审计计划是对审计的预期范围和实施方式所做的规划，是注册会计师从接受审计委托到出具审计整个过程基本工作内容的综合计划。

总体审计计划的基本内容包括:(1)被审计单位的基本情况。(2)审计目的、审计范围及审计策略。(3)重要会计问题及重点审计领域。(4)审计工作进度及时间、审计计划费用预算。时间、费用在新准则里换了个新名词叫审计资源，注册会计师必须明白审计资源是多少?如何分配这些审计资源？审计资源还包括审计人员。(5)审计小组组成及人员分工。(6)审计重要性的确定及风险的评估。审计风险包括客观风险和主观风险。这里说的是客观风险。客观风险与审计证据数量同向变动。主观风险与审计证据数量是反向关系。(7)对专家、内审人员及其他注册会计师工作的利用。(8)其他有关内容。

（二）具体审计计划

具体审计计划是依据总体审计计划制定的，对实施总体审计计划所需要的审计程序的性质、时间和范围所做的详细规划与说明。一般是通过编制审计程序表的方式体现的。

具体审计计划的基本内容包括：(1)审计目标；(2)审计程序；(3)执行人及执行日期；(4)审计工作底稿的索引号；(5)其他有关内容。

（三）审计计划的原则

1. 审计计划应当贯彻于审计全过程；

2. 项目负责人和项目组其他关键成员应当参与审计计划工作；

3. 在编制审计计划时应当了解被审计单位的情况，确定可能会影响会计报表的重要事项；

4. 编制审计计划时，注册会计师应对审计重要性、审计风险进行适当评估；

5. 审计计划的简繁程度取决于被审计单位的经营规模和预定审计工作的复杂程度。

（四）审计计划的审核

1. 总体审计计划的审核事项

(1)审计目的、审计范围及重点审计领域的确定是否恰当。

(2)时间预算是否合理。

(3)审计小组成员的选派和分工是否恰当。

(4)对被审计单位的内部控制制度的信赖程度是否恰当。

(5)对专家、内审人员及其他注册会计师工作的利用是否恰当。

2. 具体审计计划的审核事项

(1)审计程序能否达到审计目标。

(2)审计程序是否适合各审计项目的具体情况。

(3)重点审计领域中各审计项目的审计程序是否恰当。

(4)重点审计程序的制定是否恰当。

（五）审计计划的功能

1. 为审计人员和审计工作明确方向

现代社会的迅速发展，使审计面临和从事的工作越来越复杂。要切实解决审计面临的问题和所从事的工作，就必须协调各个方面，调动各种资源，使所有审计人员齐心协力完成审计计划工作。一份良好的审计计划为审计人员制定了统一目标，使所有审计人员凝聚所有资源朝着一个方向，共同努力来完成同一个任务，从而减少内耗，缩短时间，降低审计成本，促进审计任务的顺利实现。

2. 减少重复审计工作

审计力量不足一直是当前政府审计所面临的主要问题之一。随着经济社会的发展，政府审计的任务越来越重，审计队伍的数量和结构与所承担审计任务之间的矛盾越来越突出。审计方法和手段与完成审计任务的要求不匹配，无法适应被审计单位的运行状况和审计实践的发展。因此，审计计划能够在审计项目实施前统一协调各种力量和资源，减少重复审计工作，从而节省审计资源，促进提高审计工作效率。

3. 减少未来不确定因素的负面影响

社会在不断地发展，审计也在不停地发展。无论是审计组织的外部环境因素还是审计组织内部因素，在未来的发展中都具有一定的不确定性和变化性。审计计划是面向未来的，能够通过周密细致的研究，系统运用各种科学方法手段来预测审计未来的发展变化，尽可能将审计未来的变化和不确定因素转化为确定因素。通过审计计划，将各种不利因素转化为有利因素，减少未来不确定因素的负面影响，促进审计工作的顺利进行，确保审计目标的实现。

4. 为审计考核工作提供前提条件

任何一项工作之后都要进行考核，为激励、组织和领导等工作提供前提条件。科学系统的考核工作需要一个科学合理的基础。审计计划能够为审计考核工作提供一个合理前提，也只有审计计划才能作为审计考核的基础，才能促使审计激励工作取得最大的效果。

5. 为审计控制工作提供标准

任何一项工作在进行过程中都有可能因种种客观或主观原因而出现偏差，影响工作任务的完成。因此，要随时对审计过程进行检查，加强审计项目过程的控制，促使审计目标的顺利实现。要进行审计控制就需要一个控制标准，否则管理人员就无法实施控制。审计计划是审计控制的基础，为审计项目控制提供了控制标准。

6. 提高审计效率和社会效益

审计计划能够通过各种科学技术方法来制定和选择科学详细的项目方案，能够用科学决策代替经验判断，能够统筹安排审计资源，能够有针对性地根据经济社会发展来科学安排审计项目等等。这些都能够有力地促进审计效率的提高，充分发挥"经济卫士"和"经济谋士"的功能，从而促进社会效益的提高，促进经济社会的和谐发展。

（六）审计计划的程序

要做好审计计划工作，就要科学设置审计计划的程序。审计计划的程序具有时间性和次序性，要将审计内容的时机性和审计项目的时期性结合起来，按照科学的顺序进行统筹安排，以达到最高效率。要运用运筹学等科学方法来设计审计计划各步骤之间时间、空间上的衔接次序，高效率、高效益地实现政府审计的宗旨，完成政府审计的使命。

1. 审计计划设计

一是信息分析。审计计划是对审计未来的"情景模拟"。对审计未来的发展预测越准确，审计计划的设计就越科学，成功的可能性就越大。审计未来的预测主要取决于对审计内、外部发展状况的判断。这就要充分收集审计内外部的相关信息，加强审计计划的预测性。收集的相关信息越充分、越有价值，审计计划设计的成功率就越高。在选择和设计审计项目之前，要进行调查研究，要进行宏观经济分析，要对经济社会发展状况进行研究，要对收集到的信息进行整理和分析，尤其要深入分析投诉举报的信息，分析当前经济社会发展过程中的难点问题、关系老百姓切身利益的热点问题、政府关心的焦点问题，分析风险高、资金多、权力大的部门所存在的问题，然后确定审计要解决的问题。在思量现有的审计人力资源和审计手段以及可能借用的智力和审计方法手段，针对要解决的问题来设计审计项目计划。

二是选择和设计审计项目。根据审计的宗旨和使命，经济社会发展中存在的问题，针对当前问题的轻重缓急和对经济社会发展的影响，考虑审计人力资源状况和现有的审计方法手段，科学设计审计项目计划草案。每一层级的部门都要以政府审计的宗旨和使命为统一目标，再针对本部门的发展战略进行审计项目的选择和设计。对于专业处室自选审计项目，由各专业处室自行设计初步草案，经处室讨论论证后报计划部门。对于上级领导交办项目，由相关部门决定后交由某专业处室设计，或者由某专业处室为主，其他处室为辅进行审计项目的设计。

2. 审计计划的确定

一是修改初步审计项目计划草案。计划部门要将上报的初步审计项目计划草案汇总后上报领导部门进行讨论修改。要对与本层级的宏观发展目标相冲突的项目进行修改和调整，要对各专业处室设计的重复审计项目和类似的审计项目进行修改和调整，要对审计人力资源不足的审计项目进行修改和调整，要对审计手段方法不足的审计项目进行修改和调整。对于某单个专业处室无法完成的项目，如果本系统有足够的资源，计划部门要设计在整个系统内调配资源计划。

二是征求意见。要将初步修改后的审计项目计划草案下发到相关部门和人员征求意见。我国政府审计在审计项目制定过程中，一般都要经过几上几下的过程，几次讨论修改意见后才能定稿。经过初步修改和调整的审计项目计划草案，发到相关专业处室、下级审计部门和审计人员再进行讨论。专业处室和下级审计部门经过认真讨论提出修改意见后上报计划部门。

三是初步确定审计项目计划草案。计划部门在收集各专业处室的反馈意见汇总后再上报领导部门进行讨论决策。要科学分析相关修改意见和各方面的信息，权衡利弊，选择或综合审计计划草案，作出科学评价，初步确定审计项目计划草案。初步确定的审计项目计划草案一般要提交本年末下年初的审计工作会议进行讨论修改。

四是上报和审批。计划部门在收集各方面的讨论意见后上报领导部门进行修改和调整。经这一轮修改和调整后，通过合法化行政程序上报进行审批。在审批后审计项目计划草案就正式成为本年度的审计项目计划，计划部门通过合法化行政程序下达有关部门进行实施。

3. 审计计划的实施

审计项目计划正式下达后，有关部门和专业处室要按计划组织实施。要根据本部门、本处室人力资源状况，针对各审计项目特点进行选配资源。要切实组织制定好审计项目方案，要结合具体审计项目，将审计宗旨、审计战略、审计人力资源安排、审计项目计划都体现在审计方案中。尤其是审计项目计划，更是体现为审计方案的具体内容和步骤。要加强审前调查工作，为科学制定审计方案和有效实施审计项目打好基础。要充分考虑审计项目的重要性和要求，考虑审计效益和审计风险之间的关系。审计方案经过审核批准后实施。要加强审计方案的严肃性，修改和调整审计方案要经过一定的程序和手续。要通过各种措施加强审计方案的科学性，保证审计项目计划的实施。

4. 审计计划反馈

在审计项目实施的过程中，审计项目负责人要督促审计项目按时完成。要及时将审计项目的进度和情况反馈到计划部门。计划部门要及时收集和汇总审计计划的执行时间进度、工作量完成率、执行质量等情况，必须确保审计项目执行的信息渠道畅通。

5. 审计计划的控制

任何项目在执行过程中都有可能因种种原因发生偏差。有的是执行不力的问题，有的是计划本身有缺陷的问题，有的是因为环境发生重大变化的问题等等。计划部门要分析反馈的信息，根据审计项目计划进行控制。要抓住产生偏差的本质原因，采取有效措施实施控制，确保审计项目计划的完成。

6. 审计计划考核评估

审计项目计划执行结束后，要组织有关部门进行考核评估。要将审计方案的执行情况作为考核项目审计质量的重要内容。要全面考核评估审计项目各方面的执行情况。要结合优秀项目评审指标体系来考核评估审计项目计划。

三、制定审计计划

总体审计计划是对审计的预期范围和实施方式所做的规划，是注册会计师从接受审计委托到出具审计报告整个过程基本工作内容的综合计划。具体审计计划是依据总体审计计划制定的，对实施总体审计计划所要的审计程序的性质、时间和范围所做的详细规划与说明。

总体审计计划的基本内容应当包括：(1)被审计单位的基本情况；(2)审计目的、审计范围及审计策略；(3)重要会计问题及重点审计域；(4)审计工作进度及时间、费用预算；(5)审计小组组成及人员分工；(6)审计重要性的确定及审计风险的评估；(7)对专家、内部审计人员及其他审计人员工作的利用；(8)其他有关内容。

具体审计计划应当包括各具体审计项目的以下基本内容：(1)审计目标；(2)审计程序；(3)执行人及执行日期；(4)审计工作底稿的索引号；(5)其他有关内容。具体审计计划的制定，可以通过编制审计程序表完成。

任务三　审计方法

按照搜集证据时所使用的方法，审计程序(即审计方法)可以分为：

(一)检查

检查是指注册会计师对被审计单位内部或外部生成的，以纸质、电子或其他介质形式存在的记录或文件进行审查，或对资产实物进行审查。检查记录或文件的目的是对财务报表所包含或应包含的信息进行验证。

1. 检查记录或文件可提供可靠程度不同的审计证据，审计证据的可靠性取决于记录或文件的来源和性质。

2. 在检查内部记录或文件时，其可靠性则取决于生成该记录或文件的内部控制的有效性。将检查用作控制测试的一个例子，是检查记录以获取关于授权的审计证据。

3. 某些文件是表明一项资产存在的直接审计证据，如构成金融工具的股票或债券，但检查此类文件并不一定能提供有关所有权或计价的审计证据。

4. 检查有形资产可为其存在性提供可靠的审计证据，但不一定能够为权利和义务或计价认定提供可靠的审计证据。

(二)观察

1. 观察是指注册会计师察看相关人员正在从事的活动或实施的程序。例如，对客户执行的存货盘点或控制活动进行观察。

2. 观察可以提供执行有关过程或程序的审计证据，但观察所提供的审计证据仅限于观察发生的时点，而且被观察人员的行为可能因被观察而受到影响，这也会使观察提供的审计证据受到限制。

注意：一般观察程序是针对内部控制执行的情况。主要用于对内部控制的了解和控制测试中。

(三)询问

1. 询问是指注册会计师以书面或口头方式，向被审计单位内部或外部的知情人员获取财务信息和非财务信息，并对答复进行评价的过程。

2. 知情人员对询问的答复可能为注册会计师提供尚未获悉的信息或佐证证据，也可能提供与注册会计师已获取的其他信息存在重大差异的信息。

3. 在询问管理层意图时，获取的支持管理层意图的信息可能是有限的。在这种情况下，首先，要了解管理层过去所声称意图的实现情况；其次，选择某项特别措施时声称的原因；再次，实施某项具体措施的能力，可以为佐证通过询问获取的证据提供相关信息。针对某些事项，注册会计师可能认为有必要向管理层和治理层（如适用）获取书面声明，以证实对口头询问的答复。

（四）函证

函证，是指注册会计师直接从第三方（被询证者）获取书面答复以作为审计证据的过程，书面答复可以采用纸质、电子或其他介质等形式。

当针对的是与特定账户余额及其项目相关的认定时，函证常常是相关的程序。但是，函证不必仅仅局限于账户余额。例如，注册会计师可能要求对被审计单位与第三方之间的协议和交易条款进行函证。注册会计师可能在询证函中询问协议是否作过修改，如果作过修改，要求被询证者提供相关的详细信息。

函证程序还可以用于获取不存在某些情况的审计证据，如不存在可能影响被审计单位收入确认的“背后协议”。

（五）重新计算

重新计算是指注册会计师对记录或文件中的数据计算的准确性进行核对。重新计算可通过手工方式或电子方式进行。

（六）重新执行

重新执行是指注册会计师独立执行作为被审计单位内部控制组成部分的程序或控制（提示：重新执行只能用于控制测试）。

（七）分析程序

分析程序是指注册会计师通过研究不同财务数据之间以及财务数据与非财务数据之间的内在关系，对财务信息作出评价。分析程序还包括调查识别出的、与其他相关信息不一致或与预期数据严重偏离的波动和关系。

【基础知识与技能训练】

一、单项选择题

1. 天籁公司将2006年度的主营业务收入列入2005年度的财务报表，则其2005年度财务报表中存在错误的认定是（　）。

A. 权利和义务　　B. 计价和分摊　　C. 发生　　D. 完整性

2. 审计人员审查并核实被审计单位的资产是否均按适当的金额入账，主要是为了证实被审计单位管理层对其财务报表的（　）认定。

A. 存在　　B. 完整性　　C. 计价和分摊　　D. 分类

3. 为证实被审计单位对于“销售业务的准确性”认定，注册会计师所实施的下列实质性程序中，效果可能最差的是(　　)。

A. 将所选择的销售业务笔数与应收账款和销售发票存根的张数进行比较

B. 将销售发票上所列的单价与经过批准的商品价目表进行比较核对。其金额小计和合计数也要进行验算

C. 将发票上列出的商品的规格、数量和顾客代号等与发票凭证进行核对

D. 将销售单上批准赊销的数量与发货凭证上列示的数量相核对，并将顾客订货单和销售单中的商品数相核对

4. 在被审计单位发生的下列事项中，违反管理层对所属项目的“准确性”、“计价和分摊”认定的是(　　)。

A. 未将向外单位拆借的120万元款项列入所属项目中

B. 将经营租赁的固定资产原值80万元计入固定资产账户中

C. 将应付天成公司的款项180万元记入天籁公司名下

D. 将应收账款200万元记为160万元

5. 天籁公司下列认定中，与财务报表列报无关的是(　　)。

A. 发生认定　　B. 权利和义务认定

C. 完整性认定　　D. 截止认定

6. 在下列针对各项目的审计程序中，不能帮助注册会计师实现对所列项目的“准确性”、“计价和分摊”目标的是(　　)。

A. 对年末存货实施全面的监盘

B. 对某笔重要的应收账款进行函证

C. 详细计算全年的短期借款利息

D. 对主营业务收入实施分析程序

7. 注册会计师可以根据被审计单位的具体情况决定是否实施(　　)程序。

A. 风险评估　　B. 控制测试

C. 实质性　　D. 评估重大错报风险

8. 如果被审计单位将其固定资产用作某笔长期借款项目的抵押物，但没有在财务报表附注中披露，则其没有违反的认定是(　　)。

A. 计价和分摊　　B. 完整性

C. 发生及权利和义务　　D. 分类和可理解性

二、多项选择题

1. 注册会计师在按照审计准则对审计范围的规定理解正确的有(　　)。

A. 审计范围是指审计哪一年的财务报表

B. 审计范围是指审计哪一张财务报表

C. 审计范围受到限制是指客观原因或被审计单位施加的限制

D. 审计范围是指恰当审计程序的总和

2. 审查上市公司财务报表的(　　)项目时，注册会计师应侧重验证“存在”认定。

A. 存货　　B. 短期借款

C. 应收账款　　D. 现金

3. 注册会计师所确定的以下具体审计目标中，(　　)是根据管理层关于完整性认定推论得出的。

A. 主营业务收入明细账余额合计是否与总账余额相符

B. 存货是否已适当地计提跌价损失准备

C. 存放在其他企业的存在是否包括在存货项目内

D. 有关短期借款的入账是否及时

4. 对存货项目而言，甲注册会计师能够根据被审计单位管理层的计价和分摊认定推论得出的具体审计目标是(　　)。

A. 存货入账的期间是恰当的

B. 存货项目的合计数与总账一致

C. 存货的所有权是明确的

D. 可变现净值减少时已作适当冲减

5. 截止测试的目的主要是确定被审计单位的交易是否已记入恰当的会计期间。它与管理层对财务报表的(　　)认定相关。

A. 存在或发生　　B. 完整性　　C. 截止　　D. 表达与披露

项目六　审计证据和审计工作底稿

【知识要点】

(1)明确审计证据和审计工作底稿的概念、种类及其特征;
(2)了解审计工作底稿的作用和基本要素。

【能力目标】

(1)能熟练运用审计证据收集整理的几种常用方法;
(2)能按要求对审计工作底稿进行复核;
(3)能按编制要求编制几种主要的工作底稿。

【案例导入】

银广厦案件

根据政府有关部门披露的事实和新闻媒体的相关报道:深圳中天勤会计师事务所在银广厦案件中,在独立审计准则执行过程中的若干重大过失中有一项为,涉案注册会计师未能保持职业谨慎,对审计证据的真伪未能给予应有关注。对于银广厦在2000年度主营业务收入大幅增长的同时生产用电的电费费用却反而降低的情况竟没有发现或报告;面对银广厦2000年度生产卵磷脂的投入产出比率较1999年度大幅下降的异常情况,注册会计师即未实地考察,又没有咨询专家意见,而轻信银广厦管理当局声称的"生产进入成熟期"。

在此案中,注册会计师未能保持职业谨慎,对审计证据的真伪未能给予应有关注。针对已发现的异常差异或未预期差异所获取的审计证据应考虑是否适当,是否存在尚未发现的异常差异或未预期差异。当结果出现异常情况时,注册会计师应当进行调查,要求被审计单位予以解释,并获得适当的验证证据。

任务一　审计证据

审计证据是审计理论中的一个核心概念，从某种意义上可以说，审计的过程就是收集、鉴定和评价审计证据的过程。任何审计的基础都是证据，它是证明事实是否客观存在的材料，是证明被审计事项单位财政收支、财务收支及其有关的经济活动真相的凭证。审计人员必须具有在每一项审计工作中收集充分、适当证据的知识和技能，以满足职业标准的要求。

一、审计证据的概念与作用

(一) 审计证据的概念

《中国注册会计师审计准则第1301号——审计证据》中将审计证据定义为："注册会计师为了得出审计结论、形成审计意见而使用的所有信息，包括财务报表依据的会计记录中含有的信息和其他信息。"从这一定义可以看出，审计证据就是审计人员在审计过程中按一定的审计程序和方法取得的足以证明被审计事项真相并据以形成审计意见的全部资料。

注册会计师可以使用风险评估程序、控制测试和实质性程序获取审计证据。

审计证据是由基础会计数据和其他信息共同组成的。《中国注册会计师审计准则第1301号——审计证据》特别地指出，会计记录中含有的信息本身并不足以提供充分、适当的审计证据作为对财务报表发表审计意见的基础，注册会计师还应当获取用作审计证据的其他信息。因此结合章前案例，我们可以发现单凭基础会计数据本身不足以形成有效的审计证据，只有通过对有选择性的基础会计数据的检测，即获得相应的其他信息，才能生成可以对财务报表各项认定进行评价的审计证据，综合所有审计证据即而形成对财务报表整体发表审计意见的基础。

财务报表依据的会计记录有支票、发票、合同、记账凭证、明细账、总账、成本计算表和电子数据等。可作为审计证据的其他信息有被审计单位内部或外部的会议记录、内部控制手册、询证函的回函、同行的比较数据以及注册会计师获取或编制的存货盘点表、各种计算表、分析表等，见图6－1：

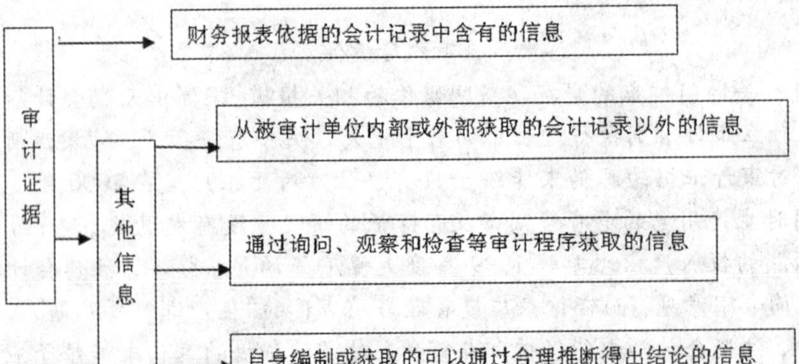

图6－1　审计证据组成图

（二）审计证据的作用

审计工作的过程，实质上就是收集审计证据、整理分析审计证据的过程。所以，审计证据在审计工作中具有十分重要的意义和作用：

1. 审计证据是形成审计意见和决定的基础

审计人员作出任何审计意见和决定，都必须有充分、适当的审计证据的支持。

任何没有审计证据或审计证据不充分、不适当，据此而形成的审计意见都是不可信赖的。

2. 审计证据是追究或解除行为人责任的事实根据

审计的过程就是证实被审计单位经济责任履行情况的过程。只有依据所收集的审计证据，才能确定是追究还是解除被审计单位的责任。同样，当审计人员与被审计单位或审计报告使用人对审计意见和结论存在分歧时，也需要通过所获取的审计证据是否充分、适当，取证程序是否合规、合法等来确定或解除审计人员的审计责任。

3. 审计证据是控制审计工作质量的重要工具

审计主管人员通过对审计人员收集到的审计证据的检查核实，来控制审计工作的质量和进程，纠正审计工作中存在的问题，并给予必要的指导。同时，主管人员还可以根据审计证据的质量和数量，来考核审计人员的业务能力和工作效率。

二、审计证据的特性

注册会计师应当保持职业怀疑态度，运用职业判断，评价审计证据的充分性和适当性。作为审计意见形成基础的审计证据应具备两方面的特征:充分性和适当性。

（一）充分性

审计证据的充分性是对审计证据数量的衡量，主要与注册会计师确定的样本量有关。即要求审计证据的数量足以支持审计意见的形成，因此，它是能使人们能够信任审计人员作出的审计结论或审计意见所需的审计证据的最低数量。数量过少的证据不能证明被审事项（因为有挂一漏万之嫌）。如对某个审计项目实施某一选定的审计程序，从 200 个样本中获得的证据要比从 100 个样本中获得的证据更充分;但收集太多的审计证据花费成本太高，因此审计证据并非韩信将兵，多多益善。那么要多少才算足够？没有具体数量标准，需要考虑以下因素而定：

1. 审计风险的大小

注册会计师需要获取的审计证据的数量受错报风险的影响。错报风险越大，需要的审计证据可能越多。而错报风险主要应考虑的是固有风险和控制风险，如固有风险的估计水平较高，则所需要的审计证据的数量应较多，反之，所需收集的证据的数量就少;控制风险对审计证据数量的影响也是如此。

例如，审计人员对某公司进行审计，经过分析认为，受被审计单位行业性质的影响，存货陈旧的可能性相当高，存货计价错报的可能性相当大。为此，审计人员在审计中，就要选取更多的存货样本进行测试，以确定存货陈旧的程度，从而确认存货的价值是否被高估。

2. 成本效益原则

客观公正的审计意见必须建立在有足够数量的审计证据的基础之上，但这并不是说审计证据的数量越多越好。审计人员应考虑取证的经济性，即取证成本与效益之间的关系，应尽量以较少的人力、物力耗费取得足够的、高质量的审计证据。

例如，审计人员通过审计发现一张某单位的应收票据，他可以通过两种方法以获得证据证明该票据真实、可靠且能到期收回：一是直接向欠款单位函证，取得票据金额、到期日等票面要素和其他支付条件的书面证据；二是在对欠款单位进行函证的基础上，通过有关渠道了解或检查欠款单位的会计报表，判断其到期支付能力，同时向欠款单位开户银行了解其信用情况，从而测试该票据到期兑现的可能性。比较这两种方法，我们不能判断第二种方法所获得的证据更具可靠性，但其成本却远远超过第一种方法。如果第一种方法获得的审计证据能够满足审计目标的需要，那么选择该方法就更为理智、更为经济。

(二)适当性

审计证据的适当性是对审计证据质量的衡量，即审计证据在支持各类交易、账户余额、列报(包括披露)的相关认定，或发现其中存在错报方面具有相关性和可靠性。

1. 相关性

指的是审计证据必须和特定的审计目标、审计事项相关。

相关程度越高，证明力越强；反之，亦然。与审计目标和事项无关的资料和情况，都不能作为审计证据。例如，监盘是获得有关实物资产存在性的有力证据并不能证明这些实物资产的所有权和估价认定，更不能用来证明其他不相关的审计项目。再例如，检查存货入库验收制度，只要检查到一份未经验收就入库的情况，就可证明该制度执行不够严格，而不需查看入库后的管理情况。

在确定审计证据的相关性时，注册会计师应当考虑：

(1)特定的审计程序可能只为某些认定提供相关的审计证据，而与其他认定无关；

(2)针对同一项认定可以从不同来源获取审计证据或获取不同性质的审计证据；

(3)只与特定认定相关的审计证据并不能替代与其他认定相关的审计证据。

2. 可靠性

是指审计证据的可信程度。审计证据的相关性只是说明审计证据在性质上具有证明作用，而其证明力的强弱程度则要根据审计证据的可靠性来判别。

审计证据的可靠性受其来源和性质的影响，并取决于获取审计证据的具体环境。注册会计师通常按照下列原则考虑审计证据的可靠性：

(1)从外部独立来源获取的审计证据比从其他来源获取的审计证据更可靠；

(2)内部控制有效时内部生成的审计证据比内部控制薄弱时内部生成的审计证据更可靠；

(3)直接获取的审计证据比间接获取或推论得出的审计证据更可靠；

(4)以文件、记录形式(无论是纸质、电子或其他介质)存在的审计证据比口头形式的审计证据更可靠；

(5)从原件获取的审计证据比从传真或复印件获取的审计证据更可靠。

3. 充分性和适当性的关系

充分性和适当性是审计证据的两个重要特征，两者缺一不可。

审计人员需要获取的审计证据数量也受审计证据质量高低的影响。审计证据质量越高，需要的审计证据可能越少。如大多数审计证据都是外部证据，且证据本身不易篡改，则审计证据的质量较高，相对而言，审计人员所需的审计证据数量就可减少；反之，证据的数量就应增加。

需要注意的是，尽管审计证据的充分性和适当性相关，但如果审计证据的质量存在缺陷，审计人员仅靠获取更多的审计证据可能无法弥补其质量上的缺陷。

三、审计证据的分类

在审计实务中，不同的审计程序能提供不同的审计证据，审计证据由于内容不一、形式各异，证实不同报表认定的作用不尽相同。因此，审计人员应该了解审计证据的种类，能对审计证据进行整理、分析和评价以提高审计效率。

(一)按形式分类

审计证据按其形式划分，可分为实物证据、文件证据、言词证据和环境证据。

1. 实物证据

实物证据是指通过实际观察或监督盘点所取得的、能证实实物资产确实存在的证据。实物证据适用的实物资产包括现金、有价证券、存货和固定资产等。这类证据通常以盘点表形式表现出来，具有较强的证明力，但实物证据也有其局限性：①只能证明实物资产的存在性，而不能保证资产的所有权归被审计单位所有；②可以证明实物资产的数量，但难以确保实物资产的质量。③难以确定实物资产的估价是否恰当。因此收集时注意既要核实其数量，又要检查其质量、所有权和价值情况。

2. 文件证据

文件证据是指以书面形式存在并证明被审计事项的证据，包括被审计单位的凭证、账表、管理制度等内部资料，审计人员进行函询时的往来信件和有关人员出具的书面证明等外部资料。文件证据是审计证据中最主要和最重要的部分，即审计的基本证据。这类证据不仅数量较多，而且来源广泛，并具有较强的证明力，但由于书面证据大多在审计实施之前就已形成并存在于被审计单位，比较容易获取，但也容易被伪造或篡改，因此，鉴定书面证据的可靠性和对证据进行归类整理至关重要，收集时必须辨明真假。

3. 言词证据

言词证据又称口头证据，是指有关人员根据审计人员的提问所作的口述或答复所形成的证据，这类证据一般以笔录的形式表现出来。由于口头证据往往夹杂着个人的观点和意见，因此可靠性较差，证明力也较小，本身不足以证明事情真相，但可以将审计人员引向需要进一步调查的领域，为审计工作提供一定的线索，可以作为实物证据和文件证据的补充旁证。

4. 环境证据

环境证据是指对审计事项产生影响的各种环境状况，包括被审计单位的行业、性质、地理位置、内部控制状况、管理条件和水平、管理人员素质、外部经济形势等。环境证据一般不作为基本证据，不能直接据以形成和发表审计意见，但它可以帮助审计人员了解被审计单位和审计事项所处的环境，为审计人员分析判断审计事项提供有用的线索。

【案例6-1】　　　　谈银广厦事件中审计方法的缺陷

银广厦做假事件中其管理当局固然要负首要责任，但从有关媒介披露的情况分析来看，中介机构在其审计过程因未能严格遵循审计原则和方法，未能保持应有的职业谨慎而导致审计失败亦应引起相当的重视。对银广厦进行年报审计的会计师事务所未能对关键证据亲自取证，这些重要的证据如海关报关单，银行对账单，重要出口商品单价等均是由被审计单位提供，进行审计的会计师未能采取必要的审计程序对这些证据的真假作进一步确认。审计原则要求进行审计的会计师应对重要的外部证据亲自取证，如对应收账款、银行存款的函证，函证的询证函必须由事务所发出，但在实际操作中，许多事务所为了省事，将询证函交与被审计单位由其发出，甚至于由其收回后交与会计师事务所，这就为被审计单位做假提供了一个很大的方便，而由此取得的所谓外部证据的真实性也就大打折扣。很显然在银广厦事件中，被审计单位向事务所提供了假报关单及其他虚假的外部证据。而在“活力28”的年报做假案中，为了制造假报表，被审计单位居然伪造了高达几亿人民币的银行进账单。姑且不论这些做假者的胆大妄为及其做假技俩的高超，进行年报审计的会计师如果能在执业过程中恪尽职守，到银行、海关等地亲自取证，所有这些做假行为都是不难发现的。

（二）按来源分类

审计证据按其来源划分，可分为亲历证据、外部证据和内部证据三种。

1. 亲历证据

亲历证据是指审计人员目击或亲自在被审计单位执行审计任务时所取得或编制的审计证据。如，审计人员亲自参与或监督财产物资盘点时所取得的各种盘点表，审计人员在审计工作过程中自己亲自动手编制的各种审定表、计算表、分析表等。这类证据的可靠性最高。

2. 外部证据

外部证据是指审计人员从被审计单位以外的组织机构或人士取得的审计证据。这类证据的证明力较强。外部证据可按照证明力强弱进一步分为：

（1）由被审计单位以外的单位或个人编制并由其直接递交给审计人员的书面证据，如，应收账款函证回函，保险公司、证券经纪人的证明等，此类证据不仅由完全独立于被审计单位的外界组织或人员提供，而且未经过被审计单位有关人员之手，排除了被审计单位伪造、更改的可能性，其证明力最强。

（2）由被审计单位以外的单位或个人编制，但由被审计单位所持有并提交给审计人员的书面证据，如，银行对账单、购货发票、债权人寄发的对账单、有关的合同、协议书等。由于这些证据经过了被审计单位有关人员之手，存在被伪造或更改的可能性，因而其证明力会受到不同程度的影响。尽管如此，在一般情况下，外部证据仍是较被审计单位的内部证据更具证明力的一种书面证据。

3. 内部证据

内部证据是指由被审计单位内部组织机构或职员编制和提供的审计证据。如，由被审计单位编制的各种凭证、账表、采购单、验收单、出库单等，由被审计单位提供的、与其他单位共同形成或填制的合同、销货订单、销售发票、收款收据等以及有关被审计事项的会议记录等。一般来说，内部证据的可信度较低，特别是在被审计单位的内部控制不太健全时，审计人员不能过分地信赖被审计单位的内部证据。

（三）按功能分类

审计证据按其功能划分，可分为直接证据和间接证据两种。

1. 直接证据

直接证据是指能直接证实被审计事项或支持审计结论的证据。如，通过盘点存货所取得的证据，就是证明存货实存额的直接证据。

2. 间接证据

间接证据是指能间接证实被审计事项或支持审计结论的证据。这类证据主要反映影响被审计事项的各种因素、条件和情况。如，反映被审计单位内部控制制度执行情况的证据，反映被审计单位生产经营管理条件和水平以及管理人员素质情况的证据等。间接证据比直接证据的证明力弱，但能帮助审计人员寻找审计线索，选择审计重点，并用于分析、评价间接证据的依据等。

四、审计证据的取得

审计人员如同法官一样，需要对证据进行收集、评价，并根据充分、适当的证据作出合理的判断。但审计证据与法律证据并不完全相同，两者在证据的取得和鉴定方面均有所区别。法律证据由诉讼双方提供，裁决者不参与证据的收集；审计证据则需由审计人员收集、评价证据，并根据其作出判断。在整个审计取证过程中，审计人员始终是主动的，收集什么证据、收集多少证据以及如何判定已收集到充分适当的证据，均由审计人员根据审计目标与自己的专业经验作出职业判断。

为了获取充分、适当的审计证据，注册会计师可以实施风险评估程序、控制测试和实质性程序，审计人员根据需要单独或综合运用检查、观察、询问、函证、重新计算、重新执行和分析程序等审计程序。

(一)检查

检查包括检查记录或文件和检查有形资产。

1. 检查记录或文件

检查记录或文件是指注册会计师对被审计单位内部或外部生成的，以纸质、电子或其他介质形式存在的记录或文件进行审查。

审计人员在审查会计记录和其他书面文件时，应注意其是否真实、合法，具体来讲：

(1) 审查原始凭证时，应注意其有无涂改、伪造现象；记载的经济业务是否合理合法；是否有业务负责人的签字等。

(2) 审查会计账簿时，应注意是否符合《企业会计准则》及国家其他财务会计法规的规定，包括审阅被审计单位据以入账的原始凭证是否整齐完备；账簿有关内容与原始凭证的记载是否一致；会计分录的编制或账户的运用是否恰当；货币收支的金额有无不正常现象；成本核算是否符合国家有关财务会计制度的规定等。

(3)在审查会计报表时，应注意会计报表的编制是否符合《企业会计准则》及国家其他财务会计法规的规定；会计报表的附注是否对应予揭示的重大问题做了充分的披露。

(4) 审查其他书面资料时，主要是通过审查被审计单位的计划、预算资料、合同资料、业务规范、规章制度和其他有关资料，来进一步地收集审计证据，同时验算和确认相关会计资料的真实性、合法性。审查重点是关注其来源是否可靠、数据计算是否正确、业务内容是否合法等。实际工作中，对其他书面资料的审查与对会计资料的审查应相辅相成进行。

审计人员在审查会计记录及其他书面文件时，应注意审查各种书面文件是否一致，具体来讲：

①原始凭证上记载的数量、单价、金额及其合计数是否正确。

②日记账上的记录是否与相应的原始凭证记录一致。

③日记账与会计凭证上的记录是否与总分类账及有关的明细分类账相符。

④总分类账的账户余额是否与所属明细分类账的账户余额合计数相符。

⑤总分类账各账户的借方余额合计与贷方余额合计是否相等。

⑥总分类账各账户的余额或发生额合计是否与会计报表上相应项目的金额相符。

⑦会计报表上各有关项目的数字计算是否正确，各报表之间的有关数字是否一致。如果涉及前期的数字，是否与前期会计报表上的有关数字相符。

⑧外来账单与本单位有关账目的记录是否相符。

2. 检查有形资产

检查有形资产是指注册会计师对资产实物进行审查，适用于存货、固定资产、现金、有价证券及应收票据等。通常实物资产的检查应由被审计单位进行，审计人员只进行现场监督，对于贵重的物资，审计人员还应进行抽查复点。通过监盘的方法，可以确定被审计单位实物形态的资产是否账实相符，对实物资产的存在性提供有力的审计证据，但这种方法也有其局限性，不能对资产的权利和义务或计价认定提供可靠的审计证据。因而，审计人员在监盘的同时，应采用其他的方法对实物资产计价和所有权另行审计。如，5 月 6 日盘点得出某类材料数量为 6 000 个，去年的 12 月 31 日至 5 月 6 日这段时间进货量为 3 000 个，出货量为 1 000 个，则 12 月 31 日的起初数据为 4 000 个（6 000 + 1 000 − 3 000）。

（二）观察

观察是指注册会计师察看相关人员正在从事的活动或执行的程序。审计人员采用观察法，可以了解到会计资料中难以发现的问题。如，审计人员亲临仓库，可以观察到材料收发制度的执行情况。鉴于存货监盘的重要性，我国专门发布了《中国注册会计师审计准则第 1311 号——存货监盘》，对监盘计划、监盘程序、监盘中特殊情况的处理等做出了规定。再如，假定被审计单位内部控制程序规定，“现金应每天如数送存银行”，审计人员可通过观察实际送存过程和检查有效的存款单据，测试该项控制的有效性。采用观察法虽然可以获取一些有力的证据，但观察提供的审计证据仅限于观察发生的时点，并且当相关人员已知被观察时，相关人员已有准备，从事活动或执行程序可能与日常的做法不同，从而影响注册会计师对真实情况的了解。

（三）询问

询问是指注册会计师以书面或口头方式，向被审计单位内部或外部的知情人员获取财务信息和非财务信息，并对答复进行评价的过程。知情人员对询问的答复可能为注册会计师提供尚未获悉的信息或佐证证据，也可能提供与已获悉信息存在重大差异的信息；注册会计师应当根据询问结果考虑修改审计程序或实施追加的审计程序。在询问过程中，审计人员应注意：一是询问方式尽量简短，避免对被询问人的回答造成障碍，如可以把问题设计成只需回答“是”或“否”的问题；二是要避免对答案有误导的暗示；三是要准确记录被询问人的回答。当然，询问本身不足以发现认定层次存在的重大错报，也不足以测试内部控制运行的有效性，注册会计师还应当实施其他审计程序获取充分、适当的审计证据。

（四）函证

函证是指注册会计师为了获取影响财务报表或相关披露认定的项目的信息，通过直接来自第三方对有关信息和现存状况的声明，获取和评价审计证据的过程。例如对应收账款或银行存款的函证。

函证证据的可靠性强，其证明力来源于其独立性，因为询证函是直接由审计人员从被审计单位以外的第三方取得的。鉴于函证在审计中的重要性，《中国注册会计师审计准则第

1312 号——函证》对注册会计师在会计报表审计中实施函证程序做出了专门的规范。但如果没有回函或对回函结果不满意，审计人员应当实施必要的替代程序，以获取相应的审计证据。

（五）重新计算

重新计算是指注册会计师以人工方式或使用计算机辅助审计技术，对记录或文件中的数据计算的准确性进行核对。如，发票加总、存货加总、日记账和明细账加总、检查利息费用、折旧费用和应付工资、计算应纳税额等。审计人员的计算不一定按照被审计单位原先的计算形式和顺序进行。需注意的是在计算过程中，审计人员不仅要注意计算结果的正确性，还要先考虑用作复算的证据的正确性和合理性。

（六）重新执行

重新执行是指注册会计师以人工方式或使用计算机辅助审计技术，重新独立执行作为被审计单位内部控制组成部分的程序或控制。例如，注册会计师利用被审计单位的银行存款日记账和银行对账单，重新编制银行存款余额调节表，并与被审计单位编制的银行存款余额调节表进行比较。

（七）分析程序

分析程序是指注册会计师通过研究不同财务数据之间以及财务数据与非财务数据之间的内在关系，对财务信息作出评价。分析程序还包括调查识别出的与其他相关信息不一致或与预期数据严重偏离的波动和关系。对于异常变动项目，审计人员应重新考虑其所采用的审计方法是否合适；必要时，应追加适当的审计程序，以获取相应的审计证据。如，该企业日常毛利率为 50%，而某一年度提高到 90% 以上，这种情况非常可疑，根据此类比例变动，发现问题，找出差错。分析程序常用的方法又有比较分析法、比率分析法、趋势分析法等。

1. 比较分析法

比较分析法，是通过某一会计报表项目与其既定标准的比较，以获取审计证据的一种技术方法。它包括本期实际数与计划数、预算数或审计人员的计算结果之间的比较，本期实际数与同业标准之间的比较等。成本差异就是实际与预算比较的一个典型例子。审计人员通过比较本年度与上一年度的存货周转率，发现本年度存货周转率发生明显下降，应考虑该单位存在库存管理不力、销售状况不好的可能性。据此，审计人员对该项目要制定详细的审计方案，展开进一步审查，以确定造成上述情况的原因。

2. 比率分析法

比率分析法，是通过对会计报表中的某一项目同与其相关的另一项目相比所得的值进行分析，以获取审计证据的一种技术方法。如，通过计算应收账款周转率，并与同行业平均水平进行比较，来确定应收款管理中是否存在问题。

3. 趋势分析法

趋势分析法，是通过对连续若干期某一会计报表项目的变动金额及其百分比的计算，分析该项目的增减变动方向和幅度，以获取有关审计证据的一种技术方法。例如，可以对企业连续五年管理费用变动的趋势进行分析，确定其对企业经营的影响。

五、审计证据的整理和分析

（前面终结阶段已经叙述，在此不再赘述。）

任务二 审计工作底稿

【案例6-2】2003年2月1日起施行的最高人民法院司法解释《关于审理证券市场因虚假陈述引发的民事赔偿案件的若干规定》(法释[2003]2号)，将会计师事务所的“直接责任人”列为民事赔偿案件的被告，在业界引起了强烈的震撼。

这个审计案例告诉我们，作为认定注册会计师法律责任、可用于为注册会计师辩护以减轻、免除注册会计师法律责任的主要证据来源审计工作底稿，是极其重要的书证。作为审计人员，一定要有严谨的工作作风，发现问题要一查到底，同时要把审计证据的计划、收集、评价、整理和分析这一系列过程记录于工作底稿上，作为审计结论的依据。一定要认识到，工作底稿不仅仅是为审计人员自己做的，也不仅仅是为审计机关做的，在很大程度上是为会计资料的使用者(包括政府各部门、投资者和潜在投资者)做的，所以保持严谨的审计工作作风，认真对待每一个发现的问题线索、每一份审计工作底稿，才能在今后可能的法律诉讼与纠纷中处于不败之地，确保审计客观公正作用的发挥。

一、审计工作底稿的涵义和作用

(一)审计工作底稿的涵义

审计工作底稿是指注册会计师对制定的审计计划、实施的审计程序、获取的相关审计证据，以及得出的审计结论做出的记录。其内容包括注册会计师在制订和实施审计计划时直接编制的、用以反映其审计思路和审计轨迹的工作记录，注册会计师从被审计单位或其他有关部门取得的、用作审计证据的各种原始资料，以及注册会计师接受并审阅他人代为编制的审计记录。它是审计证据的载体，反映整个审计过程，也是审计人员形成审计结论、发表审计意见的直接依据。正如本节引例所表明的，审计工作底稿的编制是一项细致、复杂而重要的工作，注册会计师应当及时编制审计工作底稿，提供充分、适当的记录，作为审计报告的基础，同时提供证据，证明其按照中国注册会计师审计准则的规定执行了审计工作。

(二)审计工作底稿的作用

编制审计工作底稿是完成审计任务的重要条件，也是衡量审计人员业务素质和业务水平的标准。审计人员必须认真编制审计工作底稿，将审计工作的安排、审计实施过程中发现的情况、遇到的问题、解决问题的方法和途径、审查的结果以及获取审计证据的名称、来源、时间等全部记录在案，以备查考。它对于保证审计人员执行审计任务，明确审计人员责任，提高审计报告质量均有重要作用。具体来说其作用主要有以下几个方面：

1. 审计工作底稿是注册会计师编写审计报告的基础

审计工作底稿完整地记载了审计人员在审计过程中所收集到的审计证据和所作出的职业判断。因此，审计工作底稿是审计证据的载体，理应成为审计人员形成审计结论、发表审计意见的直接依据。

2. 审计工作底稿是证明注册会计师按照中国注册会计师审计准则的规定执行了审计工作的证据。

审计工作底稿是进行复议和诉讼的重要佐证资料，因为审计工作底稿不仅记录了被审计事项的情况，还记录了审计人员审查取证、分析判断的过程。审计人员是否实施了必要的审计程序，审计程序的选择是否合理，职业判断是否准确等，一般可以根据审计工作底稿的记录来分析和评价。

3. 审计工作底稿是协调审计工作进度的依据，控制审计质量的手段

审计项目负责人可以通过检查审计工作底稿来了解审计项目完成情况，进而协调审计工作进度；同时，审计质量的优劣会体现在审计工作底稿上，审计机构和有关方面对审计质量进行控制和监督，必须借助审计工作底稿。离开了审计工作底稿，审计质量的控制与监督就无法落实到实处。

4. 审计工作底稿是考核审计人员专业能力与工作业绩的重要依据

审计人员专业胜任能力的大小、工作业绩的好坏，主要体现在对审计程序的选择、执行和有关的职业判断上，而审计人员在审计过程中是否执行了相关准则，所选择的审计程序是否恰当、合理，所做出的专业判断是否准确等，都反映在审计工作底稿中。因此，审计机构及其负责人或有关方面要考核一个审计人员的工作能力，可以通过审阅其审计工作底稿来评价其专业判断能力和工作水平。

5. 审计工作底稿是总结审计工作的资料并对未来审计业务具有参考备查作用。

同一被审计单位前后年度的审计业务必然存在连续性，因此审计工作底稿包含了对各期审计工作均有参考价值的重要信息。如果是连续审计，上期的审计工作将大大提高本期审计的效率和效果。不仅如此，对于不熟悉被审计单位的审计人员，前期的审计工作底稿是他们熟悉被审计单位情况、了解重点审计领域以及在实施特定审计程序时的重要指南。

二、审计工作底稿的分类

1. 按工作底稿的性质分类

（1）综合类工作底稿。综合类工作底稿是为规划、控制和总结整个审计工作、发表审计意见所形成的底稿，即综合类工作底稿，主要包括业务约定书、总体审计策略、具体审计计划与总结、未审会计报表、试算平衡表、审计差异调整表、被审客户管理当局声明书、陈述书、审计报告、管理建议书等。

（2）业务类工作底稿。业务类工作底稿是指审计人员在审计实施阶段执行具体审计程序所编制和取得的工作底稿。该类工作底稿主要包括审计人员对各审计循环或审计项目所做的控制测试或实质性程序的记录和资料，如各种测试表、程序表、审定表、汇总表、明细表、抽查表、分析表、询证回函等。

（3）备查类工作底稿。备查类工作底稿是指审计人员在审计过程中形成的，对审计工作一般仅具有参考、备查作用的审计工作底稿。如被审单位的设立批准文件、营业执照、合同协议、企业章程、组织结构及管理层人员架构图、董事会会议纪要、重要的经济合同、协议、验资报告、重要资产所有权或使用权证明文件复印件、与内审人员、律师、前任注册会计师、专家和其他第三者的通信函件或谈话记录、内部制控、会计准则与会计制度、会计政策及会计估计等。

2. 按工作底稿使用期限的长短和作用大小分类

（1）永久性档案的工作底稿。永久性档案的工作底稿，是指记录内容相对稳定，具有长期使用价值，并对以后审计工作具有重要影响和直接作用的审计工作底稿。该类工作底稿主要由备查类工作底稿和综合类工作底稿中的审计报告、管理建议书等构成。

（2）当期档案的工作底稿。当期档案的工作底稿，又称一般档案的工作底稿，是指记录

内容经常变动，只供当期审计使用和下期审计参考的审计工作底稿。该类工作底稿主要由业务类工作底稿和综合类工作底稿的其他部分构成。

3. 按审计工作阶段分类

(1)计划阶段的工作底稿。计划阶段的工作底稿主要包括：被审计单位的年度会计报表、成立的合同、协议、章程、营业执照副本、重要会议记录、被审计单位基本概况表、总体审计策略、具体审计计划等。

(2)实施阶段的工作底稿。实施阶段的工作底稿主要包括：各种业务循环的控制测试工作底稿；会计报表各资产、负债、所有者权益、收入、费用、成本等项目进行实质性程序的工作底稿。

(3)报告阶段的工作底稿。报告阶段的工作底稿主要包括：错报汇总表、审计差异调整表、试算平衡表、已审计会计报表、审计报告底稿、管理建议书等。

三、审计工作底稿的基本要素、格式和形成要求

(一)审计工作底稿的基本要素

审计工作底稿的形成方式主要有两种：一种是直接取得，另一种是审计人员亲自编制。审计工作底稿应包括下列基本要素：审计工作底稿的形成方式主要有直接编制和获取两种。就所编制的工作底稿而言，尤其是业务类工作底稿，一般包括下列基本要素：

1. 被审计单位名称

即会计报表编制单位的名称。若会计报表编制单位为某一集团的下属单位，应同时写明下属单位的名称。

2. 审计项目名称

审计项目主要有两类：一类是在对会计报表项目实施实质性程序时，指某一具体的会计报表项目，如“应收账款”等；若具体审计项目是某一分类会计科目，应同时写明该分类会计科目，如“存货——原材料”等；另一类是在对某一业务循环进行控制测试时，指该业务循环，如“销售及收款循环”等。

3. 审计项目时点或期间

审计项目时点是指某一资产负债项目的报告时点，如“2006 年 12 月 31 日”；审计项目期间是指某一损益类项目的报告期间，如“2006 年度”等。

4. 审计过程记录

审计过程记录，即审计人员对审计项目实施审计测试情况所做的记录，主要包括实施审计程序的性质、范围、抽取的样本、抽查的重要凭证、审计调整及重分类事项等情况。该项内容是审计工作底稿最为重要的内容，是审计证据的集中体现。审计人员对所实施的各项审计程序的情况应如实、完整地记录于工作底稿，以便据以做出专业判断，形成审计结论。

5. 审计标识及其说明

审计标识，是指审计人员为简洁表达审计涵义而采用的符号。审计人员在进行审计时，要实施一系列具体审计程序，要做很多业务技术工作。这些程序和工作如果都用文字在工作底稿中表述，既费时费力又累赘，因此，审计人员可以用一些符号来表示所实施的具体审计程序、所做的审计工作或其他的审计含义，如某个数据已与总账核对相符，就可在这个数据的旁边用“G”来表示。

关于审计标识，目前尚未有统一的规定，一般使用较多、比较定型的标识有：

“ ”——纵向加总并核对复核无误。

“<”——横向加总并核对复核无误。

“B”——与上年结转数核对一致。

“T”——与原始凭证核对一致。

“G”——与总账核对一致。

“S”——与明细账核对一致。

“T/B”——与试算平衡表核对一致。

“F/S”——与已审会计报表核对一致。

“C”——已发出询证函。

“C 一”——已收回询证函。

“*”——备注 1。

“* *”——备注 2。

除了以上的标识外，审计人员还可以根据需要，定义其他审计标识，审计标识一般由会计师事务所确定，其运用应保持前后一致，一个会计师事务所一致。为了便于他人阅读和理解，各种审计标识所代表的含义应在审计工作底稿中予以说明，或采用审计标识及其说明表的形式统一说明。

6. 审计结论

审计结论，即审计人员通过实施必要的审计程序后，对审计项目所做的专业判断。就控制测试而言，是指审计人员对被审计单位内部控制制度的设计与执行情况的满意程度及可信赖程度，如“可高度信赖”、“可基本信赖”、“不可信赖”等；就实质性程序而言，是指审计人员对审计项目的余额或发生额的确认情况，如“可以确认”、“经调整后可以确认”、“经重分后可以确认”或“不能确认”等。

7. 索引号及页次

索引号，是某一审计项目审计工作底稿的特定编号。一个审计项目编一个索引号，一般用大写英文字母加数字表示，如用 A 表示资产类项目时，可用 A1、A2 分别作为“货币资金”、“存货”项目的索引号，其余类推。索引号可由会计师事务所确定。页次是指同一索引号下不同工作底稿的顺序号，一般用分数形式表示，如 A4 应收账款工作底稿若有 5 页，则其第一、二两页的编号可为 A4(1/5)或 A4 - 1/5、A4(2/5)或 A4 - 2/5，其余类推。若某一审计项目的内容有类别或层次之分，可进行分层编号，使审计工作底稿保持清晰的类别层次关系。如“货币资金”项目包括“库存现金”、“银行存款”、“其他货币资金”等三类，进行页次编号，可首先分别编为 A1 - 1、A1 - 2、A1 - 3，然后再在各类内按照每一类的页数采用分数形式编号，如“库存现金”的工作底稿若有 3 页，则可依次编为 A1 - 1 - 1/3，A1 - 1 - 2/3 和 A1 - 1 - 3/3。

8. 编制者姓名及编制日期

编制审计工作底稿的审计人员必须在审计工作底稿上签名和签署日期。签名时可用简签，但应以适当方式说明，如在计划阶段编制的审计人员分工表工作底稿上注明简签式样等。

9. 复核者姓名及复核日期

审计人员必须在其复核过的审计工作底稿上签名和签署日期。独立审计的工作底稿实行三级复核制，即项目经理、部门经理(或签字注册会计师)、主任会计师等三级复核，各级复核者均须在其复核过的工作底稿上签名和签署日期。签名时也可用简签，但也应以适当方式说明。

10. 其他应说明事项

其他应说明事项，即审计人员根据其专业判断，认为应在审计工作底稿中予以记录的其他相关事项。

(二)审计工作底稿的形式

【案例 6－3】　　从“艾迪 · 安达”案说起

艾迪 · 安达是一个在零售行业享有盛名的家用电器零售商。他少年得志，年仅 21 岁时就以声称“任何东西都可以买卖”而声名鹊起，更有不少人将其视为“上钩调包”诱售法的鼻祖。进入 20 世纪 80 年代，他又加入了电视直销的行列。

在当时，如果你身处美国东海岸附近的任何地方，肯定看过这样一则电视促销广告：“我是疯狂的艾迪”，一个瞪大眼睛的男子在电视里怪叫“我产品的价格同样令人疯狂”。这则广告通过电波传遍了纽约、新泽西和康涅狄格三州，同样也使“疯狂的艾迪”本人迅速成为家用电器零售业的霸主。

事实上，电视上的面孔并非艾迪 · 安达本人。他根本没有时间去演广告，他和他的家族成员都忙于策划并实施诈骗。事实证明，艾迪 · 安达——20 世纪最臭名昭著的会计报表舞弊案的首脑——并不疯狂，却是一个心术不正的骗子。他想尽各种方法来诈取钱财，并且将以不正当手段获得的赃款全部转移到海外，存到秘密的银行账户上去。短短几年光阴，他共骗取了 1 亿 2 千万美元。而对如此巨额的舞弊，审计人员在审计中竟未发现，最后还是一位对艾迪 · 安达不满的亲戚向美国证券交易委员会揭发，才揭开了这令人震惊的舞弊丑闻。

那么，艾迪 · 安达究竟用了什么高明的手段进行舞弊，进而逃过了审计人员的“法眼”的呢？

艾迪 · 安达和他的同谋者利用会计报表进行舞弊共有五种方式：(1)虚构利润；(2)虚报资产价值；(3)利用时间性差异；(4)隐瞒负债和费用；(5)披露不实。但最为卑鄙的是，他们乘审计人员离开之时，篡改审计人员的电脑工作底稿中存货盘点表的数据，从而达到虚增存货价值的目的。

【解析】虽然没有审计人员愿意相信自己的客户是个卑鄙小人，但客户乘审计人员不注意时，有点小动作的事情却常常发生，因此审计人员在审计过程中必须保持职业怀疑态度，尤其是要照管好自己的审计工作底稿和计算机，防止未经授权的人员擅自接触。在上述案例中，虽然审计人员在审计时有独立的办公室，办公桌也上了锁，但艾迪 · 安达和他的亲信们还是乘审计人员离开之时，篡改了计算机中的存货盘点记录。如果审计人员将审计工作底稿妥善保管，对计算机进入程序设置密码，那么艾迪 · 安达的诡计也就不能得逞了。

鉴于审计工作底稿对发表审计意见、维护审计质量的重要意义，审计工作底稿的编制必须遵循一些基本的要求。《中国注册会计师审计准则第 1131 号——审计工作底稿》指出，审计工作底稿可以纸质、电子或其他介质形式存在。但无论审计工作底稿以哪种形式存在，会计师事务所都应当针对审计工作底稿设计和实施适当的控制，以实现下列目的：

1. 使审计工作底稿清晰地显示其生成、修改及复核的时间和人员；

2. 在审计业务的所有阶段，尤其是在项目组成员共享信息或通过互联网将信息传递给其他人员时，保护信息的完整性和安全性；

3. 防止未经授权改动审计工作底稿；

4. 允许项目组和其他经授权的人员为适当履行职责而接触审计工作底稿。

（三）形成审计工作底稿的基本要求

1. 编制审计工作底稿的基本要求

审计工作底稿是草拟审计报告、出具审计意见书和作出审计决定的基础，编制和使用审计工作底稿又是审计工作的重要内容。因此，为了编好审计工作底稿，审计人员必须按照一定的要求进行编制。审计工作底稿编制的基本要求是：

（1）结构完整，要素齐全。无论是编制科目审定表、明细账户审定表，还是编制专用、通用的审计工作底稿，都要按照各工作底稿格式的要求，做到既有未审情况、审计过程、审计结论等基本结构内容，又有被审计单位名称、审计项目名称、审计时间、编制人、复核人等基本点要素。

（2）内容真实完整，重点突出。工作底稿中的内容必须如实反映被审计单位的财政财务收支及其经济活动，如实反映审计的实施情况，审计的过程应记录完整。一切与达到目标、提出审计意见和作出审计结论有关的情况和问题都应在工作底稿中予以记录。审计人员应当将审计过程中考虑的所有重要事项记录于审计工作底稿中。在确定审计工作底稿的格式、内容和范围时，审计人员应当考虑下列因素：①拟实施审计程序的性质；②已识别的重大错报风险；③在执行审计工作和评价审计结果时需要作出判断的范围；④已获取审计证据的重要程度；⑤已识别的例外事项的性质和范围；⑥如果从已执行的审计工作中不易得出审计结论，是否需要记录审计结论，或者记录得出结论的依据；⑦使用的审计方法和工具。

（3）观点明确，条理清楚。审计工作底稿所记载的被审计事项及其时间、地点、当事人、数据、计算方法和因果关系的分析必须准确无误、前后一致。底稿中所列的问题必须表明意见，以表示审计人员对每项审查工作的结论。文字说明必须简明扼要、条理清楚，使其他阅读者不仅能看懂，而且能正确理解其审计情况。

（4）手续完备，程序合法。审计工作底稿所附的证明材料，特别是那些证明被审计单位严重违反财政财务法规的材料，应当经被审计单位或其他提供证明资料者签名盖章，如果有特殊情况无法签名盖章的，应当由审计组作出书面说明。每份审计工作底稿应有编制人、复核人、主审人的签证，以示负责。不同的审计事项不能写在一张底稿上，工作底稿不能重抄，不能复制，如有特殊需要，须经有关人员审核同意后方可复制。

（5）交叉索引，相互参照。审计人员在编制工作底稿时，对存在着勾稽对应和相互印证关系的工作底稿，应在该工作底稿中提示说明，相互引用时应当注明交叉索引编号。

2. 获取审计工作底稿基本要求

审计人员可直接从被审计单位或其他有关单位取得审计工作底稿，也可以要求被审计单位有关人员代为编制有关会计账项的明细分类或汇总底稿，甚至可以要求被审计单位就有关事项提供声明，诸如从被审计单位取得的有关法律文件、合同与章程，从与被审计单位有往来关系的对方单位获取的往来款项询证函，要求被审计单位编制的存货盘点清单等。对于上述审计资料，审计人员必须做到：①注明资料来源。②实施必要的审计程序，如对有关法律性文件的复印件审阅并同原件核对一致。③形成相应的审计记录，审计人员在审阅或核对后，应形成相应的文字记录并签名，方能形成审计工作底稿。

在审计报告日后，如果出现例外情况要求审计人员实施新的或追加的审计程序，或导致审计人员得出新的结论，审计人员应当记录：（1）遇到的例外情况；（2）实施的新的或追加的审计程序、获取的审计证据以及得出的结论；（3）对审计工作底稿做出变动及其复核的时间和人员。

四、审计工作底稿的复核和保管

【案例6-4】　　　　　　　　**银行存款审计失败分析**

某实业发展有限责任公司成立于1997年6月，注册资本1 000万元，业务范围包括影视等。至2002年8月31日，公司资产2 561万元，负债213万元，净资产2344万元。公司总经理任期为1997年6月至2002年8月，需对总经理进行任期经济责任审计（即离任审计）。

会计师事务所四名从业人员对此项目进行了审计，其中一人负责银行存款审计，审计时间为2002年11月7日至11月12日，审计收费4万元。

会计师事务所出具了长式审计报告，列示了经审计确认的2002年8月31日的资产负债表和1997年6月至2002年8月的损益表，并对公司内部控制进行了正面评价，未对货币资金内部控制提出疑问。

审计报告出具不久，公司发现，出纳采用伪造银行对账单等手段贪污公款80万元，即银行存款少80万元，并将此情况通报本会计师事务所。审查审计工作底稿，可见审计人员主要进行了四个审计程序：编制了银行存款明细表，并且核对相符；获取了银行对账单，其余额与明细账调节相符；摘录了30笔会计分录，无审计意见；复印了2张会计凭证及其原始单据，无审计意见。

我们发现银行存款审计方面存在如下问题：

1. 从审计工作底稿的内容来看，绝大部分是各种各样的复印件，包括账页、凭证、合同等，具有强大证明力的审计证据明显不足。

2. 质量控制方面存在的问题：

三级复核流于形式。从现有的工作底稿来看，项目经理无任何复核记录，部门主任仅签了一个名字，质监部仅对长式报告的内容等提出了5条复核意见。

按《三级复核规范》、《审计程序执行情况核对问卷》明确责任：

项目经理：未编制审计计划并经核准；未详细复核全部审计工作底稿；未编制完整的审计工作总结。

部门主任：未对审计计划进行审核；未对重点审计项目工作底稿进行详细复核；未审核项目经理编写的审计总结和审计程序执行情况核对问卷（未签字）。

质监部：未审阅审计工作总结；未对重要的工作底稿进行复核。

（资料来源：天职孜信会计师事务所）

（一）审计工作底稿的复核

1. 审计工作底稿复核制度

从上述案例我们可以知道，审计工作底稿往往由一名专业人员独立完成，编制者对有关资料的引用、对有关事项的判断、对会计数据的加计复算等都可能出现误差，因此，在审计工作底稿编制完成后，通过一定的程序，经过多层次的复核，显得十分重要。审计机关或会计师事务所应结合机关或本所实际情况制定出实用有效的复核制度。所谓审计工作底稿复核制度，就是审计机关或会计师事务所对有关复核人级别、复核程序与要点、复核人职责等做出的明文规定。

2. 审计工作底稿复核的基本要求

复核是审计机关或会计师事务所进行审计项目质量控制的一项重要程序，必须有严格和明确的规则。一般说来，复核时应做好下面几项工作：

(1)做好复核记录。对审计工作底稿中存在的问题和疑点要明确指出，并以文字记录于审计工作底稿中。

(2)复核人签名和签署日期。这样，有利于划清审计责任，也有利于上级复核人对下级复核人的监督。

(3)书面表示复核意见。

(4)督促编制人及时修改、完善审计工作底稿。

3. 审计工作底稿三级复核制度

为了保证审计工作底稿复核工作的质量，审计机关或会计师事务所应建立多层次的审计工作底稿复核制度。我国会计师事务所目前推行的是三级复核制度。所谓审计工作底稿三级复核制度，是会计师事务所制定的以主任会计师、部门经理(或签字注册会计师)和项目经理为复核人，对审计工作底稿进行逐级复核的一种复核制度。

第一，项目经理(或项目负责人)复核。它是三级复核制度中的第一级复核，称为详细复核。它要求项目经理对下属审计助理人员形成的审计工作底稿逐张复核，发现问题及时指出，并督促审计人员及时修改完善。

第二，部门经理(或签字注册会计师)复核。它是三级复核制度中的第二级复核，称为一般复核。它是在项目经理完成了详细复核之后，再对审计工作底稿中重要会计账项的审计、重要审计程序的执行以及审计调整事项等进行复核。部门经理复核既是对项目经理复核的一种再监督，也是对重要审计事项的重点把关。

第三，主任会计师(或合伙人)复核。它是三级复核中的最后一级复核，又称重点复核，是对审计过程中的重大会计审计问题、重大审计调整事项及重要审计工作底稿进行的复核。主任会计师复核既是对前两级复核的再监督，也是对整个审计工作的计划、进度和质量的重点把握。

应当注意这样的特殊情形：若部门经理作为某一审计项目的项目负责人，该项目又没有项目经理参加，则该部门经理的复核应视为项目经理复核，主任会计师应另行指定人员代为执行部门经理复核工作，以保证三级复核制的彻底执行。

审计工作底稿的三级复核制度如图 6-2。

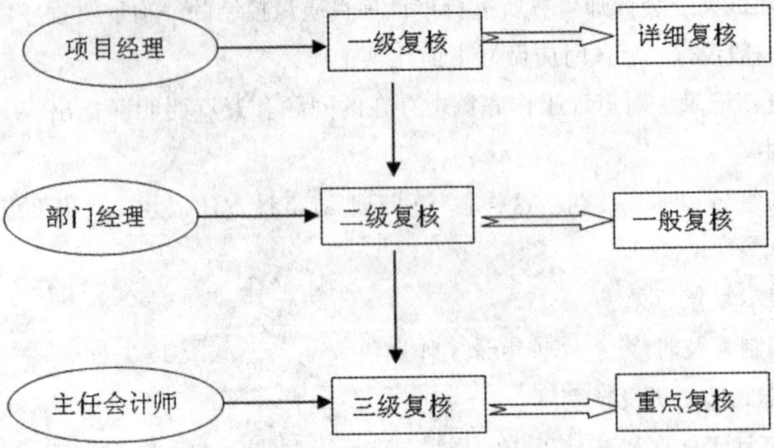

图6－2　审计工作底稿的三级复核图

这一复核制度目前已在我国众多会计师事务所实行，对提高审计质量发挥了重要作用。

(1)能减少或消除人为的审计误差，以降低审计风险，提高审计质量；

(2)能及时发现和解决问题，保证审计方案顺利执行；

(3)能协调审计进度，节约审计时间，提高审计效率；

(4)能对审计工作进行质量监督，并对审计人员的业绩进行考核。

(二)审计工作底稿的归档

注册会计师应当按照会计师事务所质量控制政策和程序的规定，及时将审计工作底稿归整为最终审计档案。审计工作底稿的归档期限为审计报告日后六十天内。如果注册会计师未能完成审计业务，审计工作底稿的归档期限为审计业务中止后的六十天内。在审计报告日后将审计工作底稿归整为最终审计档案是一项事务性的工作，不涉及实施新的审计程序或得出新的结论。

如果在归档期间对审计工作底稿作出的变动属于事务性的，注册会计师可以作出变动，主要包括：

1. 删除或废弃被取代的审计工作底稿；

2. 对审计工作底稿进行分类、整理和交叉索引；

3. 对审计档案归整工作的完成核对表签字认可；

4. 记录在审计报告日前获取的、与审计项目组相关成员进行讨论并取得一致意见的审计证据。

在完成最终审计档案的归整工作后，如果发现有必要修改现有审计工作底稿或增加新的审计工作底稿，无论修改或增加的性质如何，注册会计师均应当记录下列事项：

1. 修改或增加审计工作底稿的时间和人员，以及复核的时间和人员；

2. 修改或增加审计工作底稿的具体理由；

3. 修改或增加审计工作底稿对审计结论产生的影响。

在完成最终审计档案的归整工作后，注册会计师不得在规定的保存期届满前删除或废弃审计工作底稿。我国现行的独立审计准则规定，审计档案的所有权属于承接该业务的会计师事务所。会计师事务所必须制定相应的审计档案管理制度，以保证能妥善地保管归档保存的审计档案。通常必须指定专人对审计档案进行保管，非档案保管人未经批准不应接触已归档的审计档案。审计档案的保管期限因不同档案类别而有所不同。《中国注册会计师审计准则第1131号——审计工作底稿》规定，会计师事务所应当自审计报告日起，对审计工作底稿至少保存十年。如果注册会计师未能完成审计业务，会计师事务所应当自审计业务中止日起，对审计工作底稿至少保存十年。

（三）审计档案的保密与调阅

由于审计档案涉及审计人员在审计过程中获取的大量被审计单位的商业秘密，而保守被审计单位的商业秘密是审计人员应有的职业道德要求，所以会计师事务所应建立严格的审计档案保密制度，并要有专人管理。但出现以下情况时，会计师事务所不得以保密为由拒绝提供审计档案：

1. 法院、检察院及其他部门因工作需要，在按规定办理了手续后，可依法查阅审计档案中的有关审计工作底稿；

2. 注册会计师协会对执业情况进行检查时，可查阅审计档案；

3. 因工作需要，不同会计师事务所经征得被审计单位的同意并办理了相关手续后，可以要求查阅审计档案，如更换会计师事务所、审计合并财务报表、联合审计等。

拥有审计档案的会计师事务所应当对要求查阅者提供适当的帮助，并根据审计档案的性质和内容，决定是否允许查阅者阅览工作底稿、复印或摘录其中的有关内容。审计档案的内容被查阅者引用后，因为查阅者的误用而造成的后果，与拥有审计档案的会计师事务所无关。此外，会计师事务所可自主决定允许被审计单位获取审计工作底稿部分内容，或摘录部分工作底稿，但披露这些信息不得损害审计独立性和审计过程的有效性。

【知识拓展】

关于底稿分类及归档问题

底稿整理归档方面的缺陷：

1. 永久性档案与当期业务档案不加整理混合装订。

独立审计准则规定，注册会计师应当对审计工作底稿进行分类整理，形成审计档案。审计档案一般分为永久性档案和当期档案。永久性档案是指那些记录内容相对稳定，具有长期使用价值，并对以后审计工作具有重要影响和直接作用的审计档案。包括备查类工作底稿和综合类工作底稿中的审计报告、管理意见书。当期档案是指那些记录内容经常变化，只供当期审计使用和下期审计参考的审计档案。包括业务类工作底稿和综合类工作底稿的其他部分。但从实际情况看，有些注册会计师没按准则要求对审计工作底稿进行合理分类，永久性档案与当期业务档案混合装订。

2. 报告中间稿、重复稿及已解决的待决事项记录，不加清理胡乱夹于底稿了事。

3. 逻辑混乱，缺乏系统性。

针对永久档案和当期档案分类混乱、一成不变的情况提出如下建议：

1. 每一企业必须建立永久档案，并与当期档案适当分离。永久档案的装订应根据具体情况而定：(1)上市公司、大中型企业永久档案应单独装订；(2)一次性业务、小规模企业的业务，可与当期档案一订。

2. 永久档案中之备查类底稿也要随被审计单位有关情况的变化而不断更新、补充，并详细列明目录清单，将更新、补充之文件、资料随时归档。如公司的章程变动、营业执照变更、组织机构变动等，要以新的章程、执照、机构图来更换旧的。有一部分工作底稿，虽然归在永久档案中，但还应根据需要，将其中与具体审计项目有关的内容复印、摘录或综合后归入业务类工作底稿的具体审计项目之后。

【基础知识与技能训练】

一、单项选择题

1. 下列各项不属于环境证据的是(　　)。

A. 有关内部控制情况　　B. 管理条件和管理水平

C. 被审计单位管理人员的素质　　D. 被审计单位管理当局的声明书

2. 会计师事务所的(　　)，应对审计工作底稿进行一般复核。

A. 注册会计师　　B. 项目经理　　C. 部门经理　　D. 主任会计师

3. 下列审计工作底稿中，属于业务类工作底稿的有(　　)。

A. 审计调整分录汇总表　　B. 执行预备调查程序形成的底稿

C. 审计总结　　D. 企业营业执照

4. 会计师事务所于 1993 年形成的一般档案，其销毁时间至少应为(　　)。

A. 1998　　B. 2003　　C. 2002　　D. 2013

5. 下列各项证据中证明力最强的是(　　)。

A. 被审计单位开具的销售发票

B. 被审计单位产品库填制的出库单

C. 在较好的销售收款内部控制下形成的应收账款的会计记录

D. 应收账款询证函的回函

6. 在下列各项中，与所需审计证据的数量成正向关系的是(　　)。

A. 可接受的审计风险水平　　B. 可接受的检查风险

C. 固有风险　　D. 管理当局的可信赖程度

7. 审计人员在运用符合性测试获取审计证据时，应考虑审计证据的充分性和适当性，以支持(　　)。

A. 控制风险的估计水平　　B. 控制风险的实际水平

C. 会计报表认定　　D. 审计总目标

8. 注册会计师在获取审计证据时，可以考虑成本效益原则，但对(　　)审计项目，不应将审计成本的高低或获取审计证据的难易程度作为减少必要审计程序的理由。

A. 重要的　　B. 一般的　　C. 风险大的　　D. 实质性测试的

9. 计算是注册会计师对被审计单位的(　　)的数据进行验算或另行计算。

A. 原始凭证　　B. 会计记录　　C. 会计报道　　D. A 和 B

10. 下列审计证据中，既属于书面证据，又属于内部证据的有(　　)。

A. 应收账款函证的回函　　B. 存货盘点表

C. 注册会计师编制的折旧计算表　　D. 材料入库单

二、多项选择题

1. 注册会计师在每次年度会计报表审计中都必须运用的程序种类有(　　)。

A. 符合性测试程序　　B. 实质性测试程序

C. 对客户内部控制取得了解的程序　　D. 双重目的测试

2. 获取审计证据的程序有(　　)。

A. 检查与监盘　B. 观察与计算　C. 查询与函证　D. 分析性复核

3. 分析性复核常用的方法有(　　)。

A. 绝对值分析法　B. 比较分析法　C. 比率分析法　D. 趋势分析法

4. 审计证据整理、分析的方法有(　　)。

A. 分类　B. 计算　C. 比较　D. 小结和综合

5. 综合类工作底稿有(　　)。

A. 审计总结　　B. 审计业务约定书

C. 企业营业执照、公司章程的副本　　D. 审计计划

6. 审计工作底稿三级复核制度，就是会计师事务所制定的以(　　)为复核人，对审计工作底稿进行逐级复核的一种复核制度。

A. 主任会计师　B. 注册会计师　C. 项目经理　D. 签字注册会计师

7. 注册会计师对会计报表审计的审计程序，按其运用目的进行分类，可以分为(　　)。

A. 对被审计单位内部控制制度取得了解的程序

B. 符合性测试程序

C. 实质性测试程序

D. 对被审计单位会计报表发表审计意见的程序

8. 根据《独立审计具体准则》的要求，注册会计师在判断审计证据是否充分时，应当考虑的因素主要有(　　)。

A. 审计风险

B. 具体审计项目的重要性

C. 注册会计师及助理人员的审计经验

D. 审计过程中是否发现错弊

9. 环境证据是指对被审计单位产生影响的各种环境事实，包括(　　)。

A. 被审计单位管理人员的素质　　B. 各种管理条件和管理水平

C. 被审计单位的内部控制情况　　D. 被审计单位的合同资料

10. 被审计单位管理当局声明书的作用主要有(　　)。

A. 明确被审计单位管理当局的会计责任

B. 减轻注册会计师所承担的审计责任

C. 将被审计单位在审计期间所回答的问题书面化

D. 作为被审计单位管理当局未来意图的证据

三、判断题

1. 实物证据是注册会计师通过亲自盘点可以确定其是否确实存在的某些实物资产。(　　)

2. 注册会计形成的审计意见必须以绝对充足且确凿的证据为基础。(　　)

3. 如果内部证据，获得独立第三者的确认，则此类证据是比较可靠的。(　　)

4. 内部控制愈健全，所需的各类证据就越多。(　　)

5. 一般而言，审计证据的相关与可靠程度越高，则所需审计证据的数量就可减少。(　　)

6. 当被审计单位面临财务困境时，被审计单位会计报表存在舞弊的可能性增加。(　　)

7. 审计程序与审计证据并不是一一对应关系，通常一种程序可产生多种证据，而获取某类证据也可选用多种审计程序。(　　)

8. 备查类工作底稿主要包括审计计划、会议纪要、营业执照复印件、重要合同协议复印件等。(　　)

9. 会计师事务所在任何情况下都不得外泄审计档案中所涉及的商业秘密及有关内容。(　　)

10. 书面证据可用来实现所有的具体审计目标，而环境证据所能实现的具体审计目标是相当有限的。(　　)

四、案例分析题

1. 注册会计师在对A公司进行审计时，发现A公司的内部控制制度具有严重缺陷，在此种情况下，注册会计师是否可以依赖下列证据：(1)销货发票副本；(2)实物证据；(3)被审计单位管理当局声明书；(4)分析程序。为什么？

2. 分析下列每组证据中哪项证据更为可靠，为什么？

(1)被审计单位管理当局声明书与律师声明书

(2)审计人员盘点存货的记录与客户自编的存货盘点表

项目七　审计抽样

【知识要点】

（1）了解抽样风险等审计抽样的基本概念；
（2）能区别统计抽样和非统计抽样；
（3）在整体上把握抽样的根本特征与使用情况。

【能力目标】

能够运用属性抽样和变量抽样进行控制测试和细节测试。

【案例导入】

不一样的感觉

某市市民人均月收入2014年越上7 000元台阶，达7 630元，较2000年增长1.4倍。

市民收入达7 000元，对这个数字很多人产生不同的质疑。处在不同层次的人，理解不同感觉也不同。没钱的人觉得高，有钱的人又觉得低。毕竟，政府统计公布的数字不是“跟着感觉走”，而是靠具体的指标和详实的数据来说话。人均月收入的统计口径具体包括什么？为什么与您的感觉不一样？

我市被抽中的100户是按照统计随机等距抽样原则抽取的，分布于我市3个城区的24个居委会中，共涉及到全市约200个机关、企事业单位，因此具有相当广泛的代表性。

在全面了解“可支配收入”的统计范围后，再来具体分析感觉差异的原因：

首先，我们公布的市民收入反映的是全市平均水平。在调查中我们把不同时期、不同领域的平均数进行比较后，发现它们清楚地反映了近年居民生活水平整体提高、家庭财产普遍增加的真实情况。

其次，实际上，我市达到平均收入水平的家庭不足一半。据统计，2014年，我市市民家庭人均收入为7 630元，实际上，在现有的100户调查户中，达到平均水平的只占40%，也就是说有60%的家庭收入低于全市平均水平。事实上也是如此，由于收入差距的存在，小部分高收入掩盖了大部分的低收入。据调查，富裕的家庭“生活越来越好”，而贫困家庭生活却改善不大。经初步测算，10%的高收入家庭平均收入达19 146元，而10%的低收入家庭平均收入仅为1 661元，收入差距达11.5倍。

（资料来源：统计信息网）

任务一　审计抽样概述

一、审计抽样的概念

注册会计师在选择测试项目时，有选取全部项目、选取特定项目和审计抽样三种方法。

（一）选取全部项目就是对总体中的全部项目进行测试。选取全部项目一般适用于细节测试，不适合控制测试。

当存在下列情形之一时，注册会计师应当考虑选取全部项目进行测试：

1. 总体由少量的大额项目构成；

2. 存在特别风险且其他方法未提供充分、适当的审计证据；

3. 由于信息系统自动执行的计算或其他程序具有重复性，对全部项目进行检查符合成本效益原则。

（二）选取特定项目是指按照一定的标准对总体中的特定项目进行测试。

选择的标准可能是覆盖率，或者是风险因素，或者是两者的结合，如大额或关键项目、超过某一设定金额的全部项目、获取特定信息的项目（异常的、可疑的风险特别大的）或者与被审计单位和环境的项目。选取特定项目适用于风险评估程序和细节测试。

（三）审计抽样是指注册会计师对某类交易或账户余额中低于百分之百的项目实施审计程序，使所有抽样单元都有被选取的机会。

抽样单元是指构成总体的个体项目。总体是指注册会计师从中选取样本并据此得出结论的整套数据。

审计抽样有三个基本特征：每个个体选中的概率低于100%、所有个体都有被选中的可能、目的是为了评价总体的某一特征的。因此，它具有控制审计成本、提高审计效率和保证审计效果的作用。

注册会计师获取审计证据的程序有风险评估程序、控制测试和实质性程序。风险评估程序通常不使用审计抽样。实质性程序包括对各类交易、账户余额、列报的细节测试以及实质性分析程序。只有对留下了运行证据的控制实施的控制测试以及对各类交易、账户余额、列报的细节测试才可能使用审计抽样。

【案例7－1】A公司2000年底，已处于资不抵债的状态，但经过C会计师事务所审计过的资产负债表显示，总资产已超过了2 500万美元，且有近1 000万美元净资产，造成债权人B银行巨额损失。

B银行律师认为：A公司虚构巨额的会计分录，隐瞒事实。其中虚构最大的一笔会计分录是12月份将超过700万美元的虚假销售收入记入应收账款的借方。审计人员应该能很轻易地查出A公司在2000年底的资产负债表中，虚增了700多万美元的应收账款项目这一事实。这样可使A公司报告的净资产减少近70%，B银行也就不可能贷给它如此大额的款项。

C会计师事务所的律师认为：审计主要是抽样测试，而不是对所有账目进行详细检查。这17张假发票并未包含在已被检查的200多张发票之内是不足为奇的。

法庭裁决指出：虽然通常审计工作是建立在以抽样为基础的原则上的，但鉴于登记的12月份大额销售收入性质可疑，审计人员有责任对其进行特别检查。对于在日常经济活动来说，用抽样和测试的方式来进行查账就已经足够了，但是，由于环境所决定，被告必须对12月份的应收账款进行详细审查。

通过案例可以看出，审计抽样有风险，为了降低这种风险，需要正确运用审计抽样，需要对抽样技术有一个深刻了解。

二、审计抽样的分类

对某类交易或账户余额使用审计抽样时，注册会计师可以使用两种抽样方法：统计抽样和非统计抽样。

（一）统计抽样

统计抽样是运用概率论和数理统计的方法确定样本规模，进行随机抽样选取样本，并通过概率论评价样本结果的方法。统计抽样同时具备下列特征：（1）随机选取样本；（2）运用概率论评价样本结果、计量抽样风险。

统计抽样的样本必须具有这两个特征，不同时具备上述两个特征的抽样方法是非统计抽样。因此，即使注册会计师严格按照随机原则选取样本，如果没有对样本结果进行统计评估，就不能认为使用了统计抽样；基于非随机选样的统计评估也是无效的。

统计抽样的优点在于能够客观地计量抽样风险，并通过调整样本规模精确地控制风险，这是与非统计抽样最重要的区别。另外，统计抽样还有助于注册会计师高效地设计样本，计量所获取证据的充分性，以及定量评价样本结果。

统计抽样的缺点是可能发生额外的成本，且不适用于内部控制不健全以及财经法纪审计等专项审计。首先，统计抽样需要特殊的专业技能，因此使用统计抽样需要增加额外的支出培训注册会计师。其次，统计抽样要求单个样本项目符合统计要求，这些也可能需要支出额外的费用。

（二）非统计抽样

非统计抽样是指审计人员全凭主观标准和个人经验来确定样本规模、选取样本和评价样本结果的方法。

这就使得审计人员所取得的审计证据，可能超出或低于为发表审计意见提供合理的基础所实际需要的证据数量，因此，非统计抽样存在严重的缺陷：

1. 样本选取不符合随机原则，导致样本的代表性下降，并且样本规模适当与否难以确定。

2. 抽样过程依赖于审计人员的素质和经验。素质较低、经验较少的审计人员，将难以抽取合适的样本，无法获得恰当的审计证据。

3. 审计人员对抽样结果只能进行定性的评价，难以得出定量的结果。

非统计抽样的优点是审计成本可能比统计抽样要低，使用也比较方便。非统计抽样如果设计适当，也能提供与设计适当的统计抽样方法同样有效的结果。

注册会计师使用非统计抽样时，必须考虑抽样风险并将其降至可接受水平，但不能精确地测定出抽样风险。

（三）统计抽样和非统计抽样的关系

1. 相同点：都需合理运用专业判断；都能够提供审计所要求的充分、适当的证据；都存在某种程度的审计风险。

2. 根本区别：统计抽样时利用概率法则来量化控制抽样风险；非统计抽样中，注册会计师全凭主观标准和个人经验确定样本规模和评价样本结果，抽样风险不能量化。

两者区别如表 7－1：

表 7－1　统计抽样与非统计抽样的区别

项目	统计抽样	非统计抽样
样本规模的确定	运用数学模型并明确承认相关因素	运用判断并且不明确承认相关因素
样本选取	随机选取	判断选取
评价样本结果	运用统计法则、数学方法和职业判断	运用判断

（四）统计抽样和非统计抽样的选择

注册会计师在统计抽样与非统计抽样方法之间进行选择时主要考虑成本效益。

统计抽样的产生并不意味着非统计抽样的消亡，在实际审计工作中，往往把统计抽样和非统计抽样结合起来运用，这样才能收到较好的审计效果。同时两种方法的选用不影响运用于所选样本的审计程序的选择，因为抽样方法的选用主要涉及的是审计程序实施的范围问题，也不影响获取证据的适当性，两种方法只要运用得当，都可以提供充分恰当的审计证据，从而不影响注册会计师对发现样本的重大错误所作的适当反映。

【案例 7－2】　抽样方法在央行内审中的应用

审计抽样可以在合理审计风险系数下，提高审计的效率。在央行内部审计中，无论是全面审计还是专项审计都具有时间紧、业务量大的特点。如何通过抽样提高审计效率，同时又要将审计风险控制在合理的水平，是一个值得探讨的课题。

1. 明确抽样方法的使用范围，提高对审计风险的认识水平。抽样方法在审计中确实能够提高效率，节约时间，运用得当还能降低审计风险（审计中固有的不确定性统称为审计风险，而审计抽样只与其中的控制风险和检查风险相关），但并不意味抽样方法可以随意使用。审计抽样并不适用于测试所有程序。比如：对于控制测试，其开展的前提是相关内控评价已经结束，而且内部控制基本是健全、有效的，如果内部控制无效，则不能采取抽样，而应该采取详细检查。在审计抽样中应该注意对抽样风险的控制，只有本着降低风险和提高效率两个原则，才不至于滥用抽样方法。

2. 提高判断抽样的运用水平。判断抽样在央行内部审计今后很长的时间内必将得到广泛的应用，但能否得到有效应用必须有两个重要前提：一是抽样人员扎实的经济理论和会计理论以及丰富的会计实践经验；二是被审计单位应具备良好的会计基础工作和较健全的内部控制制度。其中审计人员的理论功底和实践经验非常重要，其经验有时甚至决定了抽样的合理性。比如:由于央行会计工作的特点，每年年终业务比较多，也比较容易出现漏洞，利息收支、手续费列支等时间相对固定等，所以在财务专项审计和会计年终决算审计时，抽取的主要是每年6月、12月以及11月试决算的样本。同时抽取样本时应注意样本的连续性，以保证抽样的质量。通过共享这些经验可以提高判断抽样的科学性，能有效地降低审计风险和节约审计资源。

3. 针对央行不同的业务种类采用相应的抽样方法。央行的主要业务存在较大的差异，所以在内部审计时应该选择不同的抽样方法。对于货币政策执行情况审计，主要是审计相关部门是否正确履行相应职能的履职审计。金融服务类业务主要包括外汇管理、货币发行、结算、国库等，主要是对内部控制执行情况进行评价，控制测试是主要的手段。对内部管理部门的审计(如财务审计、会计年终决算审计等)，不但要进行控制测试，而且要进行实质性测试。

4. 认真进行抽样结果评价，形成正确的审计结论。通过审计抽样方法得出的抽样结果，审计人员要进行彻底和全面的分析、评价、检测样本偏差、推断总体误差和重估抽样风险，并考虑是否增加样本量。只有通过认真的分析评价，才能形成正确的审计结论。

在央行内部审计中，无论是判断抽样还是统计抽样都对审计人员提出很高的要求，审计人员只有不断努力，加强理论学习，积累审计工作经验，提高自身素质，才能合理地利用抽样方法，有效地降低审计风险，才能适应央行内部审计工作发展的需要。

(资料来源:中内协网 www.ciia.com.cn 作者:林兆荣 罗和 单位:中国人民银行上海分行)

三、审计抽样的风险

由于审计抽样的样本抽取是随机的或者是根据主观判断的，因此必然存在不能识别出重大错报的审计风险。使用审计抽样时存在抽样风险和非抽样风险。抽样风险和非抽样风险可能会影响重大错报风险的评估和检查风险的确定。

(一)抽样风险

抽样风险是指注册会计师根据样本得出的结论，与对总体全部项目实施与样本同样的审计程序得出的结论存在差异的可能性。

抽样风险是由于进行抽样而带来的，只要使用审计抽样，抽样风险总是存在的。抽样风险分为下列两种类型:

第一类在实施控制测试时，注册会计师推断的控制有效性高于其实际有效性的风险(信赖过度风险);或在实施细节测试时，实际上存在某一重大错报而注册会计师却推断不存在的风险(误受风险)。

第二类在实施控制测试时，注册会计师推断的控制有效性低于其实际有效性的风险(信赖不足风险);或在实施细节测试时，实际上不存在某一重大错报而注册会计师却推断存在的风险(误拒风险)。

第一类抽样风险影响审计的效果，并可能导致注册会计师发表不恰当的审计意见;第二类抽样风险影响审计的效率。归纳如表7-2。

表 7－2　　抽样风险和非抽样风险对审计工作的影响

审计程序种类	抽样风险种类	对审计工作的影响
控制测试	信赖过度风险	效果
	信赖不足风险	效率
细节测试	误受风险	效果
	误拒风险	效率

在使用统计抽样时，抽样风险可以计量和控制。对特定样本而言，抽样风险与样本规模反方向变动：样本规模越小，抽样风险越大；样本规模越大，抽样风险越小。既然抽样风险只与被检查项目的数量有关，那么控制抽样风险的唯一途径就是控制样本规模。无论是控制测试还是细节测试，注册会计师都可以通过扩大样本规模降低抽样风险。如果对总体中的所有项目都实施检查，抽样风险就是零，此时审计风险完全由非抽样风险产生。

（二）非抽样风险

非抽样风险是指由于某些与样本规模无关的因素而导致注册会计师得出错误结论的可能性。

注册会计师采用不适当的审计程序或者误解审计证据而没有发现误差等均可能导致非抽样风险。因此，非抽样风险与抽样方法无关，即与使用统计抽样还是采用非统计抽样无关。注册会计师即使对某类交易或账户余额的所有项目实施某种审计程序，也仍然可能没有发现重大错报或控制失效。

可能导致非抽样风险的原因包括下列情况：注册会计师选择的总体不适合于测试目标；注册会计师未能适当地定义控制偏差或错报，导致注册会计师未能发现样本中存在的偏差或错报；注册会计师选择了不适于实现特定目标的审计程序；注册会计师未能适当地评价审计发现的情况；其他原因。

非抽样风险是由人为错误造成的，因而可以降低、消除或防范。非统计抽样风险不能量化，但可以通过采取适当的质量控制政策和程序，对审计工作进行适当的指导、监督和复核，以及对注册会计师实务的适当改进，可以将非抽样风险降至可以接受的水平。

【阅读与理解】　　运用审计抽样的必要性

社会经济发展的需要。审计产生初期，社会经济活动不复杂，企业规模小，其记录经济业务的会计资料不太多，但随着市场经济的发展和社会生产力的提高，企业规模不断扩大，其经济业务不断增多，且日益多样化，尤其是集团公司和跨国公司的出现，使经济业务和会计记录不断增多和日趋复杂，审计人员要对所有的经济业务和会计记录进行全面的详查要耗费大量的时间和人力物力，不仅成本太高而且非常困难。审计技术和方法要适应社会生产力的发展，审计抽样技术得以产生和发展。

符合成本和效益的原则。根据审计的重要性原则，审计人员并不需要对所有的经济业务进行全面的判断，只要能恰当地运用审计抽样技术，通过对局部的样本进行审查，便可推断总体特征，可在有限的审计资源条件限制下，收集充分、恰当的审计证据，以形成和支持审计结论。

审计结论可靠性高。统计抽样是根据经济统计数学概率论的原理科学地确定抽样规模，其抽样风险是可预知的，也是可控制的，样本按随机方法选出，较少主观的因素，其样本结果客观地反映总体特性，抽样结果的有效性不受审计人员的经验和职业判断能力影响，因而其结果更科学、更可靠，但不能认为统计抽样就不需要审计人员的专业判断，对于审计抽样对象确定、估计误差率等均需要审计人员运用个人经验和职业判断。

四、统计抽样的基本程序

注册会计师运用审计抽样方法需要在科学、具体的规划指导下进行，严格遵循统计抽样的系统化程序，才能取得统计的抽样效果。统计抽样的基本程序包括样本设计、样本规模的确定和样本的选取与测试、抽样结果评价三个基本的步骤，在各个步骤中又必须实施应有的程序。

(一)样本设计

1. 基本要求

在设计审计样本时，注册会计师应当考虑审计程序的目标和抽样总体的属性。也就是说，注册会计师首先应考虑拟实现的具体目标，并根据目标和总体的特点确定能够最好地实现该目标的审计程序组合，以及如何在实施审计程序时运用审计抽样。

2. 总体

在实施抽样之前，注册会计师必须仔细定义总体，确定抽样总体的范围。总体可以包括构成某类交易或账户余额的所有项目，也可以只包括某类交易或账户余额中的部分项目。

注册会计师应当确保总体的适当性和完整性。

(1)适当性，注册会计师应确定总体适合于特定的审计目标，包括适合于测试的方向。

(2)完整性，注册会计师应当从总体项目内容和涉及时间等方面确定总体的完整性。

3. 分层

如果总体项目存在重大的变异性，注册会计师应当考虑分层。分层是指将一个总体划分为多个子总体的过程，每个子总体由一组具有相同特征(通常为货币金额)的抽样单元组成。分层可以降低每一层中项目的变异性，从而在抽样风险没有成比例增加的前提下减小样本规模。注册会计师可以考虑将总体分为若干个离散的具有识别特征的子总体(层)，以提高审计效率。注册会计师应当仔细界定子总体，以使每一抽样单元只能属于一个层。

当实施细节测试时，注册会计师通常按照货币金额对某类交易或账户余额进行分层，以将更多的审计资源投入到大额项目中。

对某一层中的样本项目实施审计程序的结果，只能用于推断构成该层的项目。如果对整个总体做出结论，注册会计师应当考虑与构成整个总体的其他层有关的重大风险。

4. 样本规模

样本规模是指从总体中选取样本项目的数量。样本规模的大小及其适当性决定了审计效果与效率的高低。样本规模过小，就不能反映出审计对象总体的特征，导致审计结论的可靠性大打折扣；而样本规模过大，就会加大审计成本，降低审计效率。在确定样本规模时，注册会计师应当考虑能否将风险降至可接受的低水平。影响样本规模的因素包括：

(1)可接受的抽样风险。抽样风险，是指审计人员依据抽样结果得出的结论与总体特征不相符合的可能性。样本规模受注册会计师可接受的抽样风险水平的影响。可接受的抽样风险与样本规模成反比。注册会计师愿意接受的抽样风险越低，样本规模通常越大。注册会计师愿意接受的抽样风险越高，样本规模越小。

(2)可容忍误差。误差，是指经营活动及内部控制中实际存在的差异或缺陷。可容忍误差是指注册会计师可接受的总体中的最大误差。在其他因素既定的条件下，可容忍误差越大，所需的样本规模越小。

(3)预计总体误差。预计总体误差，是指审计人员预先估计的审计总体中发生差异或缺陷的概率。预计总体误差越大，可容忍误差也应当越大。在既定的可容忍误差下，当预计总体误差增加时，所需的样本规模更大。

(4)总体变异性。总体变异性是指总体的某一特征(如金额)在各项目之间的差异程度。在控制测试中，注册会计师在确定样本规模时一般不考虑总体变异性。在细节测试中，注册会计师确定适当的样本规模时要考虑特征的变异性。总体项目的变异性越低，通常样本规模越小。

(5)总体规模。除非总体非常小，一般而言总体规模对样本规模的影响几乎为零。注册会计师通常将抽样单元超过5 000个的总体视为大规模总体。对大规模总体而言，总体的实际容量对样本规模几乎没有影响。对小规模总体而言，审计抽样比其他选择测试项目的方法的效率低。

审计抽样中影响样本规模的因素，见表7－3所示。

表7－3　　影响样本规模的因素

影响因素	控制测试	细节测试	与样本规模的关系
可接受的抽样风险	可接受的信赖过度风险	可接受的误受风险	反向变动
可容忍误差	可容忍偏差率	可容忍错报	反向变动
预计总体误差	预计总体偏差率	预计总体错报	同向变动
总体变异性	–	总体变异性	同向变动
总体规模	总体规模	总体规模	影响很小

使用统计抽样方法时，注册会计师必须对影响样本规模的因素进行量化，并利用根据统计公式开发的专门的计算机程序或专门的样本量表来确定样本规模。在非统计抽样中，注册会计师可以只对影响样本规模的因素进行定性的估计，并运用职业判断确定样本规模。

(二)样本选取

1. 基本要求

在选取样本项目时，注册会计师应当使总体中的所有抽样单元均有被选取的机会。使所有抽样单元都有被选取的机会是审计抽样的基本特征之一。因此，不管使用统计抽样或非统计抽样方法，所有的审计抽样均要求注册会计师选取的样本对总体来讲具有代表性。否则，就无法根据样本结果推断总体。

2. 基本方法

选取样本的基本方法，包括使用随机数表或计算机辅助审计技术选样、系统选样和随意选样。

(1)使用随机数表或计算机辅助审计技术选样。使用随机数表或计算机辅助审计技术选样又称为随机数抽样。它需要给总体的每一项目都设置不同的编号，审计人员可以使用计算机生成随机数或使用随机数表获得所需的随机数。

随机数是一组从长期来看出现概率相同的数码，且不会产生可识别的模式。随机数表也称乱数表，它是由随机生成的从 0－9 共 10 个数字所组成的数表，每个数字在表中出现的次数是大致相同的，它们出现在表上的顺序是随机的。表 7－4 就是 5 位随机数表的一部分。应用随机数表选样的步骤如下：

表 7－4　　随机数表

行＼列	1	2	3	4	5	6	7	8	9	10
1	32044	69037	29655	92114	81034	40582	01584	77184	85762	46505
2	23821	96070	82592	81642	08971	07411	09037	81530	56195	98425
3	82383	94987	66441	28677	95961	78346	37916	09416	42438	48432
4	68310	21792	71635	86089	38157	95620	96718	79554	50209	17705
5	94856	76940	22165	01414	01413	37231	05509	37489	56459	52983
6	95000	61958	83430	98250	70030	05436	74814	45978	09277	13827
7	20764	64638	11359	32556	89822	02713	81293	52970	25080	33555
8	71401	17964	50940	95753	34905	93566	36318	79530	51105	26952
9	38464	75707	16750	61371	01523	69205	32122	03436	14489	02086
10	59442	59247	74955	82835	98378	83513	47870	20795	01352	89906

①对总体项目进行编号，建立总体中的项目与表中数字的一一对应关系。一般情况下，编号可利用总体项目中原有的某些编号，如凭证号、支票号、发票号等。在没有事先编号的情况下，注册会计师需按一定的方法进行编号。如由 40 页、每页 50 行组成的应收账款明细表，可采用 4 位数字编号，前两位由 01－40 的整数组成，表示该记录在明细表中的页数，后两位数字由 01～50 的整数组成，表示该记录的行次。这样，编号 0534 表示第 5 页第 34 行的记录。所需使用的随机数的位数一般由总体项目数或编号位数决定。如前例中可采用 4 位随机数表，也可以使用 5 位随机数表的前 4 位数字或后 4 位数字。

②确定连续选取随机数的方法。即从随机数表中选择一个随机起点和一个选号路线，随机起点和选号路线可以任意选择，但一经选定就不得改变。从随机数表中任选一行或任何一栏开始，按照一定的方向（上下左右均可）依次查找，符合总体项目编号要求的数字，即为选中的号码，与此号码相对应的总体项目即为选取的样本项目，一直到选足所需的样本量为止。例如，从前述应收账款明细表的 2 000 个记录中选择 10 个样本，总体编号规则如前所述。即前两位数字不能超过 40，后两位数字不能超过 50。如从表 7－4 第一行第一列开始，使用前 4 位随机数，逐行向右查找，则选中的样本为编号 3204、0741、0903、0941、3815、2216、0141、3723、0550、3748 的 10 个记录。

随机数选样不仅使总体中每个抽样单元被选取的概率相等，而且使相同数量的抽样单元组成的每种组合被选取的概率相等。这种方法在统计抽样和非统计抽样中均适用。由于统计抽样要求注册会计师能够计量实际样本被选取的概率，这种方法尤其适合于统计抽样。

（2）系统选样。系统选样也称等距选样，是指按照相同的间隔从审计对象总体中等距离地选取样本的一种选样方法。采用系统选样法，首先要计算选样间距，确定选样起点，然后再根据间距顺序地选取样本。选样间距的计算公式如下：

选样间距 = 总体规模 ÷ 样本规模

系统选样可以在非统计抽样中使用，在总体随机分布时也可适用于统计抽样。

例如，注册会计师希望采用系统选样法从 2 000 张凭证中选出 100 张作为样本。首先计算出选样间隔为 20（2 000 ÷ 100），假定注册会计师确定随机起点为 54，则审计人员每隔 20 张凭证选取一张，共选取 100 张凭证作为样本即可。如 54 为第一张，则往下的顺序为 74，94……。

系统选样方法不要求对总体项目进行编号，使用方便，并可用于无限总体。但使用系统选样方法要求总体必须是分布均匀且是随机排列的，否则容易发生较大的偏差。所以在使用这种方法时，必须先确定总体是否随机排列，若不是随机排列，则不宜使用。

（3）随意选样。随意选样也叫任意选样，是指注册会计师不带任何偏见地选取样本，即注册会计师不考虑样本项目的性质、大小、外观、位置或其他特征而选取总体项目。

三种基本方法均可选出代表性样本。但随机数选样和系统选样属于随机基础选样方法，即对总体的所有项目按随机规则选取样本，因而可以在统计抽样中使用，当然也可以在非统计抽样中使用。而随意选样虽然也可以选出代表性样本，但它属于非随机基础选样方法，因而不能在统计抽样中使用，只能在非统计抽样中使用。

（三）对样本实施审计程序

注册会计师应当针对选取的每个项目，实施适合于特定审计目标的审计程序。对选取的样本项目实施审计程序旨在发现并记录样本中存在的误差。如果选取的项目不适合实施审计程序，注册会计师通常使用替代项目。

注册会计师可能无法对选取的抽样单元实施计划的审计程序（如由于原始单据丢失等原因）。

注册会计师对未检查项目的处理取决于未检查项目对评价样本结果的影响。如果注册会计师对样本结果的评价不会因为未检查项目可能存在错报而改变，就不需对这些项目进行检查。如果未检查项目可能存在的错报会导致该类交易或账户余额存在重大错报，注册会计师就要考虑实施替代程序。如果注册会计师无法或者没有执行替代审计程序，则应将该项目视为一项误差。例如，对应收账款的积极式函证没有收到回函时，注册会计师必须审查期后收款的情况，以证实应收账款的余额。

（四）样本结果评价

1. 分析样本误差

注册会计师应当考虑样本的结果、已识别的所有误差的性质和原因，及其对具体审计目标和审计的其他方面可能产生的影响。

无论是统计抽样还是非统计抽样，对样本结果的定性评估和定量评估一样重要。注册会计师应对样本中的所有误差（包括控制测试中的控制偏差和细节测试中的金额错报）进行定性分析。

2. 推断总体误差

在实施控制测试时，由于样本的误差率就是整个总体的推断误差率，注册会计师无须推断总体误差率。

在控制测试中，样本偏差率 = 样本中发现的偏差数量 ÷ 样本规模。

当实施细节测试时，注册会计师应当根据样本中发现的误差金额推断总体误差金额，并考虑推断误差对特定审计目标及审计的其他方面的影响。

【案例7-3】注册会计师张军和王丽在审计北方公司2014年度主营业务收入时，为了确定北方公司销售业务是否真实、完整，会计处理是否正确，张军和王丽拟从北方公司2014年开具的销售发票的存根中选取若干张，核对销售合同和发运单，并检查会计处理是否符合规定。北方公司2014年共开具连续编号的销售发票4 000张，销售发票号码为第2001号至6000号，张军和王丽计划从中选取10张销售发票样本。随机数表(部分)列示如表7-5。

表7-5　　　　　　　　　　　　**随机数表**

	(1)	(2)	(3)	(4)	(5)
(1)	10480	15011	01536	02011	81647
(2)	22368	46573	25595	85313	30995
(3)	24130	48360	22527	97265	76393
(4)	42167	93093	06243	61680	07856
(5)	37570	39975	81837	16656	06121
(6)	77921	06907	11008	42751	27756
(7)	99562	72905	56420	69664	98872
(8)	96301	91977	05463	07972	18876
(9)	89759	14342	63661	10281	17453
(10)	85475	36857	53342	53988	53060

【要求】

(1)针对上述资料，假定张军和王丽以随机数表所列数字的后4位数与销售发票号码一一对应，确定第(2)列第(4)行为起点，选号路线为自上而下、自左而右。请代张军和王丽确定选取的10张销售发票样本的发票号码分别为多少？

(2)如果上述10笔销售业务的账面价值为1 000 000元，审计后认定的价值为1 000 300元，假定北方公司2007年度主营业务收入账面金额为180 000 000元，并假定误差与账面价值不成比例关系，请运用差额估计抽样法推断北方公司2007年度主营业务收入的总体实际金额，要求列示计算过程。

【解析】(1)选取的10张销售发票样本的发票号码分别为3093、2905、4342、5595、2527、5463、3661、3342、2011、5313。

(2)平均差额 = (1 000 300 - 1 000 000)/10 = 30(元)

估计的总体差额 = 4 000 × 30 = 120 000(元)

估计的总体金额 = 180 000 000 + 120 000 = 180 120 000(元)

(3)形成审计结论

注册会计师应当评价样本结果，以确定对总体相关特征的评估是否得到证实或需要修正。A. 在实施控制测试时，如果样本的误差率超出预期，注册会计师应当修正评估的重大错报风险，或获取进一步审计证据支持初始评估结果。B. 在实施细节测试时，如果样本的误差额超出预期，除非有进一步的证据证明不存在重大错报，注册会计师应当认为所测试的交易或账户余额存在重大错报。注册会计师首先必须根据样本中发现的实际错报要求被审计单位调整账面记录金额。

任务二　控制测试中抽样技术的运用

一、控制测试中抽样技术的运用

可接受的抽样风险在控制测试中主要指可接受的信赖过度风险。可接受的信赖过度风险与样本规模成反比，注册会计师原意接受的信赖过度风险越低，样本规模通常越大。控制测试中选取的样本旨在提供关于控制运行有效性的证据。通常，相对较低的水平在数量上是指5%～10%的信赖过度风险。在实务中，一般将信赖过度风险确定为10%。

可容忍误差在控制测试中表现为可容忍偏差率。

可容忍偏差率是指注册会计师在不改变其计划评估的重大错报风险水平的前提下，愿意接受的对于设定控制的最大偏差率。

预计总体误差在控制测试中是指预计总体偏差率。

实施控制测试时，注册会计师可能使用统计抽样方法，也可能使用非统计抽样方法。注册会计师在统计抽样中通常使用的抽样方法有三种：固定样本量抽样法、停－走抽样法和发现抽样法。

（一）固定样本量抽样法

在固定样本量抽样中，注册会计师对一个确定规模的样本实施检查，且等到某一确定规模的样本全部选取、审查完以后，才做出审计结论。

1. 确定样本规模：

（1）使用统计公式计算样本规模。

$$样本量(n)=\frac{可接受的信赖过度风险系数(R)}{可容忍偏差率(TR)}$$

其中的分子"可接受的信赖过度风险系数"取决于特定的信赖过度风险和预期将出现的偏差的个数，它可在分布表中查得。在控制测试中常用的风险系数见表7－6。

表7－6　　控制测试中常用的风险系数表

预期发生偏差的数量	信赖过度风险	
	5%	10%
0	3.0	2.3
1	4.8	3.9
2	6.3	5.3
3	7.8	6.7
4	9.2	8.0
5	10.5	9.3
6	11.9	10.6

续表

7	13.2	11.8
8	14.5	13.0
9	15.7	14.2
10	17.0	15.4

【案例7-4】注册会计师确定的可容忍信赖过度风险为10%，可容忍偏差率为7%，并预期最多发现一例偏差。应用公式可计算出所需的样本量为56，计算如下：

$$n=\frac{R}{TR}=\frac{\text{可接受的信赖过度风险系数}}{\text{可容忍偏差率}}=\frac{3.9}{0.07}=56$$

(2)使用样本量表确定样本规模。

注册会计师根据可接受的信赖过度风险选择相应的抽样规模表，见表7-7、表7-8。

【案例7-5】注册会计确定的可接受信赖过度风险为10%，可容忍偏差率为7%，预计总体偏差率为1.75%。在信赖过度风险为10%时所使用的抽样规模表，7%可容忍偏差率与1.75%预计总体偏差率的交叉处为55，即所需的样本规模为55，接近前面利用公式所计算的56，样本中的预期误差数为1.若在样本中发现2个或2个以上的误差，就说明抽样结果不能支持注册会计师对内部控制的预期信赖程度。

表7-7　　信赖过度风险5%的控制测试样本量表

预计总体偏差率(%)	可容忍偏差率								
	2%	3%	4%	5%	6%	7%	8%	9%	10%
0.00	149(0)	99(0)	74(0)	59(0)	49(0)	42(0)	36(0)	32(0)	29(0)
0.25	236(1)	157(1)	117(1)	93(1)	78(1)	66(1)	58(1)	51(1)	46(1)
0.50	*	157(1)	117(1)	93(1)	78(1)	66(1)	58(1)	51(1)	46(1)
0.75	*	208(1)	117(1)	93(1)	78(1)	66(1)	58(1)	51(1)	46(1)
1.00	*	*	156(2)	93(1)	78(1)	66(1)	58(1)	51(1)	46(1)
1.25	*	*	156(2)	124(2)	78(1)	66(1)	58(1)	51(1)	46(1)
1.50	*	*	192(3)	124(2)	103(2)	88(2)	77(2)	51(1)	46(1)
1.75	*	*	227(4)	153(3)	103(2)	88(2)	77(2)	51(1)	46(1)
2.00	*	*	*	181(4)	127(3)	88(2)	77(2)	68(2)	46(1)

注：

1. *说明是样本规模太大，不符合成本效益原则。

2. 括号内是可接受的偏差数。

表 7－8　　信赖过度风险 10% 的控制测试样本量表

预计总体偏差率(%)	可容忍偏差率								
	2%	3%	4%	5%	6%	7%	8%	9%	10%
0.00	114(0)	76(0)	57(0)	45(0)	38(0)	32(0)	28(0)	25(0)	22(0)
0.25	194(1)	129(1)	96(1)	77(1)	64(1)	55(1)	48(1)	42(1)	38(1)
0.50	194(1)	129(1)	96(1)	77(1)	64(1)	55(1)	48(1)	42(1)	38(1)
0.75	265(2)	129(1)	96(1)	77(1)	64(1)	55(1)	48(1)	42(1)	38(1)
1.00	*	176(2)	96(1)	77(1)	64(1)	55(1)	48(1)	42(1)	38(1)
1.25	*	221(3)	132(2)	77(1)	64(1)	55(1)	48(1)	42(1)	38(1)
1.50	*	*	132(2)	105(2)	64(1)	55(1)	48(1)	42(1)	38(1)
1.75	*	*	166(3)	105(2)	88(2)	55(1)	48(1)	42(1)	38(1)
2.00	*	*	198(4)	132(3)	88(2)	75(2)	48(1)	42(1)	38(1)

2. 推断总体误差：

(1)计算总体偏差率。将样本中发现的偏差数量除以样本规模，就可以计算出样本偏差率。样本偏差率就是注册会计师对总体偏差率的最佳估计，因而在控制测试中无须另外推断总体偏差率。

(2)考虑抽样风险。在实务中，注册会计师使用统计抽样方法时通常使用公式、表格或计算机程序直接计算在确定的信赖过度风险水平下可能发生的偏差率上限，即估计的总体偏差率与抽样风险允许限度之和。

①使用统计公式评价样本结果。假定本例中，审计人员对 56 个项目实施了审计程序之后，没有发现偏差，从风险系数表中可查得风险系数为 2.3，计算总体最大偏差率如下：

$$\text{总体偏差率上限(MDR)} = \frac{R}{n} = \frac{\text{风险系数}}{\text{样本量}} = \frac{2.3}{56} = 4.1\%$$

因为注册会计师确定的可容忍信赖过度风险为 10%，可容忍偏差率为 7%，这说明有 90% 的把握保证总体实际偏差率不超过 4.1%，证实注册会计师对控制运行的有效性的估计和重大错报风险的评估是适当的。

如果在 56 个样本中实际发现了两个偏差，那么总体偏差率上限(MDR) = 风险系数/样本量 = 5.3/56 = 9.46%，超过可容忍偏差率的 7%，说明总体不可接受，证实注册会计师对控制运行的有效性的估计和重大错报风险的评估是不适当的。注册会计师应当扩大控制测试范围，或者提高重大错报风险评估水平，并增加实质性程序的数量，或者对其他的控制进行测试。

②使用样本结果评价表。可以根据信赖过度风险水平、样本规模和实际发现的偏差数直接查到偏差率上限。

(3)分析偏差的性质和原因。除了评价偏差发生的可能性之外，注册会计师还要对偏差进行定性分析，即分析偏差的性质和原因。

(二)停－走抽样法

停－走抽样是固定样本量抽样的一种特殊形式，从预期总体误差为零开始，通过边抽样边评价来完成抽样审计工作。这种方法能够有效地提高工作效率，降低审计费用。

（三）发现抽样法

发现抽样是固定样本量抽样的另一种特殊形式，与固定样本量抽样的不同之处在于将预计总体偏差率直接定为零，并根据可接受信赖过度风险和可容忍偏差率一起确定样本量。在对选出的样本进行审查时，一旦发现一个偏差就立即停止抽样。发现抽样法适合于查找重大舞弊或非法行为。

【案例7-6】星星公司是一家大型的家电制造商，东方会计师事务所拟打算对该公司进行审查。首先对其内部控制设计的健全性和执行的有效性进行控制测试。

假定注册会计师打算审查企业是否只有在将验收报告与进货发票相核对之后，才核准支付采购货款这一内部控制程序时，审计人员只会对该程序操作的准确性，以及进货发票与验收报告相核对的控制程序是否正常运行感兴趣。假如企业对每笔采购业务均采用连续编号的凭单，每张凭单上要附有验收报告及发票，因此，总体是所有购货凭单，又因为凭单是连续编号的，所以注册会计师决定采用随机选样法来选取样本。抽样单位是个别的凭单。若此项测试是期中执行的，则假设审计对象总体包括审计年度前10个月内购买原材料的××张凭单。

在此次测试中，审计人员可以接受的可信赖程度为95%，因为公司的内部控制较好，审计人员对重大错报风险的评估较低，因此，审计人员预期样本误差率为0.25%，可容忍偏差率上限为3%，将这些数据输入该事务所的审计抽样软件中，得出所需要的抽样规模为157，审计人员决定采用随机数表来选取样本。选取样本之后，经检查，发现这157个样本中没有内部控制出现偏差的情况，审计人员由此得出结论，星星公司控制所有购货发票后均有相关的验收单据，这一控制是有效的，是可以信赖的。

任务三　细节测试中抽样技术的运用

一、抽样的基本概念在实质性程序中的具体表现

在实质性程序中，审计抽样只能在实施细节测试时使用。在细节测试中，可接受的抽样风险主要是指抽样风险中的误受风险即实际上存在某一重大错报而注册会计师却推断不存在的风险，有时也包括误拒风险。

可容忍误差在细节测试表现为可容忍错报。某账户的可容忍错报实际上就是该账户的重要性水平。它是该账户的错报与其他账户的错报汇总起来不会引起财务报表整体重大错报的最大金额。对特定的账户而言，当抽样风险一定时，如果注册会计师确定的可容忍错报降低，所需的样本规模就增加。

在细节测试中，预计总体误差是指预计总体错报总额，即预计总体发生错报的金额。

二、在实质性程序中常用的抽样方法

实施细节测试时，注册会计师可能使用统计抽样方法，也可能使用非统计抽样方法。注册会计师在细节测试中使用的统计抽样方法主要包括传统变量抽样法和概率比例规模抽样法。

(一)传统变量抽样法

传统变量抽样法主要有三种具体的方法:均值估计抽样、差额估计抽样和比率估计抽样。

1. 均值估计抽样。均值估计抽样是指通过抽样审查确定样本的平均值，再根据样本平均值推断总体的平均值和总值的一种变量抽样方法。总体估计金额和总体账面金额之间的差额就是推断的总体错报。

【案例7－7】注册会计师从总体规模为100个、账面金额为10 000元的存货项目中选择了20个项目作为样本。在确定了正确的采购价格并重新计算了价格与数量的乘积之后，注册会计师将20个样本项目的审定金额加总后除以20，确定平均审定金额为93元。然后计算估计的存货余额为9 300元(93×100)。推断的总体错报就是700元(10 000－9 300)。

2. 差额估计抽样。差额估计抽样是以样本实际金额与账面金额的平均差额来估计总体实际金额与账面金额的平均差额，然后再以这个平均差额乘以总体规模，从而求出总体的实际金额与账面金额的差额(即总体错报)的一种方法。差额估计抽样的计算公式如下：

平均错报＝样本实际金额与账面金额的差额/样本规模

推断的总体错报＝平均错报×总体规模

【案例7－8】注册会计师从总体规模为100个、账面金额为10 000元的存货项目中选择了20个项目作为样本。注册会计师逐一比较20个样本项目的审定金额和账面金额，得到样本审定金额为1 734元，样本账面金额为1 800元，总差额66元，平均错报3.3元，从而推断出总体错报为330元(3.3×100)。

3. 比率估计抽样。比率估计抽样是指以样本的实际金额与账面金额之间的比率关系来估计总体实际金额与账面金额之间的比率关系，然后再以这个比率去乘总体的账面金额，从而求出估计的总体实际金额的一种抽样方法。比率估计抽样法的计算公式如下：

比率＝样本审定金额/样本账面金额

估计的总体实际金额＝总体账面金额×比率

推断的总体错报＝估计的总体实际金额－总体账面金额

承接【案例7－8】、【案例7－7】样本审定金额为1 734元，样本账面金额为1 800元，比率为0.9633，估计的总体实际金额为9 633元，推断出的总体错报为367元(9 633－10 000)。

(二)概率比例规模抽样法

概率比例规模抽样法是一种运用属性抽样原理对货币金额而不是对发生率得出结论的统计抽样方法。在有些情况下，概率比例规模抽样法比传统变量抽样更实用。

概率比例规模抽样法以货币单位作为抽样单元进行选样，有时也被称为金额加权抽样、货币单位抽样、累计货币金额抽样或综合属性变量抽样等。在该方法下总体中的每个货币单位被选中的机会相同，所以总体中某一项目被选中的概率等于该项目的金额与总体金额的比率。项目金额越大，被选中的概率就越大。但实际上注册会计师并不是对总体中的货币单位实施检查，而是对包含被选取货币单位的余额或交易实施检查。注册会计师检查的余额或交易被称为逻辑单元。

承接【案例7－8】在表7－9中，注册会计师要在1～7 376(具体金额)之间的总体项目中随机选取样本，允许某一实物单位在样本中重复出现。概率比例规模抽样的样本可以通过运用计算机软件、随机数表或系统抽样技术来获取。表7－9列示了一个应收账款总体。

表7-9　　应收账款总体表

总体项目(实物单位)	账面金额	累计合计数(金额单位)
1	357	357
2	1281	1638
3	60	1698
4	573	2271
5	691	2962
6	143	3105
7	1425	4530
8	278	4808
9	942	5750
10	826	6576
11	404	6980
12	396	7376

假设注册会计师想要从表7-9的总体中，选取一个含有4个账户的样本。由于规定以单位金额为抽样单位，则总体容量就是7376，因此需要计算机程序随机生成4个数字。假定计算机程序随机生成的4个数字是:6586、1756、850、6499，则包含这些随机金额的总体实物单位项目需由累计合计数栏来确定。它们分别是项目11(包含6 577~6 980元的货币金额)、项目4(1 699~2 271元)、项目2(358~1 638元)和项目10(5 751~6 576元)。注册会计师将对这些实物单位项目进行审计，并将各实物单位项目的审计结果，应用到它们各自包含的随机货币金额上。

【拓展知识】　　××学校学费收入审计统计抽样实务

对××学校××年度学费收入进行审计统计抽样，目的是揭示学费收入的有关项目在会计报表中的反映和披露是否真实、合法和完整的目的，提高审计效率，节约审计成本，控制审计风险。

1. 取得学费收入电子数据库。

2. 审查电子数据库,对数据库617项数据进行汇总，检查学费收入数据库的真实性，与明细账、总账核对相符;并重新分类，将贷方金额为零的5项的项目分离。

3. 确定统计抽样参数。

对审计年度财务部门学费收入数据库抽取样本;确定可信赖程度为90%，精确度为3%。

4. 确定样本规模。

抽取48个样本，样本总金额为52 699 102.71元，占总体金额118 967 214.80元的44.27%，样本数量为总体的7.84%。(由于技术需要，上述均以绝对值计算，以保证口径一致性)。

5. 审核样本，编制样本误差汇总表，记录误差样本数量、金额。

经过审核，发现48个样本中有1个误差，原记录号为521号，账面值为3 000元，经审核，应为 4 260 元，记账时因交学费人为特困生，所以校方将应从学费支出列支的特困生补助款 1 260 元抵学费收入，没有实行收支两条线；5 个贷方金额为 0 的项目经过详细审查，发现审计年度 11 月 137 号凭证、1574 号凭证同样没有实行收支两条线，其实际金额应为 625 元和 1 200 元。其他样本没有发现错误。

6. 对样本审核结果进行复核。

除了上述三个样本外，审计组长对其他样本也进行了随机抽查，共抽查 10 笔，金额为 19 623 354.9 元，占总样本的 18.87%，占总样本金额的 37.24%。

7. 复核无误。

8. 使用统计抽样辅助审计软件，对样本审核结果进行分析计算，推断总体。

将审核结果输入统计抽样软件，推导出 × × 年度学费收入实际应为 7 293 234.08 元，报表账面值为 7 276 214.8 元，误差率为 2.33‰，小于预定精确度 3%，因此认为其账面值可以接受。

（资料来源：广州审计）

【基础知识与技能训练】

一、单项选择题

1. 应收账款总金额为 120 万元，重要性水平为 8 万元，根据抽样结果推断的差错额为 7 万元，而账户的实际差错额为 15 万元，这时，注册会计师承受了（　　）。

A. 误拒风险　　B. 信赖不足风险

C. 误受风险　　D. 信赖过度风险

2. 有关审计抽样的下列表述中，正确的是（　　）。

A. 注册会计师可采用统计抽样或非统计抽样方法选取样本，只要运用得当，均可获得充分、适当的审计证据

B. 审计抽样适用于控制测试和实质性程序中的所有审计程序

C. 统计抽样和非统计抽样方法的选用，影响运用于样本的审计程序的选择

D. 信赖过度风险和误受风险影响审计效率

3. 在细节测试中通常采用的审计抽样方法是（　　）。

A. 属性抽样　　B. 变量抽样　　C. 固定样本量抽样　　D. 发现抽样

4. 注册会计师在审查 ABC 公司的货币资金业务时，怀疑 ABC 公司有用虚假汽油发票贪污大额公款的行为。为确定这种情况是否存在，注册会计师在对相关内部控制进行控制测试应当采用（　　）。

A. 固定样本量抽样　　B. 发现抽样

C. 均值估计抽样　　D. 停走抽样

5. 在细节测试中运用审计抽样，可以帮助注册会计师量化（　　）。

A. 审计风险　　B. 固有风险　　C. 检查风险　　D. 控制风险

6. 有关抽样风险与非抽样风险的下列表述中，注册会计师不能认同的是（　　）。

A. 信赖不足风险与误拒风险会降低审计效率

B. 信赖过度风险与误受风险会影响审计效果

C. 非抽样风险对审计工作的效率和效果都有影响

D. 审计抽样只与审计风险中的检查风险相关

7. 共有8000张凭证，编号从1号到8000号。注册会计师采用系统选样法从8000张凭证中选取200张作为样本，确定随机起点为凭证编号的第35号，则抽取的第5张凭证的编号应为(　　)号。

A. 155　　B. 195　　C. 200　　D. 235

8. 注册会计师应当特别关注的，可能导致不正确审计结论的两种风险是(　　)。

A. 信赖不足风险与误拒风险　　B. 信赖不足风险与误受风险

C. 信赖过度风险与误拒风险　　D. 信赖过度风险与误受风险

9. 下面哪个因素与选择的样本量成反向关系(　　)。

A. 平均错报　　B. 预计总体误差　　C. 总体规模　　D. 可容忍误差

10. 注册会计师采用比率估计方法对应付账款进行变量抽样。假定样本的账面余额为1 000元，审计确认的实际金额为1 100元，应付账款总体的账面金额为30 000元，则推断的未审部分的实际金额为(　　)元。

A. 31 900　　B. 33 000　　C. 31 000　　D. 28 950

11. 审计人员从XYZ公司连续编号的付款凭证1000#－5000#中抽出40张进行审查，如果采用随机抽样法选取样本，样本总体与随机数表(附后)中前四位数对应，且确定起点为第一列第一行，路线为第一、第二、第三列…，则助理人员选择的第5个样本是(　　)。

A. 7 804　　B. 9 931　　C. 2 300　　D. 1 886

附随机数表：

	1	2	3	4	5
1	37039	97547	64673	31546	99314
2	25145	84834	23009	51584	66754
3	98433	54725	18864	65866	76918
4	97965	68548	81545	82933	93545
5	78049	67830	14624	17563	25697
6	50203	25658	91478	08059	23308
7	40059	67825	18934	64998	49807
8	84350	67241	54031	34535	04093

二、多项选择题

1. 审计抽样通常不应用于(　　)。

A. 顺查　　B. 观察　　C. 函证　　D. 询问

2. 注册会计师在设计样本时，应当考虑的因素有(　　)。

A. 审计目的和分层　　B. 审计对象总体与抽样单位

C. 抽样风险和非抽样风险　　D. 可容忍误差

3. 在实质性测试时，如果由抽样所推断的总体误差超过可容忍误差，不能接受重估的抽样风险，注册会计师应增加样本量或执行替代审计程序，是因为(　　)。

A. 抽样风险与样本数量成反向变动关系，增加样本量有助于降低抽样风险

B. 原程序的效率可能不如替代审计程序的效率高

C. 所说的总体误差是推断的，执行替代审计程序有助于证实推断的可信性

D. 增加样本量或执行替代审计程序有助于减少已发现的错误

4. 在控制测试中所发生的抽样风险的类型有(　　)。

A. 信赖不足风险　　B. 信赖过度风险　　C. 误拒风险　　D. 误受风险

5. 常用的样本选取方法有(　　)。

A. 随机选样　　B. 系统选样　　C. 随意选样　　D. 分层选样

6. 以下各项中，将引起非抽样风险的有(　　)。

A. 注册会计师选择的总体不适合于测试目标

B. 注册会计师未能适当地定义控制偏差或错报，导致注册会计师未能发现样本中存在的偏差或错报

C. 注册会计师依赖应收账款函证来揭露未入账的应收账款

D. 注册会计师对所发现误差的重要性的判断有误

7. 在抽样风险中，导致注册会计师执行额外的审计程序，降低审计效率的风险有(　　)。

A. 信赖不足风险　　B. 信赖过度风险　　C. 误拒风险　　D. 误受风险

8. 有关审计抽样的下列表述中，注册会计师不能认同的有(　　)。

A. 审计抽样适用于会计报表审计的所有审计程序

B. 统计抽样的产生并不意味着非统计抽样的消亡

C. 统计抽样可以减少审计过程中的专业判断

D. 对可接受的抽样风险越低，需要选取的样本量就越大

9. 审计人员执行细节测试时，一般可采用(　　)等变量抽样方法。

A. 均值估计抽样　　B. 发现抽样　　C. 比率估计抽样　　D. 差额估计抽样

10. 在审计过程中，只有对(　　)才可能涉及审计抽样。

A. 留下了运行证据的控制实施的控制测试

B. 未留下运行证据的控制实施的控制测试

C. 对财务报表的细节测试

D. 对各类交易、账户余额、列报的细节测试

三、判断题

1. 统计抽样风险是使用统计抽样方法引起的，非统计抽样风险是使用非统计抽样方法引起的。(　　)

2. 独立审计准则要求审计人员执行审计测试应尽量应用统计抽样技术，因为运用统计抽样比运用非统计抽样更能获得充分有效的证据。(　　)

3. 如果注册会计师推断的总体误差接近可容忍误差，应增加样本量或执行替代审计程序。(　　)

4. 审计抽样，是指注册会计师在实施审计程序时，从审计对象总体中选取一定数量的样

本进行测试，并根据测试结果，推断总体特征的一种方法。(　　)

5. 信赖不足风险，是指抽样结果使注册会计师没有充分信赖实际上应予信赖的内部控制的可能性。(　　)

6. 在评价抽样结果时，如果推断的总体误差超过可容忍误差，注册会计师应增加细节测试程序。(　　)

7. 注册会计师在进行控制测试和细节测试时，既可选用统计抽样.也可选用非统计抽样，但两种方法选用会影响运用于样本的审计程序的选择。(　　)

8. 注册会计师在进行变量抽样时，可以采用单位平均估计、比率估计、差额估计等方法，这三种方法具有“殊途同归”的特性，即无论使用哪种方法，所得到的对同一项目的估计值是相同的。(　　)

9. 可接受的抽样风险水平越低，样本量就可以越少。(　　)

10. 统计抽样与非统计抽样的根本区别在于是否利用概率法则来量化、控制抽样风险。(　　)

11. 在概率比例规模抽样法下，注册会计师却不是对具体货币单位进行审计，而必须确定实物单位(即逻辑单元)来执行审计测试。(　　)

四、简答题

1. 什么是审计抽样？有哪些分类？

2. 简述抽样结果的的评价程序和内容。

3. 简述注册会计师设计样本时应当考虑的因素。

五、案例分析题

1. 如果可接受信赖过度风险为5%，可容忍误差率为4%，预期总体偏差率为1%时，应选取的样本量为多少？如果审计以后发现实际有误差4个，那么有95%的把握保证总体实际偏差不超过多少？说明注册会计师对控制运行有效性的估计和重大错报风险水平的评估是否适当？为什么？注册会计师应该怎么办？

2. 注册会计师张军对ABC公司的产成品成本进行审查时获得如下资料：全年共生产1 000批产品，入账成本为2 980 000元，审计人员抽取其中的100批产品作为样本，其账面总价值为300 000元，审查时发现在100批产品中有25批产品成本不实，样本的审定价值为290 000元，试运用下列各种抽样审计方法估计本年度产品的总成本。

(1)均值估计抽样审计；

(2)比率估计抽样审计；

(3)差额估计抽样审计。

项目八　销售与收款循环审计

【知识要点】

(1)明确销售与收款循环的主要业务活动、涉及的主要凭证与会计记录、涉及的主要财务报表项目;

(2)内部控制的内容、关键控制点;

(3)控制测试和实质性测试的程序。

【能力目标】

(1)能熟练运用销售与收款循环控制测试和实质性测试的程序、方法;

(2)能收集充分的审计证据;

(3)揭示企业销售与收款循环的主要业务活动重大的差错和舞弊。

【案例导入】

公正会计师事务所于2013年3月对星光实业股份有限公司2012年的财务报表审计后,发表了无保留意见的审计报告。不久,媒体披露星光实业股份有限公司在2012年度,该公司把没有实现的销售提前确认销售收入。虚构销售业务,等次年作退货处理,虚构收入等。虚构主营业务收入6 000万元之多。经有关部门审查,星光实业股份有限公司采用虚构假合同、假发票及假发运文件等手段,将虚构的主营业务收入全部计入应收账款,而注册会计师在执行审计时未实施充分的函证,也未在工作底稿中说明理由,只抽取了少量应收账款样本进行了检查,审查了合同、发票及发运文件等凭证,确认了应收账款是真实的。

【解析】注册会计师审计准则要求注册会计师应当对应收账款进行函证,除非有充分证据表明应收账款对财务报表不重要,或函证很可能是无效的。如果不对应收账款进行函证,注册会计师应当在工作底稿中说明理由。如果认为函证很可能是无效的,注册会计师应当实施替代审计程序，获取充分、适当的审计证据。但是，公正会计师事务所未能按注册会计师审计准则的要求对应收账款进行函证，也未证明函证是无效的。虽然采取了替代审计程序，但选取的样本量很少，并未查出明显虚构的应收账款，出具了虚假的审计报告，受到了相应的法律制裁。可见，函证在应收账款审计中是非常重要的审计程序。

分析：如何对销售与收款循环进行审计，避免审计风险呢？

任务一　销售与收款循环的概述

销售与收款循环是公司经营活动的主要业务循环之一，在公司的整个经营活动中占有重要的地位。销售与收款业务审计的总目标，是评价受该业务循环影响的各账户余额、发生额是否真实、正确与合法。销售与收款循环涉及可供销售的商品和劳务的所有权转让的各项业务和过程。它由客户提出订货要求开始，将商品或劳务转化为应收账款，并以最终收回现金为结束。销售可以分为现销和赊销两种基本方式，现代经营中商业信用的广泛使用，使得赊销成为各企业较为普遍采用的销售方式。在赊销方式下，销售与收款业务流程主要有：处理客户订单、批准赊销信用、发送货物、开具销售发票、记录销售与收款业务、定期对账和催收账款、审批销售退回与折让、审批坏账和注销等。

销售与收款业务的审计，通常可以独立于其他业务循环进行，然后随着证据的积累再与其他循环的审计结合起来。

根据会计报表项目与业务循环的相关程度，销售与收款循环涉及的资产负债表项目主要包括：应收票据、应收账款、预收账款、应交税费等；所涉及的利润表项目主要包括主营业务收入、营业税金及附加、销售费用、其他业务收入、支出等。负责销售与收款循环的注册会计师应在调查了解企业销售与收款的内部控制制度的基础上，对被审计单位销售与收款循环进行控制测试，最后应用恰当的审计程序进行实质性测试。

一、销售与收款业务循环主要业务活动

了解企业在销售与收款业务循环中的典型活动，对了解销售与收款业务循环的审计非常必要。

（一）接受客户订货

客户提出订货要求是整个销售与收款业务循环的起点，也是购买某种货物的一项申请。企业在收到客户订单之后，应立即编制一式多联的销货单，列示客户订购的商品名称、规格、数量及客户订单有关信息等，以此作为处理订货的依据。

（二）批准赊销信用

对于赊销业务，在发出商品之前，必须按照赊销政策调查每个客户的信用状况。经过合法授权人员批准客户的赊销额。赊销的审批必须严格，否则，常常会使坏账损失和呆账超过正常水平，导致信用风险。因为批准赊销的同时也就批准了发货。

（三）供货及发运商品（按销售单供货）

发运商品，是该业务循环中销售的起点，许多企业都以商品的发出作为确认收入成立的标志，发出商品时要编制发运凭证，这种凭证往往是一式多联的提货单，它是向客户开出账单

所必不可少的凭据。如果企业采用永续盘存记录，发运凭证也是逐日登记存货记录的依据。

(四)向客户开出账单并记录登记销货业务

开给客户的账单，是向客户通报货款数额的手段。因此，应正确、及时地开出账单，开出账单时要注意不漏开、不重开和不错开。确保开出账单的正确，关键是要根据实际发货数量和批准的价格确定向客户收取的货款。并在销货日记账和应收账款明细账中恰当地记录销售业务。还应由独立人员检查账单开具情况。

(五)收取货款并确认收入，记录现金、银行存款

在办理和记录现金收入时，最应注意的是舞弊的可能性，现金的舞弊可能发生在现金收入登记入账前，也可能发生在登记入账之后。处理现金收入时最重要的是要保证全部现金都必须如数、及时地计入现金收入日记账和应收账款明细账，要注意不相容职务的分离。

(六)定期对账和催收账款

财会部门应定期编制对账单，并向客户寄送应收账款对账单，与客户核对账面记录，保证所有的收款、折扣、折让都能准确的记录，如有差异，应及时查明原因并调整。财会部门还要编制应收账款账龄分析表，对已超过正常信用期限、长期拖欠货款的客户还要以各种方式催收货款，并通知信用审批管理人员。

(七)审批销售退回、销售折扣与折让

客户对不符合其订货要求的货物提出退货或折让请求，应由负责收款和记录应收账款以外的人员，通常由销售部门主管人员根据退货验收单和入库单批准退货。对销售折让同样由具有审批权的销售人员批准后执行。财会部门根据销售与折让业务凭证及时、正确的记录。

(八)提取坏账准备

按照稳健性会计原则，提取坏账准备。企业提取的坏账准备数额要合理、恰当，必须能够抵补企业以后发生的坏账损失。

(九)注销坏账

确认应收账款无法收回时，经管理当局批准后，由财会人员冲减相应应收账款总账和明细账将其注销。为了加强对注销应收账款的管理，财会部门应设置已注销应收账款备查簿，防止以后收回已注销的应收账款出现漏记、错记或被贪污。

二、销售与收款业务循环的主要凭证和会计记录

公司审计主要是检查记录和文件，审查后证实经济活动的真实、正确与合法。销售与收款业务循环的审计须涉及该循环中的一系列凭证和记录，典型的销售与收款业务循环中所使用的主要凭证和会计记录有以下几种：

(一)客户订货单

客户订货单是客户提出的书面购货要求，企业可以通过营销人员或其他途径，如采用电话、传真、信函、计算机网络等方式接受现有的或潜在的客户订货。

(二)销货单

销货单是记录顾客所订商品的规格、数量和其他情况的凭证。它常用于赊销的批准或者发货的审批。

(三)销货合同

销货合同是供需双方所签订的具有法律效力的文件。合同需明确双方的责任，包括所订

货物的品种、规格、数量、质量、价格、付款方式，以及供货时间等，合同要经双方签章后生效。

(四)发运单(装运单)

发运单是在发运货物时编制的，用以反应发出货物的规格、数量和其他有关内容的凭证。这种凭证可作为向客户开票收款的依据。一联交给客户，企业保留一联或几联。提货单是发运单的一种形式，它是运输部门和企业之间有关商品收发业务的书面凭证。

(五)商品价目表

商品价目表是列示已经授权批准的、可供销售的各种商品的价格清单。

(六)销货发票

销货发票是一种用来证明与已销商品的规格、数量、价格、销售金额、运费和保险费、开票日期等内容的凭证。销货发票是在账簿中登记销货业务的基本凭证。

(七)贷项通知单

贷项通知单是一种用来表示由于销货退回或经批准的折让而引起的应收销货款减少的凭证。其格式与销售发票相同，用来证明应收账款的减少。

(八)销货日记账和主营业务收入明细账

销货日记账是用来记录销货业务的日记账。销货日记账常常只汇总记每天的合计数，再将有关明细记录汇总记入总账。企业也可以设立销售收入明细账用来记录销货业务详细情况，按销售商品品种、规格等反映不同类别的销货总额。

(九)销货退回、折扣及折让明细账

这是一种与销货日记账基本相同，用来记录销货退回、折扣与折让明细账。

(十)汇款通知书

汇款通知书注明客户名称、销售发票号码、金额、销货单位开户银行、账户账号等内容，是一种与销货发票一并交给客户，并可以随同付款支票一并交回销货单位的凭证，采用汇款通知书能使收到的货款立即存入银行，可以改善资金的管理与控制，防止账外款项。

(十一)现金和银行存款日记账

现金和银行存款日记账是用来记录应收账款的收回、现销收入和其他各种现金、银行存款收入和支出的日记账。

(十二)应收账款明细账

应收账款明细账用来记录每个客户各项赊销、货款收回、销货退回及折让的明细账。各个应收账款明细账的余额合计数与应收账款的总账余额相等。

(十三)坏账审批表

坏账审批表是仅在内部使用的，用来批准将某些应收款注销作为坏账损失的凭证。

(十四)收款凭证

收款凭证是指用来记录现金和银行存款收入业务的会计凭证。

(十五)转账凭证

转账凭证是指记录转账业务的记账凭证，它是根据有关转账业务(即不涉及现金、银行存款收付的各项业务)的原始凭证编制的。

(十六)客户对账单

客户对账单是一种每月月末定期寄给客户的用来核对账目的凭证，凭证上注明应收账款的月初余额、本月各项销货业务的赊销金额，已收到的货款和月末余额等内容。

【案例 8－1】2013 年星光公司(国有企业)按照财政部门要求，决定在公司系统全面开展《会计法》执行情况检查。聘请会计师事务所进行审计，通过审计检查发现，星光公司存在多头开户、私设小金库等问题。经查，王某等人的主要作案手段和有关情况如下:2010 年王某被任命为星光公司分公司经理，赵某担任分公司的副经理，张某任会计兼出纳。当时，星光公司出于开拓市场扩大经营规模等考虑，授予分公司产品销售定价自主权和对外投资自主权。由于尚未建立销售网络计算机控制系统，对各销售分公司的销售情况，星光公司每月手工统计汇总一次，并要求各销售分公司每月末将当月销售款集中汇缴星光公司账户，确认销售收入。王某等人利用星光公司授予的销售定价权，采用高价销售低价向星光公司汇总报账的手法截留销售款形成“小金库”，并利用销售货款上缴的时间差，挪用销售货款由赵某负责炒股，非法所得也流入“小金库”。然后，由会计兼出纳的张某将“小金库”款项源源不断地汇往王某等人控制的账户。

【讨论分析】该公司内部控制严重出现问题，导致严重后果。销售与收款业务应建立健全哪些内部控制？

三、销售与收款循环的内部控制

内部控制不仅是报表审计的重要内容，也是抽样审计的基础。由于业务循环的内部控制能起到相互牵制、防止发生错误和弊端，或起到减少错弊发生概率的作用，因此，了解内部控制在业务循环中是必不可少的组成部分。

销售与收款业务循环中的内部控制如下：

(一)适当的职责分离

建立明确的职责分工。适当的职责分工是内部控制中一项重要的控制措施。为了保证销售与收款业务循环控制系统的有效性。销售与收款业务各环节应进行明确分工，处理客户订单、调查信用、批准信用、发送商品、结算开单、办理销售退货和折让、收取货款、会计记录和核对账目等工作，要分别由不同的职能部门与人员负责，相互制约，避免发生舞弊行为。

主要职责分工包括：

1. 批准赊销信用与销售部门相互独立，防止销售部门为增加业绩而放宽信用标准，导致企业信用风险增大；

2. 批准赊销信用与发货开票相互独立，防止向不符合信用标准的客户进行赊销，增加坏账风险；

3. 发送货物与开票相互独立，防止发货未经批准，销售业务没有被记录或商品被盗窃；

4. 发送货物与记账相互独立，防止商品被盗窃并通过篡改记录加以掩饰；

5. 收取货款与销售收入、应收账款记录相互独立，防止客户所付款项被贪污并篡改加以掩饰；

6. 批准销售退回与折让业务和记账业务相互独立，防止收到的货款被贪污；

7. 批准坏账与收款业务、记账业务相互独立，防止不符合规定的坏账批准，收到的款项被贪污；

8. 编制和寄送客户对账单与收款、记账业务相互独立，以检查销售收款业务中的错弊；

9. 执行内部检查与业务办理、记录相互独立，保证内部检查的独立性和有效性等。

(二)正确的授权审批

有效的内部控制要求销售与收款业务各环节要经过适当的授权批准。

1. 向客户提供信用前要进行调查并经授权批准，以控制信用风险；

2. 发送货物只有在授权批准后才能进行，以防止向虚构的客户发货；

3. 销售价格、销售条件、销售退回、折扣和折让要经过授权批准，不得背离企业信用政策；

4. 坏账发生必须经有关人员确认、审批，坏账准备计提、冲销须经严格授权、审批。

（三）信息传递程序控制

建立健全销售与收款业务循环相关内容控制，要求管理当局对于相关的信息传递程序实施严格有效的控制。要合理设计并使用各种凭证和记录，对每笔业务进行充分的会计记录。关键性的销货单、销售发票、发运单（装运单）等凭证都应事前预先连续编号，按顺序使用。旨在防止销货以后忘记向顾客开具账单或登记入账，也可防止重复开具账单或重复记账。

（四）独立检查

对销售与收款业务进行独立检查，防止各环节发生差错和舞弊。

1. 由内部审计人员或其他独立人员定期检查销货单、销售发票、提货单，确保其一致性和正确性；

2. 核对汇款通知单、收款单、存款单等，保证每笔收到的货款都及时进行了登记；

3. 检查已批准的销售业务是否编制了销货单；

4. 定期检查销售日记账、应收账款明细账、现金及银行存款日记账和总账的一致性。

（五）实物控制

1. 实物控制包括两个方面，一方面限制非授权人员接近存货，货物的发出必须有批准的销货单，对于退货也要加强实物控制，由收货部门进行验收并填写验收报告和入库单；另一方面，限制非授权人员接近各种记录和凭证，防止伪造和篡改记录。

2. 赊销方式下，企业与客户之间的货款结算还包括应收票据。要加强对应收票据的实物控制，保管票据及保管现金与一般会计记录的职责要分离。

（六）定期寄出对账单

1. 由出纳、销售及应收账款记录以外的人员按月向客户寄发对账单，督促客户履行合约。

2. 对于核对中发现的不符账项，由不负责资金管理、不记录收入和应收账款的专人来处理。

注意：在现销方式下，应注意现金收取环节的控制，防止现金在记录之前或之后被贪污或挪用。收到现金应立即填制有关凭证，收取现金与记账职责相分离。

在赊销方式下，企业也要严格调查客户的信用，经过主管人员批准后才能进行销售；对每一笔赊销业务进行连续记录，密切关注各期货款的收回情况。对逾期未收到的货款积极催收。

【案例8-2】注册会计师于2013年1月10日至15日对ABC公司销售与收款循环的内部控制进行了解和测试，并在相关的审计工作底稿中作了记录，现摘录如下：

（1）ABC公司产成品发出时，由销售部填制一式四联的出库单。仓库发出产成品后，将第一联出库单留存登记产成品卡片，第二联交销售部留存，第三联、第四联交会计部人员登记库存商品总账和明细账。

（2）会计人员负责开具销售发票，在开具销售发票之前，先取得仓库的发货记录和销售商品价目表，然后填写发票的数量、单价和金额。

【讨论分析】根据上述摘录，请代注册会计师指出ABC公司在销售与收到款循环内部控制方面的缺陷，并提出改进建议。

【解析】(1)会计人员同时登记库存商品总账和明细账，不相容职务未进行分离。应建议ABC公司由不同的会计人员登记库存商品总账和明细账。

(2)会计人员开销售发票不能只依据发货单和价目表，因为实际销售的数量和结算价格可能会与发货单数量和价目表上的价格不一致。应建议ABC公司会计人员先核对装运凭证和相应的经批准的销售单，并根据已授权批准的商品价格填写销售发票的价格，根据装运凭证上的数量填写销售发票的数量，再根据数量和价格计算出金额。

四、销售与收款循环的控制测试

注册会计师可以考虑在评价控制设计和获取其得到执行的审计证据的同时测试控制运行的有效性，以提高审计效率。控制测试与了解内部控制的目的不同，但两者采用审计程序的类型通常相同，包括询问、观察、检查和穿行测试。此外，控制测试的程序还包括重新执行。当存在下列情形之一时，注册会计师应当实施控制测试：在评估认定层次重大错报风险时，预期控制的运行是有效的；仅实施实质性程序不足以提供认定层次充分、适当的审计证据。

销售与收款循环控制测试：

1. 抽取一定数量的销售发票，做如下检查：

(1)检查发票是否连续编号，作废发票是否正确处理；

(2)核对销售发票与销售单、提货单，看有无虚开发票；同时核对它们所载明的品名、规格、数量、价格是否一致；

(3)检查销售单上是否有负责信用审批人员的签字；

(4)复核销售发票中所列的数量、单价和金额是否正确。主要包括将销售发票中所列商品的单价与商品价目表的价格进行核对，并验算发票金额的正确性；

(5)从销售发票追查至有关的记账凭证、应收账款明细账及主营业务收入明细账，确定企业是否正确、及时地登记有关的凭证、账簿。

例如：测试销售发票：

注册会计师对销售与收款循环实施控制测试审计程序。可以编制测试表进行测试：

在具体测试时，注册会计师应注意：

一是销售发票的测试主要是要了解该环节的依据登记控制点、独立稽核控制点、连续编号控制点。

二是测试的主要内容包括：销售发票是否连续编号，是否同时附有具有装运凭证和销售单，销售发票是否有独立检查的标记，销售发票的填写是否依据企业批准的商品销售单。

2. 抽取一定数量的发货单(或提货单)，检查发货单(或提货单)是否连续编号，并与相关的销售发票核对，检查已发出的商品是否均已向客户开出发票。

例如：测试销售合同

注册会计师在具体测试时，注册会计师应注意：销售合同的审查目的是审查合同的真实性、合法性以及是否存在关联方交易，合同所涉及的交易条件是否符合企业的内部规定。

测试销售发票与运货单：

一是装运凭证的测试是要了解该业务环节的依据登记控制、连续编号控制、职责分工控制。

二是测试的具体内容是：装运凭证的填制依据是否根据销售单来填写，与销售单有出入的地方是否已经经过确认、装运凭证是否连续编号、是否在装运凭证与销售单同时具备的情况下才发出货物，对于最后一项内容通常是通过抽查仓库保管部门的备查簿来了解。

3. 从主营业务收入明细账中抽取一定数量的会计记录，并与有关的记账凭证、销售发票进行核对，以确定是否存在收入高估或低估的情况。

4. 抽取一定数量的销售退回、折让业务的会计凭证，检查销售退回、折让、折扣的核准与会计核算是否一致。

(1)确定销售退回与折让的批准与贷项通知单的开具职责是否分离；

(2)确定现金折扣是否经过适当授权，授权人与收款人的职责是否分离；

(3)检查销售退回和折让是否附有按顺序编号并经主管人员核准的贷项通知单；

(4)检查退回的商品是否具有仓库签发的退货验收报告(或入库单)，并将验收报告的数量、金额与贷项通知单等进行核对；

(5)确定退货、折扣、折让的会计记录是否正确。

例如:测试销售折扣、折让及销售退回

一是销售折扣折让及销售退回的测试，其主要是了解该环节的依据登记控制、独立稽查控制。

二是测试的具体内容是:销售折扣、折让、销售退回是否经过审批、是否及时经过账务处理，通过与销售收入账、现金、银行存款收入账与应收账款账的对比，看销售折扣、折让的真实性。因此，该环节中分为三个测试内容:对折扣、折让的测试，了解折扣、折让的内容是否合理、合规;对贷项通知单的测试，了解销售退回及销售折让是否及时入账，是否经过审批，是否有专人独立核查;将销售折扣、折让与销售收入及应收账款、货币资金收入进行核对，查明折扣、折让的真实性。

5. 抽取一定数量的应收账款明细账，做如下检查。

(1)从应收账款明细账中抽取一定的记录并与相应的记账凭证进行核对，比较二者登记的时间、金额是否一致；

(2)从应收账款明细账中抽查一定数量的坏账注销的业务，并与相应的记账凭证、原始凭证进行核对，确定坏账的注销是否合乎有关法规的规定，是否经过批准等；

(3)确定企业是否定期与客户对账。在可能的情况下，将企业一定期间的对账单与相应的应收账款明细账的余额进行核对，如有差异，则应进行追查。

例如:测试应收账款

在具体测试时，注册会计师应注意:

一是应收账款的测试主要是要了解该业务各环节的独立稽查控制与职责分工控制。测试的具体内容有:是否有专人对应收账款总账与明细账的一致性进行检查;应收账款总账与明细账的登记是否由不同的人员来进行;是否对不同账龄的应收账款进行管理;是否与顾客定期进行核对，是否相符。

二是坏账准备的处理主要是要了解该环节的连续编号控制、授权批准控制、职责分工控制与独立稽核控制的情况。测试的具体内容有:坏账审批表是否连续编号、处理坏账是否经过批准、处理坏账与批准坏账的人员是否职责分离、是否由专人对坏账的处理进行独立检查。

6. 观察企业员工获得或接触资产、凭证和记录(包括存货、销售单、装运单、销售发票、凭证与账簿、现金及支票等)的途径，并观察企业员工在执行授权、发货、开票等职责时的表现，确定职责分离等内部控制是否有效执行。

任务二 主营业务收入审计

一、主营业务收入审计目标

主营业务收入项目核算企业在销售商品、提供劳务及让渡资产使用权等日常活动中所产生的收入。明确主营业务收入实质性测试的目的及程序，是对主营业务收入进行实质性测试的首要工作。

其审计目标一般包括：

1. 确定已入账的主营业务收入的内容、数额是否合理、是否确实发生，并且与被审计单位有关；

2. 确定已实现的主营业务收入是否全部入账；

3. 确定已入账的主营业务收入是否已记录在恰当的会计期间；

4. 确定已入账的主营业务收入会计处理是否正确、适当；

5. 确定对销货退回、销售折扣与折让的处理是否适当；

6. 确定主营业务收入的列报与披露是否恰当。

二、主营业务收入的实质性程序

(一)取得或编制主营业务收入明细表，复核加计正确，并与总账数和明细账合计数核对相符。同时结合其他业务收入科目数额，与报表数核对相符。

(二)查明主营业务收入的确认、计量是否正确，注意其是否符合会计准则规定的收入实现条件，前后各期是否一致。按照《企业会计准则——收入》的要求，企业商品销售收入，应在下列条件均能满足时予以确认。(1)企业已将商品所有权上的主要风险和报酬转移给购货方;(2)企业既没有保留通常与所有权相联系的继续管理权，也没有对已售出的商品实施有效控制;(3)收入的金额能够可靠地计量(4)相关的经济利益很可能流入企业;(5)相关的已发生或将发生的成本能够可靠地计量。因此，对主营业务收入确认的审计一般需结合不同的销货方式及结算方式进行。

1. 采用交款提货销售方式，应于货款已收到或取得收取货款的权利，同时已将发票账单和提货单交给购货单位时确认收入的实现。对此，注册会计师应着重检查被审计单位是否收到货款或取得收取货款的权利，发票账单和提货单是否已交付购货单位。应注意有无扣压结算凭证，将当期收入转入下期入账，或者虚记收入、开假发票、虚列购货单位，而将当期未实现的收入虚转为收入记账，在下期予以冲销的现象。

2. 采用预收账款销售方式，应于商品已经发出时，确认收入的实现。对此，注册会计师应重点检查被审计单位是否收到了货款，商品是否已经发出。应注意是否存在对已收货款并已将商品发出的交易不入账、转为下期收入，或开具虚假出库凭证、虚增收入等现象。

3. 采用托收承付结算方式，应于商品已经发出，劳务已经提供，并已将发票账单提交银行、办妥收款手续时确认收入的实现。对此，注册会计师应重点检查被审计单位是否发货，托收手续是否办妥，货物发运凭证是否真实，托收承付结算回单是否正确。

4. 委托其他单位代销商品的，如果代销单位采用收取手续费方式，应于代销商品已经销售并收到代销单位代销清单时，按企业与代销单位确定的协议价确认收入的实现。对此，注册会计师应注意查明有无商品未销售、编制虚假代销清单、虚增本期收入的现象。

5. 采用分期收款结算方式，应按合同约定的收款日期分期确认收入。对此，注册会计师应重点检查本期是否收到价款，查明合同约定的本期应收款日期是否真实，是否存在提前确认收入或收入不入账，少入账、缓入账的现象。

6. 建筑合同收入，一般应当根据完工百分比合理确认收入。注册会计师应重点检查收入的确认、计量方法是否合乎规定，并核对应计收入与实际收入是否一致，注意查明有无随意确认收入、虚增或虚减本期收入的情况。

对此，注册会计师应重点检查已办理的移交手续是否符合规定要求，发票账单是否已交对方。注意查明被审计单位有无编造虚假移交手续，采用"分层套写"、开具虚假发票的行为，防止其高价出售、低价入账，从中贪污货款。如果企业事先与买方签订了不可撤销合同，按合同要求开发房地产，则应按建造合同的处理原则处理。

（三）选择运用分析程序

1. 将本年度与以前年度的主营业务收入进行比较，分析产品销售的结构和价格的变动是否正常，并分析查明异常变动的原因；

2. 比较本年度各月份主营业务收入的波动变化情况，分析其变动趋势是否正常，并分析查明异常现象和重大波动的原因；

3. 计算本年度重要产品的毛利率，比较本年度与以前年度同类产品的收入、成本及毛利率变化情况，注意收入与成本是否配比，并查清重大波动和异常情况的原因；

4. 计算重要客户的销售额及其产品毛利率，分析比较本期与上期有无异常变化；

5. 比较本年度与以前年度的主营业务收入现销与赊销的比例，并查明异常现象和重大波动的原因。

（四）获得产品价格目录，抽查售价是否符合定价政策，并注意销售给关联方或关系密切的重要客户的产品价格是否合理，有无低价或高价结算以转移收入的现象。

（五）抽取本年度一定数量的销售发票，检查开票填开日期和内容、会计记账、发货日期是否相符，品名、数量、单价、金额等是否与发运凭证、销售合同等一致。

（六）实施销售的截止测试

截止测试是实质性测试中常用的一种具体审计技术，被广泛运用于货币资金、往来款项、存货、长短期投资、主营业务收入和期间费用等项目的审计中，尤以在主营业务收入审计中的运用更为典型。对主营业务收入实施截止测试，其目的主要在于确定被审计单位主营业务收入的会计记录归属会计期间是否正确；应记入本期或下期的主营业务收入有否被推延至下期或提前至本期。

我国《企业会计准则》规定："企业应当合理确认营业收入的实现，并将已实现的销售收入按时入账。企业应当在发出商品、提供劳务，同时收讫价款或者取得索取价款的凭证时，确认营业收入。"根据这一收入确认的基本原则，注册会计师在审计中应关注三个日期：一是发票开具日期或者收款日期；二是记账日期；三是发货日期（或提供劳务的日期）。这里的发票开具日期是指开具增值税专用发票或普通发票的日期；记账日期是指被审计单位确认主营业务收入实现，并将该笔经济业务记入主营业务收入账户的日期；发货日期是指仓库开具出库单并发出商品的日期。检查三者是否归属于同一适当会计期间是主营业务收入截止测试的关键。

围绕上述三个重要日期，注册会计师可以考虑选择三条审计路线实施主营业务收入的截止测试。

1. 以账簿记录为起点。抽查报表日前后若干天的账簿记录，追查至记账凭证、发票存根与发运凭证，目的是证实已入账收入是否在同一会计期间开具发票并发货，有无多计收入。这种方法只能查多记，无法查漏记，尤其是当本期漏记收入延至下期，而审计时被审计单位尚未及时登账时，不易发现应记入而未记入报告期收入的情况。使用这种方法主要是为了防止多记收入。

2. 以销售发票存根为起点。抽查报表日前后若干天的发票存根，追查至发运凭证与账簿记录，以确定已开具发票的货物是否发货并于同一会计期间确认收入。具体做法是抽取若干张在报表日前后开具的销售发票的存根，追查至发运凭证和账簿记录，查明有无漏记收入现象。这种方法容易发现漏记的收入；而不易发现多记的收入。使用该方法时应注意两点：(1)相应的发运凭证是否齐全，特别应注意有无报告期内已作收入而下期初用红字冲回，并且无发货、收货记录，以此来调节前后期会计利润的情况；(2)被审计单位的发票存根是否已全部提供，有无隐瞒。为此，应查看被审计单位的发票领购簿，尤其应关注普通发票的领购和使用情况。使用这种方法主要是为了防止少计收入。

3. 以发运凭证为起点。抽查报表日前后若干天的发运凭证，追查至发票与账簿记录，确定营业收入是否已记入恰当的会计期间。该方法与方法二类似，具体操作中还应考虑被审计单位的会计政策，才能做出恰如其分的处理。使用这种方法主要也是为了防止少计收入。

实际上，由于被审计单位的具体情况各异，管理当局意图各不相同，有的为了想办法完成利润目标、承包指标，更充分地享受税收优惠等政策、便于筹资等目的，可能会多记收入；有的则为了以丰补歉、留有余地等目的而少记收入。因此，为提高审计效率，注册会计师应当凭专业经验和所掌握的信息、资料做出正确判断，选择其中的一条或两条审计路线实施更有效的收入截止测试。

【案例 8－3】2013 年 2 月份注册会计师李某对星光公司 2012 年度报表进行审计，对销售收入进行分析程序时，发现本年度的销售收入比上年度明显增多，对照在以前调查了解到星光公司历史上生产销售实际情况，李某感到销售收入的真实性值得怀疑。于是，注册会计师李某以账簿记录为起点。抽查报表日前后若干天的账簿记录，追查至记账凭证、发票存根与发运凭证。结果发现该公司把没有实现的销售提前确认销售收入。虚构销售业务，等次年作退货处理，虚构收入 1200 万元。会计处理为：(不考虑成本)

会计分录以万元为单位。

借：应收账款　　　　　　　　　　　　1 404

　贷：主营业务收入　　　　　　　　　　　1 200

　　　应交税费——应交增值税(销项税额)　　204

李某针对这种情况，提请被审计单位作相应的会计调整，并调整会计报表相关的数额。

调整分录：

借：以前年度损益调整——主营业务收入　　　　1 200

应交税费——应交增值税(销项税额) 204

贷:应收账款 1 404

(七)结合对应收账款的函证结果,确定有无未经认可的巨额销售。

(八)检查销售折扣、销售退回与折让业务是否真实,内容是否完整,相关手续是否经授权批准并符合规定,折扣与折让的计算和会计处理是否正确。

企业在销售业务中,往往会因产品品种不符、质量不符合要求以及结算方面的原因,发生销售退回与折让的原因不尽相同,其表现形式也不尽一致,但都是对收入的抵减,直接影响收入的确认和计量。因此,注册会计师应重视销售退回与折让的审计。

销售退回与折让的实质性测试程序主要包括:

1. 获取或编制销售退回与折让明细表,复核加计正确,并与明细账合计数核对相符。

2. 取得被审计单位有关销售退回与折让的具体规定和其他文件资料,并抽查较大的销售退回与折让发生额的授权批准情况,与实际执行情况进行核对,检查其是否经授权批准,是否合法、真实。

3. 检查销售退回的产品是否已验收入库并登记入账,有无形成账外物资情况;销售折让是否及时足额提交对方,有无虚设中介、转移收入、私设账外“小金库”等情况。

4. 检查销售退回与折让的会计处理是否正确。

(九)检查有无特殊的销售行为,如附有销售退回条件的商品销售、委托代销、售后回购、以旧换新、分期收款销售、出口销售、售后租回等,确定恰当的审计程序进行审核。

(十)检查主营业务收入在利润表上的列报与披露是否恰当。

【案例 8-4】注册会计师李某对星光公司 2013 年度的销售收入进行分析程序时,发现本年度的销售收入比上年度明显减少,对照在以前调查了解到星光公司历史上生产销售实际情况,李某感到销售收入的真实性值得怀疑。于是,抽查了 9 月份、12 月份相关的会计凭证及有关文件。发现其原始凭证中有销货发票的记账联,而记账凭证中反映的是“其他应付款”,共计 90 多万元。李某针对这种情况,询问了有关的当事人,并向其他应付款的对方企业函证,结果发现星光公司是将企业正常的销售收入反映在“其他应付款”中,作为其他企业的暂存款处理。没有确认收入。

(一)李某对此业务的审计处理为:

(1)扩大抽查原始凭证的比例,检查其他月份是否存在将正常销售收入反映在“其他应付款、应付账款”中的事项。通过进一步审查发现,该企业将销售收入反映的是“其他应付款”,共计 400 多万元。

(2)提请被审计单位作相应的会计调整,并调整会计报表相关的数额。

(3)如果被审计单位拒绝接受调整,则把查证金额与重要性水平相比,选择相应的审计报告的类型。

注意:注册会计师在审计销售收入时,要关注被审计单位是否少计或多计销售收入。

(二)一般情况下,企业多计销售收入的方法有:

(1)把没有实现的销售提前确认销售收入。

(2)虚构销售业务,等次年作退货处理,虚构收入等。

(3)母子公司或关联企业之间在年底互开发票,虚构收入等。

(三)企业少记销售收入的方法有:

(1)将正常的销售收入反映在“应付账款、其他应付款”中，作为其他企业的暂存款处理，将记账联单独存放，造成当期收入减少，达到少缴税的目的。此案例星光公司就是如此。

(2)已实现的销售收入，不确认或延期确认。

(3)以“应收账款”或“银行存款”账户与“库存商品”相对应，直接抵减“库存商品”，少计收入。

(4)虚增销售退回，即销售退回仅用红字借记“应收账款”，贷记“主营业务收入”、“应交税费——应交增值税(销项税额)”的会计分录，记账凭证后面没有红联销售发票、销售退回单、商品验收单等原始凭证等。

注意:注册会计师一般要实施顺查或逆变的方法查证这些事项，并提请被审计单位予以纠正，否则，发表保留意见或否定意见的审计报告。

任务三 应收账款审计

【案例 8－5】注册会计师江某对星光公司 2013 年度会计报表进行审计。负责审计星光公司应收账款，审计中发现大江公司欠星光公司货款 3 000 万元，其经济业务内容为货款，账龄已超过 2 年。由于大江公司是星光公司的投资方(大江公司投资为 4 000 万元)，江某认为需要加倍关注。为此江某实施了以下审计程序:

(1)向大江公司发出询证函。(采用积极的函证方式)。

(2)查阅星光公司和大江公司签章确认的购货合同、经星光公司管理当局批准的发货凭证和大江公司的收货验收证明等。

(3)评价星光公司偿付货款的能力。

【分析】

(1)在确认这项 3000 万元的应收账款时，由于大江公司是投资方，首先要确认大江公司所欠星光公司的款项是否为正常商业信用货款。如果大江公司确实与星光公司有货款往来关系，下一步需要对应收账款项目的存在性和所有权归属予以确认，设计函证程序或替代性审计程序确认其存在性，如查验有无对方出具的具有法律效力的书面文件或对方的收货验收证明、运输部门出具的合法运输凭证或近期的双方对账记录等;最后，还要考虑近期还款情况和对方财务状况，确认其可收回性。即使注册会计师确认了大江公司与星光公司之间的往来款项属于正常结算债权债务关系，也要注意星光公司是否在财务报表附注中适当披露此关联方业务。

(2)江某如果不能取得被审计单位提供的大江公司正常偿付货款的有效文件，根据职业判断，应考虑星光公司与大江公司之间是否已有抽走投资资金的默契。

应收账款指企业因销售商品、产品或提供劳务而形成的债权。即由于企业销售商品、产品或提供劳务等原因，而向购货客户或接受劳务的客户收取的款项或代垫的运杂费。是企业在信用活动中所形成的一种债权性资产。

企业的应收账款是在销货业务中产生的。企业的销售如果属于赊销，即销售实现时没有立即收取货款，而是获得了要求客户在一定条件下和一定时间内支付货款的权力，就产生了应收账款。因此，应收账款的审计应结合销售业务来进行。

一、应收账款的审计目标

应收账款的审计目标一般包括：

(一)确定应收账款是否存在；

(二)确定应收账款是否归被审计单位所有；

(三)确定应收账款增减变动及坏账准备的记录是否完整；

(四)确定应收账款是否可收回，坏账准备的计提是否恰当、充分；

(五)确定应收账款及坏账准备期末余额是否正确；

(六)确定应收账款在会计报表上的列报与披露是否恰当。

二、应收账款的实质性程序

(一)取得或编制应收账款明细表，复核加计正确，并与总账数和明细账合计数核对相符。结合坏账准备科目与报表数核对相符。

应当注意：应收账款报表数反映企业因销售商品、产品和提供劳务等应向购买单位收取的各种款项，减去已计提的坏账准备后的净额，因此，其报表数应根据应收账款明细账、相应的坏账准备的余额分析填列，核对相符。

【案例 8－6】2013 年 2 月份注册会计师李某对星光公司 2012 年度报表进行审计，取得或编制应收账款明细表，复核加计正确，并与总账数和明细账合计数核对相符。结合坏账准备科目与报表数核对，发现不相符。于是注册会计师李某对应收账款明细账审查，发现应收账款明细账有贷方金额 56 万元，填列报表时直接填列到应收账款项目中，经查这 56 万元属于预收的货款。

注册会计师李某提请被审计单位作相应的会计调整，并调整会计报表相关的数额。

会计分录以万元为单位。

调整分录：

借：应收账款　　　　　　　　　56

　贷：预收账款　　　　　　　　　56

并调整 2012 年度会计报表相关的数额，应收账款调增 56 万元，同时预收账款调增 56 万元。

(二)分析应收账款账龄

应收账款的账龄，是指资产负债表中的应收账款从销售实现，产生应收账款之日起，至资产负债表日止所经历的时间。编制应收账款账龄分析表时，可以选择重要的顾客及其余额列示，不重要的或余额较小的，可以汇总列示。应收账款账龄分析表的合计数应等于应收账款明细账数额。

注册会计师可以通过编制或索取应收账款账龄分析表来分析应收账款的账龄，以便了解应收账款的可收回性。应收账款账龄分析表如表 8－1 所示。

表 8－1　　应收账款账龄分析表

顾客名称	期末余额	账龄			
		1 年以内	1－2 年	2－3 年	3 年以上
合计					

（三）运用分析程序

分析应收账款、销售收入的变动情况。通过分析比较，根据其比率及其趋势变化，从中找出不符合正常规律变动的情况，从而抓住进一步审核的重点。

其具体做法：

1. 将本年度应收账款的余额与以前年度相比较，分析其变动趋势是否正常，并分析查明异常现象和重大波动的原因。

2. 将本年度期末应收账款占本年度销售金额的比例，与上年度期末应收款项占上年度销售金额的比率相比较。分析其变动趋势是否正常，并分析查明异常现象和重大波动的原因。

3. 将本年赊销收入净额占平均应收账款金额的比率与上年相比。分析其变动趋势是否正常，并分析查明异常现象和重大波动的原因。

4. 将本年度各月份销售收入进行比较。分析其变动趋势是否正常，并分析查明异常现象和重大波动的原因。

5. 比较本年度与以前年度应收账款的回收期，结合当前经济环境及信用政策判断其合理性。

6. 比较本年度与以前年度坏账准备与主营业务收入的比率、坏账准备与应收账款的比率，并查明异常情况的原因。

7. 比较会计年度截止日前后两个月末应收账款的余额、主要客户的应收账款余额，并查明异常情况的原因。

（四）向债务人函证应收账款

应收账款函证就是直接发函给被审计单位的债务人，要求核实被审计单位应收账款的记录是否正确的一种审计方法。

1. 函证的目的是证实应收账款账户余额的真实性、正确性，防止或发现被审计单位及其有关人员在销售业务中发生的差错或弄虚作假、营私舞弊行为。通过函证，可以有效地证明债务人的存在和被审计单位记录的可靠性。

注意：询证函由注册会计师利用被审计单位提供的应收账款明细账户名称及地址编制，但询证函的寄发一定要由注册会计师亲自进行。

2. 函证的范围和对象

（1）注册会计师应当对应收账款实施函证，除非有充分证据表明应收账款对财务报表不重要，或函证很可能无效。如果不对应收账款函证，注册会计师应当在工作底稿中说明理由。如果认为函证很可能无效，注册会计师应当实施替代审计程序，获取充分、适当的审计证据。

(2)函证的内容通常还涉及下列账户余额或其他信息：银行存款；应收票据；其他应收款；预付账款；由其他单位代为保管、加工或销售的存货；长期投资；应付账款；预收账款；保证、抵押或质押；或其他事项；重大或异常的交易。

(3)注册会计师采用审计抽样或其他选取测试项目的方法选择函证样本时，样本应当足以代表总体。对被审计单位所有的应收账款进行函证。函证数量的大小、范围是由诸多因素决定的。一般情况下，注册会计师应选择以下项目作为函证对象：

①金额较大的项目；

②账龄较长的项目；

③交易频繁但期末余额较小的项目；

④重大关联方交易；

⑤重大或异常的交易；

⑥可能存在争议以及产生重大舞弊或错误的交易。

注意：余额为零的项目；非正常的项目。

3. 函证的方式

函证方式分为肯定式函证和否定式函证两种。

(1)肯定式函证，又称正面式、积极式函证，就是向债务人发出询证函，要求他证实所函证的款项是否正确，无论对错都要求复函。肯定式询证函参考格式如下：

企 业 询 证 函

索引号：

编号：

致：

本公司聘请的________________会计师事务所对本公司________年度财务报表进行审计，按照中国注册会计师审计准则的要求，应当询证本公司与贵公司的往来账项等事项。下列数额出自本公司账簿记录，如与贵公司记录相符，请在本函下端“信息证明无误”处签章证明；如有不符，请在“信息不符”处列明不符金额。回函请直接寄至____________________会计师事务所。

地址：　　　　　　　　　　　　联系人：

邮编：　　　　　　电话：　　　　　传真：

本公司与贵公司的往来账项列示如下：　　　　　　　　单位：元

截止日期	贵公司欠	欠贵公司	备 注

其他事项

本函仅为复核账目之用，并非催款结算。若款项在上述日期之后已经付清，仍请及时函复为盼。

（公司盖章）

年　月　日

结论:
信息证明无误。

(公司签章)
年 月 日
经办人:
信息不符，请列明不符的详细情况:

(公司签章)
年 月 日
经办人:

(2)否定式函证，又称反面式、消极式函证，它是向债务人发出询证函，但所函证的款项相符时不必复函，只有在所函证的款项不符时才要求债务人向注册会计师复函。

(3)在设计询证函时，注册会计师应当考虑所审计的认定以及可能影响函证可靠性的因素。可能影响函证可靠性的因素主要包括:

①函证的方式;

②以往审计或类似业务的经验;

③拟函证信息的性质;

④选择被询证者的适当性;

⑤被询证者易于回函的信息类型。

(4)注册会计师采用哪种函证方式，可以根据下述情形做出选择

如果采用积极的函证方式，注册会计师应当要求被询证者在所有情况下必须回函，确认询证函所列示信息是否正确，填列询证函要求的信息。当债务人符合下列情况时，采用肯定式函证较好:个别账户的欠款金额较大;有理由相信欠款可能会存在争议、差错等问题。

如果采用消极的函证方式，注册会计师只要求被询证者仅在不同意询证函列示信息的情况下才予以回函。积极的函证方式通常比消极的函证方式提供的审计证据可靠。当同时存在下列情况时，注册会计师可考虑采用消极的函证方式:

①重大错报风险评估为低水平;

②涉及大量余额较小的账户;

③预期不存在大量的错误;

④没有理由相信被询证者不认真对待函证。

注意:注册会计师也可将两种方式结合使用。有时候两种函证方式结合起来使用可能更适宜:对于金额大的账项采用肯定式函证，对于金额小的账项则采用否定式函证。

4. 函证时间的选择

为了充分发挥函证的作用，应恰当选择函证的发送时间。注册会计师通常以资产负债表日为截止日，在资产负债表日后适当时间内实施函证并同时考虑对方复函的时间，尽可能做到在注册会计师的审计工作结束前取得函证的全部资料。如果重大错报风险评估为低水平，注册会计师可选择资产负债表日前适当日期为截止日实施函证，并对所函证项目自该截止日

起至资产负债表日止发生的变动实施实质性程序。

5. 函证的控制

注册会计师应当直接控制询证函的发送和回收。对于因无法投递而退回的询证函要进行分析、研究、处理，查明是由于被函证者地址迁移、差错而致使询证函无法投递，还是这笔应收账款本来就是一笔假账。对于采用肯定式函证方式而没有得到复函的，应采用追查程序，一般说来应第二次乃至第三次发送询证函，如果仍得不到答复，注册会计师则应考虑采用必要的替待审计程序。例如检查与销售有关的文件，包括销售合同、销售订单、销售发票存根及发运凭证等，以验证这些应收账款的真实性。注册会计师可通过函证结果汇总表来加以控制。

6. 函证结果差异的分析

收回的询证函若有差异，注册会计师应对此进行分析，寻找差异的原因，并应与债务人直接联系，作进一步核实。必要时，应要求被审计单位做适当调整。产生差异的原因可能是由于购销双方登记入账的时间不同，也可能是由于一方或双方记账错误，也可能是其中有弄虚作假或舞弊行为。因登记入账的时间不同而产生的差异，主要表现为：

（1）询证函发出时，债务人已经付款，而被审计单位尚未收到货款。

（2）询证函发出时，被审计单位的货物已经发出并已作销售记录，但货物仍在途中，债务人尚未收到货物。

（3）债务人由于某种原因将货物退回，而被审计单位尚未收到。

（4）债务人对收到的货物的数量、质量及价格等有异议而全部或部分拒付货款。

7. 对函证结果的总结和评价

注册会计师应将函证的过程和情况记录在工作底稿中，并据以总结和评价应收账款情况。注册会计师对函证结果可进行如下评价：

（1）注册会计师应重新考虑：对内部控制的原有评价是否适当；控制测试的结果是否适当；分析性复核的结果是否适当；相关的风险评价是否适当等。

（2）如果函证结果表明没有审计差异，则注册会计师可以合理地推论，全部应收账款总体是正确的；如果函证结果表明存在审计差异，注册会计师则应当估算应收账款总额中可能出现的累计差错是多少，估算未被选中进行函证的应收账款的累计差错是多少。为取得对应收账款累计差错更加准确的估计，也可以进一步扩大函证范围。

需要注意是，即使应收账款得到了债务人的确认，也并不意味着债务人一定会付款。另外，函证也不可能发现应收账款中存在的所有问题。虽然如此，应收账款的函证仍不失为一种必要的、有效的审计方法。注册会计师通过对应收账款进行函证，并执行其他实质性测试的审计程序，可以对有关债权回收的可能性做出合理的结论，并向被审计单位管理当局提出有关债权情况所面临的风险和应当采取的措施。

（五）请被审计单位协助，在应收账款明细表上标出至审计时已收回的应收账款

对已收回金额较大的款项进行常规检查，如核对收款凭证、银行对账单、销售发票等，并注意凭证发生日期的合理性。

（六）检查未函证应收账款

由于注册会计师不可能对所有应收账款进行函证，因此，对于未函证应收账款，注册会计师应抽查有关原始凭据，如销售合同、销售订单、销售发票存根及发运凭证等，以验证及其

相关的这些应收账款的真实性。

(七)检查坏账的确认和处理

首先，注册会计师应检查有无债务人破产或者死亡的，以及破产或以遗产清偿后仍无法收回的，或者债务人长期未履行清偿义务的应收账款;其次，应检查被审计单位坏账的处理是否经授权批准，做坏账处理后又重新收回的应收账款，有关会计处理是否正确。

(八)检查有无不属于销售业务的债权

不属于销售业务的债权，不应在应收账款中进行核算。因此，注册会计师应抽查应收账款明细账，并追查有关原始凭证，查证被审计单位有无不属于销售业务的债权。如有，应做记录或建议被审计单位作适当调整。

(九)分析应收账款明细账余额

应收账款明细账的余额一般在借方。在分析应收账款明细账余额时，注册会计师如果发现应收账款出现贷方明细余额的情形，就应查明原因，必要时建议作重分类调整。

(十)检查应收账款在资产负债表上是否已恰当列报与披露

三、坏账准备的实质性程序

坏账是指企业应收款项不能收回或回收的可能性很小而产生的损失，称为坏账损失。企业通常应采用备抵法按期估计坏账损失，形成坏账准备。备抵法将预计不能收回的应收账款作为坏账损失及时计入费用，能够避免企业虚增利润。在会计报表上列示应收款项的净额，有助于会计报表使用者了解企业真实的财务状况。并且，使得应收账款实际占用资金更接近实际，消除了虚列的应收款项，有利于加快企业资金周转，提高企业经济效益。

在市场经济的社会信用制度尚未完善时期，企业间交易形成款项部分或全部无法收回的情形司空见惯，因此，企业应当定期或者至少与每年年度终了，对应收款项进行全面检查，预计各项应收款项可能发生的坏账，对于没有把握能够收回的应收账款，应当计提坏账准备。也正因为如此，坏账准备通常是审计的重点领域。明确坏账准备实质性测试的目的及程序，是对坏账准备进行实质性测试的首要工作。

【案例 8-7】2013 年 2 月份注册会计师李某对星光公司 2012 年度报表进行审计，注册会计师李某审计星光公司坏账准备项目，在审查坏账损失时发现:原大江公司欠款 1 000 万元，大江公司因财务状况不佳，多年不能偿还，11 年度已经董事会决定作坏账处理，并报经有关部门审核批准。大江公司 2012 年经营状况好转后，偿还原欠款中的 500 万元。星光公司做会计处理为:借记“银行存款”500 万元，贷记“其他应付款”500 万元。

【解析】会计制度规定已作为坏账处理的欠款，为全面反映欠款单位的信用程度和经济事项发生的全过程，应在收到还款时借记“银行存款”科目，贷记“应收账款”科目。同时，借记“应收账款”科目，贷记“坏账准备”科目;也可以借记“银行存款”科目，贷记“坏账准备”科目。星光公司的会计处理，虚增负债 500 万元，影响利润，因此，李某提请被审计单位有关人员按照制度规定调整原有会计分录。

会计分录以万元为单位。

调整分录:

借:其他应付款　　　　500

　贷:坏账准备　　　　　500

借:坏账准备　　　　　　　　　　　　500
　贷:资产减值损失(或以前年度损益调整)　　　500

(一)坏账准备审计目标

坏账准备的审计目标一般包括:

1. 确定坏账准备计提金额或比率是否恰当;

2. 确定坏账准备增减变动金额记录是否完整;

3. 确定坏账准备年末余额是否正确;

4. 确定坏账准备披露是否恰当。

(二)坏账准备的实质性程序

围绕上述审计目标，坏账准备的实质性测试程序一般包括:

1. 取得或编制坏账准备明细表，复核加计正确，与坏账准备明细账、总账核对相符，并填制坏账准备审定表:

2. 执行分析程序

通过计算坏账准备余额占应收款余额的比例，并和以前年度的相关比例核对、比较，检查分析有无重大差异，分析并查明产生重大差异的原因，以发现有重要问题的审计领域。

3. 检查坏账准备的计提

主要应查明坏账准备的计提方法和比例是否符合制度规定，计提的数额是否恰当，会计处理是否正确，前后期是否保持一致。

按照《企业会计制度》的规定，企业只能采用备抵法核算坏账损失，计提坏账损失的具体方法由企业自行确定。企业应当列出目录，具体注明计提坏账准备的范围、提取方法、账龄的划分和提取比例，按照管理权限，经股东会或董事会，或经理(厂长)会议或类似机构批准。坏账准备提取方法一经确定，不得随意变更。

4. 检查坏账损失

对于被审计单位在被审计期间内发生的坏账损失，注册会计师应检查其原因是否清楚，是否符合有关规定，有无授权批准，有无已作坏账处理后又重新收回的应收账款，相应的会计处理是否正确。对又重新收回的应收账项，相应的会计处理是否正确。对有确凿证据表明确实无法收回的应收款项，相应的会计处理是否正确。对有确凿证据表明确实无法收回的应收款项，如债务单位已撤消、破产、资不抵债、现金流量严重不足等，企业应根据管理权限，经股东会或董事会，或经理(厂长)会议或类似机构批准作为坏账损失，冲销提取的坏账准备。

5. 结合函证结果，

对债务人回函中反映例外事项及存在争议的余额，注册会计师应查明原因并作记录，必要时，应建议被审计单位作相应的调整。

6. 检查长期挂账的应收款项

注册会计师应检查应收款项(包括应收账款和其他应收款项等)明细账及相关原始凭证，查找有无资产负债表日后仍未收回的长期挂账应收款项，如有，应提请被审计单位做适当处理。

7. 确定坏账准备的披露是否恰当

企业应当在会计报表附注中清晰地说明坏账计提确认标准、坏账准备的计提方法和计提比例，并应区分应收账款和其他应收款项目等，披露坏账准备的期末余额。

任务四 相关项目审计

【案例8－8】注册会计师张某审计星光公司预收账款项目时，发现以下审计线索：

1. 星光公司3年前预收大江公司款项600万元，截至2012年度资产负债表日账面余额为600万元。

2. 2012年12月25日星光公司根据银行存款未达账项1 000万元，记入“预收账款”。张某逐笔核对了记账凭证及其后附的销售合同等，随后又根据合同所列产品名称及数量，到仓库审查了产品库存明细账，证实以上各批产品已发货，有关原始凭证已传递到会计部门。

【解析】

1. 一般情况下，预收账款供货单位应按合同或约定及时向购货方提供货物，结算货款。星光公司的上述经济业务预收大江公司账款余额为600万元，时间较长，数额较大。星光公司在长时间内无供货行为，应引起注册会计师的充分关注。对此，注册会计师应采取以下审计程序：

(1)取得并审阅业务发生时会计处理的原始凭证，获取确认经济性质的审计证据，据以判定预收账款的存在性；

(2)通过函证取得大江公司的数额确认情况说明；

(3)如果经以上程序，审计人员证实此事项属非正常的事项，审计人员应根据其性质及对财务状况的影响程度，按照《中国注册会计师审计准则》的要求，发表适当的审计意见。

2. 根据会计制度的规定，如果上述预收账款1 000万元的经济事项已表明销售收入的成立，应该做销售收入处理。因此注册会计师要在审查取得充分、适当的审计证据基础上，提请被审计单位进行账务调整，并把查证的情况客观地记录在审计工作底稿中。如果星光公司拒绝调整，注册会计师可考虑发表保留或否定意见的审计报告。

3. 注册会计师审计预收账款时，要关注被审计单位以下项目：

(1)是否与预收租金、预收利息等相混淆；

(2)是否将预收账款提前作为销售收入入账；

(3)是否利用“预收账款”截留收入；

(4)是否利用“预收账款”账户进行舞弊行为。

在销售与收款循环中，除以上介绍的会计报表项目之外，还包括:应收票据、预收账款、应交税费、营业税金及附加、销售费用和其他业务利润(包括其他业务收入与其他业务成本)等项目。

一、销售费用的实质性程序

销售费用是指企业在销售商品过程中发生的费用。

(一)销售费用的审计目标

销售费用的审计目标一般包括：

1. 确定销售费用的内容是否完整；

2. 确定销售费用的分类、归属和会计处理是否正确；

3. 确定销售费用在会计报表上的披露是否恰当。

(二)销售费用的实质性测试程序

1. 获取或编制销售费用明细表，复核加计正确，与报表数、总账数及明细账合计数核对相符，并检查其明细项目的设置是否符合规定的核算内容与范围。

2. 检查销售费用的项目设置和开支标准是否符合有关规定，查明其项目设置是否划清了销售费用与其他费用的界限。有关费用支出是否按规定标准列支。

3. 将本期销售费用与上期销售费用进行比较，并将本期各月的销售费用进行比较，如有重大波动和异常情况应查明原因，并作适当处理。

4. 选择重要或异常的销售费用，检查其原始凭证是否合法，会计处理是否正确，必要时，对销售费用实施截止测试，检查有无跨期入账的现象，对于重大跨期项目应建议作必要调整。

5. 检查销售费用的结转是否正确、合规，查明有无多转、少转或不转的销售费用，以及人为调节利润的情况。

6. 检查销售费用是否已在利润表上恰当披露。

二、应交税费审计

企业在一定时期内取得的营业收入或销售收入和实现的利润，要按规定向国家交纳相应的税费，这些应交的税费应按权责发生制原则预提记入有关账户，在尚未缴纳前就形成了企业的一项负债。

(一)应交税费的审计目标

应交税费的审计目标一般包括：

1. 确定计提和已缴税费的记录是否完整；

2. 确定应交税费的期末余额是否正确；

3. 确定应交税费在会计报表上的披露是否恰当。

(二)应交税费的实质性测试程序

1. 获取或编制应交税费明细表，复核其加计数是否正确，并核对其期末余额与报表数、总账数和明细账合计数是否相符。

注意：印花税、耕地占用税以及其他不需要预计应缴数额的税费有无误入应交税费项目。

2. 查阅被审计单位纳税鉴定或纳税通知及征、免、减税的批准文件，了解被审计单位适用的税种、计税基础、税率，以及征、免、减税的范围与期限，确认其在被审计期间内的应纳税费内容。

3. 核对期初未交税费与税务机关的认定数是否一致，如有差额，查明原因并做出记录，必要时建议作适当调整。

4. 取得税务部门汇算清缴或其他确认文件、税务代理机构的专业报告、企业纳税申报有关资料等，分析其有效性，并与上述明细账及账面情况进行核对。

5. 检查应交增值税的计算是否正确：

(1)获取或编制应交增值税明细表，加计复核其正确性，并与明细账核对相符。

(2)将“应交增值税明细表”与企业增值税纳税申报表进行核对，检查进项、销项的入账与申报期间是否一致，金额是否相符，增值税纳税申报表有无经税务机关认定。

(3) 复核国内采购货物、进口货物、购进的免税农产品、接受投资或捐赠、接受应税劳务等应计的进项税额是否按规定进行了会计处理。

(4) 复核因存货改变用途或发生非正常损失应计的进项税额转出数的计算是否正确，是否按规定进行了会计处理；检查出口货物退税的计算是否正确，是否按规定进行了会计处理。

6. 检查应交营业税的计算是否正确。结合营业税金及附加和其他业务利润等项目的审计，根据审定的当期营业额，检查营业税的计税依据是否正确，适用税率是否符合税法规定，是否按规定进行了会计处理，并分项复核本期应交营业税税额。

7. 检查应交消费税的计算是否正确。结合营业税金及附加等项目，根据审定的应税消费品销售额(或数量)，检查消费税的计税依据是否正确。适用税率(或单位税额)是否复核税法规定，是否按规定进行了会计处理，并分项复核本期应交消费税税额。

8. 检查应交城市维护建设税的计算是否正确。结合营业税金及附加和其他业务利润等项目的审计，根据审定的计税基础和按规定使用的税率，计算复核被审计单位本期应交城市维护建设税税额。

9. 检查其他税种的计算是否正确。

10. 确定本期应交纳的税款，检查有关账簿记录和缴税凭证，确认本期已缴税款和期末未交税款。

11. 确定应交税费是否已在资产负债表上作恰当披露。

特别提醒：地方的各种税收规定经常发生变动，因此，在审计时必须依据当时的规定来进行；同理，会计准则也有变动的可能性，审计也必须与时俱进。

三、营业税金及附加的实质性程序

营业税金及附加是指企业由于销售产品、提供劳务等负担的税金及附加，包括营业税、消费税、城市维护建设税、资源税和教育费附加等。对营业税金及附加的实质性测试，应在查明被审计单位应交纳的税种基础上，结合"营业税金及附加"总账、明细账与有关原始凭证，以及与该账户对应的"应交税费"等账户进行检查，必要时应向有关部门、单位和人员进行查询。

(一) 营业税金及附加的审计目标

营业税金及附加的审计目标一般包括：

1. 确定营业税金及附加的记录是否完整；

2. 确定营业税金及附加的计算和会计处理是否正确；

3. 确定营业税金及附加在会计报表上的披露是否恰当。

(二) 营业税金及附加的实质性程序

1. 取得或编制营业税金及附加明细表，复核加计正确，并与报表数、总账数和明细账合计数核对相符。

2. 结合被审计单位有关纳税申报，确定被审计单位的纳税范围与税种是否符合国家规定。

3. 检查营业税金及附加的计算是否正确。

(1) 根据审定的当期应纳营业税的营业收入，按规定的适用税率，分项计算、复核本期应纳营业税税额。

(2) 根据审定的应税消费品销售额(或数量)，按规定使用的适用税率(单位税额)，计算、复核本期应纳消费税税额。

(3)根据审定的应税资源税产品的课税数量，按规定使用的单位税额，计算、复核本期应纳资源税税额。

(4)检查城市维护建设税、教育费附加等项目的计算依据是否和本期应纳增值税、营业税、消费税合计数一致，并按规定使用的税率或费率计算。复核本期应纳城市维护建设税、教育费附加的数额是否正确。

4. 复核各项税费的金额与应交税费等相关项目的勾稽关系，是否相符。

5. 确定被审计单位减免税的项目是否真实，理由是否充分，手续是否完备。

6. 确定营业税金及附加是否已在利润表上作恰当披露。

【知识拓展】

销售与收款业务循环内部控制容易出现的问题有：

1. 商品销售条件没有明确的授权审批制度。

2. 销售单无专人进行独立稽查，有可能导致供货与客户需求有出入，容易发生销售折让或销售退回。

3. 没有专人核对销售单与顾客订货单的内容，容易造成销售退回或折让。

4. 没有专人核对销售发票与销售单、装运凭证的内容是否一致。

5. 装运凭证不是按销售单的内容来填写的。

6. 销售退回、折扣和折让，没有专人进行检查、核对。

7. 汇款通知单的收发没有严格分工。

8. 没有定期核对收入账与货币资金账、应收账款的内容是否相符。

9. 管理当局不重视对应收账款的管理。

10. 对坏账处理没有合理的分工，明确的审批、复核程序，容易造成坏账业务处理的错误或舞弊发生。

【基础知识与技能训练】

一、单项选择题

1. 销售与收款循环业务的起点是(　　)。

A. 顾客提出订货要求　　B. 向顾客提供商品或劳务

C. 商品或劳务转化为应收账款　　D. 收入货币资金

2. 应收账款函证的时间通常为(　　)。

A. 被审计年度期初　　B. 在资产负债表日后适当时间

C. 与资产负债表接近的时间　　D. 被审计年度期中

3. 对于未函证的应收账款，审计人员应当执行的最有效的审计程序是(　　)。

A. 重新测试相关的内部控制制度　　B. 抽查有关原始凭证

C. 实施分析程序　　D. 审查资产负债表日后的收款情况

4. 若在销售总账、明细账中登记了并未发生的销售，存在错误的管理层认定有(　　)。

A.“发生”　　B.“完整性”　　C.“权利和义务”　　D.“分类”

5. 审查人员审计应收账款的目的，不包括(　　)。

A. 确定应收账款内部控制的存在性　　B. 确定应收账款记录的完整性

C. 确定应收账款的回收性　　D. 确定应收账款在财务报表上披露的恰当性

6. 注册会计师审查销售发票时，不需要核对的项目有(　　)。

A. 相关的销售单　　B. 相关的客户订货单

C. 相关的货运文件　　D. 有关往来函件

7. 不属于坏账准备的审计目标是(　　)。

A. 确定计提坏账准备比率是否恰当，坏账准备是否充分

B. 确定坏账准备增减变动的记录是否完整

C. 确定坏账准备的相关内部控制是否健全、有效

D. 确定坏账准备在财务报表上的披露是否恰当

8. 注册会计师执行应收账款函证程序的主要目的是为了(　　)。

A. 确定应收账款能否收回

B. 符合专业标准的要求

C. 确定应收账款的真实性、正确性

D. 判定被审计单位入账的坏账损失是否适当

9. 为了证实已发生的销售业务是否均已登记入账，有效的做法是(　　)。

A. 只审查有关原始凭证

B. 只审查销售日记账

C. 由日记账追查有关原始凭证

D. 由有关原始凭证追查销售日记账

10. 销售与收款循环所涉及的财务报表项目不包括(　　)。

A. 销售费用　　B. 营业收入　　C. 应交税费　　D. 所得税费用

11. 为了确保销售收入截止的正确性，审计人员最希望被审计单位(　　)。

A. 年初及年末停止销售业务　　B. 经常与客户对账

C. 建立严格的赊销审批制度　　D. 发运单连续编号，并顺序签发

12. 如果分析程序表明主营业务收入比预算下降20%，注册会计师应(　　)。

A. 认为被审计单位经营业绩较差

B. 怀疑财务报表中有错误

C. 发表保留意见

D. 要求被审计单位在财务报表附注中说明

13. 为了审查应收票据的贴现，无效的审计程序是(　　)。

A. 审查被审计单位的相关会议记录　　B. 询问被审计单位管理层

C. 向被审计单位的债务单位函证　　D. 向被审计单位的开户银行函证

14. 开具销售发票的职能应归属于(　　)。

A. 销售部门　　B. 发运部门　　C. 会计部门　　D. 信用部门

15. 审查应收账款的最重要的实质性程序应是(　　)。

A. 函证　　B. 询问　　C. 观察　　D. 重新执行

16. 某审计人员审计某公司2008年度财务报表时，将其交易和账户划分为销售与收款循

环、购货与付款循环、生产循环、筹资与投资循环。在一般情况下，该审计人员应将预收账款及销售费用项目划入(　　)。

A. 销售与收款循环　　B. 购货与付款循环

C. 生产循环　　D. 筹资与投资循环

17. 应收账款询证函的寄发，应当由(　　)完成。

A. 客户　　B. 客户的会计机构负责人

C. 注册会计师　　D. 客户的律师

18. 在确定函证对象时，以下项目中，应当进行函证的是(　　)。

A. 函证很可能无效的应收款项

B. 交易频繁，但期末余额较小的应收款项

C. 执行其他审计程序可以确认的应收款项

D. 纳入审计范围内子公司的应收款项

19. 应收账款询证函的签章者，应当是(　　)。

A. 客户　　B. 会计师事务所

C. 客户的律师　　D. 注册会计师

20. 在确定函证时间时，以下方案中，不应选取的是(　　)。

A. 因公司固有风险和控制风险低，在预审时函证

B. 在年终对存货监盘的同时，对应收款项进行函证

C. 项目小组进驻审计现场后，立即进行函证

D. 为减少函证回函差异，在执行其他审计程序后函证

二、多项选择题

1. 下列(　　)情况下，审计人员应采用积极式的函证。

A. 上年度的积极式函证回复率特别低　　B. 预计差错较大

C. 个别账户的欠款金额较大　　D. 被审计单位内部控制无效

2. 如果应收账款账龄分析表是由客户提供，注册会计师应(　　)。

A. 弃之不用，重新独立编制

B. 验算其中的计算是否有误

C. 将分析表中的合计数与应收账款总账的余额相核对

D. 从分析表所列项目中抽出样本与应收账款明细账余额相核对

3. 如果大额逾期的应收账款经第二次函证仍未收到回函，审计人员不应当执行的审计程序是(　　)。

A. 增加对应收账款的控制测试

B. 提请被审计单位增加坏账准备

C. 审查应收账款明细账

D. 审查客户订货单、销售发票及产品出库单

4. 关于应收账款函证回函的回收，下列不正确的是(　　)。

A. 直接寄给客户

B. 直接寄给会计师事务所

C. 寄给客户或会计师事务所均可

D. 直接寄给客户，由客户转交会计师事务所

5. 在审计应收票据是否已在资产负债表内做出恰当披露时，审计人员应查实(　　)。

A. 资产负债表中应收票据的数额与审定数额是否相符

B. 资产负债表中应收票据的数额是否减除了已贴现票据

C. 已贴现的商业汇票已在资产负债表内补充资料中说明

D. 长期应收票据未列示于流动资产项内

6. 应收账款函证结果产生差异的原因可能是(　　)。

A. 一方或双方记账错误　　B. 双方登记入账的时间不同

C. 被审计单位提取坏账准备　　D. 舞弊(虚列应收账款)

7. 审计人员应选择应收账款的重要项目进行函证，并根据函证结果分别作出的处理包括(　　)。

A. 回函金额不符的，应查明原因

B. 未回函的，可进行再次函证

C. 未回函的，采用替代方法进行检查

D. 回函余额相符的，应抽查有关原始凭证

8. 注册会计师应当采取下列措施，对函证实施过程进行控制(　　)。

A. 将被询证者的名称、地址与被审计单位有关记录核对

B. 将询证函中列示的账户余额或其他信息与被审计单位有关资料核对

C. 在询证函中指明直接向接受审计业务委托的会计师事务所回函

D. 询证经被审计单位签章后，由注册会计师直接发出

9. 审计人员在审查被审计单位登记入账的销货业务，确实已发给真实的顾客时，为验证其真实性，可采用(　　)进行测试。

A. 将发运凭证与存货永续记录中发运计录核对

B. 核对销货明细账、销货发票存根及发运凭证

C. 将应收账款明细账中贷方分录与真实的证据核对

D. 复核销货总账、明细账、应收账款明细账中的大额项目和异常项目。

10. 为了证实已发生的销售交易是否均已登记入账，无效的做法是(　　)。

A. 只审查主营业务收入明细账

B. 只审查有关原始凭证

C. 由主营业务收入明细账追查至有关原始凭证

D. 由有关的原始凭证追查至主营业务收入明细账

11. 主营业务收入审计目标有(　　)。

A. 确定主营业务收入是否全部入账

B. 确定对销货退回、销售折扣与折让的处理是否恰当

C. 确定已入账的主营业务收入会计处理是否正确、适当

D. 确定主营业务收入的披露是否恰当

12. 注册会计应选择如下项目作为应收账款的函证对象(　　)。

A. 账龄较长的项目　　B. 重大关联方交易

C. 可能存在争议的交易　　D. 金额较大的项目

13. 在审计实务中，审计人员实施销售截止测试的路线有(　　)。

A. 以报表为起点　　B. 以账簿记录为起点

C. 以销售发票为起点　　D. 以发运凭证为起点

14. 实施销售截止测试的三种方法是(　　)。

A. 以账簿记录为起点，追查至发票存根与装运单

B. 以销售发票为起点，追查至装运单与账簿记录

C. 以装运单为起点，追查至发票开具情况与账簿记录

D. 以顾客订单为起点，追查至装运单

15. 对应收账款而言，登记入账的时间不同而产生的不符事项，主要表现为(　　)。

A. 询证函发出时，债务人已经付款，而被审计单位尚未收到贷款

B. 询证函发出时，被审计单位的货物已经发出并已作销售记录，但货物仍在途中，债务人尚未收到货物

C. 债务人由于某种原因将货物退回，而被审计单位尚未收到货物

D. 债务人对收到的货物的数量、质量及价格等有异议而全部或部分拒付贷款

16. 在对特定会计期间主营业务收入进行审计时，注册会计师应重点关注的与被审计单位主营业务收入确认有密切关系的日期包括(　　)。

A. 销售截止测试实施日期　　B. 发票开具日期或者收款日期

C. 发货日期或提供劳务日期　　D. 记账日期

17. 同时存在下列的情况时，注册会计师可考虑采用消极的函证方式(　　)。

A. 被审计单位的重大错报风险评估为低水平

B. 涉及大量较小的账户余额

C. 预期不存在大量的错误

D. 没有理由相信被函证者不认真对待函证

18. 销售与收款循环所涉及的主要凭证和会计记录有(　　)。

A. 顾客订单　　B. 销售单　　C. 装运单　　D. 贷项通知单

三、判断题

1. 注册会计师要检查红字专用发票的开具是否取得税务机关开具的《开具红字增值税专用发票通知单》(　　)

2. 如果应收账款函证结果表明无差异，则审计人员可以合理地推断，全部应收账款总体是合理的。(　　)

3. 所有装运单应连续编号，其中作废的装运单不应保存，应随时销毁。(　　)

4. 在通常情况下，审计人员应在核实应收票据明细表实有数与总账余额相符的基础上，函证应收票据余额，以避免不必要的重复审计。(　　)

5. 注册会计师对应收账款只能以资产负债表日为截止日，在资产负债表日后适当时间内实施函证。(　　)

6. 对于大额应收账款余额，审计人员必须采用积极式函证予以证实。(　　)

7. 注册会计师应当对应收账款实施函证，除非有充分证据表明应收账款对财务报表不重要，或函证很可能无效。(　　)

8. 对销售单预先连续编号，不能防止销货后忘记登记入账，但可防止重复记账。(　　)

9. 由于审计人员不可能对所有应收账款进行函证，因此，对未函证的应收账款，审计人员应抽查有关原始凭证，如销售合同、销售订单、销售发票存根及发运凭证等，以验证这些应收账款的真实性。(　　)

10. 分析应收账款的账龄，可以了解应收账款的可收回性，但无助于确定坏账准备计提是否充分。(　　)

11. 对主营业务收入实施截止测试，其目的主要在于确定主营业务收入的会计记录归属时期是否正确。(　　)

12. 在销售业务审计中，测试真实性目标时，起点应是发货凭证；测试完整性目标时，起点应是相关明细账。(　　)

13. 如果对应收账款实施函证不能获取充分、适当的审计证据，注册会计师应当实施替代审计程序。(　　)

14. 应收账款的询证函应由被审计单位签章和寄发。(　　)

15. 注册会计师在对某年度主营业务收入实施截止测试时，应当以该年度的销售发票为起点，以检查其是否高估主营业务收入。(　　)

16. 对于未曾发货却将销货交易登记入账的情况，注册会计师可以从主营业务收入明细账中抽取几笔，追查有无装运单及其他凭证。(　　)

四、案例分析题

1. 北京会计师事务所接受委托审计星光公司2012年度的财务报表。注册会计师李某了解和测试了与应收账款相关的内部控制，并将控制风险评估为高水平。注册会计师李某取得2012年12月31日的应收账款明细账，并于2013年1月15日采用积极式函证方式对所有重要客户寄发了询证函。

注册会计师李某将与函证结果相关的重要异常情况汇总于表8－2。

表8－2　**函证结果异常情况表**

序号	函证编号	客户名称	询证金额(元)	回函日期	回函内容
1	15	A公司	300 000	2013年1月22日	购买星光公司300 000元货物属实，但款项已于2012年12月25日用支票支付
2	22	B公司	400 000	2013年1月19日	因产品质量不符合要求，根据购货合同，于2012年12月28日将货物退回
3	28	C公司	600 000	2013年1月19日	2012年12月10日收到星光公司委托本公司代销的货物600 000元，尚未销售
4	42	D公司	800 000	2013年1月18日	采用分期付款方式购货800 000元，根据购货合同，已于2012年12月25日首付200 000元
5	64	E公司	500 000	因地址错误，被邮局退回	

【要求】

针对上述各种异常情况，注册会计师李某应分别相应实施哪些重要审计程序？

项目九　采购与付款循环审计

【知识要点】

(1)了解采购与付款循环应有的内部控制;
(2)掌握采购与付款循环的内部控制测试;
(3)掌握应付账款、固定资产、累计折旧等账户实质性测试的基本程序。

【能力目标】

能够对应付账款、固定资产、累计折旧等账户进行审计。

【案例导入】

"钢铁公司"百亿资金实现"廉洁采购"的评价及思考

每年用于购买原料、燃料等材料资金上百亿元的钢铁公司,在物资供应部门积极探索搞好"廉洁采购"的有效途径和方法,取得了良好效果。据对钢铁公司主要物资供应部门原料处的统计,他们通过廉洁采购,降低采购成本,两年多来为企业创造经济效益2.62亿元。据钢铁公司纪委,监委负责同志介绍,为确保廉洁采购,他们突出了抓权力分解、民主监督、招标采购、廉政共建等四个环节。具体做法:

一是权力分解。过去,物资供应部门工作人员业务权力过于集中,有的科室采购员既管计划,又管合同、结算,容易出问题。现在,他们建立了上述3项业务权力分离的管理机制,做到了计划、采购、验收、结算等各个环节相互制约,堵塞了管理漏洞。原料处明确规定,验收废钢铁必须由两人同时验收。当两人意见不一致时,必须报上一级裁决,做到双岗同步制约,避免定"人情价",以次充好等问题。2010年以来,该处共收购废钢铁110万吨,有关人员严格验收把关,扣杂质2 000余吨,拒收不合格废钢铁1728吨,避免经济损失达233万元。

二是民主监督。为强化监督制约,钢铁公司把厂务公开的原则、方法运用于采购工作中,为防止个人决策造成失误和经济损失，各物资供应单位成立了由行政领导和购销、财务、纪检、监察。审计等专业部门专业人员组成的价格委员会，对大宗物资采购方案进行审查把关、民主决策，严格执行比价采购原则，原料处价格委员会自2010年以来共审查重大采购方案94项，提出重大增收节支措施62项，节约采购费用上亿元。原料处过去规定由价格委员会审定的采购合同金额在500万元以上，现改为10万元以上，扩大了价格委员会的议事范围。一次在外销废旧原料时，有关科室提出每吨售价1.9万元，经价格委员会审查，将吨售价调整为2.15万元多创收33.6万元。

三是招标采购。钢铁公司从适应市场经济要求出发，为广大客户营造公开、公正、公平竞争的环境，大宗物资采购均实行招投标采购，从而避免了幕后交易、以权谋私等不正之风的发生。2010年第四季度，原料处为购买19万吨煤炭，组织24个单位进行投标竞争，经过比价压价，与19个单位签订供货合同，为企业节约采购费用258.57万元。

四是廉政共建。自2010年以来，钢铁公司在健全内部制约机制的同时，与客户签订廉政协议书，实行廉政共建，不管是新老客户，谁违反廉政协议，当即中断合同和业务往来。他们先后与50多个无视廉政协议、采取不正当手段竞争的客户断绝了业务关系，在客户中引起很大震动，有效地遏制了采购中的不正之风。

【讨论分析】

(1)结合案情评审钢铁公司内控制度的健全性。

(2)评审其内部控制的有效性。

(3)"钢铁公司"的"廉洁采购"哪些是属于采购与付款业务循环的控制问题？"钢铁公司"的做法对其他企业有何借鉴意义？

(4)在企业采购业务中，哪些因素对原材料的质量及成本有影响？按内部控制理论应如何控制？

任务一　采购与付款循环的概述

一、采购与付款循环主要业务活动

在内部控制比较健全的企业，应将采购与付款业务所涉及的各项职能活动指派给不同的部门或职员来完成。这样，每个部门或职员都可以独立检查其他部门和职员工作的准确性。下面以采购商品为例，分别阐述采购与付款循环中的主要业务活动。

(一)请购商品和劳务

企业购买商品或劳务，应由仓库部门负责对需要购买的已列入存货清单的项目填写请购单，其他资产使用部门也可以对所需要的商品未列入存货清单的项目填写请购单，大部分企业对正常经营所需要的物资的购买均作为一般授权。比如，仓库在现有库存达到再订购点时，就可直接提出采购申请，其他部门也可为正常的工作需要直接申请采购有关物品。但对资本支出和租赁合同，企业决策则通常要求作出特别授权，只允许指定人员提出请购。请购单可用手工或计算机由不同人员、部门填制。由于其不便于事先编号，为了加强控制，每张请购单必须经过对这类支出负预算责任的主管人员签字批准。

(二)编制订购单

采购部门在收到请购单后，只能对经过批准的请购单发出订购单；对订购单，采购部门应确定最佳的供应来源。对大额的、重要的采购项目应采用竞价的方式确定供应商。订购单应正确填写所需要的商品品名、数量、价格、厂商名称和地址等，预先予以编号并经过被授权的采购人员签字。订购单预先编号，一式多联，送至供应商及验收、应付凭单和编制请购单等有关部门。随后，应检查订购单的处理，以确定是否确实收到商品正确入账。

(三)验收商品

有效的订购单代表企业已授权验收部门接受供应商发运来的商品。验收部门首先应比较所收商品与订购单上的要求是否相符，如商品的品名、规格、数量、到货时间等，然后再盘点商品并检查商品有无损坏。验收后，验收部门应对已收货的每张订购单编制一式多联，预先编号的验收单，作为验收和检验商品的依据。验收人员将商品送交仓库或其他请购部门时，应取得经过签字的收据，或要求其在验收单的副联上签收，以确立他们对所采购的资产应负的保管责任。验收单应送交应付凭单编制或财会等有关部门。

(四)储存已验收的商品

将已验收商品的保管与采购的其他职责相分离，可减少未经授权的采购和盗用商品的风险。存放商品的仓储区应相对独立，限制无关人员接近。

(五)编制付款凭单

记录采购交易之前，应付凭单部门应编制付款凭单。付款凭单是采购方企业的应付凭单部门编制的，载明已收到的商品、资产或接受劳务的厂商、应付款金额和付款日期的凭证，是企业内部记录和支付负债的授权证明文件。付款凭单应预先编号，并经过适当批准。这项功能的控制包括以下几项。

(1)确定供应商发票的内容与相关的验收单、订购单的一致性。

(2)确定供应商发票计算的正确性。

(3)编制有预先编号的付款凭单，并附上支持性凭证(如订购单、验收单和供应商发票等)。这些支持性凭证的种类，因交易对象的不同而不同。

(4)独立检查付款凭单计算的正确性。

(5)在付款凭单上填入应借记的资产或费用账户名称。

(6)由被授权人员在凭单上签字，以示批准照此凭单要求付款。所有未付凭单的副联应保存在未付凭单档案中，以待日后付款。经批准和有编号的凭单为记录采购交易提供了依据。

(六)确认与记录负债

在手工系统下，应将已批准的未付款凭单送达会计部门，在收到应付凭单后，会计部门应将应付凭单同供应商发票、订货单、验收单等资料上记载的品名、规格、数量等有关资料核对。然后据以编制有关记账凭证和登记有关账簿。会计主管应监督为采购交易而编制的记账凭证中账户分类的适当性；通过定期核对编制记账凭证的日期与凭单副联的日期，以监督入账的及时性。而独立检查会计人员则应核对所记录的凭单总数与应付凭单部门送来的每日凭单汇总表是否一致，并定期独立检查应付账款总账余额与应付凭单部门未付款凭单档案中的总金额是否一致。

（七）付款

通常是由应付凭单部门负责确定未付凭单在到期日付款。企业有多种款项结算方式，如支票结算、汇票结算等，根据不同结算方式，会计部门在编制和签署票据支付款项时，应在检查已签发票据总额与所处理的付款凭单总额的一致性、由被授权的财务部门人员签署票据、票据的审查核对等方面实施好相应的控制。

（八）记录现金、银行存款支出

在手工系统下，会计部门应根据已签发的票据或其他支款单据编制付款记账凭证，并据以登记银行存款日记账及其他相关账簿。

二、采购与付款循环涉及的主要凭证和会计记录

采购与付款业务循环是指企业从外部购进商品或劳务以及由此产生的已付或未付货款的业务过程。采购与付款业务通常要经过请购、订购、验收、付款这样的程序，同销售与收款交易一样，在内部控制比较健全的企业，处理采购与付款交易通常也需要使用很多凭证与会计记录。典型的采购与付款循环涉及的主要凭证与会计记录有以下几种：

（一）请购单

请购单是由产品储存、资产使用等部门的有关人员填写，送交采购部门，申请购买商品、劳务或其他资产的书面凭证。

（二）订购单

订购单是由采购部门填写，向另一企业购买单上所指定的商品、劳务或其他资产的书面凭证。

（三）验收单

验收单是收到商品、资产时所编制的凭证，列示从供应商处收到的商品、资产的种类和数量等内容。

（四）卖方发票

卖方发票（供应商发票）是供应商开具的，交给买方以载明发运的货物或提供的劳务，应付款金额和付款条件等事项的凭证。

（五）付款凭证

付款凭证是采购方企业的应付凭单部门编制的，载明已收到的商品、资产或接受的劳务应付款金额和付款日期的凭证。付款凭单是采购方企业内部记录和支付负债的授权主要文件。

（六）转账凭证

转账凭证是指记录转账交易的记账凭证，它是根据有关转账交易的原始凭证编制的。

（七）付款凭证

付款凭证包括现金付款凭证和银行存款付款凭证，是指用来记录库存现金和银行存款支出交易的记账凭证。

（八）应付账款明细账

（九）库存现金日记账和银行存款日记账

（十）供应商对账单

供应商对账单是由供应商按月编制的，标明期初余额、本期购买、本期支付给供应商的款项和期末余额的凭证。

三、采购与付款循环的内部控制

采购与付款循环应有的内部控制

1. 采购与付款业务不相容职务相互分离控制

单位应当建立采购与付款业务的岗位责任制，明确相关部门和岗位的职责、权限，确保办理采购与付款业务的不相容岗位相互分离、制约和监督。采购与付款业务不相容岗位至少应包括：请购与审批；确定供应商；采购合同的订立；采购与验收；采购、验收与相关会计记录；付款审批与付款执行。

单位不得由同一部门或个人办理采购与付款业务的全过程。

单位应当配备合格的人员办理采购与付款业务。办理采购与付款业务的人员应当具备良好的业务素质和职业道德。单位应当根据具体情况对办理采购与付款业务的人员进行岗位轮换。

2. 采购与付款业务授权批准控制

单位应当对采购与付款业务建立严格的授权批准制度，明确审批人对采购与付款业务的授权批准方式、权限、程序、责任和相关控制措施，规定经办人办理采购与付款业务的职责范围和工作要求。

第一，审批人应当根据采购与付款业务授权批准制度的规定，在授权范围内进行审批，不得超越审批权限。

第二，单位对于重要和技术性较强的采购业务，应当组织专家进行论证，实行集体决策和审批，防止出现决策失误而造成严重损失。

第三，严禁未经授权的机构或人员办理采购与付款业务。

第四，单位应当按照请购、审批、采购、验收、付款等规定的程序办理采购与付款业务，并在采购与付款各环节设置相关的记录，填制相应的凭证，建立完整的采购登记制度。

3. 采购与付款业务会计系统控制

第一，请购与审批控制（含预算控制）

第二，采购与验收控制

第三，付款控制

4. 采购与付款业务监督检查控制

单位应当建立对采购与付款内部控制的监督检查制度，明确监督检查机构或人员的职责权限，定期或不定期地进行检查。单位监督检查机构或人员应通过实施符合性测试和实质性测试检查采购与付款业务内部控制制度是否健全，各项规定是否得到有效执行。采购与付款内部控制监督检查的内容主要包括：

第一，采购与付款业务相关岗位及人员的设置情况。重点检查是否存在采购与付款业务不相容职务混岗的现象。

第二，采购与付款授权批准制度的执行情况。重点检查大宗采购与付款业务的授权批准手续是否健全，是否存在越权审批的行为。

第三，应付账款和预付账款的管理。重点审查应付账款和预付账款支付的正确性、时效性和合法性。

第四，有关单据、凭证和文件的使用和保管情况。重点检查凭证的登记、领用、传递、保管、注销手续是否健全，使用和保管制度是否存在漏洞。

对监督检查过程中发现的采购与付款内容控制中的薄弱环节，单位应当采取措施，及时加以纠正和完善。

【案例9－1】注册会计师张小利和王小红于2013年12月10日至13日对大洋食品公司采购与付款循环的内部控制进行了解和测试，并在相关审计工作底稿中记录了了解和测试的事项，现摘录部分内容如下：

（1）大洋食品公司的材料采购需要经授权批准后方可进行。采购部根据经批准的请购单发出订购单。货物运达后，验收部根据订购单的要求验收货物，并编制一式多联的未连续编号的验收单。仓库根据验收单验收货物，在验收单上签字后，将货物移入仓库加以保管。验收单上有数量、品名、单价等要素。验收单一联交采购部登记采购明细账和编制付款凭单，付款凭单经批准后，月末交会计部；一联交会计部登记材料明细账；一联由仓库保留并登记材料明细账。会计部根据支付验收单的付款凭单登记有关账簿。

（2）会计部审核付款凭单后，支付采购款项。大洋食品公司授权会计部的经理签署支票，经理将其授权给会计人员张涛负责，但保留了支票印章。张涛根据已批准的凭单，在确定支票受款人名称与凭单内容一致后签署支票，并在凭单上加盖"已支付"的印章。对付款控制程序的实行测试表明，注册会计师张小利和王小红未发现与公司规定有不一致之处。

【要求】根据上述摘录，请注册会计师张小利和王小红指出采购与付款循环内部控制方面的缺陷，并提出改进建议。

【解析】大洋食品公司采购与付款循环内部控制方面的缺陷有：

（1）验收单未连续编号，不能保证所有的采购都已记录或不被重复记录。应建议大洋食品公司对验收单进行连续编号。

（2）付款凭单未附订购单及供应商的发票等，会计部无法核对采购事项是否真实，登记有关账簿时金额或数量可能就会出现差错。应建议大洋食品公司将订购单和发票等与付款凭单一起交会计部。

（3）会计部月末审核付款凭单后才付款，未能及时将材料采购和债务登账并按约定时间付款。应建议大洋食品公司采购部及时将付款凭单交会计部，按约定时间付款。

四、购货与付款循环的主要会计报表项目

根据会计报表与业务循环的相关程度，购货与付款业务循环主要涉及的会计报表项目是资产负债表项目，按其在会计报表中所列示顺序，通常包括预付账款、固定资产、累计折旧、固定资产减值准备、工程物资、在建工程、固定资产清理、应付票据、应付账款等。

五、采购与付款循环中的主要业务活动和内部控制要点

一个健全有效的采购与付款循环的主要业务活动和内部控制应包括以下内容（见表9－1）：

表 9－1　　购货与付款循环中主要业务活动及对应的凭证和记录

主要业务活动	对应的凭证和记录	相关的主要部门	相关的认定	重要控制点
1. 请购商品和劳务	请购单	仓库、有关部门		请购单不编号，但要经过签字批准
2. 编制订购单	订购单	采购部门	完整性	订购单预先编号，送至供应商及有关部门，独立检查处理
3. 验收商品	验收单、订购单	验收部门	完整性、存在或发生	验收单一式多联、预先编号
4. 储存已验收商品	验收单上签收	仓库、请购部门	存在或发生	保管与采购职责分离
5. 编制付款凭单	付款凭单、验收单、订货单、供应商发票	应付凭单部门	存在或发生、估价或分摊、完整性	预先编号，并经过适当批准
6. 确认与记录负债	应付账款明细账、应付凭单登记簿、供应商发票、验收单、订货单、卖方对账单、转账凭证	应付账款部门、会计部门	存在或发生、完整性、估价或分摊	记录现金收支的人员不得经手现金、有价证券和其他资产，独立检查入账及时性及金额正确性
7. 支付负债	付款凭单、支票	应付凭单部门、财务部门	存在或发生、完整性、估价或分摊	支票预先编号，已签署的支票的相关凭证要注销
8. 记录现金、银行存款支出	现金日记账、银行存款日记账、支票、付款凭证	会计部门	存在或发生、估价或分摊、完整性	独立编制银行存款调节表

【案例 9－2】光明会计师事务所的注册会计师周琳接受事务所的指派，于 2007 年年初对恒顺公司进行审计，包括对部分业务的内部控制实施控制测试和对部分交易、活动进行实质性测试程序。在预审改造中，周琳发现了以下情况。假如你是注册会计师，请逐一判断恒顺公司的相关内部控制是否存在缺陷，相关的经营活动及其会计处理是否符合企业会计准则的规定，并简要说明原因。

（1）为使采购业务的不相容职务彻底分离，规定采购人员不得参与验收。收到供应商发来的货物后，必须由财会部门负责采购业务会计记录的人员进行验收登记，只有当所收货物与订购单一致后，采购部门方能开具付款凭单。

（2）采购部门在办理付款业务时，对请购单、采购发票、结算凭证的签字、盖章、日期、数量、金额等进行严格审核。

（3）按照恒顺公司与甲公司签署的购货合同，自恒顺公司收到材料起 10 日内付款者，恒顺公司可获得 10% 的现金折扣。恒顺公司在 2006 年 10 月 16 日收到所购材料后，于 18 日按照购货发票所列金额30万元的90%向甲公司支付了27万元的材料款。为保证会计信息的真实性与可靠性，恒顺公司对此笔付款做了借记应付账款27万元、贷记银行存款27万元的记录。

(4)选择应付账款的函证对象时，按照金额大小，选取了金额最大的50个债权单位采用积极式函证方式发函询证。

(5)恒顺公司于2006年初开始建造E生产车间，10月份完工后投入使用，但由于种种原因，直到年底才办理完竣工决算手续。在投入使用时，恒顺公司对此项固定资产做了借记固定资产，贷记在建工程的会计处理。并在当年计提了折旧。在办理竣工决算手续时，调整固定资产原值，并调整已经计提的折旧。

【解析】(1)按照《内部会计控制规范——采购与付款》的规定，采购、验收、记录三项职务属于不相容职务。恒顺公司将验收业务交由记录人员办理，不符合不相容职务分离的要求。(2)按照《内部会计控制规范——采购与付款》的规定，在办理付款业务时，应对采购发票、验收凭证和结算凭证进行严格审核。恒顺公司在相关规定中，没有包括对验收单的审核，大大增加了付款的风险。(3)按照会计制度的规定，对于带有现金折扣的应付账款，应按购货发票的金额入账，待实际取得折扣时，再冲减财务费用。据此，恒顺公司应做借记应付账款30万元、贷记银行存款27万元、贷记财务费用3万元的会计处理。(4)应付账款的首要审计目标的完整性，对此，应将那些金额不大、甚至金额为零但往来频繁的供货商作为重要的函证对象。周琳在确定函证对象时，没有考虑到这一标准，属于主要的审计缺陷。(5)按照企业会计准则的规定，在建工程应在达到预定可使用状态后按照暂估价值计入固定资产，待办理完竣工决算手续手再进行适当调整。但调整时仅调整固定资产原值，对已经计提折旧不进行调整。

六、采购与付款循环的控制测试

(一)关键的内部控制测试点

1. 请购单、订货单和发票齐全，并附在付款凭证后，购货按正确的级别批准，注销凭证以防止重复使用，对卖方发票、验收单、订货单和请购单作内部核查；

2. 订货单均经事先编号并登记入账，验收单均经事先编号并登记入账，卖方发票均经事先编号并登记入账；

3. 进行计算数量、单价、金额的内部查核，采购价格和折扣的批准；

4. 采用适当的会计科目表，分类的内部核查；

5. 要求一收到货物或接受劳务就记录购货业务；

6. 应付账款明细账内容的内部核查。

【案例9-3】　　采购与付款循环内部控制的测试

注册会计师于2013年2月10日至15日对E公司采购与付款交易的内部控制进行了解和测试，并在相关的审计工作底稿中作了记录，现摘录如下：

E公司的材料采购需要经授权批准后方可进行，采购部门根据经批准的请购单，编制发货订购单，订购单没有编号。货物运达后，由隶属于采购部门的验收人员根据订购单的要求验收货物，并编制一式多联的未连续编号的验收单。仓库根据验收单验收货物，在验收单上签字后，将货物移送仓库加以保管。验收单上有数量、品名、单价等内容。验收单一联交采购部门登记采购明细账和编制付款凭单，付款凭单经批准后，月末交会计部门，一联交会计部门登记材料明细账。会计部门根据只有验收单的付款凭单登记有关账簿。

请根据上述情况，指出 E 公司采购与付款交易内部控制方面存在的缺陷，作出简单评价，并提出相应的改进建议。

【解析】

(1)订购单没有编号和验收单未连续编号，不能保证所有的购货业务都已记录或不被重复记录。建议 E 公司应对其订购单和验收单连续编号。

(2)验收人员隶属于采购部门，会影响其独立行使职责，不能保证验收货物的数量和质量。建议 E 公司应将验收部门从采购部门独立出来。

(3)付款凭单未附订购单及供应商发票，会计部门无法核对采购事项是否真实，登记有关账簿时金额和数量可能就会出现差错。建议 E 公司应将订购单和购货发票等与付款凭单一起交会计部门。

(4)E 公司采购与付款循环的内部控制存在严重缺陷，设计不合理，执行效果较差，不能防止或发现并纠正采购与付款循环过程中出现的错误与舞弊，控制风险为高水平，应扩大实质性程序的范围。

(二)采购与付款循环的控制测试

1. 对请购商品或劳务内部控制测试

抽取若干张请购单，检查其摘要、数量及日期等项目是否齐全，同相应订购单、合同等文件是否一致，有无批准手续。

2. 对订购商品或劳务内部控制测试

抽取若干张订购单，检查其摘要、数量、价格、规格及日期等项目是否齐全，是否批准，是否有请购单、合同等支持性凭证。

3. 对验收商品内部控制测试

通过观察、询问，确定验收部门是否独立行使职责，是否根据货物的检查情况准确编制验收单。验收单是否连续编号，填写内容是否完整，同发票及实物是否一致。

4. 对实物内部控制测试

通过观察、询问，查看职员在执行授权、实物收发、保管、记录方面是否认真履行职责，是否存在弊端。

5. 对应付账款内部控制测试

(1)从应付账款明细账中抽取一定记录，审查其对应的记账凭证，确定记账凭证是否附有购货发票、订购单、合同、验收单等原始凭证，并与原始凭证上所载明的品名、规格、数量、价格核对是否一致，原始凭证手续是否齐全。

(2)检查一定数量的购货发票、订购单、验收单，核对其有无对应的应付账款记录，时间、金额是否一致。

(3)检查应付账款明细账、存货、固定资产明细账以及总账是否平行登记，金额是否一致。

在实务中，注册会计师通常将内部控制测试和交易实质性测试汇集在一起进行，其关键控制点与控制测试见表 9－2：

表 9－2　　内部控制测试和交易的实质性测试

内部控制目标	关键的内部控制	常用的控制测试	常用的交易测试
所记录的购货都已收到，物品或已接受劳务，符合购货方的最大利益	请购单、订货单和发票齐全，并附在付款凭证后；购货按正确的级别批准；注销凭证以防止重复使用；对卖方发票、验收单、订货单和请购单作内部核查。	查验付款凭证后是否有单据；检查核准购货标志；注销凭证的标志；检查内部核查的标志。	复校采购明细账、总账及应付账款明细账，注意是否有大额或不正常的金额，检查卖方发票、验收单、订货单和请购单的真实性和合理性，检查取得的固定资产。
已发生的购货业务均已记录	订货单均经事先编号并登记入账；验收单均经事先编号并登记入账；卖方发票均经事先编号并登记入账。	检查订货单连续编号的完整性；检查验收单连续编号的完整性；检查卖方发票连续编号的完整性。	从验收单追查至采购明细账；从卖方发票追查至采购明细账。
所记录的购货业务估价正确	计算、金额的内部查核；采购价格和折扣的批准。	审核内部检查的标志；审校采购价格和折扣的标志。	将采购明细账中记录的业务同卖方发票、验收单和其他证明文件比较；复算包括折扣和运费在内的卖方发票的准确性。
购货业务的分类正确	采用适当的会计科目表；分类的内部核查。	检查工作手册和会计科目表；检查有关凭证上内部核查的标志。	参照卖方发票，比较会计科目表上的分类。
购货业务按正确的日期记录	要求一收到货物或接受劳务就记录购货业务	检查工作手册并观察有无未记录的卖方发票存在；检查内部核查的标志	将验收单和卖方发票上的日期与采购明细账中的日期进行比较
购货业务被正确记入应付账款和存货等明细账中，并被准确汇总	应付账款明细账内容的内部核查	检查内部核查的标志	通过加计采购明细账，追查过入商品采购和应付账款、存货明细账的数额是否准确，用以测试过账和汇总的准确性

任务二　应付账款审计

【案例9－5】注册会计师甲和乙在审计D公司年度会计报表时，注意到与购货和付款循环相关的内部控制存在缺陷，没有及时记录发生的应付账款。他们认为D公司管理当局在资产负债表日故意推迟记录发生的应付账款，于是决定实施审计程序进一步查找未入账的应付账款。请问：注册会计师甲和乙应如何查找未入账的应付账款？

【解析】注册会计师甲和乙查找未入账应付账款的审计程序如下：

（1）检查D公司在资产负债表日未处理的不相符购货发票及有材料入库凭证但未收到购货发票的经济业务；

（2）检查D公司在资产负债表日后收到的购货发票，确认其入账时间是否正确；

（3）检查D公司在资产负债表日后应付账款明细账贷方发生额的相应凭证，确认其入账时间是否正确。

根据会计报表与业务循环的相关程度，采购与付款业务循环主要涉及的会计报表项目是资产负债表项目，按其在会计报表中所列示顺序，通常包括预付账款、固定资产、累计折旧、固定资产减值准备、工程物资、在建工程、固定资产清理、应付票据、应付账款等。

一、应付账款的审计目标

1. 确定应付账款的发生和偿还记录是否完整；

2. 确定应付账款期末余额是否正确；

3. 确定应付账款在会计报表上的披露是否恰当。

【案例9－6】　　　　利用应付账款隐匿利润

审计人员在审查甲企业2013年度"应付账款"记账凭证时，发现所附原始凭证为银行进账单回单和发货票，而会计分录为借银行存款，贷应付账款，审计人员怀疑该企业可能利用"应付账款"账户隐匿收入，故决定作进一步审查。经进一步审查应付账款明细账和原始凭证，发现原始凭证为银行进账单回单和向A公司开出的发货票。但没有采购发票和验收单据。销售发货票上注明销售货款为153 846元，增值税为26 154元，合计180 000元，隐瞒收入属实。假定该企业销售利润按20 000元计算，所得税税率为25%。

【解析】根据上述资料，审计人员认为，甲企业存在的问题是利用应付账款账户隐瞒主营业务收入。这样做不但偷漏了增值税，也因人为压低了利润数导致少纳所得税。审计人员建议该企业按国家税法的有关规定尽快补交增值税和所得税，并调整有关账簿记录。调账分录如下：

（1）借：应付账款——A公司	180 000	
贷：应交税费——应交增值税		26 154
以前年度损益调整		153 846
（2）借：以前年度损益调整	5 000	
贷：应交税费——应交所得税		5 000

二、应付账款的实质性测试程序

1. 获取或编制应付账款明细表，复核加计正确，并与报表数、总账数和明细账合计数核对是否相符。（账表核对）

2. 进行分析性复核。

(1) 本期期末余额与上期比较，分析其波动原因；

(2) 分析长期挂账的应付账款，要求被审计单位作出解释，判断被审计单位是否缺乏偿债能力或利用应付账款隐瞒利润；

(3) 计算应付账款对存货的比率、应付账款对流动负债的比率，并与以前期间对比分析，评价应付账款整体的合理性；

(4) 利用存货、主营业务收入和主营业务成本的增减变动幅度，判断应付账款增减变动的合理性。

3. 函证应付账款。

(1) 一般情况下，应付账款不需要函证，这是因为函证不能保证查出未记录的应付账款，况且注册会计师能够取得购货发票等外部凭证来证实应付账款的余额。

(2) 如果控制风险较高，某应付账款账户金额较大或被审计单位处于经济困难阶段，则应进行应付账款的函证。

(3) 函证对象应为金额较大的债权人，以及那些在资产负债表日金额不大、甚至为零、但为企业重要供货人的债权人。

(4) 函证方式最好采用肯定形式，并具体说明应付金额。

(5) 如果存在未回函的重大项目，注册会计师应采用替代审计程序。如可以检查决算日后应付账款明细账及现金和银行存款日记账，核实其是否已支付，同时检查该笔债务的相关凭证资料，核实交易事项的真实性。

4. 查找未入账的应付账款。

查找未入账应付账款是应付账款实质性测试程序的重要补充程序，其目的是为了防止企业低估应付账款。注册会计师在审查被审计单位有无故意漏记应付账款时，应从以下几个方面考虑：

其一，检查被审计单位在资产负债表日尚未处理的不符合要求的购货发票（如抬头不符，与合同某项规定不符等）及有材料入库凭证但未收到购货发票的经济业务，并询问会计人员未入账的原因。

其二，检查购货发票与验收单不符或未列明金额的发票单据，注册会计师应审查决算日的全部待处理凭单，确定是否有漏记的应付账款。

其三，审阅结账日之前签发的验收单，追查至应付账款明细账，检查是否有货物已收，而负债未入账的应付账款。

其四，检查企业资产负债表日后收到的购货发票，确定这些发票记录的负债是否应记入资产负债表日。

其五，检查企业资产负债表日后应付账款明细账贷方发生额的相应凭证，确定其入账时间是否正确。

其六，抽查未结算货物和劳务采购，检查有无未入账的应付账款。

在审查企业有无未入账的应付账款时，注册会计师还可以通过询问被审计单位的会计和采购人员，查阅资本预算、工作通告单和基建合同来进行。如果注册会计师通过上述程序发现某些未入账的应付账款，应将有关情况详细记入工作底稿，然后视其重要性程度决定是否需建议被审计单位进行相应的调整。

5. 检查应付账款是否存在借方余额。如有，应查明原因，必要时建议被审计单位作重分类调整。

6. 结合预付账款的明细余额，查明有否在应付账款和预付账款两面同时挂账的项目；结合其他应付款的明细余额，查明有无不属于应付账款的其他应付款。如有，应作出记录，必要时，建议被审计单位作重分类调整或会计误差调整。

7. 检查应付账款长期挂账的原因，注意其是否可能发生呆账收益。

8. 对于用非记账本位币结算的应付账款，检查其采用的折算汇率是否正确。

9. 验明应付账款在资产负债表上的披露是否恰当。

【案例 9－7】注册会计师甲和乙在审计 D 公司年度会计报表时，注意到同采购与付款循环相关的内部控制存在缺陷，没有及时记录发生的应付账款。他们认为 D 公司管理当局在资产负债表日故意推迟记录发生的应付账款，于是决定实施审计程序进一步查找未入账的应付账款。

问题：注册会计师甲和乙应如何查找未入账的应付账款？

【解析】注册会计师甲和乙查找未入账应付账款的审计程序如下：

(1) 检查 D 公司在资产负债表日未处理的不相符购货发票及有关材料入库凭证，但未收到购货发票的经济业务；

(2) 检查 D 公司在资产负债表日后收到的购货发票，确认其入账时间是否正确；

(3) 检查 D 公司在资产负债表日后应付账款明细账贷方发生额的相应凭证，确认其入账时间是否正确。

【案例 9－8】2013 年初，审计人员在审查友谊公司“主营业务收入”账户时，发现公司 2012 年末产品销售收入下滑幅度较大，但据审计人员了解公司下半年销售正值旺季，为什么会出现这种异常情况呢？审计人员怀疑该单位利用“应付账款”账户隐匿收入。

【解析】

(1) 审计人员认真查阅了 2012 年 10 月、11 月与 12 月的“应付账款”明细账，并分别将本季 3 家债务上升比较大的客户的有关记录进行了详细审查，发现以下账务处理：

借：银行存款	2 900 000	
贷：应付账款——A 公司		1 800 000
——B 公司		600 000
——C 公司		500 000

其所附的原始凭证均为银行进账单，以及分别向三家公司开具的销售发票。

(2) 被审计单位利用往来账隐匿收入，不仅偷漏了增值税，同时也人为地压低了利润数额，少缴了所得税。被审计单位对上述问题供认不讳。被审计单位除应调整有关账务、调整利润、补交增值税和所得税外，建议还应对有关责任人进行相应处罚。

(3) 被审计单位应作如下账项调整：

1. 调整利润，计算流转税：

借：应付账款——A 公司	1 800 000	
——B 公司	600 000	
——C 公司	500 000	
贷：利润分配——未分配利润		2 478 632.50

应交税费——应交增值税(销项税额)　　421 367.50

2. 结转此项收入的产品销售成本，并计算所得税。

【案例9－9】信誉会计师事务所的审计人员在审查某公司2012年11月份利润表时，发现该期销售收入同以往相比明显减少，但销售成本无明显变化。销售收入明显减少，为什么销售成本无明显变化？是否存在问题？应从哪里着手调查？

【解析】

(1)查阅该公司11月份主营业务收入明细账及银行存款日记账、往来明细账，相互核对、审阅，发现银行存款日记账中，有一笔存款数额585 000元。对应科目却为应付账款，疑有问题。

(2)调阅该笔业务的记账凭证和原始凭证，原始凭证为一张托收回单。而会计分录却为：

借：银行存款　　585 000

　贷：应付账款　　585 000(该笔业务处理明显有误)

(3)查阅该企业11月份销货发票存根，发现其中有一张销售金额为500 000元，增值税为85 000元的发票与该记账凭证所记录的单位名称一致。

(4)进一步询问当事人确认该企业将正常销售收入通过应付账款暂时挂账，从而隐匿了销售收入。

(5)要求该企业调整账项，如上述问题在11月份当期被发现，被审计单位应编制如下调整分录：

借：应收账款　　585 000

　贷：主营业务收入　　500 000

　　应交税费——应交增值税(销项税额)　　85 000

【知识拓展】光明会计师事务所的注册会计师郭静在审计A公司2005年度会计报表将近结束时，A公司财务主管提出不必抽查2006年付款记账凭证来证实2005年的会计记录，其理由如下：(1)2005年度的有些发票因收到太迟，不能记入12月份的付款记账凭证，公司已经全部用转账分录入账；(2)年后由公司内部审计人员进行了抽查；(3)公司愿意提供无漏记负债业务的说明书。

问题：

1. 注册会计师郭静在执行抽查未入账债务程序时，是否可以因客户已利用转账分录将2005年迟收发票入账的事实而改变原定程序？

2. 注册会计师抽查未入账债务是否因客户愿意提供无漏记债务说明书而受影响？

3. 注册会计师在抽查未入账债务的程序时可否因内部审计人员的工作而取消或减少？

4. 除2006年付款记账凭证外，注册会计师还可以从何种途径审查是否存在未入账的债务？

【解析】

(1)尽管委托人对迟收账单以转账方式入账，简化了注册会计师对未入账债务的抽查，也减少了进一步调整的可能性，但这不影响注册会计师抽查2006年付款记账凭证。注册会计师通过实施该项测试，可以查明有关2005年的验收单、卖方发票是否均已包括在转账分录内。这种抽查步骤与委托人自信十分完整、正确的报表仍须审核的理由是相同的。

(2)客户提供的无漏记债务声明书不能作为正当审计程序，仅提供给注册会计师额外的保证，作为一种内部证据，其证明力较弱，故无法减轻注册会计师应作抽查的责任。

(3)如果注册会计师已查明内部审计人员具有专业胜任能力和合理的独立性，并且已经抽查了未入账的债务，在和内部审计人员讨论其程序的性质、时间、范围并审阅其工作底稿后，注册会计师可减少本身拟进行的未入账债务抽查工作，但只是减少，绝不能取消该抽查工作。

(4)注册会计师审查未入账债务，还可以通过如下途径：①未归档的购货发票；②客户以前年度未曾核定的所得税结算申报书；③与客户职员商讨；④客户管理当局的声明书；⑤与上年账户余额相比较；⑥期后对期内相关付款的审核；⑦现有契约、合约、议事录、律师的账单和信件往来；⑧主要供货商间的信件往来；⑨抽查截止日期的有关账户，如存货、固定资产等。

任务三　固定资产审计

一、固定资产的审计目标

1. 确定固定资产是否存在；
2. 确定固定资产是否归被审计单位所有；
3. 确定固定资产及其累计折旧增减变动的记录是否完整；
4. 确定固定资产的计价和折旧政策是否恰当；
5. 确定固定资产的期末余额是否正确；
6. 确定固定资产在会计报表上的披露是否恰当。

二、固定资产的内部控制和控制测试

表 9－3　固定资产的内部控制和控制测试

关键内部控制点	重要控制程序	主要控制测试
1. 预算制度（最重要的部分）	编制预算，合理运用资金	检查固定资产的取得和处置是否均依据预算，对实际支出与预算之间的差异以及未列入预算的特殊事项，应检查其是否履行特别的审批手续。
2. 授权批准制度	企业的资本性支出预算只有经过董事会等高层管理机构批准方可生效；所有固定资产的取得和处置均需经企业管理当局的书面认可。	不仅要检查被审计单位固定资产授权批准制度本身是否完善，还要关注授权批准制度有否得到切实执行。
3. 账簿记录制度	除固定资产总账外，被审计单位还须设置固定资产明细分类账和固定资产登记卡，按固定资产类别、使用部门和每项固定资产进行明细分类核算。	

续表

4. 职责分工制度	取得、记录、保管、使用、维修、处置要划分责任，专人负责	
5. 资本性支出和收益性支出的区分制度	应制定区分资本性支出和收益性支出的书面标准	
6. 固定资产的处置制度	固定资产的投资转出、报废、出售等，均要有一定的申请报批程序。	
7. 固定资产的定期盘点制度	应了解和评价盘点制度，查询盘盈、盘亏的处理	
8. 固定资产的维护保养制度	固定资产的保险对企业非常重要。	了解固定资产的保险情况

三、固定资产账面余额实质性程序

(一)获取或编制固定资产及累计折旧分类汇总表

注册会计师对固定资产及累计折旧期初余额的审计应分以下三种情况：

1. 在连续常年审计的情况下，应注意本期期初余额与上期审计工作底稿中的固定资产和累计折旧的期末余额审定数核对相符。

2. 在被审计单位变更委托的会计师事务所时，后任注册会计师应借调、参阅前任注册会计师有关工作底稿，如果以前期间均由具有良好信誉的会计师事务所审计，则后任注册会计师的审核范围通常仅限于一般性复核。

3. 如果被审计单位以往未经注册会计师审计，即在初次审计情况下，注册会计师应对期初余额进行较全面的审计，尤其是当被审计单位的固定资产数量多、价值大、占资产总额比重较高时。最理想的方法是彻底审计自设立起的“固定资产”和“累计折旧”账户中的所有重要的借贷记录。

(二)分析性复核

1. 计算固定资产原值与本期产品产量的比率，并与以前期间比较，可能发现闲置固定资产或已减少固定资产未在账户上注销的问题。

2. 本期计提折旧额/固定资产总原值。将此比率同上期比较，旨在发现本期折旧额计算的错误。

3. 累计折旧/固定资产总原值。将此比率同上期比较，旨在发现累计折旧核算的错误。

4. 比较本期各月之间、本期与以前各期之间的修理及维护费用，旨在发现资本性支出和收益性支出区分上可能存在的错误。

5. 比较本期与以前各期的固定资产增加和减少。应当深入分析其差异，并根据被审计单位以往和今后的生产经营趋势判断差异产生的原因是否合理。

6. 分析固定资产的构成及其增减变动情况，与在建工程、现金流量表、生产能力等相关信息交叉复核，检查固定资产相关金额的合理性和准确性。

(三)审查固定资产的增加

1. 对于外购固定资产，通过核对购货合同、发票、保险单、发运凭证等文件，抽查测试其计价是否正确，授权批准手续是否齐备，会计处理是否正确。如果是房屋，还应检查契税的会计处理是否正确。

2. 对于在建工程转入的固定资产，应检查其竣工决算、验收和移交报告是否正确，与在建工程相关的记录是否核对相符，借款费用化利息金额是否恰当；对已经在用但尚未办理竣工决算的固定资产，检查其是否已经暂估入账，并按规定计提折旧；竣工决算完成后，是否及时调整。

3. 对于投资者投入的固定资产，应检查其入账价值与投资合同中关于固定资产作价的规定是否一致；须经评估确认的固定资产是否有评估报告并经国有资产管理部门等确认固定资产交接手续是否齐全。

4. 对于更新改造增加的固定资产，应查明增加的固定资产原值是否真实；重新确定的剩余折旧年限是否恰当。

5. 对于因债务人抵债而获得的固定资产，应检查产权过户手续是否齐备，固定资产计价及确认的损益是否符合相关会计制度的规定。

6. 对于以非货币性交易换入的固定资产，应检查是否按换出资产的账面价值加上应支付的相关税费作为入账价值。涉及补价的，换入固定资产的入账价值是否符合相关会计制度的规定。

7. 对于因其他原因增加的固定资产，应检查相关的原始凭证，核对其计价及会计处理是否正确，法律手续是否齐全。

（四）审查固定资产的减少

主要目的是查明已减少的固定资产是否已做适当的会计处理。

审计要点：

1. 检查授权批准文件；

2. 检查会计处理，验证金额准确性；

3. 结合固定资产清理和待处理固定资产净损失（营业外支出）科目，抽查转销是否正确；

4. 检查是否存在未作会计记录的固定资产减少业务。

（1）复核本期是否有新增加的固定资产替换了原有固定资产；

（2）分析营业外收支等账户，查明有无处置固定资产所带来的收支；

（3）追查停产产品专用设备的处理情况；

（4）向被审计单位的固定资产管理部门查询本期有无未作会计记录的固定资产减少业务。

（五）验证固定资产所有权

1. 对外购的机器设备等固定资产，通常经审核采购发票、购货合同等予以确定；

2. 对于房地产类固定资产，尚需查阅有关的合同产权证明、财产税单、抵押借款的还款凭据、保险单等书面文件；

3. 对融资租入的固定资产，应验证有关融资租赁合同，证实其并非经营租赁；

4. 对汽车等运输设备应验证有关运营证件等；

5. 对受留置权限制的固定资产，通常还应审核被审计单位的有关负债项目予以证实（先要确定是否存在）。

（六）实地观察购入的固定资产

注册会计师实地观察的重点是本年新增加的重要固定资产。

(七)确定被审计单位估计的固定资产使用期限和残值是否合理

(八)检查固定资产的租赁

注意经营性租赁与融资性租赁的区别。

(九)检查固定资产的保险

(十)调查未使用和不需用的固定资产

(十一)检查因清产核资、资产评估调整的固定资产

(十二)检查固定资产的抵押、担保情况

(十三)检查固定资产的购置情况

(十四)检查有无与关联方之间的固定资产购销活动

(十五)检查固定资产是否已在资产负债表上恰当披露

【案例 9 - 10】信誉会计师事务所的审计人员对华新美股份有限公司 2012 年 12 月底的固定资产进行实物清点，根据公司提供的资料编制出固定资产清点表：分析固定资产明细账、卡片账及实物是否相符？说说可能存在的问题及处理建议？

固定资产清点表

固定资产名称	固定资产明细账	固定资产卡片	实物价值	每台单价
甲	80000	80000	78000	2000
乙	70000	70000	80000	10000
丙	100000	90000	100000	10000
丁	29500	28000	28000	500

固定资产清点表

固定资产名称	固定资产明细账	固定资产卡片	实物价值	每台单价
甲	80000	80000	78000	2000
乙			80000	10000
丙	100000	90000	100000	10000
丁	29500	28000	28000	500

甲种设备实物短缺一台！

固定资产清点表

固定资产名称	固定资产明细账	固定资产卡片	实物价值	每台单价
甲	80000	80000	78000	2000
乙	70000	70000	80000	10000
丙	1[illegible]	[illegible]	[illegible]	10000
丁	29500	28000	28000	500

乙种设备实物多出一台！

固定资产清点表

固定资产名称	固定资产明细账	固定资产卡片	实物价值	每台单价
甲	80000	80000	78000	2000
乙	70000	7000[illegible]	[illegible]	[illegible]
丙	100000	90000	100000	10000
丁	29500	28000	28000	500

丙种设备卡片中少一台！

固定资产清点表

固定资产名称	固定资产明细账	固定资产卡片	实物价值	每台单价
甲	80000	80000	78000	2000
乙	70000	[illegible]	[illegible]	[illegible]
丙	100000	90000	100000	10000
丁	29500	28000	28000	500

丁种设备明细账中多出三台！

固定资产清点表

固定资产名称	固定资产明细账	固定资产卡片	实物价值	每台单价
甲	80000	80000	78000	2000
乙	70000	70000	80000	10000
丙	100000	90000	100000	10000
丁	29500	28000	28000	500

审计人员发现的问题：
1. 甲设备实物短缺一台　　2. 乙设备实物多出一台
3. 丙设备卡片中少一台　　4. 丁设备明细账中多出三台

【解析】

(1)甲设备账卡相符，实物短缺一台，有可能是该设备已报废并处理了，但账卡未注销。

查明后应予以注销账卡；也可能是设备出租，但没有记入出租固定资产账户，应补记；还有可能是因保管不善，设备被盗，查明后要追究保管者的责任等。

(2)乙设备账卡相符，实物多出一台，有可能是该设备已报废并处理了，但账卡未注销。实物仍在继续使用，查明后应予以注销账卡；也可能购进时未作固定资产入账，而作低值易耗品入账，但盘点时作了固定资产，查明后应对照其标准补记固定资产账；还有可能是将租入固定资产误作盘盈，查明后应将设备在备查账中登记等。

(3)丙设备明细账与实物相符，但卡片少一台，有可能是购进时没在卡片上登记，查明后要补记到卡片上等。

(4)丁设备卡片与实物相符，但固定资产明细账多出三台，有可能是该三台设备已出售，但明细账上没有注销，查明后应予以注销等。

四、固定资产累计折旧实质性程序

(一)审计的主要目标

1. 确定折旧政策和方法是否符合国家有关财务会计制度，是否一贯遵循；

2. 确定累计折旧增减变动的记录是否完整；

3. 确定折旧费用的计算、分摊是否正确、合理和一贯；

4. 确定累计折旧的期末余额是否正确；

5. 确定累计折旧在会计报表上的披露是否恰当。

(二)实质性测试程序

1. 获取或编制固定资产及累计折旧分类汇总表，复核加计正确，并与报表数、总账数和明细账合计数核对相符。

2. 审查折旧政策和方法是否合法，并前后一致。

审查被审计单位制定的折旧政策和方法是否符合《企业会计制度》规定，确定其所采用的折旧方法能否在固定资产使用年限内合理分摊其成本，前后期是否一致。如被审计单位采用加速折旧法，应取得其批准文件。如没有批准文件，应提请被审计单位改正并建议调整应纳税所得额。

3. 分析程序。

(1)对折旧计提的总体合理性进行复核，方法是用应计提折旧的固定资产乘本期的折旧率；

(2)计算本期计提折旧额占固定资产原值的比率，并与上期比较，分析本期折旧计提额的合理性和准确性；

(3)计算累计折旧占固定资产原值的比率，评估固定资产的老化率，并估计因闲置、报废等原因可能发生的固定资产损失。

4. 复核本期折旧费用的计提是否正确

(1)已计提减值准备的固定资产，计提的折旧是否正确；

(2)已全额计提减值准备的固定资产，是否已停止计提的折旧；

(3)包含土地使用权的固定资产，折旧方法是否符合规定，计提的折旧是否正确；

(4)因更新改造而停止使用的固定资产是否已停止计提的折旧，因大修理而停止使用的固定资产是否照提折旧；

(5)未使用、不需用固定资产是否按规定计提折旧。

《企业会计准则——固定资产》明确规定:已计提减值准备的固定资产，应当按照该固定资产的账面价值以及尚可使用寿命重新计算确定折旧率和折旧额;

5. 将“累计折旧”账户贷方的本期计提折旧额与相应的成本费用中的折旧费用明细账户的借方相比较，以查明所计提折旧金额是否已全部摊入本期产品成本或费用。

6. 结合固定资产审计，确定其折旧的计提是否正确无误，并追查至固定资产登记卡。特别应注意有无已提足折旧的固定资产继续超提折旧的情况和在用固定资产不提或少提折旧的情况。

7. 对于因资产评估调整累计折旧的，取得有关资产评估报告，检查其会计处理是否正确。

8. 验明累计折旧的披露是否恰当。通常应分类披露累计折旧在本期增减变动情况，以及折旧方法等。

【案例 9-11】信誉会计师事务所审计人员在审查某企业 6 月份基本生产车间设备折旧额时，发现如下记录:

(1)5 月份该车间设备折旧额为 30 600 元，年折旧率为 4.8%。

(2)5 月份购入原值 60 000 元设备一台，已安装完工并交付使用。

(3)5 月份将原未使用的一台设备投入车间使用，其原值为 30 000 元。

(4)5 月份交外单位大修理设备一台，原值 48 000 元。

(5)5 月份扩建完工厂房一栋，已交付使用。该厂房原值 600 000 元，扩建工程支出 150 000 元，变价收入 60 000 元。

(6)6 月份该车间设备折旧额为 39 816 元。

【解析】

(1)审阅生产成本明细账，抽查有关会计凭证，验算本月该车间设备折旧额。

本月应提折旧额 =30 600 + [60 000 +30 000 + (600 000 +150 000 −60 000)] ×4.8% ÷12 =33 720(元)

本月多提折旧额 =39 816 −33 720 =6 096(元)

(2)对于折旧额的计算要注意两点:一是计算本月折旧额，要注意将年折旧率换算成月折旧率;二是对固定资产增减变化所引起折旧额的变化应及时调整。对于多提的折旧额应予冲回，调账分录为:

借:制造费用 6 096

　贷:累计折旧 6 096

本例未按规定范围计提折旧

五、固定资产减值准备实质性程序

(一)审计目标

1. 确定固定资产减值准备是否存在;

2. 确定固定资产减值准备增减变动的记录是否完整;

3. 确定固定资产减值准备年末余额是否正确;

4. 确定固定资产减值准备在会计报表上的披露是否恰当。

(二)实质性测试审计程序

《企业会计制度》规定企业应当计提固定资产减值准备。注册会计师应实施的实质性测试程序有：

1. 核对固定资产减值准备报表数、总账数与明细账合计数是否相符。如不符，应查明原因，作审计记录进行审计调整。

2. 检查固定资产减值准备是否按单项资产计提；对长期闲置不用、在可预见的未来不会再使用、且已无转让价值的固定资产，对由于技术进步等原因已不可使用的固定资产，对虽然固定资产尚可使用，但使用后产生大量不合格品的固定资产等，是否依照规定按其账面价值全额计提减值准备；对已全额计提减值准备的固定资产是否依照规定不再计提折旧。

3. 检查已计提减值准备的固定资产价值又得以恢复时，是否有转回的情况。

4. 检查固定资产减值准备在会计报表附注和资产减值准备明细表中的披露是否恰当。

5. 检查固定资产减值准备的计提是否符合企业会计制度的要求。

【案例 9－12】信誉会计师事务所的注册会计师陈倩按照审计小组的人员分工，专门负责审查黑龙江欣欣公司 2013 年度财务报表中的固定资产及累计折旧项目。在审计开始时，陈倩通过实施实质性分析程序，发现欣欣公司的固定资产原值与上年相比有显著上升。根据在其他企业固定资产项目的审计经验，陈倩确定了以下两个重要的项目审计目标：

(1) 本年新增的固定资产是否真实，计价是否正确；

(2) 本年减少的固定资产是否均已进行会计记录。

【讨论分析】

(1) 对于以一笔款项同时购入多项没有单独标价的固定资产，陈倩应当检查哪些文件与凭证，以证实其真实性；欣欣公司应如何进行会计处理，陈倩方可确认其计价的正确性。

(2) 为检查欣欣公司是否存在未作会计记录的固定资产减少业务，陈倩应当实施哪些具体的实质性程序。

【解析】

(1) 为验证外购固定资产的真实性，陈倩应检查欣欣公司此笔业务的授权审批手续是否齐全，在此基础上核对购货合同、购货发票、保险单和货运文件。对于以一笔款项同时购入多项没有单独标价的固定资产的情况，陈倩应当检查欣欣公司是否按照各项固定资产公允价值的比例对总成本进行分配，分别确定各项固定资产的入账价值。

(2) 为检查欣欣公司是否存在未作会计记录的固定资产减少业务，陈倩应当实施以下实质性程序：

①结合固定资产清理科目，抽查固定资产账面转销额是否正确；

②检查出售、盘亏、转让、报废或毁损的固定资产是否经授权批准，会计处理是否正确；

③检查因修理、更新改造而停止使用的固定资产的会计处理是否正确；

④检查投资转出固定资产的会计处理是否正确；

⑤检查债务重组或非货币性资产交换转出固定资产的会计处理是否正确 ；

⑥检查转出的投资性房地产账面价值及会计处理是否正确；

⑦检查其他减少固定资产的会计处理是否正确。

任务四　相关项目审计

【案例 9－13】信誉会计师事务所的注册会计师周孝刚在对大华公司审计时，发现预付账款科目中有 3 年前预付给 A 公司购材料款 1 000 万元和 B 公司购工具款 500 万元。周孝刚向大华公司索取供货合同及相关资料时，均未能提供，要求进行函证时也无法发函和回函。根据上述案情周孝刚应采取怎样的审计程序？

【解析】通常情况下，经供需双方签订合同确定的供货数量、时间、预付账款比例等条款后，购货方才能付出款项，而且在一定供货期内，可以把预付账款大部分扣回。上述案例的情况已属非正常情况，且数额较大，需要审计人员根据各方情况综合分析判断，以确定其性质，履行必要的审计程序。周孝刚可追加以下审计程序：

（1）追溯查验汇出款项的原始凭证、授权等有关资料；

（2）要求被审计单位提供书面材料，说明此款项的用途和未能清算的原因；

（3）由审计人员第二次发出函证，获取肯定或否定的证明。

一、应付票据审计

1. 审计目标

（1）确定应付票据的发生和偿还记录是否完整；

（2）确定应付票据期末余额是否正确；

（3）确定应付票据在会计报表上的披露是否恰当。

2. 实质性测试审计程序

（1）获取或编制应付票据明细表，复核加计数是否正确，并与报表数、总账数和明细账合计数核对相符；

（2）函证应付票据，并根据回函情况，编制与分析函证情况汇总表。询证函通常包括出票日、到期日、票面金额、已付息期间、利息率以及票据的抵押担保等内容；对未回函的可以再次函证，也可以不再函证而采取替代审计程序以确定应付票据的真实性。

（3）实施分析性复核，以证实应付票据的完整性和合理性以及发现需要加以特别关注的事项。

（4）检查应付票据备查簿，抽查若干重要原始凭证，确定其是否真实，会计处理是否正确。

（5）复核带息应付票据利息是否足额计提，其会计处理是否正确。

（6）查明逾期未兑付应付票据的原因，是否已转入应付账款项目，其中带息应付票据是否已已停止计息；确定是否存在抵押票据的情形，必要时提醒被审计单位予以披露。

（7）审查外币应付票据的折算。

（8）确定应付票据是否已在资产负债表上恰当披露。如果被审计单位是上市公司的应付票据，则其会计报表附注通常应披露持有 5% 以上（含 5%）股份的股东单位的应付票据等内容，并按应付票据的种类列示其金额。

二、预付账款审计

【案例 9－14】光明会计师事务所的审计人员对某公司 2005 年度会计报表时，了解到该公司固定资产的期末计价采用成本与可变现净值孰低法，2006 年末该公司部分固定资产有资料及会计处理情况是：

1. 设备甲：账面原值 20 万元，累计折旧零，减值准备零，该设备因长期未使用，在可预见的未来不会再使用，经认定其转让价值为 5 万元。该公司全额提取减值准备。

2. 设备乙：账面原值 300 万元，累计折旧 100 万元，已提取减值准备 200 万元，该设备上年度已遭毁损，不再具有使用价值和转让价值，在上年已全额减值准备，该公司本年度又计提累计折旧 3 万元。

3. 设备丙：账面原值 30 万元，累计折旧 3 万元，已提取减值准备 2 万元，该设备未发现减值迹象。该公司从谨慎原则出发，从本年度起每年计提减值准备 2 万元。

请分析该公司的会计处理存在的问题，应如何处理？

【解析】根据《企业会计制度》第五十九、六十二、六十三条的规定及认定资产减值准备的基本条件，注册会计师对该公司上述固定资产会计事项提出以下审计意见：

1. 对于设备甲，只有当企业的固定资产由于长期闲置不用，在可预见的未来不会再使用，且无转让价值的情况下，方可计提全额准备，而该公司的该设备虽然由于闲置不用已无使用价值，但仍有转让价值 5 万元，因此，不符合全额计提减值准备的条件，该公司的全额计提准备的做法将会使企业的费用多计、利润少计、固定资产的价值虚减。应冲回所计提的减值准备，同时考虑该项调整对当期利润及所得税的影响。

2. 对于设备乙，企业的固定资产在遭受毁损，以至于不再具有使用价值和转让价值时，应在按规定程序核准报废处理前，全额计提减值准备。而且在对资产计提了全额准备后不再计提折旧，应及时对其进行处理。该公司不仅未对此设备进行处理，反而计提了 3 万元的的累计折旧。此做法将会使企业费用虚计、利润少计。注册会计师应建议首先将计提的累计折旧冲回，并按规定程序处理该设备，同时考虑该项调整对当期利润及所得税的影响。

3. 对于设备丙，如果企业的固定资产无任何减值的迹象，不能擅自计提减值准备。该公司这种做法将会使企业的费用多计、利润少计、资产的价值虚减。所以，注册会计师应建议调整冲回，同时考虑该项调整对当期利润及所得税的影响。

（一）预付账款的审计目标

1. 确定预付账款是否存在；
2. 确定预付账款是否归被审计单位所有；
3. 确定预付账款增减变动的记录是否完整；
4. 确定预付账款是否可收回；
5. 确定预付账款年末余额是否正确；
6. 确定预付账款在会计报表上的披露是否恰当。

（二）实质性测试审计程序

预付账款是企业按购货合同的规定，预先支付给供货单位的货款，会计上通过“预付账款”或“应付账款”科目（借方）进行核算。预付账款是企业的一种流动资产，但它是企业在购货环节中产生的，因此，预付账款的审计应结合采购与付款循环的审计进行。

1. 获取或编制预付账款明细表，复核加计正确，并与报表数、总账数和明细账合计数核对相符；请被审计单位协助，在预付账款明细表上标出截止审计日已收到货物并冲销预付账款的项目，抽查复核其真实性和正确性。

2. 根据被审计单位的具体情况，选择以下方法对预付账款进行分析性复核：

(1) 将期末预付账款余额与上期期末余额进行比较，分析其波动原因。

(2) 了解预付账款惯例以及收回货物的平均天数，并分析预付账款的账龄；有确切证据表明企业的预付账款不符合预付账款性质，或者因供货单位破产、撤销等原因已无望再收回所购货物的，是否将原计入预付账款的金额转入其他应收款项目。

(3) 计算预付账款与主营业务成本的比率，与以前各期末比较，分析异常变动的原因。

(4) 将预付账款余额的增减幅度与主营业务成本的增减幅度比较，分析异常变动的原因。

3. 分析预付账款账龄及余额构成，根据审计经验选择大额或异常的预付账款重要项目（包括零账户）进行函证。

4. 确定预付账款是否已在资产负债表上恰当披露。

三、在建工程审计

【案例9－15】信誉会计师事务所的审计人员对兴兴公司2013年度会计报表时，了解到该公司为扩展生产规模，于2012年初开始建造的新厂房，工程开工一年后，因资金困难无法继续施工，停工到2013年末已有1年，预计在未来3年内资金困难仍得不到解决，工程仍会停滞不前。在这种情况下，兴兴公司认定该项工程已经发生了减值，经认定，该工程目前挂账成本为2 000万元，预计可收回金额为1500万元。因此，兴兴公司2013年度末应做如下会计处理：

借：资产减值损失　　　　　　　　5 000 000

　贷：在建工程减值准备　　　　　　　　5 000 000

【解析】

《企业会计制度》第六十五条规定："企业在建工程预计发生减值时，如长期停建并且预计在3年内不会重新开工的在建工程，也应当根据上述原则计提资产减值准备"。据此，企业在期末应对在建工程进行价值评估，如发现减值，应当比照固定资产的方法计提减值准备。因此，兴兴公司的会计处理是正确的，注册会计师应认可。

（一）在建工程的审计目标

(1) 确定在建工程是否存在；

(2) 确定在建工程是否归被审计单位所有；

(3) 确定在建工程增减变动的记录是否完整；

(4) 确定在建工程年末余额是否正确；

(5) 确定在建工程在会计报表上的披露是否恰当。

（二）实质性测试审计程序

(1) 获取或编制在建工程明细表，复核加计数是否正确，并与报表数、总账数和明细账合计数核对相符；

(2) 检查本期在建工程的增减变动情况，看其会计处理是否正确；

(3)检查在建工程项目期末余额的构成内容，并实地观察工程现场，确定在建工程是否存在，了解工程项目的实际完工进度；检查是否存在实际已使用但未办理竣工决算手续、未及时进行会计处理的项目；

(4)查询在建工程项目保险情况，复核保险项目和金额是否足够；

(5)检查在建工程减值准备的计提；

(6)查询在建工程合同，以确定是否存在与资本性支出有关的财务承诺；

(7)确定在建工程在资产负债表上的披露是否恰当。

【案例9-16】审计人员在审查华兴公司“应付票据”明细账时，发现2013年11月26日第65号凭证上有一笔200万元的购货业务，而公司有关人员却不能提供有关合同记录。如此大额业务，怎么会无合同？审计人员怀疑其汇票真实性，并决定对该业务进行追踪审查。

【解析】

(1)审计人员调阅了11月26日第65号凭证，发现其账务记录为：

借：银行存款　　　　　　　　2 000 000

　贷：应付票据——甲单位　　　　　　2 000 000

凭证附件为进账单一张，借甲单位(财务公司)生产周转款的收据一张，以及公司签发并承兑的商业汇票一张，汇票利率为24%，期限为1年。

(2)从原始凭证分析，这是一张虚假的商业汇票，被审计单位以签发商业汇票为名掩盖从甲单位(财务公司)借款的问题。按规定，向其他单位(财务公司)借入的资金应通过“短期借款”反映，所以被审计单位应该调整有关账务。

(3)被审计单位对此应作以下账项调整：

借：应付票据——甲单位　　　　2 000 000

　贷：短期借款——甲单位　　　　　2 000 000

【知识拓展】

特别提示：在实际工作中，类似购建固定资产的增值税是否记入进项税额，所得税税率发生变动等的会计、税收法律方面的变动是经常发生的，这种变动会引起会计、审计和税务等方面的一系列连锁反应。因此，不能单纯依赖教材，不能被思维定势所禁锢，不能墨守成规，而是要结合当时的具体情况来进行审计。

一、销售与收款业务循环内部控制容易出现的问题有：

1. 商品销售条件没有明确的授权审批制度。

2. 销售单无专人进行独立稽查，有可能导致供货与客户需求有出入，容易发生销售折让或销售退回。

3. 没有专人核对销售单与顾客订货单的内容，容易造成销售退回或折让。

4. 没有专人核对销售发票与销售单、装运凭证的内容是否一致。

5. 装运凭证不是按销售单的内容来填写的。

6. 销售退回、折扣和折让，没有专人进行检查、核对。

7. 汇款通知单的收发没有严格分工。

8. 没有定期核对收入账与货币资金账、应收账款的内容是否相符。

9. 管理当局不重视对应收账款的管理。

10. 对坏账处理没有合理的分工，明确的审批、复核程序，容易造成坏账业务处理的错误或舞弊发生。

二、销售与收款业务循环容易出现的问题有：

1. 销毁和篡改发票存根，贪污或隐瞒收入。

2. 使用假发票、废止发票或倒买倒卖发票。

3. 开具底面不一致发票或以收款收据、调拨单代替发票，隐匿业务收入。

4. 购销双方以货易货，相互串通不开发票，以收据结算差额，隐匿业务收入。

5. 年末虚开发票，作应收账款处理，下年初用红字发票作销货退回处理，虚增销售收入。

6. 不按规定开具发票，应购买方要求，改变“抬头”或业务内容；违反规定，转借、转让、代开发票等。

7. 处理应税产品的残次品或价外收入等不计入业务收入，而直接增加“盈余公积”，或有的不开票，收取现金设置“小金库”；有的直接转入“营业外收入”或冲抵“营业外支出”，还有的长期挂在往来账户中。

8. 以生产的产品换取原材料，不计或按差价计入主营业务收入，逃税漏税。

9. 将销路好、市场短缺的应税产品，采取预收货款结算方式，实现销售不确认收入，直接冲减预收货款和冲减库存商品或不记账。

10. 将自制半成品、零配件和账外盘盈产品的销售收入不计入业务收入，而直接冲减“生产成本”、“制造费用”、“原材料”和“营业外支出”等科目。

11. 将应税产品用于专项工程、职工福利、赊销、展销、试用、广告宣传、支付回扣，手续费或作为奖金、抵顶职工工资等不视同销售处理，而直接冲减库存商品。

12. 对购入产品随同本企业生产的应税产品配套销售，不计入“主营业务收入”或“其他业务收入”账户，直接冲减“原材料”科目。

13. 将产品（商品）销售收入分别开票，对国家订价部分开出正式发票，计入主营业务收入。对其他价外部分，只开收据或不开收据，转作“小金库”自由支配使用。

14. 将材料销售或销售单独计价的包装物取得的收入，直接冲减“原材料”或“包装物”账户，而漏计、不计其他业务收入。

15. 对逾期包装物押金，不做其他业务收入，而长期挂往来账。

16. 以开具收据形式销售材料，不计入其他业务收入，而转作“小金库”。

17. 利用紧俏物资进行以物易物，不开发票，隐匿销售收入；或者进行不正当交易，拉关系走后门，损公肥私。

18. 有意将部分材料报废，以废品形式出售，吃回扣，变相贪污。

19. 以收据形式收取资产使用费收入，不计入其他业务收入，放置账外，私设“小金库”。

20. 不开任何票据，以现金或实物的形式直接收取技术转让收入或资产使用收入，为企业职工谋福利、搞创收。或将产品的价外收入转作“小金库”，少计主营业务收入。

21. 运输劳务收入未按规定计入“其他业务收入”账户，而是在往来账上长期挂账，最后转至账外，私设“小金库”随意使用。或不开发票直接以现金形式收取运输劳务收入形成账外“小金库”。

22. 以实物形式进行劳务收入的结算，为企业职工谋取福利，从而隐匿业务收入。

23. 虚增虚减应收款项，人为调节利润。当企业需要增加利润时，就虚增应收账款，增加业务收入，从而增加利润。或应收款项长期挂账，购销双方彼此渔利。或张冠李戴转移收回的应收账款，形成账外资金或贪污舞弊。

24. 收回已作坏账转销的应收账款，不入账或计入其他应付账款，从而少列坏账准备或为以后进一步作弊打埋伏。或利用“坏账准备”科目调节利润。在备抵法下，将发生的坏账重复计入资产减值损失调节利润。

25. 会计期末开据假发票，虚构收入。或将下期开据的发票在本期入账，跨期入账。虚增本期销售和应收账款；相反，则将已开出的发票放到下期入账。

26. 备用金内部控制不严，个人长期占用备用金捞取好处。职工拖欠出差借款，作坏账损失处理。

27. 将存货毁损转入其他应收款长期挂账，不做损失处理，掩盖企业亏损。

28. 虚冲预收款，虚增当期销售收入，下期再用红字冲回以调节利润。

29. 结算预收账款时不转销预收账款，或是转入费用等账户，而后伺机转出现金或将存款占为已有。

30. 收到预收货款时，不开正式收据不入账，收取款项归已占有。

【基础知识与技能训练】

一、单项选择题

1. 注册会计师核实所记录的购货均确已收入到货物，是为了证实采购与付款循环内部控制中的(　　)目标。

A. 存在或发生　　B. 完整性　　C. 及时性　　D. 估价或分摊

2. 注册会计师可将下列审计应付账款的程序，完全交由客户办理的是(　　)。

A. 抽查应付账款分类的加总　　B. 根据供货方对账单调节未付发票

C. 编制应付账款明细表　　D. 就选定账户余额邮寄函证

3. 采购与付款循环中(　　)目标的实质性程序与卖方发票无关。

A. 存在或发生　　B. 完整性　　C. 及时性　　D. 过账和汇总

4. “采用适当的会计科目表”属于采购与付款循环中(　　)内部控制目标的关键内部控制。

A. 完整性　　B. 分类　　C. 及时性　　D. 过账和汇总

5. 检查取得的固定资产属于采购与付款循环中(　　)。

A. 内部控制目标　　B. 关键内部控制

C. 控制测试　　D. 实质性程序

6. 注册会计师从被告审计单位的验收单追查至相应的采购明细账，是为了证实采购与付款循环中的(　　)。

A. “存在或发生”目标　　B. “完整性”目标

C. “估价或分摊”目标　　D. “分类”目标

7. 采购与付款循环中常用内部控制测试程序“观察有无未记录的卖方发票存在”不仅可用来证实本循环的及时性控制目标，而且可证实本循环的(　　)目标。

A. 存在或发生　　B. 过账和汇总

C. 完整性　　　　　　　　　　　　D. 分类

8. 在审查对外公布会计报表的被审计单位时，资产类审计与负债类审计的最大区别是(　　)。

A. 前者侧重于审查所有权，后者侧重审查于义务

B. 前者侧重于应收账款，后者侧重于应付账款

C. 前者侧重于防高估和虚列，后者侧重于防低估和漏列

D. 前者与损益无关，后者与损益有关

9. 以下程序中，属于测试采购与付款循环中内部控制“存在或发生”目标的，常用符合性测试程序的是(　　)。

A. 检查企业验收单是否有缺号　　　B. 检查有无未记录的卖方发票存在

C. 检查付款凭单是否付有卖方发票　D. 审核批准采购价格和折扣的标志

10. 审计应付账款的余额其目的并不在于(　　)。

A. 验证应付账款经适当核准　　　　B. 寻找实际上已经逾期的应付账款

C. 考核已入账负债的合理性　　　　D. 确定决算日所存在的所有负债均已入账

11. 固定资产减值的审计目标不包括(　　)。

A. 确定计提固定资产减值准备的方法和比例是否恰当

B. 确定固定资产减值准备增减变动的记录是否完整

C. 确定固定资产减值准备期初余额是否正确

D. 确定固定资产减值准备的披露是否恰当

12. 注册会计师从卖方发票追查至采购明细账，是为了证实采购与付款循环中(　　)。

A. 存在或发生目标　　　　　　　　B. 完整性目标

C. 估价或分摊目标　　　　　　　　D. 过账和汇总目标

13. 采购与付款循环中“发生”认定的关键内部控制程序是(　　)。

A. 已填制的验收单均已登记入账　　B. 注销凭证以防重复使用

C. 采购的价格和折扣均经适当批准　D. 内部核查应付账款明细账的内容

二、多项选择题

1. 为证实采购与付款循环中购货业务记录的及时性，注册会计师在实质性程序中应比较(　　)上所记载的日期。

A. 卖方发票　　　　　　　　　　　B. 采购明细账

C. 付款凭单　　　　　　　　　　　D. 请购单

2. 采购与付款循环中估价或分摊目标的关键内部控制包括(　　)。

A. 计算　　　　　　　　　　　　　B. 金额的内部核查

C. 定货单经事先连续编号　　　　　D. 购价格和折扣的批准

3. 采购与付款与循环中常用的实质性程序“采购明细账与卖方发票相比较”与本循环中的(　　)目标有关。

A. 估价或分摊　　　　　　　　　　B. 存在或发生

C. 分类　　　　　　　　　　　　　D. 及时性

4. (　　)有助于证实购货交易记录的完整性认定。

A. 从有效的订购单追查验收单

B. 从验收单追查付款凭单

C. 从付款凭单追查卖方发票

D. 从卖方发票追查应付账款明细账

5. 在利用分析程序比较本期各月之间、本期与以前各期之间有关固定资产的修理与维护费用，旨在发现除(　　)之外可能存在的错误。

A. 累计折扣额计算方面　　B. 固定资产预算制度

C. 固定资产授权批准制度　　D. 区分资本性支出与收益性支出

6. 采购与付款循环的账务流程中的重要凭证和账簿应包括(　　)。

A. 请购单　　B. 验收单

C. 现金支出日记账　　D. 债权方对账单

7. 注册会计师在验证被审计单位应付账款的截止是否正确时，应考虑(　　)。

A. 在实物盘点工作底稿中记录的最后一张存货验收单号码

B. 在对存货实地观察时获得的采购截限资料

C. 区分应付账款的目的地交货和起运点交货

D. 向与被审计单位有购销往来的债务人寄送询证函

8. 计算应付账款占存货的比率及占流动负债的比率，最有助于证实应付账款业务除(　　)之外的一项认定。

A. 总体合理性　　B. 存在或发生

C. 过账和汇总　　D. 及时性

9. 适当的职责分离有助于防止各种有意或无意的错误，以下采购与付款业务不相容岗位包括(　　)。

A. 询价与确定供应商　　B. 采购、验收与相关会计记录

C. 付款审批与付款执行　　D. 采购合同的订立与审批

10. 注册会计师对固定资产取得和处置实施控制测试的重点包括(　　)。

A. 审查固定资产的取得是否与预算相符，有无重大差别

B. 审查固定资产取得和处置是否经过授权批准

C. 审查是否正确划分资本性支出和收益性支出

D. 审查与固定资产取得和处置相关项目的会计记录的适当性

三、判断题

1. 考虑到采购与付款循环测试的重要性，注册会计师往往对这一循环采用属性抽样的审计方法。(　　)

2. 注册会计师通过对长期挂账的应收账款的分析，并依被审计单位对此所作的解释，有助于判断被审计单位是否缺乏偿还债务的能力。(　　)

3. 验收时，企业验收部门首先应当比较所收商品是否与验收单上所列的商品相符，包括商品的名称、说明、数量、到货时间等，然后再盘点商品并检查商品有无损坏。(　　)

4. 一般地讲，若顺着业务活动发生的顺序从前往后追查，有助于证实该活动控制或交易、余额的完整性认定。而逆着业务活动发生的顺序从后往前追查，则有助于证实存在或发

生认定。

5. 尽管保险对保护企业资产的安全、完整非常重要，但固定资产的保险不属于企业固定资产内部控制的范围。(　　)

6. 尽管保险不属于内部控制的范围，但注册会计师在检查、评价企业固定资产内部控制制度时，应了解固定资产的保险情况。(　　)

7. 函证应付票据时，有关票据的担保抵押情况应当包括在内。(　　)

8. 注册会计师在审查被审计单位固定资产购置时，应注意是否存在与资本性支出有关的财务承诺。(　　)

四、案例分析

1. 注册会计师于2007年3月5日对天龙公司的财务报表进行审计时，决定对某些应付账款进行函证。下表列出了拟作函证对象的客户的有关情况：

客户名称	年末余额	本年度进货总额
甲	10 000	1 997 350
乙	98 900	53 000
丙	86 600	86 600
丁	888 000	9 874 550

【要求】注册会计师从上列客户中，应选择哪两个客户作为应付账款的函证对象？说明理由。

2. 固定资产更新改造后续支出应增加固定资产价值

案情：审计人员对某厂2013年度财务决算进行审计，发现固定资产账上记录的一幢两层办公楼，实际已是一幢三层楼房，系该厂利用本厂材料委托农村基建队扩建，共计开支工料费600000元(其中料款400000元)，已全部作为生产成本处理。

阐述自己的观点。

3. 固定资产折旧方法前后期应一致

案情：审计人员在审查华润股份有限公司2013年度固定资产折旧时，发现本年度1月初新增已投入生产使用的机床一台，原价为100000元，预计净残值为10000元，预计使用年限为5年，使用年数总和法对该项固定资产计提折旧，其余各类固定资产均用直线法折旧，且该公司对这一事项在报表中未作揭示。

阐述自己的观点。

项目十　生产与存货循环审计

【知识要点】

(1)明确生产循环的主要业务活动、涉及的主要凭证与会计记录、涉及的主要财务报表项目;
(2)了解生产循环的主要内部控制的内容、内部控制要点;
(3)控制测试和实质性测试的程序。

【能力目标】

(1)能熟练运用生产循环控制测试和实质性测试的程序、方法;
(2)能收集充分的审计证据;
(3)能揭示企业生产循环的主要业务活动中大的差错和舞弊。

【案例导入】

法尔莫公司

莫纳斯是美国法尔莫公司创始人,他在位于(美)俄亥俄州的阳土敦市设立了一家药店,自获得第一家药店开始,莫纳斯就梦想着把自己小店发展成一个庞大的"药品帝国"。其所实施的策略就是他所谓的"强力购买",即通过提供大比例折扣来促进销售。当时法尔莫公司的财务总监认为,公司以低于成本出售商品,则会招致严重的损失。但是莫纳斯认为通过"强力购买",公司完全可以发展得足够大,所以他坚持他的销售方式。最终在莫纳斯的强大压力下,这位财务总监卷入了这起舞弊案件。在随后的数年之中,他的公司一直保持了两套账簿,一套用以应付注册会计师的审计,一套反映糟糕的现实。他们先将所有的损失归入一个所谓的"水桶账户",然后再将该账户的金额,通过虚增存货的方式重新分配到公司的数百家成员药店中。他们采取违造购货发票;制造增加存货并减少销售成本的虚假记账凭证;确认购货,却不同时确认负债;多计或加倍计算存货的数量。财务部门之所以可以隐瞒存货短缺是因为注册会计师只对300家药店中的4家进行存货监盘，并且审计时他们会提前数月通知法尔莫公司，他们将检查哪些药店。管理人员随之将那4家药店堆满实物存货，而把那些虚增的部分分配到其余的296家药店。如果不考虑其会计造假，法尔莫公司实际已濒临破产。

莫纳斯在随后的十年中，组建了全国连锁的法尔莫公司。不幸的是，这一切辉煌都是建立在资产造假，即未检查出来的存货高估和虚假利润的基础上的，这些舞弊行为最终导致了莫纳斯及其公司的破产。

在一次偶然的机会导致这个精心设计的、至少引起5亿美元损失的财务舞弊事件浮出水面之时，莫纳斯和他的公司炮制虚假利润已达十年之久。注册会计师们一直未能发现这起舞弊，他们为此付出了昂贵的代价。这项审计失败使会计师事务所在民事诉讼中损失了3亿美元。那位财务总监被判33个月的监禁，莫纳斯本人则被判入狱5年。

公司存货舞弊的方式很多，注册会计师如何识别存货舞弊？那么，从法尔莫案件中我们能得到怎样的启示和教训呢？

任务一　生产与存货业务循环的概述

一、生产与存货循环主要业务活动

生产业务循环是企业处理有关生产成本的计算和存货管理等业务的工作程序的总称。生产循环业务是企业生产经营活动中的主要业务之一，也是生产经营的主要环节。本业务循环同采购与付款循环、销售与收款循环密切关联。生产业务循环涉及的主要内容是存货的管理及生产成本的计算等。该循环所涉及的资产负债表项目主要是存货、应付职工薪酬等；所涉及的利润表项目主要是主营业务成本等项目。由于该循环涉及业务复杂，存货种类、数量繁多、计价方法各异，且生产成本、存货计价直接影响当期损益，因而审计风险较高，审计人员应给予高度重视。

生产业务循环所涉及的主要业务活动包括：计划和安排生产；发出原材料；生产产品；核算生产成本；核算在产品；储存产成品；发出产成品等。上述业务活动通常涉及到以下部门：生产计划部门、仓库、生产部门、人事部门、销售部门、财会部门等。该业务循环从计划和安排生产，原材料领用到生产加工产品、核算产品成本、存储、对外销售时结束。

（一）制订和批准生产计划

计划部门根据客户订单或销售预测等制订生产计划，交由被授权的人员审批。如决定授权生产，即签发预先编号的生产通知单，安排生产单位生产或执行。生产部门编制材料需求报告，列出所需要的材料、零部件及其库存情况。

（二）申请和发出原材料

生产单位根据生产通知单，填写领料单，由部门经理批准后，交仓库部门领料。领料单通常一式三联，仓库部门发料后，领料单位保存一联，仓库部门留用一联登记原材料明细账后送财会部门一联进行材料收发核算、成本计算使用。

（三）生产加工产品

生产部门根据生产通知单，将生产任务安排给生产车间及工人，并将领取的材料交给生产车间及工人进行生产加工。完成生产任务后，将完工产品交生产部门查点，然后转交验收员检验合格后入库，并办理入库手续。或将产品交下一生产部门继续加工。

（四）产品成本核算

产品的生产过程同时又是活劳动和物化劳动的耗费过程，为了加强管理，需要将生产控制与成本控制有机地结合起来。财会部门设置会计账户控制原材料的流动及成本形成，随着生产的进行，成本会计人员要汇集生产过程的各种凭证，逐步登记、汇总直接材料费、直接人工费和制造费用，并按照标准成本会计制度分析报告成本差异，当产品完工时计算并结转完工产品成本。

（五）产成品管理

产成品经验收入库后，仓库部门要及时传递凭证通知财会部门入库情况，财会部门进行相应记录。对于库存产成品要有健全的保管制度和记录制度。产成品的入库和出库，保管人员应根据收、发凭证进行，并及时登记，保证账实相符。保管人员根据入库单填写“仓库货物登记簿”并建立台账，及时反映产、销、存情况，并与财会部门经常对账。

（六）发出产成品

销售部门接到客户订单，根据品种规格、数量质量，商定价格、交货期限、结算方式，报主管人员审批，再签订销售合同，开出销货单，交由独立的发运部门装运产品。经授权人员批准后，根据发运通知单发出产成品。依据经批准的发运通知单编制出库单，并根据出库单登记产成品永续盘存记录。

（七）产成品的报废核销

产成品在生产、存储、销售、运输各环节均有可能发生报废损失。不论哪个环节发生产品存货报废都要由经办人员填写报废审批单，说明产品存货报废品种规格、数量、金额、地点、原因等，经部门主管审批后交由财会部门、管理部门、存储部门、技术部门组成的“资产报废审核小组”审核，出具鉴定意见后，送被授权人审批。批准后交财会部门进行业务处理。

二、生产与存货循环涉及的主要凭证和会计记录

不同类型的企业生产业务循环所包含的内容和程序不完全一致。对于制造业而言，该循环交易从领料生产到加工、销售产成品时结束。该循环所涉及到的凭证和记录主要包括：

（一）生产通知单（生产指令）

生产通知单是由计划部门下达的制造产品等生产任务的书面文件，用以通知生产部门组织产品生产、供应部门组织材料供应、财会部门组织成本核算。注意：生产通知单应预先连续编号。

（二）领料、发料凭证

领料、发料凭证是企业对材料进行发出控制所采用的各种凭证。主要有：限额领料单、领料单、领料登记簿、退料单、发料凭证汇总表等。

（三）产量和工时记录

产量和工时记录是反映生产人员或生产班组在出勤日内完成的产品数量、质量和生产这些产品所耗费工时数量的原始记录。如工作通知单、工序进程单、产量通知单、产量明细表、废品通知单等。

（四）工资汇总表及人工费用分配表

工资汇总表是为了反映企业员工工资结算情况，并据以进行工资费用分配核算而编制

的，是企业进行工资费用分配的依据。人工费用分配表反映了各生产部门各种产品应负担的生产人员的工资和福利费。

（五）材料费用分配表

材料费用分配表是用来汇总反映各生产部门各种产品所耗费的材料费用的原始记录。

（六）制造费用分配汇总表

制造费用分配汇总表是用来汇总反映各生产部门各种产品所应负担的制造费用的原始记录。

（七）成本计算单

成本计算单是用来归集某一成本对象所应负担的生产费用，用以计算某一成本计算对象的总成本和单位成本的记录。按成本项目反映完工产品成本，同时也反映期末在产品成本。

（八）存货明细账

存货明细账按材料、自制半成品及产成品品种、规格、数量设置的永续盘存记录，用来反映各种存货增减变动情况和期末库存数量及相关成本信息的记录。该记录根据入库凭证和发出凭证登记，据以进行明细分类核算和实物控制。

（九）存货盘点报告表

存货盘点报告表用以记录并报告存货品种、规格、数量、质量情况的凭证。该凭证由存货清查小组据实填制，并作为按规定报经有关部门批准后进行会计处理的原始凭证。

【案例 10－1】生产与存货循环内部控制审计

注册会计师对甲公司生产与存货循环内部控制进行审计时发现下列事项：材料由采购部负责采购，材料进厂后由隶属于采购部的验收部门负责验收。验收合格的材料在采购单上盖“货已验讫”印章，然后即交会计部门付款，如不合格直接退给供应商，验收部不负责开验收报告单。验收后的材料直接堆放在机器旁准备加工。生产完工的产成品交给制造部门的储藏室保管。

要求：根据上述资料，请代注册会计师指出甲公司在生产与存货循环内部控制方面的缺陷。

【解析】

（1）企业没有设立完善的请购系统，应设立采购的申请审批制度。

（2）采购部与验收部职能未分开。

（3）验收部门未编制验收报告单。

（4）验收部门不应在采购单加盖“货已验讫”印章，应另在单独的验收报告单中预留空格，以注明完全合格或有拒收数量及拒收原因。

（5）不应由会计部门付款，应由会计部门编制付款凭单通知财务部门开票付款。

（6）不合格货品退给供应商过程太草率，应在验收报告单中注册退回数量，并请供应商签名认可后方可退货。

（7）验收后的材料不得堆放至机器旁，应置于原材料仓库，再凭完善的领用单控制系统，办理领料手续。

（8）产成品应由完善的产成品仓库控制，不能交给制造部门的储藏室保管。

三、生产与存货循环的内部控制

生产业务循环内部控制是为了预防、检查和纠正生产业务循环中的错弊。生产业务循环的内部控制主要包括存货的内部控制、成本会计制度及职工薪酬的内部控制。

生产业务循环健全的内部控制主要由以下控制环节组成:

(一)职责分工

完整的生产业务循环的主要职责有:采购及验收材料、储存保管存货、制订审批生产计划、领用材料生产产品、分配归集产品的成本费用、检验和存储产成品、盘点存货、会计记录等。这些职责应当有明确的分工:

1. 采购部门与验收、保管部门相互独立,防止购入不合格材料;
2. 存储部门与生产或使用部门相互独立,防止多领材料或存货被盗;
3. 生产计划的制订与审批相互独立,防止生产计划不合理;
4. 产成品生产与检验相互独立,防止不合格产品入库和售出;
5. 存货的保管与会计记录相互独立,防止篡改会计记录、财产流失;
6. 存货盘点由独立于保管人员之外的其他部门人员定期进行,保证盘点真实性。

(二)信息传递程序控制

管理当局通过授权程序、成本控制、永续盘存制等信息传递程序实施严格控制。

(三)授权程序

生产循环业务都必须经过授权,各项业务要经过严格的批准手续方可办理。这些授权批准包括:由被授权的企业领导审批生产计划、经批准下达生产通知单、经批准领料、产品完工经检验入库、产品发出经核准后发出通知单方可办理、存货报废经专门小组审批、存货盘盈或盘亏的账务处理由被授权人批准、会计方法变更由企业财务主管批准等。

(四)成本控制

生产与存货价值流转控制主要由会计部门来执行,为了正确核算和有效控制生产与存货成本,必须建立健全生产与存货成本会计制度,将生产控制与成本控制有机结合起来。包括制订成本计划、费用预算或控制目标、严格审核原始凭证、设置生产与存货总账及明细账进行核算、选择适当的成本计算方法科学计算产品成本、进行生产与存货成本分析、建立成本和费用的归口分级管理控制制度等。

(五)永续盘存制

设置存货明细账对存货收、发、结存进行及时反映,根据有关会计凭证逐日、逐笔登记各种存货的收、发、结存数量和金额及时汇总和记录,并将明细账置于总账的控制之下;经常核对总账与明细账,存货账面结存数与实际库存数核对,保证账账、账实相符;永续盘存记录由财会部门而不是仓储部门负责,以使管物与管账两个不相容职责分离。

(六)实物控制

生产业务循环过程中存货种类繁多、收发频繁,对存货实物控制贯穿于采购、验收、存储、发货、生产和报废等多个环节,加强实物控制非常重要。主要措施有:

1. 限制非授权人员接近存货;
2. 定期盘点、检查存货管理情况;
3. 保管与记录严格分工等。

四、生产与存货循环的控制测试

一般来说,测试的主要程序是:注册会计师通过了解企业的内部控制情况,对有关内部控制的设计和是否得到执行进行评价，同时结合对被审计单位其他方面的了解，评价内部控制的强弱，识别和评估重大错报风险。以决定进一步审计程序的性质、时间和范围，进行控制测试。注意：如果了解到被审计单位内部控制不存在或不值得信赖，注册会计师可以考虑执行实质性程序，而不进行控制测试。

（一）生产业务循环控制测试程序

1. 存货控制的测试

（1）询问和观察被审计单位存货实物与相关记录的接触及相应的授权批准程序，以验证存货的实物防护措施是否有效，以及存货保管与记录、授权批准职责是否相互分离。

（2）询问和观察被审计单位的存货盘点程序，以验证是否定期盘点存货并与明细账核对，做到账实相符。

2. 存货成本会计制度的测试

（1）抽查存货生产成本计算单

①验证生产成本计算是否正确。

②审查生产成本计算单是否附有必要的原始凭证，如生产通知单、领料单、产量和工时记录、职工薪酬费用分配表、材料费用分配表和制造费用分配表等。

③审查生产通知单、领料单是否经过审批。

④审查生产成本计算单中的记录与职工薪酬费用分配表、材料费用分配表和制造费用分配表的记录是否一致。

（2）抽查生产成本计算的原始凭证

①审查这些原始凭证是否连续编号，并注意是否经过批准。

②从原始凭证追查至成本计算单，检查各种费用（直接材料费用、直接人工费用、间接费用）的归集、分配是否正确；成本计算是否正确；成本计算流程是否合理、正确。

（3）核对生产成本计算单与生产成本明细账和总账是否相符。

注意：检查生产成本计算单、生产成本明细账和总账的记录是否一致。

（4）比较本期和前期的成本计算方法

检查生产成本计算方法是否一贯执行，有无随意改变。

3. 职工工资薪酬内部控制的测试

（1）检查被审计单位员工岗位、工作时间、薪金制度、职工薪酬结算等的授权审批情况；人事、考勤、工薪发放、记录等职务的相互分离。

（2）抽查若干月份的工资薪酬汇总表，检查工资汇总表是否经授权批准；检查应付职工薪酬总额与人工费用分配汇总表中的合计数是否相符；检查代扣款项的账务处理是否正确；检查实发工资总额与银行付款凭单及银行对账单是否相符，并正确计入相关账户，账务处理是否正确。

（3）从工资单中选取若干样本（包括各种不同类型人员），检查员工工薪卡及人事档案，确保工薪发放有依据；检查员工工资额及实发工资额；检查实际工时统计记录与职工个人钟点卡（或产量记录）是否相符；检查员工加班加点记录与主管人员签发的月度加班费汇总表是否相符；检查员工扣款依据是否正确；检查员工的工薪签收证明；实地抽查部分在职员工，证明其确在本单位工作。

(二)存货实质性测试的审计程序

明确存货实质性测试的审计目标及程序，是对存货进行实质性测试的首要工作。

1. 存货实质性测试的审计目标

(1)确定存货是否存在；

(2)确定存货是否归被审计单位所有；

(3)确定存货增减变动的记录是否完整；

(4)确定存货的品质状况，存货跌价准备的计提是否合理、正确；

(5)确定存货的计价方法是否恰当；

(6)存货年末余额是否正确；

(7)确定存货在会计报表上的披露是否恰当。

2. 存货实质性测试的审计程序

(1)核对各项存货明细账余额与总账、报表余额是否相符。

(2)检查资产负债表日存货的实际存在。参与被审计单位存货盘点的事前规划，或向委托人索取存货盘点计划；盘点结束后索取盘点明细表或汇总表副本进行复核，并选择数额较大、收发频繁的存货项目与永续盘存记录进行核对。

(3)如未参与期末盘点，应在审计外勤工作时对存货进行抽查；获取并检查被审计单位期末存货盘点计划及存货盘点明细表、汇总表，评价委托人盘点的可信程度；根据被审计单位存货盘点的可信程度，选择重点的存货项目进行抽查盘点或全额盘点，并倒轧计算出资产负债表日的存货数量。

(4)在监盘或抽查被审计单位存货时，要检查有无他人保存和来料加工的存货，有无未作账务处理而置于(或寄存)他处的存货，这些存货是否正确列示于存货盘点表中。

(5)在监盘或抽查被审计单位存货时，要注意观察存货的品质状况，要征询技术人员、财务人员、仓库管理人员的意见，以了解和确定存货中属于残次、毁损、滞销积压的存货及其对当期损益的影响。

(6)获取存货盘点盈亏调整和损失处理记录，检查重大存货盘亏和损失的原因有无充分合理的解释，重大存货盘亏和损失的会计处理是否已经授权审批，是否正确及时地入账。

(7)检查被审计单位存货跌价准备计提和结转的依据和会计处理方法是否正确，是否经授权批准，前后各期是否保持一致。

(8)查阅资产负债表日前后若干天的存货增减变动的有关账簿记录和原始凭证，检查是否正确，是否经授权批准，前后期是否一致。

(9)根据被审计单位存货计价方法，抽查期末结存量比较大的存货的计价是否正确。若存货以计划成本计价，还应检查“材料成本差异”账户发生额、转销额是否正确，期末余额是否恰当。

注意:有无任意改变材料差异的分配方法，有无不按月结转材料成本差异或任意多转、少转、不转差异的情况。

(10)抽查材料采购账户，对大额的采购业务，追查自订货至到货验收、入库全过程的合同、凭证、账簿记录，以确定其是否完整、正确。抽查有无购货折让、购货退回、损坏赔偿、掉换等事项。

(11)抽查存货发出的原始凭证是否齐全、内容是否完整、计价是否正确。

(12)低值易耗品与固定资产的划分是否合理，其摊销方法及摊销金额的确定是否正确。

(13)抽查产成品入库单，核对其品种、数量和实际成本与生产成本的结转数是否相符。

(14)抽查产成品的发出凭证核对其品种、数量和实际成本与产品销售成本是否相符。

(15)了解存货的保险情况和存货防护措施的完善程度，并作出相应记录。

(16)验明存货是否已在资产负债表上恰当披露。

任务二　存货审计

一、存货审计目标

(1)确定记录的存货是否存在；

(2)确定存货的记录是否完整；

(3)确定存货是否归被审计单位拥有或控制；

(4)确定记录的存货金额是否恰当；

(5)确定存货是否记录于正确的会计期间；

(6)确定存货是否记录于恰当的账户；

(7)确定存货的列报是否恰当。

二、存货的实质性程序

【案例 10－2】北京会计师事务所于 2013 年 12 月 10 日接受星光公司的委托进行 2013 年度财务报表审计。据了解，星光公司原是上海会计师事务所的常年客户，经向星光公司负责人员询问得知，负责星光公司审计业务的上海会计师事务所的注册会计师李莫离职，经李莫介绍，转而委托北京会计师事务所。北京会计师事务所的注册会计师张某要求在 12 月 31 日参与对星光公司存货进行盘点，星光公司婉言拒绝，原因是公司曾于 6 月 30 日进行了盘点，当时李莫参与了盘点工作，且盘点时的所有资料均可以提供给注册会计师张某复核，现在刚刚接受一张订单，交货期限很短，如果停工盘点，则难以按期交货。

对此，北京会计师事务所的注册会计师张某做了大量的工作，现了解到以下信息：

(1)李莫与星光公司的总经理私人关系甚好。

(2)星光公司存货的内部控制有一定漏洞。

(3)审阅 6 月 30 日的盘点记录，其中 A 产品期末盘存量是 25 000 件，查阅以前月份的存货明细账，A 产品的期末库存每月都保持在 10 000 件至 12 000 件之间。

(4)星光公司的生产经营特点决定了存货的比重较大，约占总资产的 40% 左右。

【要求】

在这种情况下，注册会计师张某是否应该坚持对存货进行监督性盘点？如果不能进行，能否出具无保留意见的审计报告？请说明原因。

【解析】

(1)应该坚持对存货进行监督性盘点。

(2)不能出具无保留意见的审计报告。

(3)理由：

①星光公司存货的内部控制有一定漏洞。

②A 产品期末盘存量是 25 000 件，与 A 产品的期末库存每月都保持在 10 000 件至 12 000 件之间数量进行比较，严重不符。

③存货的比重较大，约占总资产的 40% 左右。

(一)存货监盘

1. 存货监盘概述

存货监盘，是指注册会计师现场观察被审计单位存货的盘点，并对已盘点的存货进行适当检查。定期盘点存货，合理确定存货的数量和状况是被审计单位管理层的责任。实施存货监盘，获取有关期末存货数量和状况的充分、适当的审计证据是注册会计师的责任。

必须指出，监盘程序所得到的是实物证据，它不能保证被审计单位对存货拥有所有权，也不能对该存货的价值提供审计证据。

2. 制定存货监盘计划

注册会计师应当根据被审计单位存货的特点、盘存制度和存货内部控制的有效性等情况，在评价被审计单位存货盘存制定的基础上，编制存货监盘计划，对存货监盘作出合理安排。存货监盘计划应当包括下列主要内容：

(1)存货监盘的目标、范围及时间安排；

(2)存货监盘的要点及关注事项；

(3)参加存货监盘人员的分工；

(4)检查存货的范围。

3. 存货监盘决策

存货监盘决策涉及到监盘时间、样本量及项目选取等问题，以下分别予以介绍。

(1)监盘时间

监盘的时间以会计期末以前为优。如果企业有条件进行期中盘点，注册会计师应在盘点时加以监督，同时对盘存日和期末之间的永续记录加以测试。如果企业的盘点在会计期末以后的时间进行，那么就必须编制从盘点日到期末的存货余额调节表，但尽量使盘点的时间靠近会计期末。

(2)监盘样本量

监盘的样本量往往不能用项目的数量来确定。在监盘中考虑样本量的一种较容易的方法是按费时多少而不是按盘点存货项目的多少来表示。决定测试存货所费时间多少，最重要的因素是有关实地盘点，永续记录的可靠性，存货的总金额及种类，不同的重要存货位置和数量，以及以前年度发现的误差性质和程度和内部控制等。在有些情况下，存货十分重要，需有数十名审计人员进行存货监盘。而在另外一些情况下，一个人就可在短时间内完成监盘工作。

(3)项目选取

对具体监盘项目的选取是十分重要的。对重要项目和典型存货项目的有代表性样本应仔细监盘，对可能过时或损坏的项目要仔细查询，并与管理人员认真讨论为何有些重要项目不在盘点之列。

4. 存货监盘程序

(1)在被审计单位盘点存货前，注册会计师应当观察盘点现场，确定应纳入盘点范围的存货是否已经适当整理和排列，并附有盘点标识，防止遗漏或重复盘点。

注意:对未纳入盘点范围的存货，注册会计师应当查明未纳入的原因。

(2)对所有权不属于被审计单位的存货，注册会计师应当取得其规格、数量等有关资料，并确定这些存货是否已分别存放、标明，且未被纳入盘点范围。

(3)注册会计师应当观察被审计单位盘点人员是否遵守盘点计划并准确地记录存货的数量和状况。

(4)注册会计师应当对已盘点的存货进行适当检查，将检查结果与被审计单位盘点记录相核对，并形成相应记录。

(5)在检查已盘点的存货时，注册会计师应当从存货盘点记录中选取项目追查至存货实物，以测试盘点记录的准确性;注册会计师还应当从存货实物中选取项目追查至存货盘点记录，以测试存货盘点记录的完整性。

(6)如果检查时发现差异，注册会计师应当查明原因，及时提请被审计单位更正。如果差异较大，注册会计师应当扩大检查范围或提请被审计单位重新盘点。

(7)注册会计师应当特别关注存货的移动情况，防止遗漏或重复盘点。

(8)注册会计师应当特别关注存货的状况，观察被审计单位是否已经恰当区分所有毁损、陈旧、过时及残次的存货。

(9)注册会计师应当获取盘点日前后存货收发及移动的凭证，检查库存记录与会计记录期末截止是否正确。

(10)在被审计单位存货盘点结束前，注册会计师应当实施下列审计程序:

再次观察盘点现场，以确定所有应纳入盘点范围的存货是否均已盘点;

取得并检查已填用、作废及未使用盘点表单的号码记录，确定其是否连续编号，查明已发放的表单是否均已收回，并与存货盘点的汇总记录进行核对。

(11)注册会计师应当复核盘点结果汇总记录，评估其是否正确地反映了实际盘点结果。

(12)如果存货盘点日不是资产负债表日，注册会计师应当实施适当的审计程序，确定盘点日与资产负债表日之间存货的变动是否已作出正确的记录。

(13)在永续盘存制下，如果永续盘存记录与存货盘点结果之间出现重大差异，注册会计师应当实施追加的审计程序，查明原因，并检查永续盘存记录是否已作出适当的调整。

(14)如果认为被审计单位的盘点方式及其结果无效，注册会计师应当提请被审计单位重新盘点。

5. 特殊情况的处理

(1)如果由于被审计单位存货的性质或位置等原因导致无法实施存货监盘，注册会计师应当考虑能否实施替代审计程序，获取有关期末存货数量和状况的充分、适当的审计证据。

注册会计师实施的替代审计程序主要包括:

①检查进货交易凭证或生产记录以及其他相关资料;

②检查资产负债表日后发生的销货交易凭证;

③向顾客或供应商函证。

(2)如果因不可预见的因素导致无法在预定日期实施存货监盘或接受委托时被审计单位的期末存货盘点已经完成，注册会计师应当评估与存货相关的内部控制的有效性，对存货进行适当检查或提请被审计单位另择日期重新盘点;同时测试在该期间发生的存货交易，以获取有关期末存货数量和状况的充分、适当的审计证据。

注意:对被审计单位委托其他单位保管的或已作质押的存货，注册会计师应当向保管人或债权人函证。如果此类存货的金额占流动资产或总资产的比例较大，注册会计师还应当考虑实施存货监盘或利用其他注册会计师的工作。

(3)当首次接受委托未能对上期期末存货实施监盘，且该存货对本期财务报表存在重大影响时，如果已获取有关本期期末存货余额的充分、适当的审计证据，注册会计师应当实施下列一项或多项审计程序，以获取有关本期期初存货余额的充分、适当的审计证据:

①查阅前任注册会计师工作底稿;

②复核上期存货盘点记录及文件;

③检查上期存货交易记录;

④运用毛利百分比法等进行分析。

6. 存货监盘结果对审计报告的影响

注册会计师应当根据已获取的审计证据，形成有关期末存货数量和状况的审计结论，并确定对审计报告的影响。

(1)如果无法实施存货监盘，也无法实施替代审计程序以获取有关期末存货数量和状况的充分、适当的审计证据，注册会计师应当考虑出具保留意见或无法表示意见的审计报告。

(2)如果通过实施存货监盘发现被审计单位财务报表存在重大错报，且被审计单位拒绝调整，注册会计师应当考虑出具保留意见或否定意见的审计报告。

(3)如果首次接受委托，按照准则的规定实施审计程序后，仍未能获取有关本期期初存货余额的充分、适当的审计证据，注册会计师应当考虑出具保留意见或无法表示意见的审计报告。

注意:企业盘点人员盘点后，注册会计师应根据观察的情况，在盘点标签尚未取下之前，进行复盘抽点。抽点的样本一般不得低于存货总量的10%。在比较抽点结果与盘点单上的记录时，不仅要核对数量，还应该核对存货的编号、品种、规格及产品品质等。在抽点在产品时，还应关注其完工程度是否适当。抽点如发现差异，除应督促企业更正外，还应扩大抽点范围，如发现差错过大，则应要求企业重新盘点。

抽点结束后，应将全部盘点标签或盘点清单按编号顺序归总，并据以登记盘点表。归总时，注册会计师应注意盘点标签或盘点清单编号的连续性，以免有缺号、重号现象。所有的盘点标签、盘点清单均应有企业参与盘点人员和监盘注册会计师签名，并复印两份，企业与会计师事务所各留一份。同时，注册会计师还应向企业索取存货盘点前的最后一张验收报告单(或入库单)、最后一张货运文件(或出库单)，以便审计时作截止测试之用。

观察盘点和抽点过程中，注册会计师还应检查有无代人保存和来料加工的存货，有无未作账务处理而置于(或寄存)他处的存货，这些存货是否正确列示于存货盘点表中。同时，注册会计师还应注意观察存货的残次冷背情况，确定其对损益的影响。对于企业存放或寄销在外地的存货，也应纳入盘点的范围。但盘点方式可以选择，如委托当地会计师事务所负责监盘抽点或本所注册会计师亲自前往监盘，如存货量不大，亦可以向寄存寄销单位函证或采用其他替代程序予以确认。

7. 撰写盘点备忘录，编制审计工作底稿

盘点工作结束后，注册会计师应根据企业存货的盘点情况，撰写盘点备忘录，将盘点程序、盘点中的重大问题及处理、盘点结果等予以记载，并连同企业的盘点计划或指令、盘点表、问卷调查资料以及取得的其他资料一起整理成审计工作底稿。

8. 存货监盘的特殊问题

(1)难以盘点的存货

某些存货，如原木、原煤、化学制品、在产品，其性质决定了难以对这些存货进行盘点。再如，那些处于管理或生产上的要求，无法为存货盘点而中断生产，由此使得难以对这些企业的在产品进行盘点。此时，注册会计师应当运用一些创造性的办法来验证存货数量。例如，在企业使用专门技术进行实地盘存的情况下，注册会计师可以考虑聘请专家来进行监盘。在某些情况下，注册会计师可以根据企业存货收发制度来确认存货数量。例如，企业可能采用轮流堆放制度，在这种制度下，一堆材料供使用，而收到材料则置放于另一堆，到一堆使用完时，可发现账户上的差错。如果这种轮流堆放制度令人满意，注册会计师便可以在某种程度上依靠会计记录。

(2)分散盘点

(二)存货计价测试

监盘程序只能对存货的结存数量予以确认。为验证会计报表上存货余额的真实性，还必须对存货的计价进行审计。

存货计价审计表如表 10－1 所示。

表 10－1　　　　**存货计价审计**

日期	品名及规格	购入			发出			结存		
		数量	单价	金额	数量	单价	金额	数量	单价	金额
计价方法说明： 情况说明及审计结论：										

1. 样本的选择

计价审计的样本，应从存货数量已经盘点、单价和总金额已经记入存货汇总表的结存存货中选择。选择样本时，应着重选择结存余额较大且价格变化比较频繁的项目。同时，考虑所选样本的代表性。抽样方法一般采用分层抽样法，抽样规模应足以推断总体的情况。

2. 计价方法的确认

存货的计价方法多种多样，企业可结合国家法规要求选择适合企业自身特点的方法。注册会计师除应了解掌握企业的存货计价方法外，还应对这种计价方法的合理性与一贯性予以关注。计价方法在同一会计年度内不得随意变动。

3. 计价审计

进行计价审计时，注册会计师首先应对存货价格的组成内容予以审核，然后按照所了解的计价方法对所选择的存货样本进行计价审计。审计时，应排除企业已有计算程序和结果的影响，独立审计。待审计结果出来后，应与企业账面记录对比，编制对比分析表，分析形成差异的原因。如果差异过大，应扩大范围继续审计，并根据审计结果做出审计调整。

在存货计价审计中，由于企业对期末存货采用成本与可变现净值孰低的方法计价，所以注册会计师应充分关注企业对存货可变现净值的确定及存货跌价准备的计提。

(三)存货截止测试

所谓存货截止测试，就是检查截至12月31日止，所购入并已包括在12月31日存货盘点范围内的存货。存货正确截止的关键，在于存货实物纳入盘点范围的时间与存货引起的借贷双方会计科目的入账时间，都处于同一会计期间。如果当年12月31日购入货物，并已包括在当年12月31日的实物盘点范围内，而购货发票是次年1月2日才收到，并已记入次年1月份账内，当年12月份账上并无进货和对应的负债记录，这就少计了存货和应付账款；相反，如果在当年12月31日就收到一张购货发票，并记入当年12月份账内，而这张发票所对应的存货实物，却在次年1月2日才收到，未包括在当年年底的盘点范围内，这样就有可能虚减本年的利润。

存货截止审计的主要方法：

1. 抽查存货盘点日期前后的购货发票与验收报告(或入库单)，档案中的每张发票均附有验收报告(或入库单)。12月底入账的发票如果附有12月31日或之前的验收报告(或入库单)，则货物肯定已经入库，并包括在本年的实地盘点存货范围内；如果验收报告日期为1月份的日期，则货物不会列入年底实地盘点存货范围内；反之，如果仅有验收报告(或入库单)而并无购货发票，则应认真审核每一验收报告单上面是否加盖暂估入库印章，并以暂估价记入当年存货账内，待次年年初以红字冲销。

2. 存货截止审计的另一种方法是审阅验收部门的业务记录，凡是接近年底(包括次年年初)购入的货物，必须查明其相应的购货发票是否在同期入账，对于未收到的购货发票的入库存货，是否将入库单分开存放并暂估入账。

在确定截止审计样本时，一般以截止日为界限，分别向前倒推或向后顺推若干日，按顺序选取较大金额购货业务的发票或验收报告做审计样本。截止审计完成后，对于发现的错误，应提请被审计单位做必要的账务调整。

(四)存货跌价准备测试

【案例10-3】存货减值准备审计案例

大江公司是一家上市公司，注册会计师在进行年度会计报表审计时了解到该公司对存货的期末计价采用成本与可变现净值孰低法。2013年大江公司经年末盘点，认定有关存货及其会计处理的信息资料如下：

1. 库存商品A：账面余额10万元，已提取跌价准备5 000元，该商品市价持续下跌，并且在可预见的未来无回升的希望。可变现净值为8万元，大江公司对该商品全额补提跌价准备。

2. 库存商品B：账面余额12万元，未提取跌价准备，该商品不再为消费者所偏爱。从目前情况分析，其市价将会持续下跌。可变现净值为8万元，大江公司全额提取跌价准备。

3. 库存商品D：账面余额50万元，未提取跌价准备，目前该商品供销两旺，未发现减值情况。大江公司按10%提取跌价准备5万元。

【解析】根据《企业会计制度》的规定，并依据本文前述认定资产减值准备的基本条件进行分析，库存商品A、B均不应全额计提跌价准备。

(1)A商品只是市价下跌、价值减少，但仍有一定的使用价值和转让价值。

(2)B商品虽然不为消费者所偏爱，但也只是价值下跌，还未到完全丧失价值的程度。

所以，注册会计师应建议大江公司进行调整。

（3）对于商品D，由于没有任何减值的迹象，大江公司按10%的比例计提了5万元的跌价准备，这没有根据。

注册会计师应建议大江公司调账，冲回所提取的跌价准备。

1. 存货跌价准备的审计目标是：

（1）确定存货跌价准备的发生是否真实，转销是否合理；

（2）确定存货跌价准备发生和转销的记录是否完整；

（3）确定存货跌价准备的披露是否恰当。

2. 存货跌价准备实质性审计

（1）获取或编制存货跌价准备明细表，复核加计正确，并与报表数、总账数和明细账合计数核对是否相符。

（2）检查被审计单位是否于期末对存货做检查分析，存货跌价准备计提的依据、方法是否合理，前后各期是否一致；计算及会计处理是否正确。

（3）抽查计提存货跌价准备的项目，其期后售价是否低于原始成本。

（4）检查存货跌价准备的期末余额是否符合税法规定，如果超过规定，应作纳税调整。

（5）检查存货跌价准备的披露是否恰当。

任务三　其他相关项目

一、生产成本审计的实质性程序

存货成本审计包括直接材料成本的审计、直接人工成本的审计、制造费用的审计和主营业务成本的审计等内容。

（一）直接材料成本的审计

直接材料成本的审计一般应从审阅原材料和生产成本明细账入手，抽查有关的费用凭证，验证企业产品直接材料的耗用数量、计价和材料费用分配是否真实、合理。其主要内容包括：

1. 检查直接材料耗用数量的真实性，有无将非生产用材料计入直接材料费用。抽查材料发出及领用的原始凭证，检查领料单的签发是否经过授权，材料发出汇总表是否经过适当的人员复核。并与发料凭证汇总表核对是否相符，审查材料是否按用途分配。检查有无将在建工程、福利部门支出、捐赠支出等非生产用材料计入直接材料费用。

注意：已领未用材料是否办理了假退料手续；废料、边角料是否办理了退库或变价处理，并冲减了本期材料费用。

2. 检查材料单位成本计价方法是否适当，是否正确及时入账。

（1）直接材料按实际成本计价的，应审查其计价方法是否一贯执行，有关计算是否正确。

（2）直接材料按计划成本计价的，重点审查材料成本差异的形成和分配。检查材料成本差异的发生额是否正确，有无将不应计入材料采购成本的费用计入材料采购成本；抽查若干月发出材料汇总表，检查材料成本差异是否按月分摊，使用的差异分配率是否为当月实际差异率，检查差异率的计算是否正确，差异的分配是否正确，分配方法前后期是否一致。

3. 审查直接材料费用分配的正确性。

抽查发出材料汇总分配表、产品成本计算单，生产成本明细账，检查直接材料成本的计算是否正确;材料费用的分配标准与分配依据、计算方法是否合理和适当;分配结果及相关账务处理的正确性;是否与材料费用分配汇总表中该产品分摊的直接材料费用相符。

注意:分配标准是否合理和一贯执行。

4. 分析比较同一产品前后各期的直接材料成本，如有重大波动应予以关注查明原因。

(二)直接人工成本的审计

获取劳动人事资料、薪酬结算表、人工费用分配表、成本计算单、生产成本明细账、产量或工时记录、考勤记录等，检查并计算相符。直接人工成本审计的内容主要包括:

1. 抽查产品成本计算单，检查直接人工成本的计算是否正确;人工费用的分配标准与计算方法是否合理和适当;是否与人工费用分配汇总表中该产品分摊的直接人工费用相符。

注意:

(1)检查有无将非产品生产人员的薪酬计入直接人工费用。

(2)结合应付职工薪酬的审查，检查职工薪酬的计算及汇总是否正确，抽查人工费用会计记录及会计处理是否正确。

2. 将本年度直接人工成本与以前年度进行比较，如有重大波动查明其异常波动的原因。

3. 分析比较本年度各个月份的人工费用发生额，如有异常波动，应查明原因。

(三)制造费用的审计

制造费用是企业为生产产品或提供劳务而发生的间接费用，即生产单位为组织和管理生产而发生的费用，如车间管理人员的工资、福利费等。

制造费用审计的基本要点包括:

1. 检查制造费用的真实性、合法性。

获取或编制制造费用汇总表，并与明细账、总账核对相符。抽查制造费用中的重大数额项目及例外项目是否合理。

2. 审阅制造费用明细账，检查其核算内容及范围是否正确、合规。

应注意是否存在异常会计事项，如有，则应追查至记账凭证及原始凭证，重点查明企业有无将不应列入成本费用的支出(如投资支出、被没收的财物、支付的罚款、违约金、更新改造支出等)记入制造费用。

3. 必要时，对制造费用实施截止测试，即检查资产负债表日前后若干天的制造费用明细账及其凭证，主要审查确定有无跨期入账的情况。

4. 检查制造费用的归集和分配是否合理、正确。重点审查:

(1)企业有无将不应列入成本费用的支出(如投资支出、被没收的财物、支付的罚款、违约金、更新改造支出等)记入制造费用。

(2)制造费用的分配方法是否符和企业自身的生产技术条件，是否体现受益原则，分配方法一经确定，是否在相当时期内保持稳定，有无随意变更的情况;分配率和分配额的计算是否正确，有无以人为估计数代替分配数的情况。

注意:对按预定分配率分配费用的企业，还应查明计划与实际差异是否及时调整。

5. 分析程序

将本年度制造费用构成项目及发生额与上年度进行比较，将本年度各个月份的制造费用发生额及构成项目所占比例进行比较分析，如有异常波动，应查明原因。

（四）生产费用在完工产品和在产品之间分配的审计

1. 审查完工产品入库数量的真实性

检查产品入库凭证与完工记录是否相符，仓库的记录与财务部门的记录在品种、数量上是否相符，注意审查其数量的真实性。检查产品入库凭证是否附有产品检验合格证明，有无将未经检验产品或不合格产品充当合格产品入库。

2. 审查在产品数量的真实性

检查主要产品的在产品台账，计算、核实在产品的数量，并注意审查在产品的加工程度、投料程度及耗用工时记录，以查明其数量的真实性。

3. 审查生产费用在完工产品和在产品之间分配的合理性、正确性。

审查产品成本计算单、在产品台账和生产成本明细账，核对成本计算单中完工产品的品种数量、在产品的品种数量、加工程度和投料程度是否和产品入库凭证、在产品台账记录相符，检查其分配方法的选用是否符合企业的生产特点和管理上的要求，审查成本计算方法的合理性、一贯性，验证成本计算数据的正确性，检查产成品入库的实际成本是否与"生产成本"科目的结转额相符。审查有无虚报或虚减在产品数量、提高或降低在产品的加工程度以调节成本的现象。

二、营业成本审计的实质性程序

（一）主营业务成本的审计

主营业务成本是指企业对外销售商品、产品，对外提供劳务等发生的实际成本。它是由期初库存产品成本加上本期入库产品成本，再减去期末库存产品成本求得的。对主营业务成本的审计，应通过审阅主营业务收入明细账、产成品明细账等记录，并核对有关的原始凭证和记账凭证进行。其基本要点包括：

1. 获取或编制主营业务成本明细表，复核加计正确，与明细账和总账核对相符。并结合其他业务成本明细表与报表数核对相符。

2. 编制生产成本及销售成本倒轧表（如表 10－2 所示），与总账核对相符。

3. 分析比较本年度与上年度主营业务成本总额，以及本年度各月份的主营业务成本金额，如有重大波动和异常情况，应查明原因。

4. 结合生产成本的审计，抽查销售成本结转数额的正确性，并检查其是否与销售收入配比。

5. 检查主营业务成本账户中重大调整事项（如销售退回等）是否有其充分理由，并账务处理正确。

6. 确定主营业务成本在利润表中是否已恰当披露。

表 10－2　　生产成本销售成本倒轧表

项目	未审数	调整或重分类金额借(或贷)	审定数
原材料期初余额			
加:本期购进			
减:原材料期末余额			
其他发出额			
(一)直接材料成本			
加:直接人工成本			
制造费用			
(二)生产成本			
加:在产品期初余额			
减:在产品期末余额			
(三)产品生产成本			
加:产成品期初余额			
减:产成品期末余额			
(四)销售产品成本			

【案例 10－4】注册会计师对公司的生产成本及主营业务成本进行审计，有关数据见表所示:经审查后发现以下事项:材料到达，单据未到的 6 000 元未暂估入账;车间月末剩余材料 2 000 元未做假退料处理;修建厂房的工资 2000 元，列入直接人工成本;本月支付的财产保险费 6000 元，全部列入制造费用，经检查应按 3 个月摊销;月末在产品盘点实际结存 40 000 元。

【要求】编制生产成本销售成本倒轧表，并得出审计结论。

表 10－3　　生产成本销售成本倒轧表

项目	未审数	调整或重分类金额借(或贷)	审定数
原材料期初余额	100 000	100 000	
加:本期购进	200 000	借:原材料 6 000(暂估)	206 000
减:原材料期末余额	50 000	借:原材料 2 000	52 000
其他发出额	10 000		10 000
(一)直接材料成本	240 000	4 000	244 000
加:直接人工成本	30 000	2 000	28 000
制造费用	54 000	4000	50 000
(二)生产成本	324 000	2 000	322 000
加:在产品期初余额	30 000		30 000
减:在产品期末余额	40 000		40 000
(三)产品生产成本	314 000		312 000
加:产成品期初余额	40 000		40 000
减:产成品期末余额	50 000		50 000
(四)销售产品成本	304 000	2 000	302 000

审计结论：上述事项影响了以下会计账户，原材料少计8 000元；生产成本多计2 000元；预付账款少计4 000元，在建工程少计2 000元；应付账款少计6 000元；主营业务成本多计2 000元。

故：资产少计8 000元、负债少计6 000元、虚减利润总额2 000元。

（二）分析程序

分析程序在生产循环审计中占有重要的地位。注册会计师在生产循环审计过程中往往需大量运用分析程序来获取审计证据，并协助形成恰当的审计结论。在生产循环审计中通常运用的分析程序主要是趋势分析法和比率分析法两种。

1. 趋势分析法

在生产循环的分析程序中，注册会计师通常进行的趋势分析法包括：

（1）比较前后各期及本年度各个月份存货余额及其构成，以确定期末存货余额及其构成的总体合理性。

（2）对每月存货成本差异率进行比较，以确定是否存在调节成本的现象。

（3）比较前后各期及本年度内各个月份生产成本总额及单位生产成本，以确定本期生产成本的总体合理性。

（4）比较前后各期及本年度内各个月份制造费用总额及其构成，以确定本期生产成本的总体合理性。

（5）比较前后各期及本年度内各个月份人工费用的发生额，以确定工资费用的合理性。

（6）比较前后各期及本年度内各个月份主营业务成本总额及单位销售成本，以确定主营业务成本的总体合理性。

（7）比较前后各期及本期年度内各个月份直接材料成本，以评价直接材料成本的总体合理性。

（8）将存货余额与现有的订单、资产负债表日后各期的销售额和下一年度的预测销售额进行比较，以评价存货滞销和跌价的可能性。

（9）将存货跌价损失准备与本年度存货处理损失的金额相比较，判断被审计单位是否计提足额的跌价损失准备。

（10）将与关联企业发生存货交易的频率、规模、价格和账款结算条件，与非关联企业对比，判断被审计单位是否利用与关联企业的存货交易虚构业务交易、调节利润。

【案例10－5】如表10－4列示的是对某一企业本年度与上年度制造费用各构成项目的对比分析。

表10－4　　**制造费用各项目分析**

项目	本年数	所占比例	上年数	增减比列
工资	70 000.00	42.25%	70 000.00	——
房租费	10 400.00	6.28%	7 000.00	48.57%
折旧费	46 990.00	28.36%	28 570.00	64.47%
修理费	14 810.00	8.93%	12 900.00	14.81%
水电费	23 490.00	14.18%	13 730.00	71.09%
合计	165 690.00	100%	132 200.00	25.33%

【分析】从图表中可以看出，除工资和上年度保持一致外，其余项目均呈一定幅度增长。

经分析，其原因主要是本年度业务增长，各项费用相应提高所致，特别是新增了一条流水线，使固定资产折旧费用、水电费、房租费大幅提高。基于此，注册会计师可以对该企业的制造费用予以确认。

2. 比率分析法

在生产循环的分析程序中，注册会计师通常运用的比率主要是存货周转率和毛利率。

(1)存货周转率(周转次数)

存货周转率是用以衡量销售能力和存货是否积压的指标。其计算公式为：

存货周转率 =(主营业务成本/平均存货)×100%

利用存货周转率进行纵向比较或与其他同行业企业进行横向比较时，要求存货计价持续保持一致。存货周转率的波动可能意味着被审计单位存在以下情况：

①存货管理或控制程序发生变动；

②有意或无意地减少存货储备；

③存货成本项目发生变动；

④存货核算方法发生变动；

⑤存货跌价准备计提基础或冲销政策发生变动；

⑥销售额发生大幅度变动。

(2)毛利率

毛利率是反映盈利能力的主要指标，用以衡量成本控制及销售价格的变化。其计算公式为：

毛利率 =(主营业务收入 - 主营业务成本)/主营业务收入×100%

毛利率的波动可能意味着被审计单位存在以下情况：

①销售价格发生变动；

②单位产品成本发生变动；

③销售产品总体结构发生变动；

④固定制造费用比重较大时，销售数量发生变动。

【案例 10－6】注册会计师对星光公司 2013 年度财务报表进行审计。该公司 2013 年度的供产销形势与 2012 年相当，2012 年度财务报表经审计无误。未经审计的 2013 年度财务报表部分数据见表 10－5。

表 10－5　财务报表部分数据表

品名	主营业务收入		主营业务成本	
	2012 年发生额	2013 年发生额	2012 年发生额	2013 年发生额
A 产品	50 000	51 000	48 000	43 800
B 产品	30 000	30 020	29 000	29 019
合计	80 000	81 020	77 000	72 819

【要求】请帮助注册会计师运用分析程序，指出 2013 年的数据是否存在不合理之处，并说明理由。

【解析】2013 年 A 产品的数据存在不合理之处。

理由：既然星光公司 2013 年的供产销形势与上年相当，则应当保持与上年大致相当的销售毛利率水平。但是，A 产品 2013 年的销售毛利率为 16.44%，大大高于 2012 年的销售毛利率 4.17%。所以应予以关注。

【知识拓展】

银行存款常见的舞弊形式

近几年，随着与银行存款有关的犯罪和会计造假的不断出现，银行存款的审计越来越受到重视。如何提高银行存款审计的审计质量，发现错误和舞弊，控制有关风险，成为控制审计风险的重要方面。

银行存款是货币资金最重要的组成部分，往往成为会计舞弊者首选的目标。其常见的舞弊形式有以下几种：

1. 故意制造余额差错，以保持结账时的试算平衡。银行存款收支业务不入账，会计人员转移收入、挪用资金、出借账户、为外单位套取现金、侵吞利润，仅从账面上发现不了任何问题。

2. 利用未达账项掩饰其舞弊行为。被审计单位不按规定确认收支事项，而作为未达账项，以达到调节企业利润的目的。此外，会计人员转移、挪用资金的行为也会作为未达账项予以掩饰。

3. 涂改票据，侵吞企业财物。会计人员利用管理漏洞或是职务便利，将以前年度的支票或银行进账单的日期涂改为当前日期，再次入账以套取单位财物。

4. 在银行存款审计过程中，明确银行存款核算中舞弊的特点，将对审计工作的有效开展具有指导作用。结合银行存款的业务特点，采用专门审计方法及策略是及时揭露重大违法犯罪的必要手段。

（资料来源：中国审计网）

【基础知识与技能训练】

一、单项选择题

1. 下列各项中，属于生产成本审计实质性程序的是(　　)。

A. 对生产成本执行分析程序

B. 审查有关凭证是否适当审批

C. 审查有关记账凭证是否附有原始凭证，以及原始凭证的顺序编号是否完整。

D. 询问和观察存货的接触

2. 注册会计师李某审计 A 公司 2008 年度财务报表时，将其交易和账户划分为销售与收款循环、采购与付款循环、生产循环、理财循环。在一般情况下，下列项目中应划入生产循环的是(　　)。

A. 其他应收款　　B. 应付账款　　C. 主营业务成本　　D. 应收账款

3. 注册会计师观察客户存货盘点的主要目的是为了(　　)。

A. 查明是否漏盘某些主要的存货项目　　B. 了解盘点指令是否贯彻执行

C. 查明存货的计价是否正确　　D. 获得存货是否实际存在的证据

4. 有关存货审计的下列表述，正确的是(　　)。

A. 难以监盘的存货，应根据企业存货收发制度确认存货数量

B. 监盘是证实存货“完整性”和“权利”认定的重要程序

C. 存货计价审计的样本，应着重选择余额较小且价格变动不大的存货项目

D. 可以通过审阅验收部门的业务记录进行存货截止审计，即查明资产负债表日前后购入的货物是否在存货验收入库的同时入账

5. 注册会计师在选择存货计价测试的样本时，一般可以采用的抽样方法是(　　)。

A. 随机抽样法　　B. 系统抽样法　　C. 分层抽样法　　D. 随意抽样法

6. 注册会计师在企业存货的盘点工作中，应当(　　)。

A. 亲自进行独立的存货盘点

B. 参与企业盘点，并对盘点工作进行适当地监督和抽查

C. 观察企业盘点，完全不必亲自盘点

D. 制定盘点计划，由企业进行盘点，将盘点结果记入工作底稿

7. 对于外购存货业务，最容易发生滞后入账的情况是(　　)。

A. 单(结算账单)货同到　　B. 期末时单到货未到

C. 期末时货到单未到　　D. 资产负债表日前付款的采购业务

8. 下列各项中，属于生产成本审计实质性程序的是(　　)。

A. 对成本执行分析程序

B. 审查有关凭证是否经过适当审批

C. 审查有关记账凭证是否附有原始凭证，以及这些原始凭证的顺序编号是否完整

D. 询问和观察存货的盘点及接触、审批程序

9. 生产成本审计不应包括的内容有(　　)。

A. 领料单　　B. 发料单　　C. 验收单　　D. 保管单

10. 为验证已发生的工资支出是否均已入账，应执行的程序是(　　)。

A. 检查工资费用的分配标准是否适当

B. 将工资结算汇总表、工资费用分配表有关的费用明细账核对

C. 将工资率与工资手册核对，验证工资的计算是否正确

D. 审阅工资结算汇总表和工资费用分配表，检查其恰当性

11. 存货成本审计不应包括的内容有(　　)。

A. 制造费用的审计　　B. 人工成本的审计

C. 直接材料成本　　D. 管理费用的审计

12. 生产循环和销售与收款循环的直接联系发生于(　　)。

A. 借记原材料、贷记应付账款之时　　B. 借记货币资金、贷记应收账款之时

C. 贷记库存商品、借记主营业务成本之时　　D. 贷记货币资金、借记应付账款之时

13. 注册会计师在进行年度审计时，通常坚持在结账日或接近于结账日进行存货盘点，一般不同意在年度中间盘点，除非(　　)。

A. 业务委托书有相关约定

B. 客户的存货盘点制度和相关内部控制非常健全有效

C. 客户一再要求

D. 审计计划中已经明确

14. 生产循环可以看成是由两个既相互独立又密切联系的系统组成的，一个涉及商品的实物流程，另一个涉及相关的(　　)。

A. 加工流程　　B. 成本流程　　C. 人员流程　　D. 收付流程

15. 下列说法中正确的是(　　)。

A. 对被审计单位存放在外地的存货，注册会计师一定要亲自前往监盘

B. 注册会计师未能对期初存货实施监盘，并不能影响其对本期财务报表发表审计意见。

C. 注册会计师如果无法实施存货监盘，则不能发表无保留意见的审计报告

D. 注册会计师如果无法实施存货监盘，可以考虑通过替代审计程序获取证据

16. 生产循环有关交易的实质性程序的重点不包括(　　)。

A. 成本会计制度的测试　　B. 分析程序的运用

C. 存货的监盘　　D. 存货计价的测试

二、多项选择题

1. 在与被审计单位讨论盘点计划时，注册会计师应关注的事项有(　　)。

A. 盘点时间

B. 盘点参与人员

C. 盘点期间存货移动的控制

D. 在产品完工程度的确定方法

2. 存货是指企业在生产经营过程中为销售或耗用而储存的各种资产，包括(　　)。

A. 产成品　　B. 半成品　　C. 原材料　　D. 包装物

3. 审查直接材料费用需要检查下列文件(　　)。

A. 领退料单　　B. 材料费用分配表

C. 材料成本差异计算分配表　　D. 采购合同和购货发票

4. 注册会计师对被审计单位的存货进行截止测试的方法有(　　)。

A. 实地观察和抽查期末存货

B. 抽查存货盘点日前后的购货发票和验收报告，检查是否每张发票都附有验收报告

C. 从验收部门的业务记录中选取接近截止日的业务，检查其对应的购货发票是否在同期入账

D. 询问存货的安全保护措施是否存在到位

5. 下列应计入职工薪酬的项目有(　　)。

A. 职工工资　　B. 奖金　　C. 职工福利费　　D. 社会保险费

6. 直接材料成本实质性程序的主要内容包括(　　)

A. 审查直接材料领用量的真实性

B. 审查直接材料的计价

C. 审查直接材料费用的分配

D. 分析同一产品前后期间的直接材料成本，看有无重大变动

7. 注册会计师在对存货进行计价测试时，需要考虑的问题有(　　)。

A. 测试样本是否具有代表性　　B. 存货计价方法是否合理且一贯

C. 是否有抵押、担保的存货　　D. 存货跌价准备的计提是否正确

8. 下列支出，不得列入产品成本的有（　　）。

A. 直接材料　　B. 支付的办公费

C. 支付的违约金　　D. 企业捐赠支出

9. 审查直接人工成本需要依据下列（　　）有关资料。

A. 职工考勤表　　B. 职工工薪等级

C. 职工薪酬计算表　　D. 人工成本分配表

10. 在生产循环的有关内部控制中，不相容的职务有（　　）。

A. 生产的授权审批和生产过程的记录职务

B. 生产过程的记录和生产地执行职务

C. 存货的保管和记录职务

D. 工资的授权批准和记录职务

11. 下列属于存货与生产循环涉及的主要凭证与会计记录的是（　　）

A. 生产指令　　B. 职工工资等级

C. 职工薪酬计算表　　D. 人工成本分配表

12. 审查生产成本的直接材料项目时，需要抽查的原始凭证通常有（　　）。

A. 领料单　　B. 发出材料汇总表

C. 材料费用分配汇总表　　D. 成本计算单

13. 生产循环的内部控制包括（　　）。

A. 成本会计制度　　B. 存货储存控制

C. 存货的监盘　　D. 工薪的内部控制

14. 审查原材料、包装物和库存商品时通常要执行的程序有（　　）。

A. 分析程序　　B. 计价测试　　C. 监盘　　D. 截止测试

15. 生产过程中可能的错误包括（　　）。

A. 未经授权领用原材料

B. 生产工时未计入生产单

C. 随意变更存货计价方法；存货成本项目的不合理分摊；虚计在产品完工程度

D. 保管人员与记录、批准人员不独立

16. 注册会计师需要对应付职工薪酬进行审计，原因在于（　　）。

A. 工资费用一般是产品成本的重要组成部分

B. 工资费用分配不当会影响损益情况

C. 工资费用通常是被审计单位的一项重要费用

D. 同存货一样，工资核算的方法复杂多样

17. 存货截止测试的方法有（　　）。

A. 抽查存货截止日前后的购货发票，并与验收报告核对

B. 检查验收部门的验收报告，查明其相对应的购货发票是否在同期入账

C. 检查成本计算单

D. 检查材料费用分配表

三、判断题

1. 定期盘点存货，合理确定存货的数量和状况是注册会计师的责任。(　　)

2. 在存货中，对于种类繁多，数量较大，金额不大的存货，也应由注册会计师亲自盘点。(　　)

3. 企业在实行计划成本核算的情况下，期末不论材料成本差异账户的余额在哪方，一律从发出存货的合计数中扣除。(　　)

4. 注册会计师应当复核被审计单位的存货盘点计划，并据此合理安排存货监盘。(　　)

5. 被审计单位财务负责人认为本公司存货采用永续盘存制，因此可不必对存货进行实地盘点。注册会计师应接受这种意见。(　　)

6. 如果被审计单位的存货盘存制度和相关内部控制健全有效，注册会计师可以同意被审计单位将盘点时间安排在期中进行。(　　)

7. 证实产品成本计算的正确性，应首先分析其选择成本计算方法的合理性。(　　)

8. 产品成本审查的重点之一是直接材料费用的审查。(　　)

9. 在实地观察盘点现场时。注册会计师应当特别关注存货的移动情况，防止遗漏或重复盘点。(　　)

10. 被审计单位有责任确定适当程序，进行准确的盘点并正确记录盘点数。(　　)

11. 如果由于被审计单位存货的性质或位置等原因导致无法实施存货监盘，注册会计师应当直接发表保留意见或无法表示意见。(　　)

12. 如果存货盘点日不是资产负债表日，注册会计师应当实施适当的审计程序，确定盘点日与资产负债表日之间存货的变动是否已作出正确的记录。(　　)

13. 主营业务成本数额真实性的审计，应结合制造成本的审计进行。(　　)

14. 对于存放于异地的存货，注册会计师不能进行实地监督盘点时，只能通过实施函证程序加以证实。(　　)

15 采用不同计价方法计算出来的本期主营业务成本应该是相同的。(　　)

16. 对存货进行计价测试，一般要选取结存余额较大、价格变动较大的项目。(　　)

17. 直接材料分配方法审查的核心是分配方法的合理性。(　　)

四、案例分析题

1. 注册会计师在对星光公司存货项目的相关内部控制进行研究评价之后，发现星光公司存在以下五种可能导致错报的情况：

(1) 所有存货都未经认真盘点。

(2) 接近资产负债表日前入库的产成品可能已纳入存货盘点范围，但可能未进行相关会计记录。

(3) 由大江公司代管的某种材料可能不存在。

(4) 大江公司存放于星光公司仓库的某种产品可能已计入星光公司存货项目。

(5) 存货计价方法已作变更。

【要求】说明为了证实上述情况是否真正导致错报，注册会计师应当分别执行的最主要的实质性程序(每一种情况只列一项程序)。

项目十一　应付职工薪酬审计

【知识要点】

（1）了解职工薪酬循环的主要业务活动、涉及的主要凭证和会计记录；
（2）理解职工薪酬循环内部控制测试的要点；
（3）掌握应付职工薪酬的审计目标；
（4）掌握应付职工薪酬的实质性程序。

【能力目标】

（1）能独立对应付职工薪酬进行审计；
（2）能够编制应付职工薪酬审定表。

【案例导入】

应付职工薪酬审计案例

审计人员在审计某公司2013年的“应付职工薪酬”账户时，发现10月份工资比9月份工资多出9万元，而在审查人事档案时发现10月份没有招进新员工。调阅10月份应付职工薪酬的原始凭证，发现工资结算单上的工资总额与9月份相差不大，而在记账凭证后还附有某购物中心负责人的收据一张，金额8.8万元。经向该购物中心负责人询问得知。8.8万元是该公司在购物中心发生的业务招待费，购物中心负责人提供了该公司有关人员签字确认的原始凭证。后被审计单位有关人员也承认利用“应付职工薪酬”账户列支招待费。审计人员提请被审单位按照企业会计准则的规定进行补充处理，调整了会计报表中的相关数据。获得了被审单位的同意。

【讨论分析】审计人员采用了哪些审计方法？被审单位为什么要将招待费列支“应付职工薪酬”？此事项是否需要记录于审计工作底稿？

任务一　应付职工薪酬的控制测试

职工薪酬循环审计是对涉及应付职工薪酬项目进行审计，如应付职工薪酬与其他业务发生错误或舞弊行为，如虚报冒领、重复支付和贪污等。同时，职工薪酬有时是构成企业成本费用的重要项目，如果职工薪酬的计算错误，就会影响到成本费用和利润的正确性，所以在审计中便显得十分重要。通过本项目的学习，需要理解并掌握以下四个方面的问题：

一、职工薪酬循环的主要业务活动

重视对职工薪酬循环的业务处理流程审计，最大限度地降低审计风险。职工薪酬涉及的主要业务活动如图 11－1 所示。

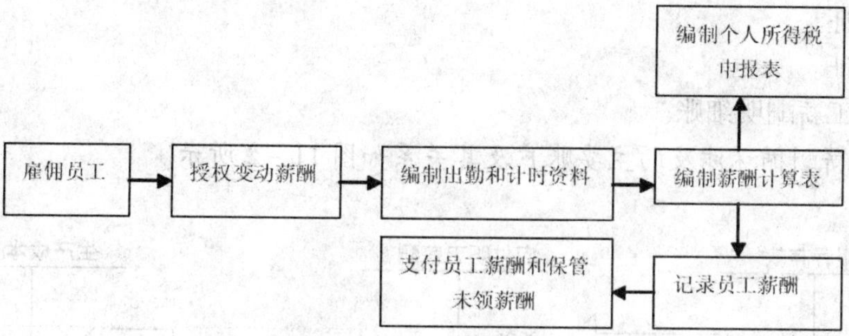

图 11－1　职工薪酬循环的主要业务活动

1. 雇佣员工

企业人力资源管理部门根据各职能部门的员工需求和要求制定聘用职工的条件和聘用计划，录用符合条件的职工，并根据人事政策、组织结构合理授权下录入人事档案，建立相应薪酬级别，签发人员调配单，向用工单位分配员工。

2. 授权批准和变动薪酬

工资、奖金、津贴、补贴、职工福利、代扣款项等的变动，薪酬汇总表须经授权批准。

3. 编制出勤和计时资料

将人力资源管理部门和各职能部门提供的出勤记录和计时资料进行核对。工资领取部门利用考勤系统或考勤卡，对员工工作时间及劳动成果的数量、质量进行考核。

4. 编制薪酬计算表

工资管理部门根据人力资源管理部门和各职能部门提供的人员调配单、出勤记录、计时资料，依据薪酬管理制度计算应发放的薪酬总额、编制薪酬计算表。

5. 记录员工薪酬，编制个人所得税申报表

会计部门以薪酬结算汇总表为依据，按照薪酬的用途，编制工资分配汇总表，将应付职工薪酬总额分配计入各有关成本、费用，并编制个人所得税申报表。主要涉及现金或银行存款支付记录、应付职工薪酬明细账和总账记录、工资费用分配记录等。

6. 支付员工薪酬和保管未领薪酬

会计部门根据扣款通知单等编制工资结算汇总表计算实发工资，利用电子货币转账系统或现金支付方式将工资支付给员工。会计部门根据薪酬结算汇总表实发薪酬额，领取现金支

票并据以到开户银行提取现金发放工资或通过开户银行转发工资，并另需保管未领薪酬。批准工薪支票通常是工薪计算中不可分割的一部分，包括比较支票总额和工薪总额。

二、职工薪酬循环涉及的主要凭证和会计记录

（一）职工薪酬循环的内部控制中，涉及的主要凭证和会计记录包括以下内容：

1. 人事授权表，人事部门提供的书面用人要求。
2. 员工人事档案，人事部门提供的书面每一员工详细信息。
3. 各种考勤记录、计件记录等原始资料。
4. 薪酬计算表及薪酬结算汇总表。
5. 薪酬分配表。
6. 个人所得税申报表。
7. 付款凭证。
8. 转账凭证。
9. 应付职工薪酬明细账。

（二）职工薪酬循环涉及的主要账户及其关系如图11－2所示。

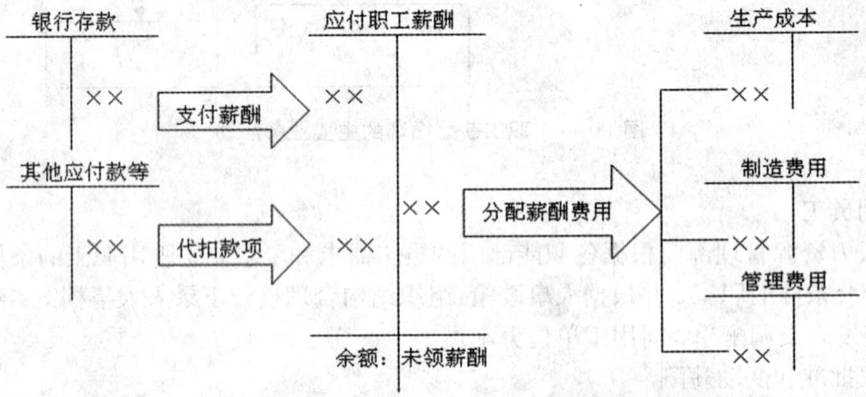

图11－2 职工薪酬循环涉及的主要账户及其关系

（三）职工薪酬循环主要业务活动、凭证与会计记录的对应关系见表11－1所示。

表11－1 职工薪酬循环主要业务活动、凭证与会计记录的对应关系

主要业务活动	主要凭证和会计记录
1. 雇佣员工	1. 人事授权表
2. 授权变动薪酬	2. 员工人事档案
3. 编制出勤和计时资料	3. 各种考勤记录
4. 编制薪酬计算表	4. 薪酬计算表及薪酬结算汇总、分配表
5. 编制个人所得税申报表	5. 个人所得税申报表
6. 记录员工薪酬	6. 付款凭证
7. 支付员工薪酬	7. 转账凭证
8. 保管未领薪酬	8. 应付职工薪酬明细账

三、职工薪酬循环内部控制

职工薪酬循环内部控制主要包括以下内容。

预防、检查、纠正薪酬业务和账务处理错弊的内部控制包括职责分工、信息传递程序控制和实物控制。

1. 职责分工

人力资源管理、工资结算、工资领取、工资发放等职能分别由不同的部门，按照规定流程和手续共同完成，各部门和部门内部各有关岗位应有明确的分工。

(1)人力资源管理、工资领取、统计和财会部门相互独立，防止虚列支出和连贯性错误；

(2)人员调配单的编制与审批相互独立，防止虚增人数和工资级别；

(3)考勤记录与审批相互独立，防止多计和错计出勤天数；

(4)工资单的编制与审核相互独立，防止虚增人数和工资级别；

(5)工资结算汇总表的编制与审核相互独立，防止多记和错记总人数和应发工资；

(6)产量及公示记录与审核相互独立，防止多记、少记产量和工时；

(7)产品统计报表编制与审核相互独立，防止虚报、错报产品产量和质量；

(8)工资费用分配表编制与审核相互独立，防止工资分配发生错误；

(9)工资保管与记录相互独立，防止篡改记录，冒领工资。

2. 信息传递程序控制

完善的薪酬业务循环内部控制，需要对与此有关的信息传递程序实施严格的控制。这些控制包括：

(1)授权程序

涉及工资业务，包括编制用工计划、人员调配、考勤及工时统计、工资结算和分配、签发支票提取现金等业务，都必须经企业授权或经主管人员审查批准后方可进行下一步处理。

(2)文件和记录的使用

为了有效控制薪酬业务，设计一式多联、预先连续编号的原始凭证分别由不同的部门进行分权管理。如产量与工时记录、工资单等一式几联，由不同部门参与控制。财会部门要及时记账，每月月末，根据工资结算汇总表，按照工资的用途编制工资费用分配表，据以及时填制记账凭证，登记应付职工薪酬及相关成本、费用账簿，并对人工费用进行分析，及时向管理部门反馈信息。

(3)审核制度

工资业务经授权后实施，还要经有关主管审核签章以及内部审计人员或稽核人员进行审查。人员调配单、考勤记录、工资结算汇总表、记账凭证等，需经专人审核，保证业务处理的真实和正确。内部审计人员定期测试和评价薪酬业务内部控制，将设置和执行中存在的缺陷及时向管理当局反馈信息。

3. 实物控制

实物控制包括两方面内容，一方面限制非授权人员接近待领工资，并设置保管设施，防止现金被盗；另一方面限制非授权人员接近薪酬业务会计资料，防止这些资料被篡改、伪造和销毁。

四、职工薪酬循环内部控制测试

(一)职工薪酬循环内部控制测试的内容

重视对职工薪酬业务处理流程审计，可以最大限度地降低审计风险。由于职工薪酬循环的处理流程是:考勤记录→审签→审查→分配→稽核→审定→记账发放→核对，所以职工薪酬的内部控制测试应包括以下几个方面:

1. 审查人事档案，关注人事档案中的授权。
2. 检查工时卡的有关核准说明。
3. 检查薪酬记录中有关核准的标记及有关内部核查的标记。
4. 复核人事政策、组织结构图。
5. 审查薪酬费用分配表、薪酬汇总表、薪酬结算表，并核对员工薪酬手册、员工手册等。
6. 选取样本测试薪酬费用的归集和分配，测试是否按照规定的账务处理流程进行账务处理。
7. 询问和观察人事、考勤、薪酬发放、记录等各项职责执行情况。

(二)职工薪酬循环内部控制测试的重点

进行职工薪酬内部控制测试时，应重点关注以下内容:

1. 工资单的增加、废除和改变是否取得有关部门负责人正式签发的书面通知书，由专门规定的行政管理人员或人事部门批准的人员办理。工资单的总计是否由工资部门编制，并呈报总会计师批准后，才开具支票和工资通知单付款。加班工时和工时卡是否由部门主管书面批准，才作为计发工资的依据。工资单中的扣款事项是否做到每笔扣除数都有书面授权，并符合政策和法律的要求等。

2. 工资银行账户每月是否由不参与工资单编制或分发工资的人员进行核对与调节，划入“生产”的工时是否与有关工资记录逐月核对调节。

3. 批准实际工时人员是否与编制工资单人员的职务分离，保管人事记录和工资文件人员应与发放工资人员的职务分离，签发支票人员是否与负责编制工资单人员的职务分离，签发支票人员是否与空白支票保管人员的职务分离。

4. 以现金支付工资时是否得到必要的收据。发放工资时是否有通知单，并详细列明付款总数和所有扣除数。是否逐期编制工资调节表，对重大差异和工资变化进行详细列示。

注册会计师应根据执行控制测试的结构，确定对相关控制的信赖程度，制定实质性程序的方案。

【案例 11 -1】某工厂分 4 个车间，每一个车间约有工人 250 人，每日开工 8 小时，必要时部分工人需要加班工作。工人上下班均有计时钟打卡，考勤登记由劳动工资部门登记，每月汇总后交财务部门编工资单，出纳人员发放工资。该厂发加班费处理程序具有如下特点:

(1)工人加班由车间主任决定，每月由车间主任开列清单，直接送至财务部门。

(2)财务部门根据上述清单直接计算加班费，填入工资单，直接送交出纳。

(3)出纳将个人应得工资以现金装入封袋后，连同工资表交给车间主任发放，由工人在工资单上签收或代签。

【解析】(1)该厂内控制度上存在的问题以及可能发生的错弊:

①该厂工人加班由车间主任决定，每月由车间主任开列清单直接送到财务部门。这种做

法明显不妥，缺乏应有的内部控制制度。如果车间主任在清单上虚列加班工时或误计加班工时多领加班费就无从发现。

②财务部门未设专人进行审核，就直接根据清单计算加班费。同时“工资结算单”编制后未经会计主管审核就直接交给出纳人员。

③出纳分发加班费后，就直接交给车间主任发放，如果有虚假情况，车间主任可以直接到手，不易被人发觉。

(2)该厂应加强内部控制的措施:①加班费由车间主任决定，但要填制“加班通知书”(多联);②加班工时应由劳动工资部门根据“加班通知书”，加班结束后填制“加班情况表”，并与考勤卡相互核对后，每月汇编加班工时清单。③财务部门根据审核后的员工加班工时清单编入工资单，交会计主管审核无误后交给出纳。④出纳员根据工资单分装现金及发放工资费，由工人在领取工资时亲自签发或代签，工资发放后将应发工资与实发工资相互核对，多领未发的待领工资及时解缴银行。

任务二　应付职工薪酬的审计目标

工资是企业支付给员工的劳动报酬，其主要形式有计时工资和计件工资两种。工资一般采用现金的形式支付，因而相对于其他业务更容易发生错误或舞弊行为，如虚报冒领、重复支付和贪污等。同时，工资有时是企业成本费用的重要构成项目，所以在审计中便显得十分重要。

在一般企业中，工资费用在成本费用中所占比重较大。如果工资计算错误，就会影响到成本费用和利润的正确性。所以，注册会计师仍应重视对工资业务的审计。

(一)应付职工薪酬的审计目标

1. 确定应付职工薪酬计提和支出的记录是否完整，计提依据是否合理;

2. 确定应付职工薪酬期末余额是否正确;

3. 确定应付职工薪酬的披露是否恰当。

(二)应付职工薪酬的审计程序

应付职工薪酬的审计程序通常包括:

1. 获取或编制应付职工薪酬明细表，复核加计正确，并与报表数、总账数和明细账合计数核对是否相符。

2. 对本期工资费用的发生情况进行的分析程序

(1)检查各月工资费用的发生额是否有异常波动，若有，则要求被审计单位予以解释;

(2)将本期工资费用总额与上期进行比较，要求被审计单位解释其大幅增减变动原因，并取得公司管理当局关于员工工资水平的决议。

(3)了解被审计单位本期平均职工人数，人均薪酬水平，并与上期或同行业进行对比。

3. 检查应付职工薪酬的确认和计量是否正确

(1)检查应付职工薪酬核算的内容是否正确，包括:工资、奖金、津贴、补贴、职工福利、社会保险费、住房公积金、工会经费、职工教育经费 、辞退福利、非货币性福利、等明细项目。

(2)根据国家有关规定计提基础和计提比例，检查被审计单位是否按照国家规定的标准计提。如医疗保险费、养老保险费、失业保险费、工伤保险费、生育保险费、住房公积金、工会经费以及职工教育经费等;国家没有规定计提基础和计提比例的，如职工福利费等，应按实际列支。

(3)被审计单位将其拥有的房屋等资产无偿提供给职工使用的，应当根据受益对象，将该住房每期应计提的折旧计入相关资产成本或当期损益，同时确认应付职工薪酬。

(4)被审计单位以其自产产品或外购商品作为非货币性福利发放给职工的，应根据受益对象，将该产品或商品的公允价值，计入相关的资产成本或当期损益，同时确认应付职工薪酬。

(5)被审计单位租赁住房等资产供职工无偿使用的，应当根据受益对象，将每期应付的租金计入相关资产成本或当期损益，同时确认应付职工薪酬。

4. 检查工资的计提是否正确，分配方法是否与上期一致，并将应付职工薪酬计提数与相关的成本、费用项目核对一致。

5. 检查应付职工薪酬明细账，抽查应付职工薪酬各明细项目的支付和使用情况，检查是否符合有关规定，是否履行审批程序。

6. 检查应付职工薪酬的披露是否恰当。

任务三　应付职工薪酬的实质性程序

一、应付职工薪酬的审计目标

应付职工薪酬的审计目标包括以下几个方面。

1. 确定资产负债表中记录的应付职工薪酬是否存在;

2. 所有应当记录的应付职工薪酬是否均已记录;

3. 确定记录的应付职工薪酬是否为被审计单位应当履行的现时义务;

4. 确定应付职工薪酬是否以恰当的金额包括在财务报表中，与之相关的计价调整是否已恰当记录。

5. 确定应付职工薪酬是否已按照企业会计准则的规定在财务报表中作出恰当列报。

应付职工薪酬的审计，是审计中不可忽视的环节，不仅是现金支出的敏感环节，它还涉及多或少列成本费用、利润，乃至于所得税，所以认真、科学、有效地审计具有重大意义。

二、应付职工薪酬的实质性程序

应付职工薪酬的实质性程序通常包括:

(一)获取或编制应付职工薪酬明细表,复核加计是否正确,并与报表数、总账数和明细账合计数核对是否相符。

(二)实施实质性分析程序

1. 针对已识别需要运用分析程序的有关项目，并基于对被审计单位及其环境的了解，通过进行以下比较，同时考虑有关数据间关系的影响，以建立有关数据的期望值:

(1)比较被审计单位员工人数的变动情况，检查被审计单位各部门各月工资费用的发生额是否有异常波动，若有，则查明波动原因是否合理;

(2)比较本期与上期工资费用总额，要求被审计单位解释其增减变动原因，或取得公司管理当局关于员工工资标准的决议；

(3)结合员工社保缴纳情况，明确被审计单位员工范围，检查是否与关联公司员工工资混淆列支；

(4)核对下列相互独立部门的相关数据：

①工资部门记录的工资支出与出纳记录的工资支付数；

②工资部门记录的工时与生产部门记录的工时。

(5)比较本期应付职工薪酬余额与上期应付职工薪酬余额，是否有异常变动。

2. 确定可接受的差异额；

3. 将实际的情况与期望值相比较，识别需要进一步调查的差异；

4. 如果其差额超过可接受的差异额，调查并获取充分的解释和恰当的佐证审计证据（如通过检查相关的凭证）；

5. 评估分析程序的测试结果。

(三)检查工资、奖金、津贴和补贴

1. 计提是否正确，依据是否充分，将执行的工资标准与有关规定核对，并对工资总额进行测试；被审计单位如果实行工效挂钩的，应取得有关主管部门确认的效益工资发放额认定证明，结合有关合同文件和实际完成的指标，检查其计提额是否正确，是否应作纳税调整；

2. 检查分配方法与上年是否一致，除因解除与职工的劳动关系给予的补偿直接计入管理费用外，被审计单位是否根据职工提供服务的受益对象，分别下列情况进行处理：

(1)应由生产产品、提供劳务负担的职工薪酬，计入产品成本或劳务成本；

(2)应由在建工程、无形资产负担的职工薪酬，计入建造固定资产或无形资产；

(3)作为外商投资企业，按规定从净利润中提取的职工奖励及福利基金，是否相应计入“利润分配——提取的职工奖励及福利基金”科目；

(4)其他职工薪酬，计入当期损益；

3. 检查发放金额是否正确，代扣的款项及其金额是否正确；

4. 检查是否存在属于拖欠性质的职工薪酬，并了解拖欠的原因。

(四)检查社会保险费（包括医疗、养老、失业、工伤、生育保险费）、住房公积金、工会经费和职工教育经费等计提（分配）和支付（或使用）的会计处理是否正确，依据是否充分。

(五)检查辞退福利下列项目

1. 对于职工没有选择权的辞退计划，检查按辞退职工数量、辞退补偿标准计提辞退福利负债金额是否正确；

2. 对于自愿接受裁减的建议，检查按接受裁减建议的预计职工数量、辞退补偿标准（核对该标准）等计提辞退福利负债金额是否正确；

3. 检查实质性辞退工作在一年内完成，但付款时间超过一年的辞退福利，是否按折现后的金额计量，折现率的选择是否合理；

4. 检查计提辞退福利负债的会计处理是否正确，是否将计提金额计入当期管理费用；

5. 检查辞退福利支付凭证是否真实正确。

(六)检查非货币性福利

1. 检查以自产产品发放给职工的非货币性福利，检查是否根据受益对象，按照该产品的公允价值，计入相关资产成本或当期损益，同时确认应付职工薪酬；对于难以认定受益对象的非货币性福利，是否直接计入当期损益和应付职工薪酬；

2. 检查无偿向职工提供住房的非货币性福利，是否根据受益对象，将该住房每期应计提的折旧计入相关资产成本或当期损益，同时确认应付职工薪酬。对于难以认定受益对象的非货币性福利，是否直接计入当期损益和应付职工薪酬；

3. 检查租赁住房等资产供职工无偿使用的非货币性福利，是否根据受益对象，将每期应付的租金计入相关资产成本或当期损益，并确认应付职工薪酬。对于难以认定受益对象的非货币性福利，是否直接计入当期损益和应付职工薪酬。

（七）检查以现金与职工结算的股份支付

1. 检查授予后立即可行权的以现金结算的股份支付，是否在授予日以承担负债的公允价值计入相关成本或费用；

2. 检查完成等待期内的服务或达到规定业绩条件以后才可行权的以现金结算的股份支付，在等待期内的每个资产负债表日，是否以可行权情况的最佳估计为基础，按照承担负债的公允价值金额，将当期取得的服务计入成本或费用。在资产负债表日，后续信息表明当期承担债务的公允价值与以前估计不同的，是否进行调整，并在可行权日，调整至实际可行权水平；

3. 检查可行权日之后，以现金结算的股份支付当期公允价值的变动金额，是否借记或贷记"公允价值变动损益"；

4. 检查在可行权日，实际以现金结算的股份支付金额是否正确，会计处理是否恰当。

（八）检查应付职工薪酬的期后付款情况，并关注在资产负债表日至财务报表批准报出日之间，是否有确凿证据表明需要调整资产负债表日原确认的应付职工薪酬事项。

（九）检查应付职工薪酬是否已按照企业会计准则的规定在财务报表中作出恰当的列报

1. 检查是否在附注中披露与职工薪酬有关的下列信息：

（1）应当支付给职工的工资、奖金、津贴和补贴，及其期末应付未付金额；

（2）应当为职工缴纳的医疗、养老、失业、工伤和生育等社会保险费，及其期末应付未付金额；

（3）应当为职工缴存的住房公积金，及其期末应付未付金额；

（4）为职工提供的非货币性福利，及其计算依据；

（5）应当支付的因解除劳动关系给予的补偿，及其期末应付未付金额；

（6）其他职工薪酬。

2. 检查因自愿接受裁减建议的职工数量、补偿标准等不确定而产生的预计负债（应付职工薪酬），是否按照《企业会计准则第13号——或有事项》进行披露。

【**案例**11－2】审计人员在审查××公司2013年12月份的薪酬分配情况见表11－2所示。

表11－2　　　××公司2013年12月份的薪酬分配表

薪酬分配汇总表　　　2013年12月

部门	人员分类	生产成本	制造费用	管理费用	销售费用
生产车间	生产人员	560 000			
生产车间	管理人员		98 000		
机修车间	生产人员	45 000			
销售部门	销售人员				165 000
其他	清理人员			152 400	
其他	基建人员	48 000			
合计		653 000	98 000	152 400	165 000

该公司薪酬分配的账务处理是：

借：生产成本　653 000

　制造费用　98 000

　管理费用　152 400

　销售费用　165 000

　贷：应付职工薪酬——工资　1 068 400

【**解析**】该公司薪酬费用分配存在问题，根据审计人员的调查发现该企业把固定资产清理人员工资计入管理费用，基建人员工资计入生产成本的做法是不当的，应做如下调整：

借：固定资产清理　152 400

　在建工程　48 000

　贷：生产成本　48 000

　　管理费用　152 400

【**案例**11－3】审计人员在审查某企业上半年"应付职工薪酬"账户时，发现12月份比11月份多出4万元，审计人员怀疑其中有虚列工资或其他项目的问题，故决定做进一步审查。

审计人员调阅12月份应付工资的原始凭证，发现在"工资结算单"中，食堂人员工资38000元，附食堂负责人收据一张，未具体列明发放工资人员名单。查问食堂负责人时，供认因本企业业务招待费超支，财务科长让其领取的，并提供了原始凭证。财务科长对此供认不讳。

假定该企业适用的所得税税率为25%。

【**解析**】该企业违反财务制度的规定，利用"应付职工薪酬"账户，掩饰超支的业务招待费、偷漏所得税款。审计人员应责成该企业调整有关账簿记录，会计分录如下：

借：以前年度损益调整　9 500

　贷：应交税费——应交所得税　9 500

【**案例**11－4】审计人员A在审计企业"应付职工薪酬"时，发现当年2月份发放的工资比其他月份高出9万元。核对工资分配和"管理费用"、"制造费用"等账户时，发现记录在管理费用中的工资较其他月份多出9万元。审计人员决定进一步审查：

(1)审计人员 A 审查了“工资清单”，并查阅了人事部门的人员档案，发现 2 月份没有新增员工，况且 3 月份的记录很正常。

(2)负责审计该企业应付债券的审计人员 B 发现企业在支付应付债券利息时仅仅支付了一部分。

(3)A 立即审查企业发行债券和支付利息的资料。

审计人员发现企业上年 12 月份发行了 3 年期公司债券 400 万元，年利率为 9%，每年 2 月 5 日付息一次，其中本公司职工购买了 100 万元。

企业共提利息 36 万元，并计入财务费用。2 月份支付利息时作了如下会计分录：

借：应付债券——利息调整　　270 000

　贷：银行存款　　270 000

但账面上没有支付给本单位职工利息 9 万元的任何记录。

【要求】分析该企业在职工薪酬管理方面存在什么问题？并提出调整建议。

【解析】该企业将应付给本单位职工的债券利息 9 万元并入当月工资，然后挤入管理费用。致使 2 月份的费用重复计入，隐瞒利润 9 万元，少交企业所得税。

调账

借：应付债券——利息调整　　90 000

　贷：管理费用　　90 000

借：所得税费用　　22 500

　贷：应交税费——应交所得税　　22 500

【基础知识与技能训练】

一、单项选择题

1. 审计人员为检查应付工资的总体合理性可以运用的分析性复核方法是(　　)。

A. 分析比较近期各年度和本年度各个月份工资变动情况，判断其变动有无异常

B. 根据企业的员工名册，人力资源管理统计报表，职工调动、录用、解聘等原始资料。查明职工增减变动隋况

C. 检查各种奖金的发放范围和规定标准. 查明其是否真实、合法

D. 检查各种津贴、补贴开支的真实性

2. 下列各项中，属于审查被审计单位应付职工薪酬总体合理性的审计程序是(　　)。

A. 抽查考勤表是否有被授权人的签字

B. 观察考勤、调配、工资结算等职责是否相互独立

C. 检查直接人工费的范围是否合规

D. 分析比较近三年和本年度各月份职工薪酬的变动情况

3. 审查被审计单位工资总额真实性的要点是(　　)。

A. 比较本年度各个月份工资变动情况

B. 审查工资总额各组成项目的真实性

C. 审查代扣代缴款项的正确性

D. 核对工资分配是否正确

4. 下列选项中，被审计单位对以下工资费用分配，应确认为错误的是(　　)。

A. 仓库保管人员工资计入管理费用

B. 车间主任工资计入制造费用

C. 生产车间工人工资计入生产成本

D. 销售人员工资计入制造费用

5. 薪酬业务循环的下列职责分工中，能够预防虚增员工人数和工资级别的是(　　)。

A. 工资标准的确定和批准相分离

B. 生产统计报表的编制和审核相分离

C. 人员调配单的编制和审批相分离

D. 工资费用分配表的编制和审核相分离

6. 薪酬业务循环信息传递程序控制中，使用文件和记录的关键是(　　)。

A. 设计一式多联、预先连续编号的原始凭证

B. 限制非授权人员接近薪酬业务会计资料

C. 所有薪酬业务须经授权批准

D. 所有薪酬业务须经稽核人员审查

7. 限制非授权人员接近待领工资和工薪业务会计资料属于工薪业务循环内部控制的(　　)。

A. 职责分工控制

B. 信息传递程序控制

C. 实物控制

D. 账务处理控制

8. 根据薪酬业务循环内部控制的要求，有权签字确认生产车间考勤记录的是(　　)。

A. 财务部门主管

B. 人力资源部门主管

C. 生产车间主管

D. 行政管理部门主管

9. 下列各项中，属于职工薪酬实质性程序的是(　　)。

A. 观察考勤、工资结算、工资发放是否由相互独立的部门完成

B. 检查工资汇总表是否经授权审批

C. 检查相关记账凭证，查明有无编制人员、审核人员的签字

D. 分析比较本年度各个月份的工资变动情况，判断有无异常变动

10. 下列选项中，被审计单位对以下工资费用分配，应确认为错误的是(　　)。

A. 仓库保管人员工资计入管理费用

B. 车间主任工资计入制造费用

C. 生产车间工人工资计入生产成本

D. 销售人员工资计入制造费用

11. 年末被审计单位“应付职工薪酬”总账借方余额 8 万元，表示(　　)。

A. 少付工资　　　　　　B. 资产减少

C. 多付工资　　　　D. 记账错误

12. 下列项目中，不应通过“应付职工薪酬”科目核算的是(　　)。

A. 以自产的产品作为福利发放给职工

B. 职工出差报销的差旅费

C. 职工补充养老保险

D. 向职工提供企业支付了补贴的商品

二、多项选择题

1. 薪酬费用分配正确性审查的内容有(　　)。

A. 是否按薪酬用途进行薪酬费用的分配

B. 录用、解聘程序是否符合国家规定

C. 薪酬总额的组成是否符合有关规定

D. 应付薪酬是否完整入账

E. 有无混淆生产成本与期间费用的界限，任意调节成本和损益的现象

2. 下列各项审计程序中，属于对应付职工薪酬进行分析的有(　　)。

A. 分析比较近期各年度和本年度各个月份职工薪酬变动情况

B. 将本年度产品生产成本中的直接人工费用与前期比较

C. 核对工资总额的组成内容是否符合有关的规定

D. 将本年度管理费用中的人工费用与前期比较

E. 核对工资标准是否符合有关的规定

3. 在对薪酬审计时，审计人员发现被审计单位把在建工程人员的工资、福利部门人员的工资计入产品成本。审计人员可以据此认定(　　)。

A. 工资总额不准确　　　　B. 生产成本不准确

C. 利润总额不准确　　　　D. 多计提应付福利费

E. 工资分配的会计处理不正确

4. 被审计单位对以下工资费用的分配，审计认为正确的有(　　)。

A. 医务室医生的工资记入“管理费用”

B. 车间主任的工资记入“生产成本”

C. 办公室主任的工资记入“制造费用”

D. 营销人员的工资记入“销售费用”

E. 基建部门人员的工资记入“制造费用”

5. 对企业应付职工薪酬进行实质性测试时，应该重点关注的内容有(　　)。

A. 计提职工福利费依据的工资总额是否正确

B. 计提职工福利费的比例是否正确

C. 应付职工薪酬的账务处理是否正确

D. 应付职工薪酬账簿是否经过定期检查、复核

E. 应付职工薪酬的计提是否经过批准

6. 下列选项中，薪酬业务循环审计目标包括(　　)。

A. 证实工资结算的准确性

B. 证实薪酬业务的合法性

C. 证实薪酬业务的真实性和完整性

D. 证实工资使用完整性

E. 证实账务处理正确性

7. 运用分析性复核方法检查应付工资总体合理性的主要内容和方法有(　　)。

A. 分析销售与生产关系

B. 将本年度产品生产成本中人工费与前期比较

C. 分析比较本年各个月份职工薪酬变动情况

D. 分析比较近期各年度职工薪酬变动情况

E. 将本年度管理费用中人工费用与前期比较

8. 被审计单位将以下费用支出计入产品成本，应确认为错误的有(　　)。

A. 销售人员工资　　B. 福利人员工资

C. 管理人员工资　　D. 生产人员工资

E. 研究开发人员工资

9. 审计人员测试被审计单位应付职工薪酬要实现的主要目标有(　　)。

A. 确保真实性

B. 应付职工薪酬是否记录在正确的会计期间

C. 测试是否发生少报或漏报应付职工薪酬金额

D. 确保不发生多计或虚构应付职工薪酬金额

E. 应付职工薪酬估价是否正确

10. 分配职工养老保险费时，可能借记的会计科目有(　　)。

A. 生产成本　　B. 财务费用

C. 管理费用　　D. 在建工程

E. 销售费用

三、简答题

1. 简述职工薪酬循环的主要业务活动。

2. 职工薪酬循环审计主要涉及哪些凭证?

3. 职工薪酬循环内部控制测试的要点有哪些?

4. 简述应付职工薪酬的审计目标。

5. 如何对应付职工薪酬进行实质性分析程序?

四、案例分析题

1. 注册会计师小王 2013 年 1 月 25 日在审核“应付职工薪酬”时发现 2012 年 12 月 27 日第 76 笔凭证摘要为发放福利费，账务处理如下：

借:管理费用　　7 000 000

　贷:库存商品　　7 000 000

注册会计师小王进一步查实所附原始凭证，证实为该公司将自产的 700 件产品作为福利发放给公司管理人员。该批产品的单位成本为 10 000 元，市场销售价格为每件 15 000 元(不含增值税)。该公司为增值税一般纳税人，使用的增值税税率为 17%，不考虑其他相关税费。

【要求】假如你是注册会计师小王，请你结合案情分析该公司存在的问题，并提出处理意见。

2. 审计人员在2013年审查某企业6月份的“工资结算单”时发现，该企业销售部门梁军连续四个月的工资共计8 000元均由林红领取，审计人员怀疑有冒领工资的可能。审计人员从人事部门调阅了该企业的人事档案，发现梁军四个月前已调离本单位，林红在销售部门工作。经向当事人林红询问，证实该企业由于会计部门对工资管理不严，调出人员工资未及时予以注销，以致被林红乘机冒领贪污。

【要求】分析该企业在职工薪酬内部控制制度方面存在什么问题？并提出调整建议。

项目十二　筹资与投资循环审计

【知识要点】

(1)明确筹资与投资循环业务的基本内容与内部控制的特点;

(2)了解借款、所有者权益、投资等主要项目的审计目标和审计程序。

【能力目标】

(1)能对筹资活动的内部控制进行控制测试;

(2)能对投资活动的内部控制进行控制测试;

(3)能对银行借款进行实质性测试;

(4)能对股本(实收资本)进行实质性测试。

【案例导入】

世通案例

世通是全球电信业巨头、美国第二大长途电话公司,为了弥补网络电线的不足,租用其他公司的网络电线。但租用其他电信公司的电话网络线的费用被计入了本公司的资本投资项目,“长期资本投资”项目的总金额达到38亿美元。根据美国会计规则,资本投资项目的性质不同于日常开支,是专门购买长期资产的财务项目,并规定日常开支必须立即从利润收益中扣除。日常开支项目属于费用支出,而资本投资却是能够带来效益的支出。世通公司将应该费用化的38亿美元研发费用资本化了,因此公司从巨额亏损变成盈利15亿美元。如果没有这个违规入账,“世通”2001财务年度和2002年第一财务季度应该为巨额亏损,而不是“世通”所公布的2001年利润为14亿美元和2002年第一季度的利润为1.3亿美元。这并不是不懂得美国的会计规则,而是为了虚报利润,粉饰财务报表,制造盈利的假象。“世通”公司利用与会计公司安达信存在相互依存的利害关系,凭借雄厚财力,以支付审计费和高额咨询费为诱饵，千方百计收买会计公司安达信，同时安达信为了自身的经济利益及保持同行业间的竞争优势，为了争取与大企业保持长期的业务伙伴关系，在审计问题上对其账目采取睁一只眼闭一只眼的做法。真相暴露后，2002 年 7 月 21 日，世通宣布申请破产保护，成为美国最大的破产案，打破了安然半年前创下的纪录。

任务一　筹资与投资循环概述

筹资与投资循环由筹资和投资的交易事项构成。投资与筹资是企业的主要非经营业务。

企业进行生产经营活动必须有一定数量的资金。筹资活动是指企业为满足生存和发展的需要，通过改变企业资本及债务规模和构成而筹集资金的活动。一般地讲，企业筹集资金的方式主要是所有者投入和借入两种。投资活动是指企业为通过分配来增加财富，或为谋求其他利益，将资产让渡给其他单位而获得另一项资产的活动。投资活动主要由权益性投资交易和债权性投资交易组成。

一、筹资与投资循环的基本内容

(一)主要业务

1. 筹资业务：企业的筹资业务一般包括审批授权、签订合同或协议、取得资金、计算利息或股利、偿还本息或发放股利等。

2. 投资业务：企业投资业务的主要内容一般包括审批授权、取得证券或其他投资、取得投资收益、转让证券或收回其他投资等业务。

(二)主要凭证与会计记录

1. 筹资业务：筹资业务涉及的凭证和会计记录主要包括：债券、股票、债券契约、股东名册、公司债券存根簿、承销或包销协议、借款合同或协议、有关记账凭证、有关会计科目的明细账和总账等。

2. 投资业务：投资业务所涉及的凭证和会计记录主要包括：股票或债券、经纪人通知书、债券契约、企业的章程及有关协议、投资协议、有关记账凭证、有关会计科目的明细账和总账等。

任务二　内部控制测试和交易的实质性测试

一、筹资活动内部控制及控制测试

筹资活动主要由借款交易和股东权益交易组成。股东权益增减变动的业务较少而金额较大，注册会计师在审计中一般直接进行实质性程序。企业的借款交易涉及短期借款、长期借款和应付债券，这些内部控制基本类似。这里以长期借款为例说明筹资活动的内部控制和控制测试。

(一)长期借款的内部控制制度

1. 适当的授权

长期借款所筹集的资金一般用于企业的重大项目，这些项目长期投资金额大、期间长，对企业未来的财务状况和盈利能力具有深远影响。因此，举借长期借款、偿还债务、借款到期向银行申请借款展期等环节均须经企业最高管理当局批准后企业才能够向银行申请长期借款。

2. 职责分工

长期借款的批准、执行与记录等方面都应有明确的分工，不能由一人或一个机构独立负责借款业务的全过程或过程中的某一重要环节。

3. 按时支付利息和偿还本金

企业会计部门应于借款到期日签发转账支票或填制贷款偿还凭证，并经管理当局批准后直接交银行办理还款手续。

4. 定期的独立核对

每隔一段时间由独立于长期借款明细账记录职责的人员复核长期借款的总账和明细账以及利息计算；定期向银行、信托投资公司等部门取得对账单，与长期负债明细账互相核对，出现差异时，应查明发生差异的原因，并及时进行调节。

（二）长期借款的控制测试

是否需要对银行借款的内部控制进行控制测试，应视被审计单位的情况而定。如果被审计单位的银行借款业务不多，就没有必要进行控制测试，可直接进行实质性程序。银行借款内部控制制度测试的要点如下：

1. 了解与描述长期借款的内部控制

审计人员应通过询问、观察、查阅有关资料等方法来了解银行借款业务内部控制的完善程度，掌握被审计单位对长期借款的立项、申请、合同签订、借款使用、利息核对、借款偿还、会计记录等有关程序及其控制，以便确定长期借款审查的重点，提高审计工作效率。

2. 对银行借款内部控制进行测试

审计人员在了解被审计单位内部控制以后，应运用一定的方法测试其是否健全、有效和可靠程度。这些方法通常包括：(1)抽样检查银行借款账户的过账。即在银行借款明细表中选取一定数量的样本，并按所选样本审查银行借款登记簿和银行存款日记账的过账，以及各明细账户向总分类账的过账，以证实银行借款会计记录的内部控制是否有效。(2)核对检查所选各明细账户各笔过账所附的原始凭证。这些原始凭证有经董事会批准的银行借款申请书、银行受理借款申请后的批准文件、银行借款款项划拨单、银行对账单等。审计人员既要审查这些原始凭证的正确性、合法性，又要核对有关原始凭证所载金额是否同相关明细账户相一致，以证实各有关部门的内部控制是否有效。(3)审查借款利息的计算。审查借款利息时，审计人员重点应注意审查借款利率是否异常；有关人员是否定期计算借款利息；借款利息是否予以资本化。

3. 分析评价银行借款内部控制

审计人员在执行上述程序后，应对企业银行借款的内部控制进行分析、评价，以确定其对实质性程序工作的影响，并针对薄弱环节提出改进建议。

二、投资活动内部控制及控制测试

（一）投资活动的内部控制

一般来讲，投资业务内部控制的主要内容应包括：

1. 授权审批

投资一般应由企业的经理负责管理，并聘用专人负责经营，授予经营决策权。在执行投资决策前，应经主管经理批准。重大的投资项目，应该由董事会组成投资小组进行可行性研究，执行时由董事会批准。投资资产的出售和回收也应同样经过授权和批准才能进行。

2. 合理的职责分工制度

投资业务，应在业务的授权、业务的执行、业务的会计记录以及投资资产的保管等方面都有明确的分工，不得由一人同时负责上述任何两项工作。比如，投资业务在企业高层管理机构核准后，可由高层负责人员授权签批，由财务经理办理具体的股票或债券的买卖业务，由会计部门负责进行会计记录和财务处理，并由专人保管股票或债券。这种合理的分工所形成的相互牵制机制有利于避免或减少投资业务中发生错误或舞弊的可能性。

3. 健全的资产保管制度

企业对投资资产一般有两种保管方式：一种是由独立的专门机构保管，如在企业拥有较大的投资资产的情况下，委托银行、证券公司、信托投资公司等机构进行保管。这些机构拥有专门的保存和防护措施，可以防止各种证券及单据的失窃或毁损，并且由于它与投资业务的会计记录工作完全分离，可以大大降低舞弊的可能性。另一种方式是由企业自行保管，在这种方式下，必须建立严格的联合控制制度，即至少要由两名以上人员共同控制，不得一人单独接触证券。

4. 详尽的会计核算制度

企业的投资，无论是由企业保管还是由他人保管，都要进行完整的会计记录，并对其增减会计核算制度变动及投资收益的实现情况进行相关的会计核算。企业应分股权投资、债券投资和其他投资为每一个投资项目设立明细账和备查登记簿。记录股权投资的股票名称、面值、数量、购入时间、取得成本、占被投资企业的份额、取得的股利收入等情况。而对债券投资则应记录债券的面额、数量、取得成本、票面利率、计息方式、发行日、到期日等。对于其他投资应记录被投资企业的名称、出资方式、占被投资企业的份额、利润分配方式和取得的投资收益等情况，还应记录上述资产项目有无抵押的情况。

5. 严格的记名登记制度

除无记名证券外，企业在购入股票或债券时应在购入的当日及时登记于企业名下，切忌登记于经办人员名下，以防止冒名转移并借其他名义谋取私利的舞弊行为发生。

6. 完善的盘点核对制度

企业所拥有的投资如果是委托专业机构保管，应该建立起定期核对制度。如果投资存放在企业内部，应该由独立于投资授权、买卖、保管、记录的人员进行定期盘点。

（二）投资活动的控制测试

1. 了解并描述内部控制

审计人员可以通过查阅客户的有关规章制度、文件资料，向有关人员口头查询或现场调查的方式，了解客户是否存在投资业务内部控制制度，弄清其内容，并记入工作底稿，常用的方法有文字说明、编制内部控制问卷和绘制内部控制流程图。

2. 进行简易抽查

审计人员应抽查投资业务的会计记录和原始凭证，确定各项控制程序运行情况。

3. 审阅内部盘核报告

审计人员应审阅内部审计人员或其他授权人员对有价证券进行定期盘点的报告。重点审阅:盘点方法是否适当，盘点结果与会计记录相核对的情况，以及出现差异的处理是否合规等。如果各期盘点报告的结果未发现账实间存在差异(或差异不大)，说明投资业务的内部控制制度比较健全并得到有效执行。

4. 分析企业投资业务管理报告

对于企业的长期投资，审计人员应对照有关投资方面的文件和凭据，分析企业的投资业务管理报告。在做出长期投资决策之前，企业最高管理阶层(如董事会)需要对投资进行可行性研究和论证，并形成一定的纪要。投资业务一经执行，又会形成一系列的投资凭据或文件，如证券投资的各类证券，联营投资中的投资协议、合同及章程等。负责投资业务的财务经理须定期向企业最高管理层报告有关投资业务的开展情况(包括投资业务内容和投资收益实现情况及未来发展预测)，即提交投资业务管理报告书，供最高管理层投资决策和控制。审计人员应认真分析这些投资管理报告的具体内容，并对照前述的有关文件和凭据资料，从而判断企业长期投资业务的管理情况。

5. 评价投资内部控制

审计人员完成上述各步骤工作后，取得了有关内部控制是否健全、有效的证据，并在工作底稿中标明了内部控制的强弱点，接下来就可以对投资业务内部控制进行总体评价，确定对投资业务内部控制的可依赖程度，进而确定实质性程序的程序和重点。

任务三 借款审计

一、短期借款审计

(一)短期借款的审计目标

1. 确定资产负债表中记录的短期借款是否存在。

2. 确定所有应当记录的短期借款是否均已记录。

3. 确定记录的短期借款是否为被审计单位应当履行的现时义务。

4. 确定短期借款是否以恰当的金额包括在财务报表中，与之相关的计价调整是否已恰当记录。

5. 确定短期借款是否已按照企业会计准则的规定在财务报表中作出恰当列报。

(二)短期借款的实质性程序

银行借款实质性程序的时间和范围取决于被审计单位内部控制制度的健全程度和执行情况以及借款的重要性。实质性程序的基本程序如下表。

序号	内容
1	获取或编制短期借款明细表，复核加计正确并与总账数、报表数和明细账合计数核对是否相符
2	取得贷款证余额清单并向银行或其他债权人函证重大的短期借款
3	索取并检查借款合同、协议及授权批准、或其他有关资料和收款凭证，确认其真实性、合法性
4	检查本期各项借款的借入、偿还情况，核对会计记录和原始凭证
5	了解借款数额、借款条件、借款日期、还款期限、借款利率，并与相关会计记录进行核对，对抵押贷款作出记录
6	对年度内减少的短期借款，检查相关会计记录和原始凭证，核实还款数额
7	检查年末有无到期末偿还的借款，逾期借款是否办理了转期手续
8	复核已计借款利息是否正确，如有未计利息应作出记录，必要时进行适当调整
9	检查非记账本位币折合记账本位币采用的折算汇率，折算差额是否按规定进行会计处理
10	涉及债务重组的事项，审查有关协议等法律文件及手续是否齐备，账务处理是否正确
11	验明短期借款的披露是否恰当

【案例 12－1】 **A 企业短期借款审计案例**

审计人员在对 A 企业的短期借款进行审计时，计划将企业的短期借款额与发放贷款的银行对账。查阅企业短期借款明细账，发现一部分借款项目有余额，另外一些年度内发生的和以前年度发生的借款项目，借贷方已结平，没有余额。

问题：

1. 审计人员应就审查时有余额的短期借款项目与银行对账？还是应将对账范围扩大到所有发生过业务的借款项目？为什么？

2. 对账时，应向银行征询哪些内容？

【解析】 1. 审计人员应就所有发生过业务的短期借款项目与银行对账。这是因为对短期借款的审计不仅要查明借款的正确性，还要查明各项借款的真实性与合理性，并查明有无未入账的负债。与银行的全面对账，有利于完成这些审计目标。

2. 与银行进行账目核对时，应要求银行回答对企业发生过哪些放贷款项，有无超出企业短期借款明细账记录的借款项目，并说明各项借款的借出及其偿还时间、用途、金额、利率与利息、担保或抵押情况，是否拖欠还款等等。

二、长期借款审计

（一）长期借款的审计目标

长期借款的审计目标一般包括：

1. 确定资产负债表中记录的长期借款是否存在；

2. 确定所有应当记录的长期借款是否均已记录；

3. 确定记录的长期借款是否为被审计单位应当履行的现时义务；

4. 确定长期借款是否以恰当的金额包括在财务报表中，与之相关的计价调整是否已恰当记录；

5. 确定长期借款是否已按照企业会计准则的规定在财务报表中作出恰当列报。

(二)长期借款的实质性程序

长期借款同短期借款一样都是企业向银行或其他金融机构借入的款项，因此，长期借款的实质性程序同短期借款的实质性程序较为相似。长期借款的实质性程序通常包括：

序号	内　容
1	获取或编制长期借款明细表，复核加计数是否正确，并与明细账、总账和报表核对相符
2	对年度内增加的长期借款，检查借款合同和授权批准，了解借款数额、借款条件、借款日期、还款期限、借款利率，并与相关会计记录进行核对
3	向银行或其他债权人函证重大的长期借款
4	对年度内减少的长期借款，检查相关会计记录和原始凭证，核实还款数额
5	检查年末有无到期未偿还的借款，逾期借款是否办理了延期手续；一年内到期的长期借款是否已转列流动负债
6	复核已计借款利息是否正确，如有未计利息应作出记录，必要时进行适当调整，长期借款利息资本化的会计处理是否正确
7	检查非记账本位币采用的折算汇率，折算差额是否按规定进行会计处理
8	验明长期借款是否已在资产负债表上充分披露

注意：

1. 对银行借款的函证，应注意向被审计单位在本年度内存过款的所有银行发函，其中包括与被审计单位发生过业务往来，但期末银行存款或银行借款余额为零的银行。

2. 复核银行借款利息时，应注意：审计人员应根据银行借款的利率和借款期限，复核已计借款利息是否正确。如果有未计利息或多计利息的现象，应作出记录，必要时进行适当调整。

3. 审查银行借款费用资本化的会计处理时，应注意借款费用包括企业因借款而发生的利息及其他相关成本，包括折价或溢价的摊销、辅助费用以及因外币借款而发生的汇兑差额。按照《企业会计准则第17号——借款费用》的规定，企业发生的借款费用，可直接归属于符合资本化条件的资产的购建或生产的，应当予以资本化，计入相关资产成本；其他借款费用，应当在发生时根据其发生额确认费用，计入当期损益。

4. 长期借款在资产负债表上列示于长期负债类下，该项目应根据“长期借款”科目的期末余额扣减将于一年内到期的长期借款后的数额填列，该项扣除数应当填列在流动负债类下的“一年内到期的长期负债”项目单独反映。注册会计师应根据审计结果，确定被审计单位长期借款在资产负债表上的列示是否充分，并注意长期借款的抵押和担保是否已在财务报表附注中作了充分的说明。

【案例12-2】　ABC公司长期借款审计案例

注册会计师在审计ABC公司2008年度财务报表时，发现该公司在20×8年4月1日为购建固定资产向银行借款180万元，期限3年，年利率8%，不考虑借款费用。该笔长期借款采取每年末支付利息、到期还本的偿付方式。年终支付利息时，该公司的会计处理如下：

借：长期待摊费用　　　　108 000

贷:银行存款　　　　　　　　　108 000

经查，2008 年的借款利息不符合资本化条件。

【解析】(1)该公司将已支付利息不计入当期损益，而挂在长期待摊费用账户上，造成该公司当年少计费用，虚增利润。

(2)注册会计师应建议该公司调整会计处理。

(3)调整分录如下

借:财务费用　　　　　　108 000

贷:长期待摊费用　　　　　　108 000

(资料来源:《审计学》，罗杰主编，重庆大学出版社，2008.3)

三、应付债券审计

(一) 应付债券的审计目标

应付债券的审计目标一般包括:

1. 确定资产负债表中记录的应付债券是否存在;

2. 确定所有应当记录的应付债券是否均已记录;

3. 确定记录的应付债券是否为被审计单位应当履行的现时义务;

4. 确定应付债券是否以恰当的金额包括在财务报表中，与之相关的计价调整是否已恰当记录;

5. 确定应付债券是否已按照企业会计准则的规定在财务报表中作出恰当列报。

(二) 应付债券的实质性程序

序号	内　容
1	获取或编制应付债券明细表，复核加计正确并与总账数、报表数和明细账核对是否相符
2	审阅债券发行的依据和有关批准手续是否齐全，作出必要记录，与会计记录核对是否相符
3	检查应计利息的计算是否准确，会计处理是否正确，用于购建固定资产的应付债券的利息资本化是否正确
4	检查溢价或折价的摊销额的计算是否准确，会计处理是否符合有关规定
5	检查对到期债券偿还的原始凭证及会计处理是否正确
6	检查是否有到期未付的债券，了解原因，作出相应处理
7	对可转换公司债券的转股，应索取确定转股价格的依据，并检查会计处理是否正确
8	验明应付债券的披露是否恰当，并检查一年内到期的应付债券是否转列流动负债

注意:

1. 应付债券明细表通常包括债券名称、承销机构、发行日、到期日、债券总额(面值)、实收金额、折价和溢价及其摊销、应付利息、担保情况、期初期末余额以及本期增减变动情况等内容。

2. 检查债券交易的有关原始凭证。检查债券交易的各项原始凭证，是确定应付债券金额及其合法性的重要程序，注册会计师应作好以下工作:

(1)检查企业现有债券副本，确定其发行是否合法，各项内容是否同相关的会计记录相一致。

(2)检查企业发行债券所收入现金的收据、汇款通知单、送款登记簿及相关的银行对账单。

(3)检查用以偿还债券的支票存根，并检查利息费用的计算。

(4)检查已偿还债券数额同应付债券借方发生额是否相符。

(5)如果企业发行债券时已作抵押或担保，注册会计师还应检查相关契约的履行情况。

3. 注册会计师如果认为必要，可以直接向债权人及债券的承销人或包销人进行函证。函证内容应包括应付债券的名称、发行日、到期日、利率、已付利息期间、年内偿还的债券、资产负债表日尚未偿还的债权及注册会计师认为应包括的其他重要事项。

4. 确认应付债券是否已在资产负债表上充分披露时，审计人员应检查应付债券是否根据“应付债券”科目的期末余额扣除将于一年内到期的应付债券的数额填列，该扣除数应当填列在流动负债类下的“一年内到期的长期负债”项目单独反映。同时应注意有关应付债券的类别是否已在会计报表注释中作了充分的说明。

【案例 12－3】　　ABC 公司应付债券审计案例

注册会计师在检查 ABC 公司 20×8 年度应付债券时，了解到该公司为购建固定资产于年初以 110 万元的价格发行面值为 100 万元的 5 年期按年付息到期一次性还本的债券，票面利率 6%，债券发行时的市场利率为 5%。年末计提利息费用，该公司的会计处理为：

借：财务费用　　　　65 000

　贷：应付利息　　　　65 000

经检查，该该公司债券利息费用中符合资本化条件的金额为 44 000 元。

【解析】

(1)该公司债券计息、溢折价摊销的会计处理不符合企业会计准则的规定，即未按实际利率法摊销债券溢价，且符合资本化条件的债券利息费用未予以资本化。

(2)注册会计师应建议该公司重新计算调整债券利息、溢价摊销数额，并根据计算结果调整会计处理。

(3)调整分录如下

当年应付利息 = 1 000 000 × 6% = 60 000 元

当年实际利息 = 1 100 000 × 5% = 55 000 元

其中：计入在建工程为 44 000(元)

计入财务费用为：55 000 － 44 000 = 11 000 元

当年应摊销利息调整 = 65 000 － 55 000 = 10 000 元

借：在建工程　　　　44 000

　应付债券——利息调整　　10 000

　贷：财务费用　　　　54 000

同时调整财务报表的其他项目。

(资料来源：《审计学》，罗杰主编，重庆大学出版社，2008.3)

四、财务费用审计

(一) 财务费用的审计目标

财务费用的审计目标一般包括：

1. 确定利润表中记录的财务费用是否已发生，且与被审计单位有关；

2. 确定所有应当记录的财务费用是否均已记录；
3. 确定与财务费用有关的金额及其他数据是否已恰当记录；
4. 确定财务费用是否已记录于正确的会计期间；
5. 确定财务费用是否已记录于恰当的账户；
6. 确定财务费用是否已按照企业会计准则的规定在财务报表中作出恰当的列报。

(二)财务费用的实质性程序

序号	内容
1	获取或编制财务费用明细表，复核加计正确并核对与总账、报表发生额及明细账合计数是否相符
2	将本年度财务费用与上年度的财务费用及本年度各个月份的财务费用进行比较，如有重大波动和异常情况应查明原因
3	审查利息支出明细账，复核借款利息支出应计数，注意审查现金折扣的会计处理是否正确
4	复核应收票据贴现息的计算与会计处理是否正确
5	选择重要或异常的利息费用项目或大金额冲减财务费用项目，检查其原始凭证是否合法，会计处理是否正确
6	必要时，对财务费用实施截止日测试，检查有无跨期入账的现象
7	审查汇兑损益明细账，检查汇兑损益计算方法是否正确，核对所用汇率是否正确
8	对于从筹建期间汇兑损益转入的，应查明其摊销方法在前后期是否保持一致，摊销金额是否正确
9	审查“其他”子目明细账，检查大额金融机构手续费的真实性
10	审阅下期期初财务费用明细账，检查各项目有无跨期入账情况，对重大跨期项目，应作必要调整
11	检查从其他企业或非银行金融机构取得的利息收入是否已按规定计缴营业税
12	验明财务费用的披露是否恰当

任务四　所有者权益审计

一、实收资本审计

(一)实收资本(股本)的审计目标

实收资本(股本)的审计目标一般包括：

1. 确定资产负债表中记录的实收资本(股本)是否存在；
2. 确定所有应当记录的实收资本(股本)是否均已记录；
3. 确定实收资本(股本)是否以恰当的金额包括在财务报表中；
4. 实收资本(股本)是否已按照企业会计准则的规定在财务报表中作出恰当列报。

（二）实收资本（股本）的实质性程序

序号	内　容
1	获取或编制实收资本增减变动明细表，复核加计正确并与总账数、报表数和明细账合计数核对是否相符
2	审阅公司章程、股东大会、董事会会议记录中有关股本（实收资本）的规定。收集与股本（实收资本）变动有关的董事会、股东大会会议纪要、合同协议、公司章程修改案及营业执照、验资报告等法律文件，并更新永久性档案
3	检查投资者是否已按合同、协议、章程约定时间缴付出资额，有无缴付后抽逃资本的情况，对首次接受委托的客户，应对其股本（实收资本）的沿革，进行调查并作出查验记录
4	其出资额是否已经中国注册会计师验证，已验资者，应查阅验资报告
5	以外币出资的，检查其实收资本折算汇率是否符合规定，折算差额的会计处理是否正确
6	检查实收资本增减变动的原因，查阅其是否与董事会纪要等有关法律性文件的规定一致，会计处理是否正确
7	根据证券登记公司提供的股东名录，检查委托人及其关联方是否违反规定持有或相互持有原发行在外的股票
8	验明股本（实收资本）的披露是否恰当

注意：

中外合作企业根据合同规定在合作期间归还投资的，检查以下内容：

（1）如系直接归还投资，检查是否符合有关的决议与公司章程和投资协议的规定，款项是否已付出，会计处理是否正确；

（2）如系以利润归还投资，还需检查是否与利润分配的决议相符，并检查与利润分配有关会计处理是否正确。

【案例12-4】　　　　ABC公司实收资本审计案例分析

注册会计师2007年12月25日在审计ABC公司实收资本时，发现该公司2007年12月1日收到外方投入资本的会计分录为：

借：银行存款　　　　780 000

　贷：实收资本　　　　770 000

　　资本公积——外币资本折算差额　　　　10 000

注册会计师认为有问题，于是调阅了企业的投资合同、章程和相关的账簿，发现该合资企业外方投资者于12月1日投资100 000美元，投资合同约定的折合汇率为1美元折合7.70元人民币，收到投资当日即期汇率为1美元折合7.80元人民币。

【解析】（1）对于外方投资者投入的外币，该公司按合同约定的汇率折算以确定实收资本的入账价值，不符合现行法规的规定，造成实收资本少计10 000元，资本公积多计10 000元。

（2）注册会计师应建议该公司调整会计处理。

（3）调整分录如下

借:资本公积　　　　　　　　　　10 000

　贷:实收资本　　　　　　　　　　　10 000

(资料来源 :《审计学》，罗杰主编，重庆大学出版社，2008.3)

二、资本公积审计

资本公积是非经营性因素形成的不能计入实收资本的所有者权益，主要包括投资者实际缴付的出资额超过其资本份额的差额(如股本溢价、资本溢价)和其他资本公积等。

(一) 资本公积的审计目标

资本公积的审计目标一般包括:

1. 确定资产负债表中记录的资本公积是否存在;

2. 确定所有应当记录的资本公积是否均已记录(资本公积的增减变动是否符合法律、法规和合同、章程的规定);

3. 确定资本公积是否以恰当的金额包括在财务报表中;

4. 确定资本公积是否已按照企业会计准则的规定在财务报表中作出恰当列报。

(二)资本公积的实质性程序

1. 获取或编制资本公积明细表，复核加计正确，并与报表数、总账数和明细账合计数核对相符。

2. 收集与资本公积变动有关的股东(大)会决议，董事会会议纪要、资产评估报告等文件资料，更新永久性档案。首次接受委托的，应检查期初资本公积的原始发生依据。

3. 根据资本公积明细账，对股本溢价、其他资本公积各明细的发生额逐项进行审查。

(1)对股本溢价，应取得董事会会议纪要、股东(大)会决议、有关合同、政府批文，追查至银行收款等原始凭证，结合相关科目的审计，检查会计处理是否正确，注意发行股票溢价收入的计算是否已扣除股票发行费用。

(2)检查以权益法核算的被投资单位除净损益以外所有者权益的变动，被审计单位是否已按其享有的份额入账，会计处理是否正确;处置该项投资时，应注意是否已转销与其相关的资本公积。

(3)对拨款转入，审阅有关的拨款批文，检查拨款项目的完成情况，结合专项应付款的审计，检查会计处理是否正确。

(4)以权益结算的股份支付，取得相关资料，检查在权益工具授予日期和行权日的会计处理是否正确。

(5)对自用房地产或存货转换为采用公允价值计量的投资性房地产，若转换日公允价值大于账面价值，差额是否正确记入本科目，若转换日公允价值小于账面价值，检查差额是否正确计入公允价值变动损益;处置投资性房地产，检查相关的资本公积是否已转销。

(6)对可供出售金融资产形成的资本公积，结合相关科目检查金额和相关会计处理是否正确:①当可供出售金融资产转为采用成本或摊余成本计量时，已计入本科目的公允价值变动是否按规定进行了会计处理;②当可供出售金融资产发生减值时，已记入本科目的公允价值变动是否转入资产减值损失:③当已减值的可供出售金融资产公允价值回升时，区分权益工具和债务工具分别确定其会计处理是否正确。

(7)若有同一控制下企业合并，应结合长期股权投资科目，检查被审计单位(合并方)取得的被合并方所有者权益账面价值之间的份额与支付的合并对价账面价值的差额计算是否正确。是否依次调整本科目、盈余公积和未分配利润。

(8)被审计单位将回购的本单位股票予以注销、用于奖励职工或转让，其会计处理是否正确。

(9)对资本公积转增资本，应取得股东(大)会决议、董事会会议纪要和政府批文等，检查资本公积转增资本是否符合有关规定，会计处理是否正确。

4. 检查资本公积各项目，考虑对所得税的影响。

5. 记录资本公积中不能转增资本的项目。

6. 确定资本公积的列报是否恰当。

【案例12－5】　　　　A企业资本公积审计案例

审计人员在审查A企业“资本公积”明细账时，发现2008年9月15日125号凭证摘要为“溢价发行股票”。审计人员由明细账追查至相应记账凭证，发现2008年9月15日125号凭证会计分录为：

借:银行存款　　　　　　960 000

　贷:股本　　　　　　　　800 000

　　资本公积——股本溢价　　　160 000

记账凭证后附原始凭证为银行收账通知单、股东大会通过的发行股票的决议。

【分析】审计人员觉得该笔业务有异常。发行股票为何没有发行费用？这是不太合理的。于是检查9月15日前后的管理费用、财务费用账户记录，发现财务费用账户中一笔业务摘要为:发行股票手续费。分录：

借:财务费用　　　　　20 000

　贷:银行存款　　　　　20 000

对于股票发行溢价发行的，发行价格与其面值的差额扣除委托证券商代理发行股票而支付的手续费、佣金等后再计入资本公积。

审计人员首先审查企业股票发行的程序，查明有当地证券管理部门的批准文件，并依法办理了必要手续，然后按下列公式重新计算股票溢价的计算是否正确。

股票溢价＝实际发行的股票数量×(每股发行价格－每股票面价值)－股票发行费用

股票溢价＝80 000×(12－10)－8 000－12 000＝140 000(元)

企业多计股票溢价＝160 000－140 000＝20 000(元)

重新计算结果表明，该企业的股票溢价是140 000元，而不是160 000元。

审计人员认为股票发行手续费1 200元和佣金8 000属于股票发行费用，应从股票溢价收入中扣除，不应列入财务费用，已列入的应予调账。

因此，正确的分录应该是：

借:银行存款　　　　　　　　940 000

　贷:股本　　　　　　　　　　　800 000

　　资本公积——股本溢价　　　　140 000

建议被审计单位调整账目。

三、盈余公积审计

盈余公积是企业按照规定从税后利润中提取的积累资金，是具有特定用途的留存收益，主要用于弥补亏损和转增资本，也可以按规定用于分配股利。盈余公积包括法定盈余公积和任意盈余公积。

(一)盈余公积的审计目标

盈余公积的审计目标一般包括:确定资产负债表中记录的盈余公积是否存在;确定被审计单位所有应当记录的盈余公积是否均已记录，盈余公积的增减变动是否符合法律、法规和合同、章程的规定;确定盈余公积是否以恰当金额包括在财务报表中，与之相关的计价调整是否已恰当记录;确定盈余公积是否已按照企业会计准则的规定在财务报表中作出恰当列报。

(二)盈余公积的实质性程序

序号	内　容
1	获取或编制盈余公积明细表，复核加计正确并与总账数、报表数和明细账合计数核对是否相符
2	收集与盈余公积变动有关的董事会会议纪要，股东大会决议等文件资料，并更新永久性档案
3	对盈余公积各明细项目的发生额，逐项审查其原始凭证
4	检查盈余公积各明细项目的提取比例是否符合有关规定，会计处理是否正确
5	检查盈余公积减少数是否符合有关规定，会计处理是否正确，注意用盈余公积转增股本后，盈余公积余额不得低于注册资本的25%
6	对用盈余公积支付股利的，应取证股东大会特别决议，并查验支付比例是否超过股票面值的6%
7	对用盈余公积弥补亏损的应取证董事会决议，并检查账户处理是否正确
8	检查公益金用途是否合法，对动用公益金举办集体福利设施是否按规定冲减公益金并相应增加公积金
9	验明盈余公积的披露是否恰当

【案例12－6】　　ABC公司盈余公积审计案例

ABC公司法定盈余公积计提比例为10%，不提取任意盈余公积。注册会计师在对该公司2008年度财务报表审计时发现:实收资本2 000 000元，盈余公积贷方余额1 200 000元，2007年度净利润240 000元，除分配给投资者利润130 000元外，其余110 000元作为未分配利润，经审阅有关资料表明，盈余公积贷方余额1 200 000元中有500 000元属于接受其他单位捐赠的财产。

【解析】

(1)ABC公司将应计入资本公积的接受捐赠资产误记入盈余公积，致使ABC公司符合可以不提取法定盈余公积的法定条件，故本年没有计提法定盈余公积。

(2)注册会计师应提请该公司调整会计处理。

(3)调整分录如下

①调整盈余公积和资本公积

借:盈余公积　　　　500 000

　贷:资本公积　　　　　500 000

②调整后，ABC公司的“盈余公积”账户贷方余额为700 000元，未达到注册资本的50%（2 000 000×50% =1 000 000），应按税后利润的10%提取法定盈余公积，计提数为:240 000×10% =24 000。

其调整分录为:

借:提取法定盈余公积　　　　　　24 000

　贷:盈余公积——法定盈余公积　　　　　24 000

（资料来源:《审计学》，罗杰主编，重庆大学出版社，2008.3）

四、未分配利润审计

（一）未分配利润的审计目标

未分配利润的审计目标一般包括:

1. 确定资产负债表中记录的未分配利润是否存在;

2. 确定被审计单位所有应当记录的未分配利润是否均已记录，未分配利润增减变动是否符合法律、法规和章程的规定;

3. 确定未分配利润是否以恰当的金额包括在财务报表中，与之相关的计价调整是否已恰当记录;

4. 确定未分配利润是否已按照企业会计准则的规定在财务报表中作出恰当列报。

（二）未分配利润的实质性程序

序号	内　容
1	获取或编制未分配利润明细表，复核加计正确并与总账数、报表数和明细账合计数核对是否相符
2	收集与未分配利润变动有关的董事会会议纪要，股东大会决议、有关合同、协议、公司单程等文件资料，并更新永久性档案
3	对上年未经审计的单位应向被审计单位索取由财政部门核定的上一年度会计报表，作为确定年初数的参考
4	对照董事会决议、股东大会决议，检查利润分配的合法性，注意当境内外审定的可供分配利润不同时，计提公积金的基数是否正确
5	检查利润分配比例是否符合合同、协议、章程以及董事会纪要的规定，确定会计处理是否正确
6	了解以本期利润弥补以前年度亏损情况，如果弥补期间已过，应调整应纳税所得额
7	检查以前年度损益调整内容是否真实合理，对调整年初未分配利润事项应逐项核实发生原因、依据及有关资料，复核金额正确性，取得有效证据并提请披露
8	根据审计结果调整期初未分配利润及本年净利润，确定调整后的未分配利润余额
9	验明未分配利润的披露是否恰当

五、应付股利审计

（一）应付股利的审计目标

应付股利的审计目标一般包括：

1. 确定资产负债表中记录的应付股利是否存在；

2. 确定所有应当记录的应付股利是否均已记录；

3. 确定记录的应付股利是否为被审计单位应当履行的现时义务；

4. 确定应付股利是否以恰当的金额包括在财务报表中，与之相关的计价调整是否已恰当记录；

5. 确定应付股利是否已按照企业会计准则的规定在财务报表中作出恰当列报。

（二）应付股利的实质性程序

序号	内 容
1	获取或编制应付股利明细表，复核加计正确并与总账数、报表数和明细账合计数核对是否相符
2	审阅公司章程、股东大会和董事会决议的规定，查验股利分配标准和发放方式是否符合规定并经法定程序批准
3	如股东大会对董事会决议的分配预案作了修改，应按股东大会决定调整应付股利期初数，检查有关会计处理是否正确
4	检查应付股利原始凭证的内容和金额是否与明细账一致
5	检查应付股利提取和支付的会计处理是否正确，依据是否充分
6	现金股利是否按公告规定的时间、金额予以发放结算，对无法结算及委托发放而长期未结的股利是否作出适当处理
7	股利宣布、结算、转账的会计处理是否正确、及时
8	验明应付股利的披露是否恰当

【知识拓展】　　实收资本常见错弊

实收资本在实务中主要存在以下问题：企业实收资本与注册资本不符；借入资本与实际资本混淆；投入资本不真实；出资形式不合理。

上述错弊在核算中的一般表现形式为：

（1）投资者以抵押物作为投入资本，骗取企业的投资收益。

（2）无形资产所占比重过高。

（3）出资额低于法定资本数额。

（4）伪造、涂改、变造投资的依据。如：投资者投入的货币资金没有存入或汇入指定的银行，伪造进账单；投资者投入的房产没有产权证明和过户手续等。

（5）投资者随意抽走资本，如：投资者投入的货币资金待验资后又抽回，以借款等名义向受资企业借款而长期不还等方式长期占用受资企业的资金，达到变相抽走资本的目的。

（6）有的企业不符合增资或减资的条件而增资或减资，或不履行增资或减资的手续而任意增资或减资。

(7)企业应按照“谁投资，谁所得”的原则，根据投资者的投资比例或协议，对各投资主体的投资进行分类记录。

(8)投入资本的会计处理不正确。

【基础知识与技能训练】

一、单项选择题

1. 注册会计师在了解W公司筹资与投资循环内部控制后，准备对W公司投资业务的内部控制进行测试，以验证所有投资账面余额均是存在的，执行的主要程序有(　　)。

A. 获取或编制投资明细表，复核加计并与合计数核对相符

B. 索取投资的授权批准文件，检查权限是否恰当，手续是否齐全

C. 向被投资单位函证投资金额、持股比例及发放股利情况

D. 检查年度内投资增减变动的原始凭证

2. 为确保被审计单位投资业务的增减变动及其收益均已登记入账，注册会计师最希望被审计单位实施(　　)的控制措施。

A. 投资业务的会计记录、与授权、执行、保管等方面有明确的职责分工

B. 由内部审计人员定期盘点证券投资资产

C. 对投资业务采用符合会计制度规定的核算方法

D. 投资明细账与总账的登记职务分离

3. 被审计单位为了达到其对投资业务的完整性控制目标，最好应规定并依据下列控制措施中的(　　)。

A. 明确投资业务的授权、执行、记录、保管等职责分工

B. 与被投资单位签订合同、协议，并获取其出具的投资证明

C. 将记录投资明细账与记录总账的职务实施严格的分离

D. 由内部审计人员或其他独立人员定期盘点证券投资资产

4. 关于筹资与投资循环的审计下列哪些说法不正确(　　)。

A. 审计年度内筹资与投资循环的交易数量较少，所以，漏计或不恰当地对每笔业务进行会计处理对财务报表影响不大

B. 审计年度内筹资与投资循环每笔交易的金额通常较大

C. 漏计或不恰当地对每笔业务进行会计处理将导致重大错误，从而对企业财务报表的公允反映产生较大的影响

D. 筹资与投资循环交易必须遵守国家法律、法规和相关契约的规定

5. 注册会计师拟对H公司与借款活动相关的内部控制进行测试，下列程序中不属于控制测试程序的是(　　)。

A. 索取借款的授权批准文件，检查批准的权限是否恰当、手续是否齐全

B. 观察借款业务的职责分工，并将职责分工的有关情况记录于审计工作底稿中

C. 计算短期借款、长期借款在各个月份的平均余额，选取适用的利率匡算利息支出总额，

并与账务费用等项目的相关记录核对

D. 抽取借款明细账的部分会计记录，按从原始凭证到明细账再到总账的顺序核对有关会计处理过程，以判断是否其合规

6. 如果P公司固定资产的购建活动发生非正常中断，并且中断时间连续超过(　　)，则P公司应当暂停借款费用的资本化，将其确认为当期费用，直至资产的购建活动重新开始。

A. 1 年　　B. 3 个月　　C. 半年　　D. 两年

7. 甲公司2005年度的借款规模、存款规模分别与2004年度基本持平，但财务费用比2004年度有所下降。甲公司提供的以下理由中，不能解释财务费用变动趋势的是(　　)。

A. 甲公司于2004年1月初借入3年期的工程项目专门借款10 000 000元，该工程项目于2005年1月开工建设，预计在2006年6月完工

B. 甲公司在2005年度以美元结算的货币性负债的金额一直大于以美元结算的货币性资产的金额。人民币对美元的汇率在2005年上半年保持稳定，从2005年下半年开始有较大上升

C. 为了缓解流动资金紧张的压力，甲公司从2005年4月起增加了银行承兑汇票的贴现规模

D. 根据甲公司与开户银行签订的存款协议，从2005年7月1日起，甲公司在开户银行的存款余额超过1 000 000元的部分所适用的银行存款利率上浮0.5%

8. T注册会计师在审计W公司持有目的改变的持有至到期投资时，下列(　　)程序最具有针对性。

A. 核实被审计单位持有的目的和能力，检查本科目核算范围是否恰当

B. 向相关金融机构发函询证持有至到期投资期末数量，并记录函证过程

C. 检查持有至到期投资划转为可供出售金融资产的会计处理是否正确

D. 结合投资收益科目，复核处置持有至到期投资的损益计算是否准确，已计提的减值准备是否同时结转

9. 注册会计师发现被审计单位于2007年1月1日将一幢商品房对外出租并采用公允价值模式计量，租期为3年，每年12月31日收取租金100万元，出租时，该幢商品房的成本为2 000万元，公允价值为2 200万元，2007年12月31日，该幢商品房的公允价值为2 150万元。长江公司2007年应确认的公允价值变动损益为(　　)万元。

A. 损失 50　　B. 损失 150　　C. 收益 150　　D. 损失 100

二、多项选择题

1. 注册会计师在了解H公司应付债券业务的内部控制时，若发现债券持有人的明细分类记录由外部机构保存，则不仅应关注H公司是否定期同外部机构核对，而且应关注H公司与应付债券业务相关的不相容职务是否分离。具体来说，H公司记录应付债券明细账的人员不得从事(　　)工作。

A. 参与应付债券的发行

B. 与外部机构定期核对应付债券相关记录

C. 记录应付债券总账

D. 办理应付债券发行的审批手续

2. 注册会计师在了解W公司筹资与投资循环内部控制后，准备对W公司投资业务的内

部控制进行测试，以验证投资增减变动及其投资均已经登记入账，执行的主要程序有(　　)。

A. 观察并描述筹资业务职责分工

B. 了解债券持有人明细资料的保管制度，检查被审计单位是否与总账或外部机构核对

C. 检查年度内借款增减变动的原始凭证

D. 检查授权批准手续是否完备，入账是否及时准确。

3. 为证实被审计单位是否存在未入账的长期负债业务，注册会计师可选用(　　)程序进行测试。

A. 函证银行存款余额的同时函证负债业务

B. 分析财务费用，确定付款利息是否异常地高

C. 向被审计单位索取债务声明书

D. 审查年内到期的长期负债是否列示在流动负债类项目下

4. 注册会计师在实施借款业务的实质性程序时，无论是短期借款，还是长期借款，其均应实施的实质性程序是(　　)。

A. 评估被审计单位的信誉状况和融资能力

B. 向银行或其他债权人寄发询证函

C. 检查非记账本位币折合记账本位币采用的汇率是否正确

D. 检查一年内到期的长期借款是否转列为流动负债

5. 检查J公司资本公积账户反映的内容时，注册会计师不应认可J公司将(　　)计入资本溢价或股本溢价科目中。

A. 新的投资者投入的超过注册资本份额的出资

B. 接受的非现金资产捐赠准备

C. 股票发行收入中超过面值的收入

D. 资本溢价和股本溢价的发行费用

三、简答题

某公司内部控制设计和运行的部分内容摘录如下：

为保证公司投资业务的不相容岗位相互分离、制约和监督，投资业务分别由不同部门或不同职员负责，其中：投资部的甲职员负责对外投资预算的编制；投资部的乙职员负责对外投资项目的分析论证及评估；财务部负责对外投资业务的相关会计记录。

要求：假定某公司的其他内部控制不存在缺陷，请指出某公司上述内部控制在设计与运行方面的缺陷，并简要说明理由。

项目十三　货币资金审计

【知识要点】

(1)明确货币资金的概念及其特征;

(2)了解货币资金内部控制的特点,以及相关内部控制的测试;

(3)了解货币资金的审计目标和审计程序。

【能力目标】

(1)能对货币资金的内部控制进行控制测试;

(2)能对现金、银行存款和其他货币资金进行实质性测试。

【案例导入】

光明公司货币资金内部会计控制案件

光明公司是国内一家大型国有控股公司，主要产品为工业中间品。2007 年公司总资产为 100 亿元，营业收入 150 亿元。公司一向重视各项管理制度的建设，尤其对财务制度更是严格。公司每年都会花巨资请专业审计机构对公司财务状况进行审计，先是一年一审，后来是半年一审，再后来是一季度一审。且公司内部制度规定，超过 2 000 元的招待费报销，要经过公司负责人签字。公司二级单位业务人员出差，飞机票必须经由公司主要负责人审核。表面看来，公司制度完备，管理严格。

但就在 2008 年，一名普通的营销部会计人员李某的案件却暴露了公司看似严格的财务管理存在漏洞。李某任职光明公司营销部，利用经手公司销售货款的便利条件，在自 2002 年至今长达 6 年的时间内，以“蚂蚁搬家”的方式非法挪用公司货款 5 000 余万元参与股票、期货投资，损失近 4 000 万元，大部分损失款项难以追回。

事情的暴露纯属偶然。由于公司所在行业不景气，光明公司近年来一直在进行减轻成本压力的努力和内部改革，今年一季度决定将所有员工的绩效工资基数下调，并继续大幅裁员。2008 年 5 月开始，改革终于触及到李某头上，他没有能够重新竞聘上岗，只能买断工龄自谋出路，并要把工作全部移交给接替他上岗的人员。这对李某来说不啻是末日来临，在分几次从银行提取数以百万计的现金后，李某仓皇出逃，由此东窗事发。

据了解，李某现年 37 岁，自 1992 年从西北某财经高等专科学校毕业后，被分配至光明公司营销部从事财务工作，16 年来，李某的岗位和职务一直都没有变化，而与他同时进入公司工作的绝大多数人都得到了升迁。虽然表面上，他工作还比较踏实，人缘也不错，但也有其光明公司的同事称，“这小子或许心理不平衡”。

“简直难以置信”，公司一位资深管理人员对我们说，光明公司这样的老牌国企、上市公司，应该说是有着较为健全的企业管理制度和严格的财务制度，尤其是近年中国石化成为大股东后，公司内控制度逐步完善，财务管理长抓不懈。如每年要组织财务大检查，定期聘请中介机构对下属公司经营情况进行审计，公司内部审计及厂长(经理)离任审计也一直在进行着。但这样的事情竟然发生了，虽然也许是个意外、个案，但足以暴露出公司财务内部控制仍然存在着问题。那么公司的内部控制哪里出问题了呢?

(资料来源:http://www.njcz.gov.cn)

任务一　货币资金概述

一、货币资金主要业务活动

货币资金是指在企业生产经营过程中处于货币形态的那部分资金，按其形态和用途不同可分为包括库存现金、银行存款和其他货币资金。它是企业中最活跃的资金，流动性强，是企业的重要支付手段和流通手段，因而是流动资产的审查重点。

其他货币资金包括外埠存款、银行汇票存款、银行本票存款、信用证保证金存款、信用卡存款、存出投资款等内容。

二、货币资金的主要凭证和会计记录

货币资金审计涉及的凭证和会计记录主要有:(1)现金盘点表。(2)银行对账单。(3)银行存款余额调节表。(4)有关科目的记账凭证。(5)有关会计账簿。

三、货币资金的内部控制

货币资金的内部控制是企业内部控制系统的一个重要组成部分，其内部控制的主要目的是实现企业货币开支的合理、合法和货币回收的安全可靠，防止贪污舞弊行为，保证资产的安全，保证会计资料的正确，满足生产和经营的需要。

根据财政部发布的《内部会计控制规范——货币资金(试行)》，货币资金的内部控制包括以下内容:

(一)岗位分工及授权批准

(1)单位应当建立货币资金业务的岗位责任制，明确相关部门和岗位的职责权限，确保办理货币资金业务的不相容岗位相互分离、制约和监督。出纳人员不得兼任稽核、会计档案保管和收入、支出、费用、债权债务账目的登记工作。单位不得由一人办理货币资金业务的全过程。

(2)单位应当对货币资金业务建立严格的授权批准制度，明确审批人对货币资金业务的授权批准方式、权限、程序、责任和相关控制措施，规定经办人办理货币资金业务的职责范围和工作要求。审批人应当根据货币资金授权批准制度的规定，在授权范围内进行审批，不得超越审批权限。经办人应当在职责范围内，按照审批人的批准意见办理货币资金业务。对于审批人超越授权范围审批的货币资金业务，经办人员有权拒绝办理，并及时向审批人的上级授权部门报告。

(3)单位应当按照规定的程序办理货币资金支付业务。单位有关部门或个人用款时，应当提前向审批人提交货币资金支付申请，注明款项的用途、金额、预算、支付方式等内容，并附有效经济合同或相关证明；审批人根据其职责、权限和相应程序对支付申请进行审批。对不符合规定的货币资金支付申请，审批人应当拒绝批准；复核人应当对批准后的货币资金支付申请进行复核，复核货币资金支付申请的批准范围、权限、程序是否正确，手续及相关单证是否齐备，金额计算是否准确。支付方式、支付单位是否妥当等。复核无误后，交由出纳人员办理支付手续；出纳人员应当根据复核无误的支付申请，按规定办理货币资金支付手续，及时登记现金和银行存款日记账。

(4)单位对于重要货币资金支付业务，应当实行集体决策和审批，并建立责任追究制度，防范贪污、侵占、挪用货币资金等行为。

(5)严禁未经授权的机构或人员办理货币资金业务或直接接触货币资金。

(二)现金和银行存款的管理

(1)单位应当加强现金库存限额的管理，超过库存限额的现金应及时存入银行。

(2)单位应结合本单位的实际情况，确定本单位现金的开支范围。不属于现金开支范围的业务应当通过银行办理转账结算。

(3)单位现金收入应当及时存入银行，不得用于直接支付单位自身的支出。因特殊情况需坐支现金的，应事先报经开户银行审查批准。单位借出款项必须执行严格的授权批准程序，严禁擅自挪用、借出货币资金。

(4)单位取得的货币资金收入必须及时入账，不得私设“小金库”，不得账外设账，严禁收款不入账。

(5)单位应加强银行账户的管理，严格按照规定开立账户，办理存款、取款和结算。单位应当定期检查、清理银行账户的开立及使用情况，发现问题，及时处理。单位应当加强对银行结算凭证的填制、传递及保管等环节的管理与控制。

(6)单位应当严格遵守银行结算纪律，不准签发没有资金保证的票据或远期支票，套取银行信用；不准签发、取得和转让没有真实交易和债权债务的票据，套取银行和他人资金；不准无理拒绝付款，任意占用他人资金；不准违反规定开立和使用银行账户。

(7)单位应当指定专人定期核对银行账户，每月至少核对一次，编制银行存款余额调节表，使银行存款账面余额与银行对账单调节相符。如调节不符，应查明原因，及时处理。

(8)单位应当定期和不定期地进行现金盘点，确保现金账面余额与实际库存相符。发现不符，及时查明原因，作出处理。

(三)票据及有关印章的管理

(1)单位应当加强与货币资金相关的票据的管理，明确各种票据的购买、保管、领用、背书转让、注销等环节的职责权限和程序，并专设登记簿进行记录，防止空白票据的遗失和被盗用。

(2)单位应当加强银行预留印鉴的管理。财务专用章应由专人保管，个人名章必须由本人或其授权人员保管。严禁一人保管支付款项所需的全部印章。

按规定需要有关负责人签字或盖章的经济业务，必须严格履行签字或盖章手续。

(四)监督检查

单位应当建立对货币资金业务的监督检查制度，明确监督检查机构或人员的职责权限，定期和不定期地进行检查。

四、货币资金内部控制的测试

(一)了解内部控制

注册会计师可根据实际情况采用不同方法实现对货币资金内部控制的了解。一般注册会计师可采用编制流程图的方法，对中小企业也可采用编写货币资金内部控制说明的方法。若年度审计工作底稿中已有以前年度的流程图，注册会计师可根据调查结果加以修正以供本年度审计之用。了解货币资金内部控制时，注册会计师应注意货币资金内部控制是否建立并严格执行。

(二)抽取并检查收款凭证

1. 核对收款凭证与存入银行账户的日期和金额是否相符

2. 核对货币资金、银行存款日记账的收入金额是否相符

3. 核对收款凭证与银行对账单是否相符

4. 核对收款凭证与应收账款等相关明细账的有关记录是否相符

5. 核对实收金额与销货发票等相关凭据是否一致等

(三)抽取并检查付款凭证

1. 检查付款的授权批准手续是否符合规定

2. 核对库存现金、银行存款日记账的付出金额是否正确

3. 核对付款凭证与银行对账单是否相符

4. 核对付款凭证与应付账款等相关明细账的记录是否一致

5. 核对实付金额与购货发票等相关凭据是否相符等

(四)抽取定期间的库存现金、银行存款日记账与总账核对

1. 抽取一定期间的现金、银行存款日记账，检查其有无计算错误，加总是否正确无误；

2. 根据日记账提供的线索，核对总账中的现金、银行存款、应收账款、应付账款等有关账户的记录。

(五)抽取一定期间的银行存款余额调节表，查验其是否按月正确编制并经复核

注册会计师必须抽取一定期间的银行存款余额调节表，将其同银行对账单、银行存款日记账及总账进行核对，确定被审计单位是否按月正确编制并复核银行存款余额调节表。

(六)检查外币资金的折算方法是否符合有关规定，是否与上年度一致

对于有外币货币的被审计单位，注册会计师应检查外币货币资金有关的日记账及“财务费用”、“在建工程”等账户的记录，确定企业有关外币货币资金的增减变动是否采用交易发

生日的即期汇率将外币金额折算为记账本位币金额，或者采用按照系统合理的方法确定的、与交易发生日即期汇率近似的汇率折合为记账本位币，选择采用汇率的方法前后各期是否一致；检查企业的外币货币资金的余额是否采用期末即期汇率折合为记账本位币金额；折算差额的会计处理是否正确。

(七)评价货币资金的内部控制

注册会计师在实施上述测试之后，应对货币资金的内部控制进行评价。评价时，注册会计师应首先确定货币资金内部控制可信赖的程度以及存在的薄弱环节和缺点，然后据以确定在货币资金实质性程序中对哪些环节可以适当减少审计程序，哪些环节应增加审计程序，作重点检查，以减少审计风险。

【案例 13－1】　　A 公司货币资金内部会计控制案件分析

A 公司营销部每年的资金往来在数十亿元以上，由于李某长期在同一关键岗位工作，就让他有机会从中窥探一些漏洞。据透露，在他的总涉案金额中，大约有 2000 万元是他利用工作之便盗取期限较长的银行承兑汇票，并通过与他人合伙设立的皮包公司到银行贴现实现的。若要通过这种形式长期占用资金，他还需不断用新汇票冲账以避免暴露。另外大部分资金则是李某指令自己熟悉的客户向其个人账户支付的货款。由于在这个岗位上的时间很长，规律摸得非常透，李某知道什么时候将款项交给单位，也清楚什么时候要进行财务检查或审计，总能找到新的款项填补以前的漏洞。李某作案时间长达 6 年，期间一直未露蛛丝马迹。那么他是如何得逞的呢?

公司以前产品销路很好，公司规定客户想要购货必须先交预付款，而部分客户往往用银行承兑汇票来支付预付货款，从而保持自己在 A 公司的预付款账户上有一个余额。公司要求，业务人员在与客户签订合同后，要根据该客户预付款的余额是否能支付该笔合同所需的金额来确定是否发货，如能满足则发货给该客户，否则提示该客户就不足部分先付款。

根据财务工作流程，业务人员收到客户送来的银行承兑汇票后，要先交给会计人员并由其记账。会计人员记账后，将汇票交给出纳人员，由出纳和有关人员共同保管，到期时到银行办理收款手续或根据需要去银行贴现或背书转让。

由于李某长期在营销部会计岗位上工作，对相关业务人员、客户及业务规律非常熟悉，由此产生了挪用客户预付账款余额的想法。因此，李某对业务人员交来的客户银行承兑汇票进行分析，对于那些近期内没有业务发生或其本身预付款余额能满足其近期业务需要的客户的银行承兑汇票，采用了既不入账，也不交由出纳或有关人员保管的方法，将银行承兑汇票截留在自己手中，并背书转让给自己与他人共同注册的公司，到银行贴现从而套取现金。

由于该公司往来账目较多，虽根据公司《应收款项管理业务流程》的要求，“财务部门要确保应收款项入账及时、准确、要认真核对每一笔应收款项，应收票据要建立备查簿逐笔登记，定期清查核对，核查表应有财务部门负责人或指定的财务人员审核。”但审核往往流于形式，应收票据的记账与核查表的审核往往由同一个人进行，这就为李某盗用银行承兑汇票留下了可趁之机。偶尔当客户发现其预付款余额与其实际支付的银行承兑汇票额数目不对时，李某往往利用其与客户之间的关系，借口记账疏忽，再挪用其他款项将其补上，以掩盖其犯罪事实。

综上所述，李某犯罪行为得以长期进行的原因主要是：

(1) A 公司未能严格执行会计轮岗制，李某在同一会计岗位工作了近 16 年，充分掌握了客户及业务活动的详细信息，从而为其实施犯罪行为提供了可能。如果严格实施轮岗制，李某就不可能发现业务活动的规律，并利用其与客户的关系得以骗取资金。

(2) A 公司没有充分重视应收票据的管理，接受票据与记账以及查对往来账的会计是同一人，未能像现金管理一样做到职责分离。负责保存票据的出纳并不知道业务人员实际交给会计的票据数量，从而为会计人员截留票据留下了漏洞。

(3) A 公司对日常开支管理投入了较大注意力，而对类似于营销会计这种关键岗位却未能引起充分重视，属于捡了芝麻丢了西瓜型的内部控制。

(4) A 公司对应收票据备查薄的定期清查核对流于形式，审核与做账由同一人进行，失去了内部牵制的作用。

(5) A 公司的印章管理可能有漏洞。

(6) A 公司的客户管理不当，没有建立健全客户管理档案，从而让公司的客户资源掌握在少数人，甚至营销会计的手中，长此以往，即使不发生这件事，企业的客户资源也会随着公司人员的流动而丧失，甚至发生巨大的销货损失。

针对以上暴露出的问题，A 公司应全面检查自身的内部控制制度，加强内部牵制的作用，实行职责分离。

(1) 严格执行岗位轮换制，防止会计人员在同一岗位时间过长后发现业务规律，从而产生内部控制的漏洞。

(2) 严格票据管理，业务人员将票据交由财务部门后，要在备查簿中进行登记，交接者双方都应该签字盖章，以明确责任。

(3) 严格内审制度，定期对账目进行彻底清查，清查时应要求也遵循货币资金的清查手续和流程，即分管某种产品、或地区往来账的会计，应将所有往来、结算明细账目登记入账，核对清楚后，交由清查人员对客户进行核对清查，以防止账款不符或挪用客户款项的事情发生。

（资料来源：http://www.njcz.gov.cn）

任务二　库存现金审计

一、库存现金审计目标

1. 确定被审计单位资产负债表中的现金在会计报表日是否确实存在，是否为被审计单位所拥有；

2. 确定被审计单位在特定期间发生的现金收支业务是否均已记录完毕，有无遗漏；

3. 确定现金余额是否正确；

4. 确定现金在会计报表上的披露是否恰当。

二、库存现金的内部控制测试

(一) 库存现金内部控制

一个良好的现金内部控制应达到以下几点：

1. 现金收支与记账的岗位分离；

2. 现金收入、支出要有合理合法的凭据；

3. 全部收入及时准确入账，并且支出要有核准手续；

4. 控制现金坐支，当日收入现金应及时送存银行；

5. 按月盘点现金，确保账实一致；

6. 加强对现金收支业务的内部审计。

(二)库存现金内部控制测试

1. 了解现金内部控制

注册会计师通常通过现金内部控制流程图来了解现金内部控制，但对中小企业，也可采用编写现金内部控制说明的方法。注册会计师应注意检查现金内部控制是否建立并严格执行。如：现金的收支是否按规定的程序和权限办理？是否存在与本单位经营无关的款项收支情况？是否存在出租、出借银行账户的情况？出纳与会计的职责是否严格分离？现金是否妥善保管？是否定期盘点，核对等等。

2. 抽取并检查收款凭证

(1)核对现金日记账的收入金额是否正确

(2)核对收款凭证与应收账款明细账的有关记录是否相符

(3)核对实收金额与销货发票是否一致等

3. 抽取并检查付款凭证

(1)检查付款的授权批准手续是否符合规定

(2)核对现金日记账付出金额的正确性

(3)核对付款凭证与应付账款明细账记录的一致性

(4)核对实付金额与购货发票是否相符等

4. 抽取一定期间的现金日记账与总账核对检查其有无计算错误，加总是否正确，现金日记账与总分类账是否相符。

5. 检查外币现金的折算方法是否符合规定，外币现金增减变动是否按业务发生时的市场汇率或业务发生当期期初的市场汇率折合为记账本位币，选用方法是否前后期保持一致；外币现金余额是否按期末市场汇价折合为记账本位币金额，有关汇兑损益的计算和记录是否正确。

6. 评价现金内部控制。即确定现金内部控制的可信赖程度以及存在的薄弱环节和缺点，并据以确定现金实质性程序的重点、程序和方法。

【案例 13－2】

王某现金贪污案例

王某为浙江某大学学报编辑部的编务人员，他利用职务之便，以虚报、冒领稿费的手段从2000年开始贪污学报稿费3 000多元起，以后逐年上升，2001年贪污1万多元，2002年贪污9万多元，2003年达最高10万元，到案发时已累计贪污稿费49万多元，作案多达164次，平均每月作案1.24次。结果王某被判有期徒刑10年，剥夺政治权利2年，并被开除党籍和公职。王某原为浙江某大学学报社科版编务，负责编排、印刷、发行和财务支出、报销等工作。在发放作者稿费工作中，由他为每位作者填写一张支款单，并为校外单位作者到校财务处代领稿费。在填写支款单时，他不写作者姓名，稿费的大写金额前留有空隙，甚至找借口让某些负责人在空白支款单上先签字。2000 年 3 月至 2001 年 6 月，在代领校外单位作者稿费时，他在一些支款单的稿费金额前添加数字，增加原稿费数额，从校财务处提取钱款后，将增加的钱据为己有；或用已经由负责人签字的空白支款单，编写期数、稿费金额，后附编造的姓名，从校财务处提取现款，全部据为己有。

该案例暴露出来的问题有哪些？

【解析】　　　　　　　　**该案例暴露的问题有：**

1. 学报编辑部经费在编辑、印刷、发行等方面的支出和使用，均由编务王某一人具体操作，负责人很少过问和检查。现金收支与记账的岗位未进行分离。

2. 负责人在审签王某填写的支款单时，虽然注意核对作者人数与支款单张数，但对填写的内容没有认真、细致地查看，对王某不写明作者姓名不以为然；有时竟然失去原则，严重违反财务管理规定，在空白支款单上签字。

3. 该校财务管理工作也存在严重问题。例如：对支款单的填写要求不规范，审核不严格；对代领款数额较大的，没有进行必要的检查、核实。

三、库存现金实质性测试

1. 核对现金日记账与总账的余额。核对是现金实质性程序的起点。通过核对，可确认现金日记账与总账余额是否相符，如不相符，则应查明原因，并做相应调整。

2. 监盘库存现金

盘点是证实库存现金是否存在的一项重要程序，通常包括对已收到但未存入银行的现金、零用金、找换金等的盘点。盘点时必须有出纳员和会计主管参加，并由注册会计师进行亲自盘点。盘点库存现金的步骤主要有：

（1）制定盘点程序。对企业各部门保管的库存现金实施突击检查，（时间最好选择在上午上班前或下午下班时）若企业现金存放部门不止一处，应同时盘点，必要时可加以封存，以免“拆东补西”，然后由出纳员把已办妥现金收付手续的收付款凭证登上现金日记账。

（2）审阅现金日记账和现金收付凭证。通过审阅，检查日记账的记录与凭证的内容和金额是否相符，凭证日期与日记账日期是否相符或接近。

（3）由出纳员根据现金日记账加计累计数额结出现金结余额。

（4）盘点库存现金，编制“库存现金盘点表”（格式参见表 13－1）。

（5）资产负债表日后进行盘点时，应调整至资产负债表日的金额。

（6）核对盘点金额与现金日记账余额，如有差异，应查明原因，并做出记录或适当调整。

（7）若有冲抵库存现金的借条、未提现支票、未作报销的原始凭证，应在库存现金盘点表中注明或作出必要的调整。

表 13－1　　库存现金盘点表

填报单位：　　编制人：　　日期：　　索引号：

审计项目：货币资金　　复核人：　　日期：　　页 次：

会计期间或截止日：

查证核对记录			现金盘点记录		
项目	行次	金额	币种：人民币		
			面额	张（枚）数	金额
一、盘点日账面余额	1		100 元		
盘点日未记账收入金额	2		50 元		
盘点日未记账支出金额	3		20 元		
盘点日账面应存金额	4＝1＋2－3		10 元		
二、盘点日实存金额（盘点数）	5		5 元		
白条抵库金额	6		2 元		
盘点日实存金额	7＝5＋6		1 元		
三、盘点日应存与实存差额	8＝4－7		5 角		
四、追溯至报表日账面结存金额			2 角		
报表日至盘点日支出总额（含第 3 行）	9		1 角		
报表日至盘点日收入总额（含第 2 行）	10		5 分		
报表日应存金额	11＝4＋9－10		2 分		
报表日实存金额	12＝7＋9－10		1 分		
报表日实存与应存差额	13＝12－11		实点合计		
五、调整数	14＝15－16		存放地点：		
调整增加金额	15		盘点日期：		
调整减少金额	16		出纳人员：		
六、审定数	17＝11＋14		会计主管：		
			监盘人员：		

审计说明及调整分录：

审计结论：

【案例 13－3】　　　　　　A 公司库存现金监盘案例

2008 年 3 月 11 日下午 5 点 30 分，审计人员赵华参加对 A 公司库存现金的清查盘点工作。清查结果如下：(1)实点库存现金(人民币)结存数：100 元币 120 张，50 元币 80 张，10 元币 220 张，5 元币 84 张，2 元币 175 张，1 元币 220 张，5 角币 50 张，2 角币 20 张，1 角币 51 张，5 分币 32 张，2 分币 14 张，1 分币 8 张。(2)查明现金日记账截至 2008 年 3 月 10 日的账面余额为 21 679.24 元。(3)查出已经办理收款手续尚未入账的收款凭证(191 号至 202 号)金额合计为 4 372.31 元。(4)查出已经办理付款手续尚未入账的付款凭证(203 号至 211 号)金额合计为 4 126.14 元。(5)发现现金日记账中夹有下列借据，共计 2 560 元。其中职工刘红借学费 250 元，职工王敏借学费 110 元，许要华借药费 1 000 元，万广华借药费 1 200 元。系出纳王丽擅自出借。(6)发现保险柜中有 3 月 1 日到期的销售产品的转账支票一张，计价 7 500 元。(7)发现保险柜中有待领工资 215 元，单独包封。报表日日截止到盘点日现金日记账记载收入 10 000 元，支出 9 000 元(证实无误)。

【要求】(1)根据清查结果，编制库存现金盘点表。(2)指出该企业现金管理中存在的主要问题，并提出审计意见。

库存现金监盘表

填报单位：A 公司　　编制人：赵华　　日期：2008. 3. 11　　索引号：
审计项目：货币资金　　复核人：　　日期：　　页次：
会计期间或截止日：2007. 12. 31

查证核对记录			现金盘点记录		
项目	行次	金额	币种：人民币		
			面额	张(枚)数	金额
一、盘点日账面余额	1	21 679.24	100 元	120	12 000
盘点日未记账收入金额	2	4 372.31	50 元	80	4 000
盘点日未记账支出金额	3	4 126.14	20 元	0	0
盘点日账面应存金额	4＝1＋2－3	21 925.41	10 元	220	2 200
二、盘点日实存金额(盘点数)	5	19 226.06	5 元	84	420
白条抵库金额	6	2 560	2 元	175	350
盘点日实存金额	7＝5＋6	21 786.06	1 元	220	220
三、盘点日应存与实存差额	8＝4－7	139.35	5 角	50	25
四、追溯至报表日账面结存金额			2 角	20	4
报表日至盘点日支出总额(含第 3 行)	9	9 000	1 角	51	5.1
报表日至盘点日收入总额(含第 2 行)	10	10 000	5 分	32	1.6
报表日应存金额	11＝4＋9－10	20 925.41	2 分	14	0.28
报表日实存金额	12＝7＋9－10	20 786.06	1 分	8	0.08
报表日实存与应存差额	13＝12－11	139.35	实点合计		19 226.06

续表

<table>
<tr><td>五、调整数</td><td>14 = 15 − 16</td><td>−139.25</td><td>存放地点:财务部</td></tr>
<tr><td>调整增加金额</td><td>15</td><td>0</td><td>盘点日期:2008.3.11</td></tr>
<tr><td>调整减少金额</td><td>16</td><td>139.25</td><td>出纳人员:王丽</td></tr>
<tr><td rowspan="2">六、审定数</td><td rowspan="2">17 = 11 + 14</td><td rowspan="2">20 786.06</td><td>会计主管:宋平</td></tr>
<tr><td>监盘人员:赵华</td></tr>
<tr><td colspan="4">审计说明及调整分录:
(1)白条借据抵库。出纳员擅自以白条方式借给3名职工现金，共计2 560元，至今抵充库存入账。
(2)账款不符。盘点日截止账面应存额为21 925.41元，而实际盘存库存现金仅为19 226.06元，其中除出纳员擅自以白条借据2 560元抵充库存外，尚短缺139.35元，出纳员提不出任何理由。应由出纳赔偿。
(3)出纳员工作拖拉，未及时登记现金日记账。
(4)收入销货款的转账支票未及时送存银行，已超过支票有效期，该笔货款将被对方开户银行拒付。
借:其他应收款——王丽　　139.35
　贷:库存现金　　139.35</td></tr>
<tr><td colspan="4">审计结论:经调整后，库存现金审定数可以确定</td></tr>
</table>

针对上述问题，提出审计意见如下:

第一，白条抵库的现金2 560元，如经有关人员正式审批，应做其他应收款入账处理，或限期归还或敦促报销。

第二，出纳员短缺现金139.35元，应在进一步查明原因后，按有关规定追究其责任，作出处理。

第三，出纳员今后应坚持做到及时登账，日清日结。

第四，应及时与购货单位联系，收回7 500元销货款。

3.抽查大额现金收支。注册会计师应重点关注大额现金收支业务，检查其内容是否合法，有无授权批准;对与被审计单位生产经营业务无关的大额收支，应查明原因，并作相应记录。

4.检查现金收支的正确截止。被审计单位资产负债表上的现金数额应以结账日实有数为准，因此，注册会计师必须验证现金收支的截止日期，如对结账日前后一段时期内现金收支凭证进行审计，以确定是否存在跨期事项。

5.审核外币现金、银行存款的折算是否正确。即审核被审计单位对外币现金的收支是否按所规定的汇率折合为记账本位币金额;外币现金期末余额是否按期末市场汇率折合为记账本位币金额，外币折合差额是否按规定记入相关账户。

6.审核现金在资产负债表上的披露是否恰当。注册会计师应在实施上述审计程序后，确定现金账户的期末余额是否正确，是否在资产负债表上“货币资金”项目下恰当反映。

任务三　银行存款审计

【案例导入】　　　　　　　　　　银广厦事件

2001 年的银广厦案件是我国近年来影响最大的案件之一。其直接原因是银广厦天津公司捏造虚假经营引起的。公司通过伪造购销合同、伪造出口报关单、虚开增值税专用发票、伪造免税文件和伪造金融票据等手段，虚构主营业务收入，虚构巨额利润 7.45 亿元。其中，1999 年为 1.78 亿元，2000 年为 5.67 亿元。由此，银广厦风光多时的业绩神话被连续两年半亏损的事实所取代。银广厦事发之后，中天勤会计师事务所以及相关注册会计师被吊销执业资格，并受到法律惩处。对银广厦进行年报审计的会计事务所未能对关键证据亲自取证，这些重要的证据如海关报关单，银行对账单，重要出口商品单价等均是由被审计单位提供，进行审计的会计师未能采取必要的审计程序对这些证据的真假作进一步确认。审计原则要求进行审计的会计师应对重要的外部证据亲自取证，如对应收账款、银行存款的函证，函证的询证函必须由事务所发出，但在实际操作中，许多事务所为了省事，将询证函交与被审计单位由其发出，甚至于由其收回后交与会计师事务所，这就为被审计单位做假提供了一个很大的方便，而由此取得的所谓外部证据的真实性已就大打折扣。很显然在银广厦事件中，被审计单位向事务所提供了假报关单及其他虚假的外部证据。

一、银行存款审计目标

1. 确定被审计单位资产负债表中的银行存款在会计报表日是否确实存在，是否为被审计单位所拥有。

2. 确定被审计单位在特定期间内发生的银行存款收支业务的记录是否完整。

3. 确定银行存款的余额是否正确。

4. 确定银行存款在会计报表上的披露是否恰当。

二、银行存款内部控制测试

(一)银行存款的内部控制

一个良好的银行存款内部控制应达到以下几点：

1. 银行存款收支与记账的岗位分离；

2. 银行存款收入、支出要有合理合法的凭据；

3. 全部收支及时准确入账，支出要有核准手续；

4. 按月编制银行存款余额调节表，以做到账实相符；

5. 加强对银行存款收支业务的内部审计。

(二)银行存款的控制测试

1. 了解银行存款的内部控制。一般与了解现金内部控制同时进行，其内容包括：出纳与会计的职责是否严格分离？银行存款的收支是否按规定的程序和权限办理？银行账户是否存在与本单位经营无关的款项收支情况？是否存在出租，出借银行账户的情况？是否定期取得银行对账单并编制银行存款余额调节表等等。

2. 抽取并检查收款凭证。注册会计师应选取适当的样本量作如下检查：

(1)核对银行存款日记账的收入金额是否正确

(2)核对收款凭证与存入银行账户的日期和金额是否相符

(3)核对收款凭证与银行对账单是否相符

(4)核对收款凭证与应收账款明细账的有关记录是否相符

(5)核对实收金额与销货发票显示金额是否一致等等

3. 抽取并检查付款凭证。

为测试银行存款付款内部控制，注册会计师应选取适当的样本量，作如下检查：

(1)检查付款的授权批准手续是否符合规定

(2)核对银行存款日记账付出金额的正确性

(3)核对付款凭证与应付账款明细账记录的一致性

(4)核对付款凭证与银行对账单是否相符

(5)核对实付金额与购货发票内容的一致性

4. 抽取一定期间银行存款日记账与总账核对，检查其有无计算错误，是否账账相符。

5. 抽取一定期间银行存款余额调节表，检查其是否按月正确编制并经复核。

6. 检查外币银行存款的折算方法是否符合有关规定，是否与上年度一致。

7. 评价银行存款内部控制。即确定银行存款内部控制的可信赖程度以及存在的薄弱环节和缺点，并据以确定银行存款实质性程序的重点、程序和方法。

三、银行存款的实质性程序

1. 核对银行存款日记账与总账的余额，若不相符，应查明原因并作出适当调整。

2. 分析性复核程序。通过计算定期存款占银行存放的比例，了解被审计单位是否存在高息资金拆借，如有，应进一步分析拆出资金的安全性，并检查高额利差的入账情况；计算存放于非银行金融机构的存款占银行存款的比例，并分析其安全性。计算银行存款累计余额应收利息收入，分析比较被审计单位银行存款应收利息收入与实际利息收入的差异是否恰当，评估利息收入的合理性，检查是否存在高息资金拆借，确认银行存款余额是否存在，利息收入是否已经完整记录。

3. 取得并审核银行存款余额调节表。审核银行存款余额调节表是证实资产负债表所列银行存款是否存在的重要程序。银行存款余额调节表通常应由被审计单位根据不同的银行账户及货币种类分别编制，银行存款余额调节表的格式如表 13－2 所示。

表 13－2

银行存款余额调节表

年 月 日

编制人： 日期： 索引号：

复核人： 日期： 页次：

户别： 币别：

项 目
银行对账单余额(年 月 日)
加:企业已收，银行尚未入账金额 其中:1. ________元 2. ________元 减:企业已付，银行尚未入账金额 其中:1. ________元 2. ________元 调整后银行对账单金额 企业银行存款日记账金额(年 月 日) 加:银行已收，企业尚未入账金额 其中:1. ________元 2. ________元 减:银行已付，企业尚未入账金额 其中:1. ________元 2. ________元 调整后企业银行存款日记账金额
经办会计人员:(签字) 会计主管:(签字)

注册会计师取得银行存款余额调节表后，应重点关注调节表中未达账项的真实性以及资产负债表日后的进账情况，如果存在应于资产负债表日之前进账的应作相应调整。其程序包括：

(1)验证银行存款余额调节表的计算过程及结果；

(2)对于金额较大的未提现支票、可提现的未提现支票，以及注册会计师认为重要的未提现支票，应列示未提现支票清单，并注明开票日期和收票人姓名或单位；

(3)追查截止日银行对账单上的在途存款，并在银行存款账户调节表上注明存款日期；

(4)检查截止日仍未提现的大额支票和其他已签发一个月以上的未提现支票；

(5)追查截止日银行对账单已收，企业未收的款项性质及来源；

(6)核对银行存款总账余额、银行对账单加总金额。

4. 函证银行存款余额。函证银行存款余额是证实资产负债表所列银行存款是否存在的重要程序，通过向往来银行的函证，注册会计师不仅可了解企业资产的存在，同时还可了解欠银行的债务。注册会计师应向被审计单位在本年存过款（含外埠存款、银行汇票存款、银行本票存款、信用卡存款、信用证保证金存款）的所有银行发函，其中包括企业存款账户已结清的银行，因为有可能存款账户已结清，但仍有银行借款或其他负债存在。函证格式如图表 13－3 所示。

表 13－3　　银行询证函

编号：

____________（银行）：

本公司聘请的__________会计师事务所正在对本公司的会计报表进行审计，按照中国注册会计师独立准则的要求，应当询证本公司与贵行的存款、借款往来等事项。下列数据出自本公司账簿记录，如与贵行记录相符，请在本函下端“数据证明无误”处签章证明；如有不符，请在“数据不符”处列明不符金额。有关询证费用可直接从公司××存款账户中收取。回函请直接寄至________会计师事务所。

通信地址：

邮编：　　　　电话：　　　　传真：

截至　　年　　月　　日止，本公司银行存款、借款账户余额等列示如下：

1. 银行存款

账户名称	银行账号	币种	利率	余额	备注

2. 银行借款

银行账号	币种	余额	借款日期	还款日期	利率	借款条件	备注

3. 其他事项

（公司签章）（日期）

结论：1. 数据证明无误　　　　（银行签章）（日期）

2. 数据不符，请列明不符金额

（银行签章）（日期）

【案例 13－5】　　　　A 企业银行存款审计案例

审计人员对 A 企业 2008 年的银行存款进行审查:2008 年 12 月 31 日银行存款日记账余额为 26680 元;银行对账单余额为 25400 元(经核实是正确的),经过审计发现 12 月存在的未达账项如下:

(1)12 月 29 日，委托银行收款 2500 元，银行已入账，收款通知尚未送达企业。

(2)12 月 31 日，企业开出现金支票一张 800 元，银行尚未入账。

(3)12 月 31 日，银行以代付企业电费 500 元，企业尚未收到付款通知。

(4)12 月 31 日，企业收到外单位转账支票一张 3600 元，企业已收款入账，银行尚未入账。

(5)12 月 15 日，收到银行收款通知金额为 3850 元，公司入账时误记为 3500 元

请问银行存款当中错误金额是多少？2008 年 12 月 31 日银行存款日记账的正确余额是多少？如果 2008 年 12 月 31 日资产负债表上“货币资金”项目中银行存款余额为 28 000 元，是否真实？

具体解决步骤如下：

第一步:编制银行存款余额调节表

银行存款余额调节表

单位:A 公司　　　　2008 年 12 月 31 日　　　　单位:元

项 目	金额	项 目	金额
公司银行存款账面余额	26 680	开户银行对账单余额	25 400
加:银行已收，公司未收的款项	2 500	加:公司已收，银行未收的款项	3 600
减:银行已付，公司未付的款项	500	减:公司已付，银行未付的款项	800
加:公司记账差错数	350		
调节后的存款余额	29 030	调节后的存款余额	28 200

(2)审计调整

① 调节表发现的错误金额是 830 元(29 030－28 200)。

② 2008 年 12 月 31 日公司银行存款账面正确余额为 25 850 元(26 680－830)。

③ 资产负债表上的“货币资金”项目中的银行存款 28 000 元不真实，应加以调整。正确数额应该是 28 200 元(25 850＋2 500－500＋350)。

5. 审核一年以上定期存款或限定用途存款。由于该类存款不属于企业的流动资产，应列于其他资产类下，故注册会计师应查明情况，并做出相应记录。

6. 抽查大额银行存款收支业务。审核大额银行存款(含外埠存款，银行汇票存款 、银行本票存款、信用证存款)收支有无授权批准，是否存在与被审计单位生产经营业务无关的收支事项。

7. 审核银行存款收支的正确截止。企业资产负债表上银行存款数字应包括当年最后一天收到的所有存放于银行的款项，而不得包括其后收到的款项;同样，企业年终前开出的支票不得在年后入账。因此，注册会计师应当在清点支票及支票存根时，确定各银行账户最后一张支票的号码，同时查实该号码之前的所有支票均已开出，以确保存银行存款收付的正确截止。

8. 审核外币银行存款的折算是否正确。

9. 审核银行存款在资产负债表上是否恰当披露。注册会计师应在实施上述审计程序后，确定银行存款账户的期末余额是否恰当，是否在资产负债表“货币资金”项目上恰当披露。

【案例 13 – 6】　　A 公司银行存款审计失败案例

A 实业发展有限责任公司成立于 1997 年 6 月，注册资本 1 000 万元，业务范围包括影视等。至 2008 年 8 月 31 日，公司资产 2 561 万元，负债 213 万元，净资产 2 344 万元。公司总经理任期为 1997 年 6 月至 2008 年 8 月，需对总经理进行任期经济责任审计（即离任审计）。

B 事务所四名从业人员对此项目进行了审计，其中一人负责银行存款审计，审计时间为 2008 年 11 月 7 日至 11 月 12 日，审计收费 4 万元。事务所出具了审计报告，列示了经审计确认的 2008 年 8 月 31 日的资产负债表和 1997 年 6 月至 2008 年 8 月的损益表，并对公司内部控制进行了正面评价，未对货币资金内部控制提出疑问。审计报告出具不久，公司发现，出纳采用伪造银行对账单等手段贪污公款 80 万元，即银行存款少 80 万元，并将此情况通报本所。审查审计工作底稿，可见审计人员主要进行了四个审计程序：编制了银行存款明细表，三核对相符；获取了银行对账单，其余额与明细账调节相符；摘录了 30 笔会计分录，无审计意见；复印了 2 张会计凭证及其原始单据，无审计意见。

通过进一步调查发现在对银行存款进行审计时，被审计单位存在以下问题：

（1）未进行内部控制的调查和符合性测试，完全依赖实质性测试。货币资金内部控制有“审核”、“核对”、“对账”三个控制点，从本案来看，前两项做得较好，后一个控制点没有，即“由非出纳人员逐笔核对银行日记账和银行对账单，并编制银行余额调节表。”因此，货币资金内部控制存在严重缺陷，未引起重视。

（2）未对银行存款余额进行函证，仅核对了银行对账单和调节表。因为“对账”控制点没有，与其相关的银行对账单和调节表的证明力大打折扣，而函证这一关键程序未执行。

（3）公司提供的银行对账单存在明显的异常，未引起注意，并查明原因。如 2007 年 12 月与 2008 年 8 月的对账单字体明显不同，2007 年 12 月 31 日对账单余额有手工改动痕迹（盖了银行章和人名章，后证实是伪造的）。

任务四　其他货币资金审计

一、其他货币资金的审计目标

1. 确定被审计单位资产负债表的货币资金项目中的其他货币资金在资产负债表日是否确实存在，是否为被审计单位所拥有或控制。

2. 确定被审计单位在特定期间内发生的其他货币资金收支业务是否均记录完毕，有无遗漏。

3. 确定其他货币资金余额是否正确。

4. 确定其他货币资金是否已按照企业会计准则的规定在财务报表中作出恰当列报。

二、其他货币资金内部控制测试

(一)其他货币资金的内部控制

1. 其他货币资金收支与记账岗位相分离;

2. 其他货币资金收支要有合理合法的凭据;

3. 全部收支及时准确入账,且支出有核准手续;

4. 加强对其他货币资金收支业务的内部审计。

(二)其他货币资金的控制测试

1. 了解其他货币资金的内部控制

(1)其他货币资金的收支是否按规定的程序和权限办理;

(2)其他货币资金的记账依据是否充分、恰当;

(3)其他货币资金是否及时入账;

(4)出纳与会计的职责是否严格分离。

2. 检查收支凭证

3. 抽取一定期间的明细账与总账核对,检查其有无计算错误,是否账账相符。

4. 评价其他货币资金的内部控制。评价时,注册会计师应首先确定现金内部控制可信赖的程度以及存在的薄弱环节和缺点,然后据以确定在其他货币资金实质性程序中对哪些环节可以适当减少审计程序,哪些环节应增加审计程序,作重点检查,以减少审计风险。

三、其他货币资金实质性测试

1. 核对外埠存款、银行汇票存款、银行本票存款、在途货币资金等各明细账期末合计数与总账是否相符。

2. 函证银行汇票存款、银行本票存款、信用卡存款、信用证保证金存款、存出投资款、外埠存款等期末余额,编制其他货币资金函证结果汇总表,检查银行回函。

3. 抽查大额其他货币资金收付记录。

4. 抽取资产负债表日后的大额收支凭证进行截止测试,若存在跨期收支事项,应作适当调整。

5. 审核其他货币资金在报表上披露的恰当性。

【知识拓展】

“小金库”舞弊手段及查证方法

舞弊手段

手段1:偷梁换柱——使用不合规票据收费或在发票、票据上作文章,截留、隐匿收入。具体手段有:一是将生产经营、劳务服务收入不入账,账外设账;二是将固定资产出租收入、固定资产和存货(包括积压物资、边角料等)变卖、出售收入等其他业务收入不入账;三是对收回的已核销呆、坏账收入,不按会计制度规定入单位财务账;四是将罚没款、佣金、回扣、揽储费等非营业性收入和投资收益账外收支。

手段2:瞒天过海——虚报冒领或与外单位人员串通,以假票据虚列或多列工资、劳务费、办公费、装修费等支出,将款项转移到账外,套取现金。

手段3:移花接木——利用替代手法搞“掉包”计,以达到截留收入的目的。

手段4:无中生有——巧立名目或“搭车”收费,并将非法所得账外收支。

手段5:暗渡陈仓——掌管资金的主管部门借下拨资金之名，行假拨真用之实。审计组在某主管部门审计时发现，这个社会上传说福利很好的单位，会计账面上福利费支出却非常少，有时甚至连正常的福利支出都没有。审计组经对有关专项资金的延伸审计，终于查清了该主管部门在下拨经费和专项资金的同时，连同不正当的福利等违规支出也一起下拨给下属单位，供主管部门账外发放福利。

手段6:浑水摸鱼——趁单位管理混乱，内部控制制度不健全之机，钻空子，利用单位资产私自谋取小团体利益。如某储运部门在完成本厂核定的承包任务的同时，还私自利用单位的运输设备对外承接运输业务，获取的6.6万元运输收入没有上交厂财务部门，而是全部用于本部门发放奖金、福利。

手段7:顺手牵羊——搞权钱交易，以权力兑换实惠，变相设置“小金库”。如一些职能部门在实施行政处罚、收费时，以权谋私，只要交款单位“自愿”报销一些差旅费、招待费或交一些咨询服务费等，就降低标准少罚款、少收费。如某执法单位在对一些违法单位进行罚款时，为了本单位利益，要求这些违法单位将罚没收入以咨询费名义转入其下属单位，供该单位账外开支福利费和招待费等。

手段8:趁火打劫——利用被收费人不敢申诉的心理，随意收费，账外列支。如某单位在收容一批被外省遣送回来的假烟贩子时，除按规定收取了交通费、伙食费外，还利用被收容遣送人员急于想回家的心理，额外收取了每人1 500元至3 500元不等的所谓保证金15.65万元，直接进入单位食堂账，用于单位发放奖金、福利。

手段9.一箭双雕——以收抵支，账外循环，用于“互惠互利”如某机关将房产出租给某公司开办酒店，年应收租赁费20余万元，而该单位每年的招待费用也需要几十万元，双方于是达成协议:收支相抵，年终结算。这样，双方既隐瞒了收入，少缴了税金，出租方还因此减少了招待费支出，加强了“廉政建设”，真可谓“一箭双雕”。

手段10:借尸还魂——改头换面，利用职权以“赞助费”、“捐赠款”、“培训费”名义变相收费，置于账外。审计发现，此类现象在一些学校、保育院等比较常见。如某学校在开学收费时，对跨地段的学生，除按国家规定标准收取了借读费外，还要求每位借读学生签订协议书，“自愿”交纳一笔数额不小的赞助费。这些收费有的甚至没有给学生任何交费凭据，自然也就不会在学校财务账上反映，而是存入私自开设的银行账户，用于全校教职员工的奖金、福利开支。

查证方法

方法1:按图索骥。既然“小金库”有其内在规律性，审计人员就应按照“小金库”作案手法制定侦破策略去循踪觅迹。一是要对被审计单位作深入的了解，根据其生产经营特点寻找线索;二是对其内部控制制度进行符合性测试，看其管理上是否存在漏洞;三是对有关收入、支出、利润等指标进行纵向和横向分析比较，看其是否存在重大差异，一旦发现蛛丝马迹，就要寻根究源，直至挖出“小金库”。

方法2:厝火积薪。广泛听取群众的意见反映，这是揭开“小金库”甚至违法犯罪的最直接、最省事的方法，也是目前查处大案要案采取的重要手段。俗话说，堡垒最容易从内部攻破，毕竟绝大多数人民群众对单位私设“小金库”还是深恶痛绝的，审计人员应利用各种方式，充分调动群众举报的积极性，收集有用线索，一举突破。

方法3:内查外调。一是要认真审查被审计单位提供的有关会计资料和其他相关资料，并认真查阅被审计单位的有关会议记录，因为有些单位通常会将一些违纪违规行为记载在会议记录上，从而可以获取一些有用的线索。二是全面调查了解被审计单位银行开户情况，看其有无私自开设银行账户；对有经济往来的单位进行外调、取证，取得有说服力、证明力的书面材料。

方法4：察言观色。观察能力是审计人员必备的基本素质，在审计过程中，审计人员要学会随时保持用敏锐的眼光观察和捕捉信息，并分析和判断所获得的这些信息可信、可用程度。在对有关人员进行询问时，要善于观察有关当事人的一言一行、一举一动和各种细微反映，一般来说，设置了"小金库"的单位，都存在违纪心态，只要运用部分有充分证明力的证据进行旁敲侧击，往往会令对方露出破绽，从而发现"小金库"。

方法5：突然袭击。在被审计单位毫无准备和确认出纳在场的情况下，对被审计单位的库存现金和有价证券进行突击盘点。让出纳把有关账本、支票、有价证券和现金等全部拿出来，进行清点核对。如发现数额较大的长短款或保险柜中有存单、存折及其他大额未入账支出票据或清单等，就要高度重视，马上落实，追根究底，往往就能查出"小金库"来。

【基础知识与技能训练】

一、单项选择题

1. 下列情形中，不违背货币资金"不相容岗位相互分离"控制原则的是(　　)。

A. 由出纳人员兼任会计档案保管工作

B. 由出纳人员保管签发支票所需全部印章

C. 由出纳人员兼任收入总账和明细账的登记工作

D. 由出纳人员兼任固定资产明细账及总账的登记工作

2. 2003年3月5日对N公司全部现金进行监盘后，确认实有现金数额为1 000元。N公司3月4日账面库存现金余额为2 000元，3月5日发生的现金收支全部未登记入账，其中收入金额为3 000元、支出金额为4 000元，2003年1月1日至3月4日现金收入总额为165 200元、现金支出总额为165 500元，则推断2002年12月31日库存现金余额应为(　　)元。

A. 1 300　　B. 2 300　　C. 700　　D. 2 700

3. 如果注册会计师已从被审计单位的某开户银行获取了银行对账单和所有已付支票清单，则该注册会计师(　　)。

A. 仍需再向该银行函证

B. 只需要复核银行对账单

C. 不需再向该银行函证

D. 可根据实际需要，确定是否向银行函证

4. 如果在资产负债表日后对库存现金进行盘点，应当根据盘点数、资产负债表日至(　　)的库存现金数，倒推计算资产负债表上所包含的库存现金数是否正确。

A. 审计报告日　　B. 盘点日　　C. 资产负债表日　D. 外勤工作结束日

5. 针对被审计单位下列与库存现金相关的内部控制，注册会计师应提出的改进建议是(　　)。

A. 每日及时记录现金收入并定期向顾客寄送对账单

B. 担任登记现金日记账的人员负责登记现金总账

C. 现金折扣需经过适当审批

D. 每日盘点库存现金并与账面余额核对

6. 货币资金内部控制的以下关键环节中，存在重大缺陷的是（　　）。

A. 财务专用章由专人保管，个人名章由本人或其授权人员保管

B. 对重要货币资金支付业务，实行集体决策

C. 现金收入及时存入银行，特殊情况下，经主管领导审查批准方可坐支现金

D. 指定专人定期核对银行账户，每月核对一次，编制银行存款余额调节表，使银行存款账面余额与银行对账单调节相符

7. 以下对货币资金业务内部控制制度的要求中，与银行存款无直接关系的是（　　）。

A. 按月盘点现金，做到账实相符

B. 当日收入现金及时送存银行

C. 加强对货币资金业务的内部审计

D. 收支业务与记账岗位分离

8. 下列审计程序中属于银行存款控制测试的是（　　）。

A. 核对银行存款日记账与总账的余额是否相符

B. 检查是否存在未入账的利息收入和利息支出

C. 抽取一定期间银行存款余额调节表，查验其是否按月正确编制并经复核

D. 对未质押的定期存款，检查开户证实书原件

9. 监盘库存现金是注册会计师证实被审计单位资产负债表所列现金是否存在的一项重要程序，被审计单位必须参加盘点的人员是（　　）。

A. 会计主管人员和内部审计人员

B. 出纳员和会计主管人员

C. 现金出纳员和财务经理

D. 出纳员和财务总监

10. 注册会计师为证实资产负债表所列库存现金是否真实存在，下列程序中必须执行的是（　　）。

A. 盘点库存现金

B. 编制现金预算表

C. 函证银行存款余额

D. 取得并审查银行存款余额调节表

11. 盘点库存现金，不能实现的审计目标是（　　）。

A. 确定库存现金在财务报表日是否确实存在，是否为被审计单位所有

B. 确定在特定期间内发生的现金收支业务是否均已记录完毕

C. 确定库存现金的余额是否正确

D. 确定库存现金在报表上的披露是否恰当

12. 下列各项中，不应在资产负债表中“货币资金”项目反映的是（　　）。

A. 大额现金和银行存款收入　　　　B. 外币现金和银行存款

C. 在途货币资金　　　　　　　　D. 一年以上定期存款

13. 如果注册会计师已从被审计单位的某开户银行获取了银行对账单和所有已付支票清单，该注册会计师(　　)。

A. 不需再向该银行函证

B. 仍需再向该银行函证

C. 复核银行对账单

D. 可根据实际需要，确定是否向银行函证

14. (　　)不属于银行存款函证涉及到的内容。

A. 客户的银行贷款余额

B. 本期银行存款增减净额

C. 银行存款余额为零的账户

D. 被审计单位为其他单位提供的、以贵行为担保受益人的担保

15. 检查银行存款余额调节表是证实财务报表所列的银行存款是否真实的重要程序，但检查银行存款余额调节表并不能发现下列(　　)不当行为。

A. 年末最后一天开出支票，但没有入账，并要求顾客年后办理转账手续

B. 某项支出已记入银行存款日记账，但没有开出转账支票

C. 将资产负债表日后收到的银行存款记入被审计年度

D. 应付票据已由银行付讫，但被审计单位并未入账

二、多项选择题

1. 下列各项货币资金中，注册会计师审计后应当提请被审计单位通过“其他货币资金”科目核算的是(　　)。

A. 备用金　　　　　　　　B. 存出投资款

C. 信用证保证金存款　　　　　　D. 银行本票存款

2. 函证银行存款余额，注册会计师主要是为了证实(　　)。

A. 是否存在或有负债

B. 银行借款金额

C. 是否存在企业未入账的负债

D. 银行存款是否存在

3. 下列各项职责中，违背了不相容岗位相互分离控制原则的有(　　)。

A. 银行出纳与编制银行存款余额调节表

B. 接受订单与批准赊销

C. 现金出纳与编制记账凭证

D. 现金出纳与登记现金日记账

4. 货币资金监督检查的主要内容包括(　　)。

A. 是否存在货币资金支出越权审批的行为

B. 是否存在货币资金业务不相容职务岗位混岗现象

C. 是否存在票据购买、领用、保管的漏洞

D. 是否存在办理付款业务的全部印章交由一人保管

5. 下列审计程序中，属于库存现金、银行存款的实质性程序的有（　）。

A. 抽查大额现金和银行存款收支看是否及时入账

B. 盘点库存现金，编制库存现金盘点表

C. 向开户银行函证银行存款余额抽取

D. 是否每月编制银行存款余额调节表

6. 注册会计师应当注意检查库存现金内部控制的建立和执行情况，并关注（　）。

A. 库存现金的收支是否按规定的程序和权限办理

B. 是否存在与被审计单位经营无关的款项收支情况

C. 库存现金是否定期盘点、核对

D. 出纳与会计的职责是否严格分离

7. 为了做到银行存款在财务报表上正确截止，对于以下未达账项，在编制资产负债表时，注册会计师应当要求被审计单位调整的有（　）。

A. 银行已付，企业未入账的支出

B. 银行已收，企业未入账的收入

C. 企业已付，银行未入账的支出

D. 企业已收，银行未入账的收入

8. 函证银行存款时，应对“担保”情况进行询证。询证的内容包括（　）。

A. 担保方式

B. 担保金额、担保期限

C. 被担保人及其与贵行就担保事项往来的内容

D. 担保事由、担保合同编号

9. 下列对函证银行存款的处理正确的有（　）。

A. 注册会计师委托出纳将函证信送交银行

B. 对存款余额为零的开户银行也进行了函证

C. 对存款余额较小的开户行采用的是消极式函证

D. 函证银行存款的同时，也对银行借款和借款抵押的情况进行了函证

10. 注册会计师实施的下列各项审计程序中，能够证实银行存款是否存在的有（　）。

A. 检查银行存款余额调节表

B. 计算银行存款累计余额应收利息收入

C. 函证银行存款余额

D. 计算存放于非银行金融机构的存款占银行存款的比例

三、判断题

1. 注册会计师审计银行存款时不需要对企业银行存款账户已结清的银行进行函证。（　）

2. 注册会计师对银行存款的函证，可以采用积极式和消极式。（　）

3. 注册会计师函证银行存款余额不仅可了解企业资产的存在，还可了解企业账面反映所欠银行债务的情况，并有助于发现企业未入账的银行借款和未披露的或有负债。（　）

4. 如果现金盘点不是在资产负债表日进行的，注册会计师应将资产负债表日至盘点日的收付金额调整至盘点日金额。（　）

5. 为证实银行存款记录的正确性，注册会计师必须抽取一定期间的银行存款余额调节表，将其同银行对账单、银行存款日记账及总账进行核对，确定被审计单位是否按月正确编制并复核银行存款余额调节表。(　　)

6. 盘点库存现金的时间和人员应视被审计单位的具体情况而定，但必须有被审计单位会计主管人员和出纳参加。(　　)

7. 被审计单位资产负债表上的银行存款数额，应以编制或取得银行存款余额调节表日银行存款账户数额为准。(　　)

8. 助理人员检查了 M 公司年末所编制的银行存款余额调节表，该表表明经调整后，M 公司银行存款日记账和银行对账单的余额不存在差异，且银行存款日记账余额与资产负债表中的余额一致，助理人员认为资产负债表中的银行存款余额是真实的。(　　)

9. 注册会计师应检查银行存款收支的正确截止，其操作方法是抽查资产负债表日前后若干天的银行存款收支凭证实施截止测试，关注业务内容及对应项目，如有跨期收支事项，应考虑是否应提出调整建议。(　　)

10. 取得银行存款余额调节表后，注册会计师应检查调节表中未达账项的真实性，以及资产负债表日后的进账情况，如果查明存在应于资产负债表日之前进账的，应做出记录并提出适当的调整建议。(　　)

四、简答题

1. 乙注册会计师在对 P 公司 2007 年度财务报表进行审计时，对 P 公司的银行存款实施的部分审计程序为：(1) 取得 2007 年 12 月 31 日银行存款余额调节表；(2) 向开户银行寄发银行询证函，并直接收取寄回的询证函回函；(3) 取得开户银行 2008 年 1 月 31 日的银行对账单。要求：(1) 请问乙注册会计师向开户银行询证的作用有哪些？(2) 请问乙注册会计师应采取什么方式才能直接收回开户银行的询证函回函？目的是什么？(3) 请问乙注册会计师取得银行存款余额调节表后，应检查哪些内容？(4) 请问乙注册会计师索取开户银行 2008 年 1 月 31 日的银行对账单，能证实 2007 年 12 月 31 日银行存款余额调节表的哪些内容？

项目十四　终结审计与审计报告

【知识要点】

(1)掌握审计报告的含义和种类;
(2)审计报告的基本类型。

【能力目标】

(1)能根据会计资料准确判定应出哪种类型审计报告;
(2)能熟练撰写四种基本意见类型的审计报告。

【案例导入】

1992年9月11日,“光明股份有限公司”宣告成立人并于1992年10月11日,以光明有限公司作为发起人,以社会募集方式设立了股票上市的股份有限公司(以下简称光明股份)。

1998年4月29日,光明股份公司公布1997年年度报告,其中在财务报告部分刊登了公正会计师事务所于1998年3月8日出具的否定意见审计报告。这是我国首份否定意见审计报告、对中国的证券市场和审计行业都有着巨大的意义。

审计报告全文如下:

审计报告

光明股份布限公司全体股东:

我们接受委托,审计了贵公司1997年12月31日资产负债表和1997年年度利润及利润分配表、财务状况变动表。这些报表由贵公司负责,我们的责任是对这些会计报表发表审计意见。我们的审计是根据中国注册会计师独立审计准则进行的。在审计过程中,我们结合贵公司的实际情况,实施包括抽查会计记录等我们认为必要的审计程序。

1997年应计入财务费用的借款及应付债券利息8064万元,贵公司将其资本化后计入

ABC 工程成本；欠付中国银行重庆市分行的美元借款利息 89.8 万美元（折人民币 743 万元），贵公司未计提入账。两项共影响利润 8 807 万元。

我们认为，由于本报告第二段所述事项的重大影响，贵公司 1997 年 12 月 31 日资产负债表、1997 年年度利润分配表、财务状况变动表未能公允地反映贵公司 1997 年 12 月 31 日财务状况和 1997 年年度经营成果及资金变动情况。

此外，我们在审计过程中注意到：贵公司目前正面临沉重的债务负担和巨额的资产折旧压力，除非贵公司能尽快达到正常生产经营状况并能与有关债权人就债务重组达成协议，且市场形势在短期内发生有利于贵公司的重大变化，否则贵公司的财务状况和生产经营将陷入极为严峻的困境。

如果贵公司出现不能持续经营的情况，则应对其资产和负债重新加以评价、分类、并据以重新编制 1997 年年度财务报表。

公正会计师事务所　　　　　　　　　　　　中国注册会计师：×××

中国注册会计师：×××

1998 年 3 月 8 日

（资料来源：金融界网站）

任务一　审计报告概述

一、审计报告的含义

审计报告是指注册会计师根据独立审计准则的要求，在实施了必要审计程序后出具的，用于对被审计单位年度会计报表发表审计意见的书面文件。审计报告是审计工作最终成果体现，具有法定证明效力。注册会计师在实施必要的审计程序后，以经过核实的审计证据为依据，形成审计意见并出具的审计报告，对于各方面的关系人来说都具有十分重要的意义。

二、审计报告的作用

编写和签发审计报告是注册会计师完成审计业务的一个重要步骤，是总结性的审计工作，具有重要作用。注册会计师签发的审计报告，主要具有鉴证、保护和证明三方面的作用。

（一）鉴证作用

注册会计师签发的审计报告，不同于政府审计和内部审计的审计报告，是以超然独立的第三者身份，对被审计单位财务报表合法性、公允性发表意见。这种意见，具有鉴证作用，得到了政府及其各部门和社会各界的普遍认可。政府有关部门，如财政部门、税务部门等了解、掌握企业的财务状况和经营成果的主要依据是企业提供的财务报表。财务报表是否合法、公允，主要依据注册会计师的审计报告做出判断。股份制企业的股东主要依据注册会计师的审计报告来判断被投资企业的财务报表是否公允地反映了财务状况和经营成果，以进行投资决策等。

（二）保护作用

注册会计师通过审计，可以对被审计单位财务报表出具不同类型审计意见的审计报告，以提高或降低财务报表信息使用者对财务报表的信赖程度，能够在一定程度上对被审计单位的财产、债权人和股东的权益及企业利害关系人的利益起到保护作用。如投资者为了减少投资风险，在进行投资之前，必须要查阅被投资企业的财务报表和注册会计师的审计报告，了解被投资企业的经营情况和财务状况。投资者根据注册会计师的审计报告做出投资决策，可以降低其投资风险。

（三）证明作用

审计报告是对注册会计师审计任务完成情况及其结果所做的总结，它可以表明审计工作的质量并明确注册会计师的审计责任。因此，审计报告可以对审计工作质量和注册会计师的审计责任起证明作用。通过审计报告，可以证明注册会计师在审计过程中是否实施了必要的审计程序，是否以审计工作底稿为依据发表审计意见，发表的审计意见是否与被审计单位的实际情况相一致，审计工作的质量是否符合要求。通过审计报告，可以证明注册会计师审计责任的履行情况。

三、审计报告主要性质

（一）审计报告的含义

1. 审计报告是审计工作情况的全面总结汇报，说明审计工作的结果

注册会计师审计目标的实现途径是实施审计程序，而审计目标的实现结果是通过审计报告来反映的。审计报告反映委托方的最终要求，也反映审计方完成任务的工作质量，同时也是对被审事项的评价和结论的集中体现。

2. 审计报告是一份具有法律效力的证明性文件

注册会计师的审计行为是依法进行的，审计结果按照法律的规定既要对委托人负责，还要对其他相关的关系人负责。审计报告本身要对被审会计报表的合法性、公允性和会计处理方法一致性表示意见，各方面关系人以这种具有鉴证作用的意见为基础，使用会计报表进行决策。因此，在审计报告中的审计意见必须具有信服力、公正性和严肃性，具备法律效力，否则，委托人和各方面的关系人就无需使用审计报告。审计报告的法定效力体现在各方面关系人使用审计报告的过程中。

3. 审计报告是一种公开的信息报告

作为信息报告的一种，审计报告不仅可以被审计委托人和被审计单位管理当局按规定范围使用，而且相关的债权人、银行等金融机构、财政部门、工商部门、税务部门和社会公众等都可以使用审计报告，并从中获得对有关项目公允反映程度的公正信息。

（二）审计报告是评价被审计单位受托经济责任履行情况的重要工具

在审计报告中，审计人员根据审计目的的侧重点不同，对被审计单位受托经济责任履行情况作出审计监督和评价结论。如在通常的财务审计中，审计人员要对被审计单位财务收支活动和相关经济活动的真实性、合法性以及相关会计资料的合法性、公允性做出审计结论，并发表审计意见。注册会计师在年度财务报表审计中，则主要对被审计单位财务报表的合法性和公允性作出结论并发表意见。

（三）审计报告是向使用者传达所需信息的重要手段

审计人员通过在审计报告中做出的对被审计单位受托经济责任履行情况的独立、客观、公正的审计结论，向审计服务需求者传达了所需的重要信息。如相关监管部门根据审计报告中被审计单位财务收支活动和相关经济活动真实性、合法性和效益性的评价结论，决定是否进

行监管及其监管重点；投资者则可据此作出是否追加投资及继续持有投资的决策；债权人可据此做出贷款决策等。

（四）审计报告是表明审计人员完成了审计任务、承担审计责任的证明文件

审计人员签发了审计报告，就表明审计人员完成了审计工作，履行了相应的审计责任，并愿意对审计报告所发表的审计结论和意见承担法律责任。如果审计人员虽然实施了相应审计程序、形成了相应审计结论，但没有签发审计报告，则表明审计人员不愿意承担审计法律责任，审计任务没有最终完成。

四、审计报告编制要求

注册会计师审计的目的就是对被审计单位会计报表的合法性、公允性及会计处理方法的一致性发表审计意见，为社会提供经济鉴证服务。注册会计师编制和签发审计报告应围绕这一目的，做到要素完备、意见准确、证据充分、内容合法。

1. 要素完备

指注册会计师编制审计报告的基本要素齐全，缺一不可。审计报告的基本要素包括：标题、收件人、范围段、意见段、注册会计师签名和会计师事务所签章、报告日期。每一个要素都有其特定的含义和独到的作用，如果缺少其中之一，审计报告也就失去了它的意义，同时也将影响审计报告所提供的信息质量。

2. 意见准确

指注册会计师在审计报告中应真实地反映审计的情况，通过审计报告将审计意见确切地传达给报告使用者。通常，注册会计师准确发表意见依靠下面两条途径共同实现，第一是注册会计师在审计实施阶段要对被审会计报表真实情况取得充分适当的证据，并正确理解和评价被审事项；第二是注册会计师在审计报告阶段正确地把审计意见表述在审计报告中，表述审计意见有三点要求：①注册会计师应准确地选择审计意见类型；②准确地使用说明段；③规范地运用审计报告准则规定的专业术语。

3. 证据充分

指注册会计师所取得的审计证据足以支持审计意见。取得充分的审计证据是减少审计风险的前提，否则的话，审计报告及其所反映的意见犹如空中楼阁。注册会计师为编制审计报告应取得以下两类审计证据：

第一类是为了证实会计报表各项目的证据。如针对现金、应收账款、存货、固定资产、无形资产、负债、所有者权益、收入和费用等项目实施审计测试取得的证据。

第二类是为了证实会计报表整体合理性的审计证据，这些证据同样也将影响审计报告的意见。包括：①管理当局声明书；②其他注册会计师的审计报告；③关联方关系及关联交易的披露；④期后事项的调整或披露；⑤或有事项的调整或披露；⑥持续经营的状况；⑦初次审计对期初余额的审核情况等等。

4. 内容合法

指注册会计师编制和出具审计报告必须符合《中华人民共和国注册会计师法》和《独立审计准则》的规定。

五、审计报告编制主要步骤

在审计报告阶段，为了编制和出具审计报告，注册会计师应遵循以下工作步骤，认真地

完成每一步骤上的全部工作，最终出具一份合法的审计报告，以满足社会需要。

第一步，编制审计差异调整表。包括：调整分录汇总表、重分类分录汇总表、未调整不符事项汇总表等。

第二步，判断和运用重要性水平，主要是将被审计单位未调整不符事项汇总表与会计报表层次或账户余额层次的重要性水平进行比较，据以确定未调整不符事项对会计报表的影响程度。

第三步，解决重要差异。注册会计师确定审计差异之后，一般应与被审计单位沟通，建议其做出相应的调整，如果被审计单位拒绝调整那些重大差异，注册会计师必须考虑改变审计意见和在审计报告中如何反映的问题。

第四步，进行审计小结。注册会计师应就有关审计事项进行小结，编制审计工作完成情况表，并明确地评价和说明审计计划的执行情况以及审计目标是否实现，写入审计小结中。通常审计小结文书应包括审计概况、审计中发现的主要问题和情况、意见和建议、审计结论等内容。审计小结是一份重要的审计工作底稿，它是对审计工作中各种信息的综合提炼。注册会计师应对审计小结进行认真审核，并妥善保管。

第五步，编制试算平衡表。

第六步，提请被审计单位调整会计报表，审核会计报表及其附注。其中，会计报表附注包括公司简介、会计政策、报表项目注释、分析情况以及重要事项揭示五个部分的内容。如果注册会计师代为编制会计报表及附注，不能将附注事项与应在审计报告揭示的事项混为一谈，即不能因为注册会计师代替被审计单位编制报表附注，而不在审计报告中揭示那些应予揭示的事项。

第七步，确定审计意见。注册会计师根据对所取得各种审计证据的分析和评价结果，结合重要性水平，确定应在审计报告中发表何种审计意见。

第八步，草拟审计报告。

第九步，复核审计工作底稿。这里主要指进行重点复核和全面复核，如果复核中发现存在遗漏问题，应返回到审计实施阶段补充审计，如果复核中发现问题处理不当，应返回至编制审计差异表这一步骤，对不正确的处理意见做出适当的修订。

第十步，出具审计报告。经复核确认后，注册会计师应将审计报告草拟稿（或征求意见稿）送至被审计单位管理当局经确认后，再正式签发并出具审计报告。

任务二　审计报告的基本类型

一、审计报告类型

审计报告又称为审计意见，共有四种类型：

1. 无保留意见的审计报告。
2. 保留意见的审计报告。
3. 否定意见的审计报告。
4. 拒绝表示意见的审计报告。

首先，出具无保留意见意味着注册会计师认为会计报表的反映是公允的，能满足非特定多数的利害关系人的共同需要，并对表示的该意见负责。但出具无保留意见的审计报告必须是被审计单位会计报表的编制同时满足以下条件：

(1)会计报表的编制符合《企业会计准则》和国家其他有关财务会计法规的规定。

(2)会计报表在所有重大方面公允地反映了被审计单位的财务状况、经营成果和资金变动情况。

(3)会计处理方法的选用遵循了一贯性原则。

(4)其审计已按照中国注册会计师独立审计准则的要求，实施了必要的审计程序，在审计过程中未受阻碍和限制。

(5)不存在应调整而被审计单位未予调整的重要事项。

其次，注册会计师出具保留意见的审计报告的情形是认为被审计单位会计报表的反映就其整体而言恰当的，但存在以下不足：

(1)个别重要财务会计事项的处理或个别重要会计报表项目的编制不符合《企业会计准则》和国家其他有关财务会计法规的规定，被审计单位拒绝调整。

(2)因审计范围受到局部限制，无法按照独立审计准则的要求取得应有的审计证据。

(3)个别会计处理方法的选用不符合一贯性原则。

再次，注册会计师出具否定意见的审计报告的情形是认为被审计单位的会计报表存在下述情况之一：

(1)会计处理方法的选用严重违反《企业会计准则》和国家其他有关规定;被审计单位拒绝进行调整。

(2)会计报表严重扭曲了被审计单位的财务状况，经营成果及资金变动情况，被审计单位拒绝进行调整。

最后，注册会计师对被审计单位的会计报表不能发表意见时，即对会计报表不发表肯定、否定和保留的审计意见时，就出具拒绝表示意见的审计报告。

但在这方面，同学们应当注意，它不是拒绝接受委托，也不是不发表意见，而是当注册会计师在审计过程中，由于审计范围受到委托人、被审计单位或客观环境的严重限制，不能获取必要的审计证据，以致无法对会计报表整体反映发表审计意见时，应当出具拒绝表示意见的审计报告。

二、审计报告的分类

注册会计师出具的审计报告可以按不同的标准来划分种类。

(一)按审计报告的性质格式和措辞的规范性分类

按性质格式和措辞的规范性可分为标准审计报告和非标准审计报告两类。

标准审计报告是指格式和措辞基本统一的审计报告。标准审计报告一般适用于对外公布。

非标准审计报告是指格式和措辞不统一，可以根据具体审计项目的情况来决定的审计报告。非标准审计报告适用于不对外公布的审计报告。

应当注意的是，由于注册会计师出具的年度财务报表审计报告有规范的格式和措辞，均属于标准审计报告。但人们也习惯于将注册会计师出具的标准无保留意见审计报告称为“标准审计报告”，也称为“标准审计意见”；将注册会计师出具的非标准无保留意见审计报告，具体包括带强调事项段的无保留意见审计报告、保留意见审计报告、否定意见审计报告和无法表示意见审计报告，称为“非标准审计报告”，也称为“非标准审计意见”。

(二)按审计报告使用的目的分类

按使用目的，可分为公布目的审计报告和非公布目的审计报告两类。

公布目的审计报告，一般是用于对企业股东、投资者、债权人等非特定利益关系者公布财务报表时所附送的审计报告。

非公布目的审计报告，一般是用于经营管理、合并或业务转让、融通资金等特定目的而实施的审计报告。这类审计报告是分发给特定使用者的，如经营者、合并或业务转让的关系人、提供信用的金融机构等。

(三)按审计报告的详略程度分类

按详略程度，可分为简式审计报告和详式审计报告两类。

简式审计报告，又称短式审计报告，一般用于注册会计师对应公布的财务报表进行审计后所编制的简明扼要的审计报告。简式审计报告反映的内容是非特定多数的利害关系人共同认为的必要审计事项，其记载事项为法令或审计准则所规定，具有标准格式。因而，简式审计报告一般适用于公布目的，具有标准审计报告的特点。

详式审计报告，又称长式审计报告，一般是指对审计对象所有重要经济业务和情况都要做详细说明和分析的审计报告。详式审计报告主要用于指出企业经营管理存在的问题和帮助企业改善经营管理，故其内容要较简式审计报告丰富得多、详细得多。详式审计报告一般适用于非公布目的，具有非标准审计报告的特点。

(四)按审计报告的格式分类可分为文字说明式审计报告与表格式审计报告文字

说明式审计报告是最常见的格式形式，绝大多数审计报告均采用这一格式。格式审计报告是以表格为主体格式的审计报告。这类审计报告并不多见，而且也不是人们观念中想象的通篇均是表格，因为它或多或少还需要配以一定的文字进行说明，纯粹的表格式审计报告并不存在。

(五)按审计内容和目的分类

按内容和目的可分为财务审计报告、符合性审计报告和经济效益审计报告三类。

财务审计报告是指审计人员进行财务审计所签发的审计报告。

符合性审计报告则是审计人员进行符合性审计所签发的审计报告。

经济效益审计报告则是审计人员进行经济效益审计所签发的审计报告。

三、注册会计师财务报表审计报告的基本结构

审计报告应当包括下列要素：(1)标题。(2)收件人。(3)引言段。(4)管理层对财务报表的责任段。(5)注册会计师的责任段。(6)审计意见段。(7)注册会计师的签名和盖章。(8)会计师事务所的名称、地址及盖章。(9)报告日期。

(一)标题

审计报告的标题应当统一规范为“审计报告”。

(二)收件人

审计报告的收件人是指注册会计师按照业务约定书的要求致送审计报告的对象，一般是指审计业务的委托人。审计报告应当载明收件人的全称。审计报告的收件人如果是股份有限

公司就应是“全体股东”；如果是有限责任公司就应是“董事会”；

（三）引言段

审计报告的引言段应当说明被审计单位的名称和财务报表已经过审计，并包括下列内容：

1. 指出构成整套财务报表的每张财务报表的名称。

2. 提及财务报表附注。

3. 指明财务报表的日期和涵盖的期间。

（四）管理层对财务报表的责任段

管理层对财务报表的责任段应当说明，按照适用的会计准则和相关会计制度的规定编制财务报表是管理层的责任，这种责任包括：

1. 设计、实施和维护与财务报表编制相关的内部控制，以使财务报表不存在由于舞弊或错误而导致的重大错报。

2. 选择和运用恰当的会计政策。

3. 做出合理的会计估计。

（五）注册会计师的责任段

注册会计师的责任段应当说明下列内容：

1. 注册会计师的责任是在实施审计工作的基础上对财务报表发表审计意见。注册会计师按照中国注册会计师审计准则的规定执行了审计工作。中国注册会计师审计准则要求注册会计师遵守职业道德规范，计划和实施审计工作以对财务报表是否不存在重大错报获取合理保证。

2. 审计工作涉及实施审计程序，以获取有关财务报表金额和披露的审计证据。选择的审计程序取决于注册会计师的判断，包括对由于舞弊或错误导致的财务报表重大错报风险的评估。在进行风险评估时，注册会计师考虑与财务报表编制相关的内部控制，以设计恰当的审计程序，但目的并非对内部控制的有效性发表意见。审计工作还包括评价管理层选用会计政策的恰当性和做出会计估计的合理性，以及评价财务报表的总体列报。

3. 注册会计师相信已获取的审计证据是充分、适当的，为其发表审计意见提供了基础。

（六）审计意见段

审计意见段应当说明，财务报表是否按照适用的会计准则和相关会计制度的规定编制，是否在所有重大方面公允反映了被审计单位的财务状况、经营成果和现金流量。

（七）注册会计师的签名和盖章

审计报告应当由注册会计师签名并盖章。

1. 合伙会计师事务所出具的审计报告，应当由一名对审计项目负最终复核责任的合伙人和一名负责该项目的注册会计师签名盖章。

2. 有限责任会计师事务所出具的审计报告，应当由会计师事务所主任会计师或其授权的副主任会计师和一名负责该项目的注册会计师签名盖章。

（八）会计师事务所的名称、地址和盖章

审计报告应当载明会计师事务所的名称和地址，并加盖会计师事务所公章。

（九）报告日期

审计报告应当注明报告日期。审计报告的日期不应早于注册会计师获取充分、适当的审计证据（包括管理层认可对财务报表的责任且已批准财务报表的证据），并在此基础上对财务报表形成审计意见的日期。

注册会计师在确定审计报告日期时，应当考虑：(1)应当实施的审计程序已经完成。(2)应当提请被审计单位调整的事项已经提出，被审计单位已经做出调整或拒绝做出调整。(3)管理层已经正式签署财务报表。

注意：

第一，当出具非无保留意见的审计报告时，注册会计师应当在注册会计师的责任段之后、审计意见段之前增加说明段，清楚地说明导致所发表意见或无法发表意见的所有原因，并在可能情况下，指出其对财务报表的影响程度。

第二，在符合出具强调事项段的情况下，应在审计报告的审计意见段之后增加强调事项段。

任务三　审计报告的编制

一、无保留意见的审计报告

【案例 14－1】　　审计报告

ABC 股份有限公司全体股东：

我们审计了后附的 ABC 股份有限公司(以下简称 ABC 公司)财务报表，包括 2001 年 12 月 31 日的资产负债表，2001 年度的利润表、股东权益变动表和现金流量表以及财务报表附注。

一、管理层对财务报表的责任

按照企业会计准则和《××会计制度》的规定编制财务报表是 ABC 公司管理层的责任。这种责任包括：(1)设计、实施和维护与财务报表编制相关的内部控制，以使财务报表不存在由于舞弊或错误而导致的重大错报；(2)选择和运用恰当的会计政策；(3)作出合理的会计估计。

二、注册会计师的责任

我们的责任是在实施审计工作的基础上对财务报表发表审计意见。我们按照中国注册会计师审计准则的规定执行了审计工作。中国注册会计师审计准则要求我们遵守职业道德规范，计划和实施审计工作以对财务报表是否不存在重大错报获取合理保证。

审计工作涉及实施审计程序，以获取有关财务报表金额和披露的审计证据。选择的审计程序取决于注册会计师的判断，包括对由于舞弊或错误导致的财务报表重大错报风险的评估。在进行风险评估时，我们考虑与财务报表编制相关的内部控制，以设计恰当的审计程序，但目的并非对内部控制的有效性发表意见。审计工作还包括评价管理层选用会计政策的恰当性和做出会计估计的合理性，以及评价财务报表的总体列报。

我们相信，我们获取的审计证据是充分、适当的，为发表审计意见提供了基础。

三、审计意见

我们认为，ABC 公司财务报表已经按照企业会计准则和《××会计制度》的规定编制，在所有重大方面公允反映了 ABC 公司 2001 年 12 月 31 日的财务状况以及 2001 年度的经营成果和现金流量。

××会计师事务所　　　　　　　　　　中国注册会计师：×××
（盖章）　　　　　　　　　　　　　（签名并盖章）
　　　　　　　　　　　　　　　　　中国注册会计师：×××
　　　　　　　　　　　　　　　　　（签名并盖章）

中国××市　　　　　　　　　　　　××年×月×日

四、审计报告的强调事项段

（一）强调事项段的含义

审计报告的强调事项段是指注册会计师在审计意见段之后增加的对重大事项予以强调的段落。

强调事项应当同时符合下列条件：

1. 可能对财务报表产生重大影响，但被审计单位进行了恰当的会计处理，且在财务报表中做出充分披露（具有不确定性的事项）。

2. 不影响注册会计师发表的审计意见。

（二）增加强调事项段的情形

1. 对持续经营能力产生重大疑虑。当存在可能导致对持续经营能力产生重大疑虑的事项或情况、但不影响已发表的审计意见时，注册会计师应当在审计意见段之后增加强调事项段对此予以强调。

2. 重大不确定事项。当存在可能对财务报表产生重大影响的不确定事项（持续经营问题除外）、但不影响已发表的审计意见时，注册会计师应当考虑在审计意见段之后增加强调事项段，对此予以强调。

3. 其他审计规定增加强调事项段的情形。除上述两种情形以及其他审计准则规定的增加强调事项段的情形外，注册会计师不应在审计报告的审计意见段之后增加强调事项段或任何解释性段落，以免财务报表使用者产生误解。

有关增加强调事项段的其他审计准则包括：

《中国注册会计师审计准则第 1324 号——持续经营》第三十五条第二款规定，如果认为管理层选用的其他编制基础是适当的，且财务报表已做出充分披露，注册会计师可以出具无保留意见的审计报告，并考虑在审计意见段之后增加强调事项段，提醒财务报表使用者关注管理层选用的其他编制基础。

《中国注册会计师审计准则第 1332 号——期后事项》第十七条规定，如果管理层修改了财务报表，注册会计师应当根据具体情况实施必要的审计程序，复核管理层采取的措施能否确保所有收到原财务报表和审计报告的人士了解这一情况，并针对修改后的财务报表出具新的审计报告。新审计报告应增加强调事项段，提请财务报表使用者注意财务报表附注中对修改原财务报表原因的详细说明，以及注册会计师出具的原审计报告。

《中国注册会计师审计准则第 1511 号——比较数据》第十条规定，当以前针对上期财务报表出具的审计报告为非无保留意见的审计报告时，如果导致非无保留意见的事项虽已解决，但对本期仍重要，注册会计师可在审计报告中增加强调事项段提及这一情况。

另外,《中国注册会计师审计准则第 1511 号——比较数据》第十一条规定,注册会计师在对本期财务报表进行审计时,可能注意到影响上期财务报表的重大错报,而以前未就该重大错报出具非无保留意见的审计报告。如果上期财务报表未经更正,也未重新出具审计报告,但比较数据已在财务报表中恰当重述和充分披露,注册会计师可以在审计报告中增加强调事项段,说明这一情况。

《中国注册会计师审计准则第 1521 号——含有已审计财务报表的文件中的其他信息》第十三条第一款规定,如果需要修改其他信息而被审计单位拒绝修改,注册会计师应当考虑在审计报告中增加强调事项段说明该重大不一致,或采取其他措施。

注意:由于增加强调事项段是为了提醒财务报表使用者关注某些事项,并不影响注册会计师的审计意见,为了使财务报表使用者明确这一点,注册会计师应当在强调事项段中指明,该段内容仅用于提醒财务报表使用者关注,并不影响已发表的审计意见。

二、保留意见的审计报告

影响发表非无保留意见的情形:

1. 注册会计师与管理层的分歧。

注册会计师与管理层的分歧主要包括:在会计政策选用方面的分歧;在会计估计方面的分歧;在财务报表披露方面的分歧。

2. 审计范围受到限制。审计范围可能受到下列两方面的限制:

(1)客观环境造成的限制。

(2)管理层造成的限制。

(一)保留意见的审计报告

如果认为财务报表整体是公允的,但还存在下列情形之一,注册会计师应当出具保留意见的审计报告:

1. 会计政策的选用、会计估计的做出或财务报表的披露不符合适用的会计准则和相关会计制度的规定,虽影响重大,但不至于出具否定意见的审计报告。

2. 因审计范围受到限制,不能获取充分、适当的审计证据,虽影响重大,但不至于出具无法表示意见的审计报告。

当出具保留意见的审计报告时,注册会计师应当在审计意见段中使用"除……的影响外"等术语。如果因审计范围受到限制,注册会计师还应当在注册会计师的责任段中提及这一情况。

【案例 14-2】公开发行 A 股的某股份有限公司(以下简称某公司)系 ABC 会计师事务所的常年审计客户。A 和 B 注册会计师负责对某公司 2007 年度财务报表进行审计,并确定财务报表层次的重要性水平为 1 200 000 元。某公司 2007 年度财务报告于 2008 年 2 月 25 日获董事会批准,并于同日报送证券交易所。某公司适用的增值税税率为 17%。其他相关资料如下:

在对某公司的审计过程中,A 和 B 注册会计师注意到以下事项:

某公司根据企业会计准则的规定,按照"成本与可变现净值孰低"对期末存货进行计价。2007 年 11 月末,某公司持有的 500 公斤乙产品的账面成本总额为 9 000 000 元,由于市场价格下跌，预计可变现净值为 8 000 000 元，由此计提了存货跌价准备 1 000 000 元。2007 年 12 月，乙产品的数量未发生增减变动，但某公司与 Z 公司于 2007 年 12 月 5 日签订了购销合同，约定于 2008 年 1 月以每公斤 12 400 元的价格（不含增值税，下同）向 Z 公司销售乙产品 400 公斤。2007 年 12 月 31 日，由于市场价格上升，乙产品的单位可变现净值为每公斤 18 500 元。对此，某公司未做任何会计处理，仍保留 1 000 000 元的存货跌价准备。

2007 年 1 月，某公司为 G 公司向银行借款 40 000 000 元提供信用担保。2007 年 12 月，因 G 公司未能偿还到期债务，银行向法院起诉，要求某公司承担连带责任，支付借款本息 42 400 000 元。2008 年 1 月 20 日，法院终审判决银行胜诉，并于 2008 年 1 月 25 日执行完毕。考虑到 G 公司已宣告破产清算，无法向其追偿债务，某公司在 2007 年度做了如下会计处理：借记“营业外支出” 42 400 000 元，贷记“预计负债”42 400 000 元。这一事项使得某公司 2007 年末的营运资金和 2008 年 1 月的经营活动产生的现金流量净额均出现负数。针对可能导致对持续经营能力产生重大疑虑的上述事项，某公司提出了拟采取的改善措施。A 和 B 注册会计师实施了必要的审计程序，认为某公司编制 2007 年度财务报表所依据的持续经营假设是合理的，但持续经营能力仍存在重大不确定性，针对该事项，某公司已经作为日后事项做出了会计调整。

对上述事项 A 和 B 注册会计师应提请某公司做以下审计调整分录

借:资产减值损失　　　　　　1 240 000

　贷:存货跌价准备　　　　　　1 240 000

审计报告

某股份有限公司全体股东：

我们审计了后附的某股份有限公司（以下简称某公司）财务报表，包括 2007 年 12 月 31 日的资产负债表，2007 年度的利润表、股东权益变动表和现金流量表以及财务报表附注。

一、管理层对财务报表的责任

按照企业会计准则的规定编制财务报表是某公司管理层的责任。这种责任包括:（1）设计、实施和维护与财务报表编制相关的内部控制，以使财务报表不存在由于舞弊或错误而导致的重大错报。（2）选择和运用恰当的会计政策。（3）做出合理的会计估计。

二、注册会计师的责任

我们的责任是在实施审计工作的基础上对财务报表发表审计意见。我们按照中国注册会计师审计准则的规定执行了审计工作。中国注册会计师审计准则要求我们遵守职业道德规范，计划和实施审计工作以对财务报表是否不存在重大错报获取合理保证。

审计工作涉及实施审计程序，以获取有关财务报表金额和披露的审计证据。选择的审计程序取决于注册会计师的判断，包括对由于舞弊或错误导致的财务报表重大错报风险的评估。在进行风险评估时，我们考虑与财务报表编制相关的内部控制，以设计恰当的审计程序，但目的并非对内部控制的有效性发表意见。审计工作还包括评价管理层选用会计政策的恰当性和做出会计估计的合理性，以及评价财务报表的总体列报。

我们相信，我们获取的审计证据是充分、适当的，为发表审计意见提供了基础。

三、导致保留意见的事项

如财务报表附注某所述，某公司2007年12月31日的存货未按企业会计准则规定，采用“成本与可变现净值孰低”计价，如果采用“成本与可变现净值孰低”计价，某公司存货跌价准备将增加124万元，存货账面价值将相应减少124万元，利润总额也将相应减少124万元。

四、审计意见

我们认为，除了期末存货未采用“成本与可变现净值孰低”计价对财务报表产生的影响外，上述财务报表符合国家颁布的企业会计准则和《企业会计制度》的规定，在所有重大方面公允反映了某公司2007年12月31日的财务状况以及2007年度的经营成果和现金流量。

五、强调事项

我们提醒财务报表使用人关注，如财务报表附注某所述，某公司为G公司向银行借款4 000万元提供了信用担保。因G公司未能偿还到期债务，银行起诉某公司承担连带责任，支付借款本息4 240万元。2008年1月20日，法院终审判决银行胜诉，并于2008年1月25日执行完毕。考虑到G公司已宣告破产清算，无法向其追偿债务，某公司在2007年度财务报表中按规定预计了该项负债并将其确认为损失。这一事项使得某公司2007年末的营运资金和2008年1月的经营活动产生的现金流量净额均出现负数。某公司已在财务报表附注某中充分披露了拟采取的改善措施，但其持续经营能力仍然存在重大不确定性。本段内容并不影响已发表的审计意见。

ABC会计师事务所(盖章)　　　　中国注册会计师：A(签名并盖章)

中国注册会计师：B(签名并盖章)

中国 ××市　　　　2008年2月25日

(资料来源：中华会计网校)

三、否定意见的审计报告

如果认为财务报表没有按照适用的会计准则和相关会计制度的规定编制，未能在所有重大方面公允反映被审计单位的财务状况、经营成果和现金流量，注册会计师应当出具否定意见的审计报告。

当出具否定意见的审计报告时，注册会计师应当在审计意见段中使用“由于上述问题造成的重大影响”、“由于受到前段所述事项的重大影响”等术语。

注意：

只有当注册会计师认为财务报表存在重大错报会误导使用者，以至于财务报表的编制不符合适用的会计准则和相关会计制度的规定，未能从整体上公允反映被审计单位的财务状况、经营成果和现金流量，注册会计师才出具否定意见的审计报告。

【案例14－3】腾达股份有限公司(以下简称腾达公司)系2005年新设立的家电类企业，假定北京永华会计师事务所的赵林和孙敏注册会计师负责对其2007年度财务报表进行审计，在接受该项业务以后先对被审计单位进行了解，然后确定进一步的审计策略。在2008年3月30日完成审计工作，假定腾达公司2007年度财务报告于2008年3月30日经董事会批准，并于同日报送证券交易所。赵林和孙敏注册会计师确定腾达公司2007年度财务报表层次的重要性水平为300万元。经审计，赵林和孙敏注册会计师发现腾达公司存在以下事项：

腾达公司未经审计的2007年度财务报表中的部分会计资料如下：

表14－1

项目	金额(万元)
资产总额	42 000
股本	15 000
资本公积——其他资本公积	8 000
法定盈余公积	2 000
未分配利润	6 000
利润总额	3 000
净利润	2 400

腾达公司为辛公司向银行借款3 000万元提供信用担保。2007年10月，辛公司因经营严重亏损，进行破产清算，无力偿还已到期的该笔银行借款。银行因此向法院起诉，要求腾达公司承担担保连带责任，支付本息3 300万元。2008年2月5日，法院终审判决银行胜诉，并于2月15日执行完毕。考虑到无法向辛公司追偿，腾达公司在2008年2月支付该笔款项的同时，将其全额计入当月营业外支出项目。对上述事项，腾达公司拟在2008年度财务报表附注中按规定予以披露。

对于上述事项，赵林和孙敏注册会计师应出具否定意见的审计报告。该事项影响利润总额3 300万元，超过腾达公司的利润总额，远远超出财务报表层次的重要性水平，如果不予以调整，将导致腾达公司发生盈亏状况的改变。腾达公司财务报表的披露将不符合国家的企业会计准则和相关会计制度的规定，未能从整体上公允反映腾达公司的财务状况和经营成果，因此，应当出具否定意见的审计报告。

审计报告

腾达股份有限公司全体股东：

我们审计了后附的腾达股份有限公司(以下简称腾达公司)财务报表，包括2007年12月31日的资产负债表，2007年度的利润表、股东权益变动表和现金流量表以及财务报表附注。

一、管理层对财务报表的责任

按照企业会计准则和《××会计制度》的规定编制财务报表是腾达公司管理层的责任。这种责任包括:(1)设计、实施和维护与财务报表编制相关的内部控制，以使财务报表不存在由于舞弊或错误而导致的重大错报;(2)选择和运用恰当的会计政策;(3)作出合理的会计估计。

二、注册会计师的责任

我们的责任是在实施审计工作的基础上对财务报表发表审计意见。我们按照中国注册会计师审计准则的规定执行了审计工作。中国注册会计师审计准则要求我们遵守职业道德规范，计划和实施审计工作以对财务报表是否不存在重大错报获取合理保证。

审计工作涉及实施审计程序，以获取有关财务报表金额和披露的审计证据。选择的审计程序取决于注册会计师的判断，包括对由于舞弊或错误导致的财务报表重大错报风险的评估。在进行风险评估时，我们考虑与财务报表编制相关的内部控制，以设计恰当的审计程序，但目的并非对内部控制的有效性发表意见。审计工作还包括评价管理层选用会计政策的恰当性和作出会计估计的合理性，以及评价财务报表的总体列报。

我们相信，我们获取的审计证据是充分、适当的，为发表审计意见提供了基础。

三、导致否定意见的事项

如报表附注所述，腾达公司承担担保连带责任，支付本息 3 300 万元。该事项影响利润总额 3 300 万元，超过腾达公司的利润总额，远远超出财务报表层次的重要性水平，如果不予以调整，将导致腾达公司发生盈亏状况的改变。腾达公司财务报表的披露将不符合国家的企业会计准则和相关会计制度的规定，未能从整体上公允反映腾达公司的财务状况和经营成果。

四、审计意见

我们认为，由于受到前段所述事项的重点影响，腾达公司财务报表没有按照企业会计准则和《××会计制度》的规定编制，未能在所有重大方面公允反映了腾达公司 2007 年 12 月 31 日的财务状况以及 2007 年度的经营成果和现金流量。

永华会计师事务所(盖章)　　中国注册会计师:赵林(签名并盖章)

中国注册会计师:孙敏(签名并盖章)

中国·北京　　2008 年 3 月 30 日

(资料来源:中华会计网校)

四、无法表示意见的审计报告

如果审计范围受到限制可能产生的影响非常重大和广泛，不能获取充分、适当的审计证据，以至于无法对财务报表发表审计意见，注册会计师应当出具无法表示意见的审计报告。

当出具无法表示意见的审计报告时，注册会计师应当删除注册会计师的责任段，并在审计意见段中使用“由于审计范围受到限制可能产生的影响非常重大和广泛”、“我们无法对上述财务报表发表意见”等术语。

注意:

第一，只有当审计范围受到限制可能产生的影响非常重大和广泛，不能获取充分、适当的审计证据，以至于无法确定财务报表的合法性与公允性时，注册会计师才应当出具无法表示意见的审计报告。

第二，无法表示意见不同于否定意见，无法表示意见通常仅仅适用于注册会计师不能获取充分、适当的审计证据；如果注册会计师发表否定意见，必须获得充分、适当的审计证据。

【案例 14－4】Y 公司系公开发行 A 股的上市公司，假定北京 ABC 会计师事务所的 A 和 B 注册会计师负责对其 2007 年度财务报表进行审计，2008 年 2 月 20 日完成外勤审计工作。假定 Y 公司 2007 年度财务报告于 2008 年 3 月 10 日经董事会批准，并于同日报送证券交易所。

Y 公司未经审计的 2007 年度财务报表中的部分会计资料如下：

表 14－2

项目	金额（万元）
资产总额	42 000
股本	15 000
资本公积——其他资本公积	8 000
法定盈余公积	2 000
未分配利润	6 000
利润总额	3 000
净利润	2 400

A 和 B 注册会计师确定 Y 公司 2007 年度财务报表层次的重要性水平为 300 万元。

经审计，A 和 B 注册会计师发现 Y 公司存在以下事项：

E 公司系 Y 公司于 2007 年 1 月 1 日在国外投资设立的联营公司，其 2007 年度财务报表反映的净利润为 3 600 万元（账面价值与公允价值一致）。Y 公司占 E 公司 45% 的股权比例，对其财务和经营政策具有重大影响，故在 2007 年度财务报表中采用权益法确认了该项投资收益 1 620 万元。E 公司 2007 年度财务报表未经其他会计师事务所审计，北京 ABC 会计师事务务所也未能审计。

审计报告

Y 股份有限公司全体股东：

我们审计了后附的 Y 股份有限公司（以下简称 Y 公司）财务报表，包括 2007 年 12 月 31 日的资产负债表，2007 年度的利润表、股东权益变动表和现金流量表以及财务报表附注。

一、管理层对财务报表的责任

按照企业会计准则的规定编制财务报表是 Y 公司管理层的责任。这种责任包括：（1）设计、实施和维护与财务报表编制相关的内部控制，以使财务报表不存在由于舞弊或错误而导致的重大错报。（2）选择和运用恰当的会计政策。（3）做出合理的会计估计。

二、注册会计师的责任

我们的责任是在实施审计工作的基础上对财务报表发表审计意见。我们按照中国注册会计师审计准则的规定执行了审计工作。中国注册会计师审计准则要求我们遵守职业道德规范，计划和实施审计工作以对财务报表是否不存在重大错报获取合理保证。

审计工作涉及实施审计程序，以获取有关财务报表金额和披露的审计证据。选择的审计程序取决于注册会计师的判断，包括对由于舞弊或错误导致的财务报表重大错报风险的评估。在进行风险评估时，我们考虑与财务报表编制相关的内部控制，以设计恰当的审计程序，但目的并非对内部控制的有效性发表意见。审计工作还包括评价管理层选用会计政策的恰当性和做出会计估计的合理性，以及评价财务报表的总体列报。

我们相信，我们获取的审计证据是充分、适当的，为发表审计意见提供了基础。

三、导致无法表示意见的事项

Y 公司采用权益法确认的投资收益 1620 万元占 Y 公司利润总额的 54%。占 Y 公司 54%

的利润无法通过审计予以确认，审计范围受到限制可能产生的影响非常重大和广泛，注册会计师不能获取充分、适当的审计证据。

四、审计意见

我们认为，由于上述审计范围受到限制可能产生的影响非常重大和广泛，我们无法对财务报表发表意见。

ABC 会计师事务所(盖章)　　中国注册会计师:A(签名并盖章)

中国注册会计师:B(签名并盖章)

中国 北京市　　2008 年 3 月 10 日

(资料来源:中华会计网校)

【知识拓展】

标准审计报告

当注册会计师出具的无保留意见的审计报告不附加说明段、强调事项段或任何修饰性用语时，该报告称为标准审计报告。

标准审计报告包含的审计报告要素齐全，属于无保留意见，且不附加说明段、强调事项段或任何修饰性用语。否则，不能称为标准审计报告。

【基础知识与技能训练】

一、单项选择题

1. 一般来说，注册会计师应根据(　　)形成包括无保留意见、保留意见、否定意见或无法表示意见等四种类型的审计报告。

A. 审计结果和被审计单位对有关问题的处理情况

B. 审计范围是否受到限制和受到限制的范围大小

C. 错报漏报金额的大小和被审计单位的调整情况

D. 对重要性水平的评估和对审计风险的重新评价

2. 当注册会计师出具无保留意见审计报告时，如果认为必要，可以(　　)，增加对重要事项的说明。

A. 在意见段前增加解释性说明

B. 在范围段与意见段间说明所持意见的理由

C. 在意见段后增加说明段

D. 取消意见段，增加说明段

3. ××股份有限公司委托会计师事务所审计，则其审计报告的收件人应为(　　)。

A. ××股份有限公司董事会

B. ××股份有限公司董事长

C. ××股份有限公司全体股东

D. ××股份有限公司全体职工

4. 以下事项中，(　　)既可能导致注册会计师出具保留意见，又可能导致否定意见，但一般不导致无法表示意见。

A．审计范围受到客观条件的局部重要限制

B．被审计单位的律师拒绝对注册会计师的询问作必要的答复

C．被审计单位严重限制了注册会计师的审计范围

D．被审计单位对重大事项的处理不符合国家颁布的企业会计准则的规定

5. 如果注册会计师发现被审计单位有总金额超过重要性水平、账龄长达三年的应收账款，且被审计单位对此进行了适当的披露，则这部分应收账款的收回与否导致对被审计单位的持续经营假设合理性产生重大影响时，注册会计师应当(　　)。

A．发表保留意见

B．发表无法表示意见

C．在意见段后增设强调事项段

D．出具否定意见

6. 对于被审计单位的下列(　　)情况，注册会计师应出具无保留意见审计报告。

A．拒绝提供应收账款明细表

B．会计报表是公允的、符合国家颁布的会计准则及相关规定

C．拒绝就长期投资进行函证

D．拒绝就存货进行实地监盘

7. 审计报告分为标准审计报告和非标准审计报告。非无保留意见的审计报告不包括(　　)。

A. 带强调事项段的无保留意见的审计报告

B. 保留意见的审计报告

C. 否定意见的审计报告

D. 无法表示意见的审计报告

8. 注册会计师王琴在确定对大庆公司 2007 年度财务报表的审计意见时，在与大庆公司管理层沟通后，仍有下列情况，在不考虑其他因素的情况下，则可能导致其出具保留意见的情形是(　　)。

A. 虚增的收入虽然只有 12 万元，但占当年利润总额的 160%

B. 75% 的存货未能监盘，存货占资产总额的 10%

C. 绝大多数内部控制存在严重缺陷，无法依赖

D. 长期投资已达到净资产的 15%，并已在财务报表附注中予以披露

9. 下列属于客观环境导致注册会计师的审计范围受到限制的情况有(　　)。

A. 被审计单位管理层不允许注册会计师观察存货盘点

B. 由于被审计单位存货的性质或位置特殊等原因导致注册会计师无法实施存货监盘

C. 被审计单位管理层不允许注册会计师对应收账款实施函证

D. 被审计单位管理层不提供主营业务收入相关的明细资料

10. 注册会计师于 2008 年 2 月 18 日开始对启元公司 2007 年度财务报表进行审计，2008 年 3 月 20 日完成审计工作，3 月 21 日审计报告编制完毕，3 月 22 日与经过批准的财务报表一同对外公布。则审计报告的日期应当为(　　)。

A. 2008 年 2 月 18 日　　B. 2008 年 3 月 21 日
C. 2008 年 3 月 20 日　　D. 2008 年 3 月 22 日

二、多项选择题

1. 注册会计师在考虑被审计单位选用的会计政策是否适当时，应当关注的重要事项包括(　)。

A. 重要项目的会计政策和行业惯例

B. 重大和异常交易的会计处理方法

C. 在新领域和缺乏权威性标准采用重要会计政策产生的影响

D. 重要的固定资产所采用的折旧方法的变更

2. 管理层对财务报表的责任段应当说明，按照适用的会计准则和相关会计制度的规定编制财务报表是管理层的责任，这种责任包括(　)。

A. 设计、实施和维护与财务报表编制相关的内部控制，以使财务报表不存在由于舞弊或错误而导致的重大错报

B. 选择和运用恰当的会计政策

C. 监督被审计单位建立和维护内部控制

D. 做出合理的会计估计

3. 甲上市公司 2007 年度财务报告于 2008 年 2 月 20 日批准报出。公司发生的下列事项中，注册会计师在审计时认为必须在其 2007 年度财务报表附注中披露的有(　)。

A. 2007 年 11 月 1 日，从该公司董事持有 51% 股份的公司购货 800 万元

B. 2008 年 1 月 20 日，公司遭受水灾造成存货重大损失 500 万元

C. 2008 年 1 月 30 日，发现上年应计入财务费用的借款利息 0.10 万元误记入在建工程

D. 2008 年 2 月 1 日，公司向一家网络公司投资 500 万元，从而持有该公司 50% 的股份

4. 审计报告按内容和目的可分为(　)

A. 财务审计报告　　B. 符合性审计报告
C. 经济效益审计报告　　D. 标准审计报告

5. 遇到下列(　)情况时，注册会计师可能对 K 公司的财务报表出具无法表示意见的审计报告。

A. K 公司管理层拒绝向注册会计师出具管理层声明书

B. 在存在疑虑的情况下，注册会计师不能就 K 公司持续经营假设的合理性获取必要的审计证据

C. 未能就影响 K 公司财务报表公允反映的重大关联方交易事项获取充分、适当的审计证据

D. K 公司财务报表整体上没有按照企业会计准则进行编制

6. 在评价财务报表是否按照适用的会计准则和相关会计制度的规定编制时，注册会计师应当考虑的内容有(　)。

A. 选择和运用的会计政策是否符合适用的会计准则和相关会计制度，并适合于被审计单位的具体情况

B. 管理层作出的会计估计是否合理

C. 财务报表反映的信息是否具有相关性、可靠性、可比性和可理解性

D. 财务报表是否作出充分披露，使财务报表使用者能够理解重大交易和事项对被审计单位财务状况、经营成果和现金流量的影响

7. 同时符合下列(　　)条件时，注册会计师应当出具无保留意见的审计报告。

A. 财务报表已经按照适用的会计准则和相关会计制度的规定编制，在所有重大方面公允反映了被审计单位的财务状况、经营成果和现金流量

B. 注册会计师已经按照中国注册会计师独立审计准则的要求计划和实施审计工作，在审计过程中未受到限制

C. 财务报表已经按照适用的会计准则和相关会计制度的规定编制，在所有方面公允反映了被审计单位期末的财务状况、经营成果和现金流量

D. 注册会计师已经按照中国注册会计师审计准则的规定计划和实施审计工作，在审计过程中未受到限制

8. 审计意见应当说明财务报表是否在所有重大方面公允反映了被审计单位的财务状况、经营成果和现金流量。评价财务报表是否具有公允性应考虑的内容包括(　　)。

A. 财务报表是否真实地反映了交易和事项的经济实质

B. 管理层做出的会计估计是否合理

C. 经管理层调整后的财务报表，是否与注册会计师对被审计单位及其环境的了解一致

D. 财务报表的列报、结构和内容是否合理

9. 注册会计师应针对下列(　　)事项出具带强调事项段的审计报告。

A. 如果需要修改其他信息而被审计单位拒绝修改

B. 可能导致对持续经营能力产生重大疑虑的事项或情况、但不影响已发表的审计意见

C. 由于董事会未能达成一致，难以确定未来的经营方向和战略

D. 以前针对上期财务报表出具的审计报告为非无保留意见的审计报告时，如果导致非无保留意见的事项虽已解决，但对本期仍很重要

10. 注册会计师王凯在对 K 公司 2007 年度财务报表出具审计报告时，在注册会计师的责任段与意见段之间增加了对某个重要事项的说明，一般来说该审计报告的意见类型可能是(　　)。

A. 否定意见　　　　B. 无法表示意见

C. 保留意见　　　　D. 带强调事项段的无保留意见

三、判断题

1. 在发生重大不确定事项时，如果被审计单位已在财务报表附注中作了充分披露，注册会计师应当出具保留意见的审计报告。(　　)

2. 只要被审计单位的财务报表违背了《企业会计准则》的要求，注册会计师就应当出具保留意见或否定意见的审计报告。(　　)

3. 财务报表审计是一个累积和不断修正信息的过程，随着计划的审计程序的实施，如果获取的信息与风险评估时依据的信息有重大差异，注册会计师应当修改原计划的其他审计程序的性质、时间和范围，但不用修正风险评估结果。(　　)

4. 现金、银行存款均属于敏感性高、流动性强的资产账户。但是在审计过程中，如果注册会计师发现这两个账户在分类上出现错误，所作的反映不会比发现销售业务中出现的分类错

误更加强烈。(　)

5. 当被审计单位存在可能导致对持续经营能力产生重大疑虑的事项或情况、但不影响已发表的审计意见时，注册会计师此时可以出具标准的无保留意见审计报告。(　)

6. 因为审计报告已经是注册会计师对被审单位财务报表审计后提出的结论，所以无须将已审计的财务报表附于审计报告之后。(　)

7. 注册会计师最终出具的审计报告标题应当统一规范为“财务报表审计报告”。(　)

8. 对于未调整事项而言，报表项目层的重要性是区分无保留意见与保留意见的参照标准，财务报表层次的重要性是区分保留意见与否定意见的参照标准。(　)

9. 只要被审计单位的财务报表违背了《企业会计准则》的要求，注册会计师就应当出具保留意见或否定意见的审计报告。(　)

10. 在发生重大不确定事项时，如果被审计单位已在财务报表附注中作了充分披露，注册会计师应当出具保留意见的审计报告。(　)

四、案例分析

A 注册会计师作为 ABC 会计师事务所审计项目负责人，在审计以下单位 2007 年度财务报表时分别遇到以下情况：

要求：

假定上述情况对各被审计单位 2007 年度财务报表的影响都是重要的，且各被审计单位均拒绝接受 A 注册会计师提出的审计处理建议(如有)。在不考虑其他因素影响的前提下，请分别针对以下 4 种情况，判断 A 注册会计师应对 2007 年度财务报表出具何种类型的审计报告，并简要说明理由。

(1) 甲公司拥有一项长期股权投资，账面价值 500 万元，持股比例 30%。2007 年 12 月 31 日，甲公司与 K 公司签署投资转让协议，拟以 350 万元的价格转让该项长期股权投资，已收到价款 300 万元，但尚未办理产权过户手续，甲公司以该项长期股权投资正在转让之中为由，不再计减值准备。(假设不考虑预计未来现金流量)

(2) 乙公司于 2006 年 5 月为 L 公司 1 年期银行借款 1 000 万元提供担保，因 L 公司不能及时偿还，银行于 2007 年 11 月向法院提起诉讼，要求乙公司承担连带清偿责任。2007 年 12 月 31 日，乙公司在咨询律师后，根据 L 公司的财务状况，计提了 500 万元的预计负债。对上述预计负债，乙公司已在财务报表附注中进行了适当披露。截止审计工作完成日，法院未对该项诉讼做出判决。

(3) 丙公司于 2007 年 11 月 20 日发现，2006 年漏记固定资产折旧费用 200 万元。丙公司在编制 2007 年度财务报表时，对此项会计差错予以更正，追溯重述了相关财务报表项目，并在财务报表附注中进行了适当披露。同时也已经按照相关要求，在 2007 年 11 月末重新修改报出了 2006 年度的财务报表。

(4) 丁公司于 2007 年末更换了大股东，并成立了新的董事会，继任法定代表人以刚上任不了解以前年度情况为由，拒绝签署 2007 年度已审财务报表和提供管理层声明书。原法定代表人以不再继续履行职责为由，也拒绝签署 2007 年度已审计财务报表和提供的管理层声明书。

读者反馈意见

亲爱的读者:

感谢您对《审计实务》的支持和热爱,为了今后为您提供更好的服务,请您抽出宝贵的时间来填写下面的意见反馈表,以便我们更好地对本教材做进一步改进,同时如果您在使用本教材的过程中遇到了什么问题,或者有什么好的建议,也请您来信、来电告诉我们。

地址:北京市丰台区科学城南极星大厦108室

电话:010-83794590/83794403

电子邮箱:caikai6223@263.net　QQ:649319527　QQ:1694299827

网址:WWW.KFHWH.CN

教材名称:《审计实务》

个人资料:

姓名:__________ 年龄:__________ 所在院校/专业__________

文化程度:__________ 通讯地址:__________

联系电话:__________ 电子信箱:__________

您使用本书是作为:□指定教材□选用教材□辅导教材

您对封面设计的满意度:

□很满意□满意□一般□不满意□改进建议__________

您对本书印刷质量的满意度:

□很满意□满意□一般□不满意□改进建议__________

您对本书的总体满意度:

从语言质量角度看□很满意□满意□一般□不满意□

从科技含量角度看□很满意□满意□一般□不满意□

本书最令您满意的是:

□指导明确□内容充实□讲解详尽□实例丰富

您认为本书在哪些地方应进行修改?(可附页)

____

____

您希望本书在哪些方面可进行改进?(可附页)

____

____